História de Antônio Vieira

História de Antônio Vieira

Tomo II

João Lúcio de Azevedo

Alameda

Edição: Joana Monteleone
Editor-assistente e capa: Guilherme Kroll Domingues
Assistente editorial: Marília Chaves
Projeto gráfico e diagramação: Clarissa Boraschi Maria
Revisão: Vivian Miwa Matsushita
Assistente de produção: Gustavo Teruo Fujimoto
Assistente de produção e índice de nomes: Luciana Santoni
Imagem da capa: Retrato de Padre Antônio Vieira, por Arnold van Westerhout (1651-1725), "Vera efigies celeberrini P. Antonii Vieyra..."

CIP-Brasil. Catalogação na Fonte
Sindicato Nacional dos Editores de Livros, RJ

A986h
v.2

Azevedo, J. Lúcio de (João Lúcio de), 1855-1933
História de Antônio Vieira, tomo II / João Lúcio de Azevedo. - São Paulo : Alameda, 2008.

Apêndice
ISBN 978-85-98325-61-3

1. Vieira, Antonio, 1608-1697. 2. Jesuítas - Portugal - Biografia. I. Título.

08-0390. CDD: 922.2 CDU: 929:271.5

07.02.08 07.02.08 005145

[2008]

Alameda Casa Editorial
Rua Iperoig, 351 - Perdizes
05016-000 São Paulo – SP
Tel/Fax (11) 3862-0850
www.alamedaeditorial.com.br

Índice

Quarto período

O vidente
1662-1668

I. Planos literários na selva amazônica. Nicolau Bourey em auxílio a Vieira. A Inquisição manda vir as *Esperanças de Portugal.* Antônio Vieira no Porto. Transferido para Coimbra. Chamado ao Santo Ofício. Primeiro interrogatório. Doença e mudança para a quinta dos jesuítas em Vila Franca. Segunda audiência no Santo Ofício. II. Seguem os interrogatórios. Sermão de Santa Catarina. Correspondência com D. Rodrigo de Menezes. O ano de 1666 na *História do futuro.* D. Afonso VI verdadeiro *Encoberto* – e imperador do mundo. Outras hipóteses. III. Antônio Vieira e Bourey. Presságios para 1666. Continua a *História do futuro.* Enfermidades. Justificação das *Esperanças de Portugal.* IV. Marcha do processo. Libelo. Concedido prazo para a defesa. Recreios poéticos. Diligências para sair de Coimbra. Encontros com o duque de Cadaval e D. Teodósio irmão do duque. Prolongamento do prazo para a defesa. Doença. Demora da defesa além do prazo. Intimação sobre a mesma.

Vieira entrega uma apologia incompleta e descordenada. Julgamento e sentença pelos inquisidores de Coimbra. Vieira lastima-se a D. Rodrigo de Menezes. Petição ao Conselho Geral e carta ao secretário. O Conselho anula a sentença de Coimbra e manda continuar o processo. Ordem de prisão. V. Vieira no cárcere. Primeira audiência e requerimento do preso. Denúncias relativas a fatos antigos. Teor da nova defesa escrita. Juízos de qualificadores. Inquirição de sangue. Os jesuítas de Lisboa intercedem pelo consócio em Roma. Audiências e discussões teológicas com o inquisidor juiz da causa. Vieira em desânimo renuncia à defesa e declara entregar-se à piedade do tribunal. Trigésima e última sessão de exame. Sentença. Antônio Vieira condenado à prisão. Transferência para Lisboa. Remissão das penas. Regresso ao púlpito. Sermão no aniversário da rainha. Sermão pelo nascimento da princesa D. Isabel. Outros discursos sacros.

Nenhum retiro mais a ponto para o cogitar de coisas não comuns que aquele onde foram elaboradas as concepções de Antônio Vieira sobre as finalidades da história. O imenso da selva amazônica, a solidão do espírito, a monotonia visual, os longos silêncios, tudo isso convidava ao devaneio. Em semelhante ambiente, sem mais companhia que os selvagens, o apóstolo Anchieta compôs, escrevendo na areia, e pôde guardar na memória, dizem, um poema latino de quatro mil e tantos versos em louvor da Virgem. Vieira nele assentou as bases da sua grande obra sobre a interpretação dos profetas, *Clavis prophetarum*, delineou o plano definitivo da *História do futuro* e escreveu as *Esperanças de Portugal*, intrinsecamente parte da última, e entrada de ocasião para as duas. O escrito era um capítulo da história do mundo, qual ele havia de ser no império quinto, enquanto não chegava o último, o do céu, de que o autor provaria também o advento. Desse capítulo, e por ele de toda a obra, era alicerce o Bandarra, bendito ignorante – idiota, como se dizia na linguagem da época – a quem Deus concedera a ciência dos porvires.

A morte de D. João IV tinha por um instante derrubado a construção nova do mundo, como das *Trovas* proféticas a extraíra Vieira, e de que devia ser instrumento o defunto soberano. Sete ações principais estavam marcadas a este nos carmes rudes do Bandarra: primeira, sair de Lisboa com uma grande armada em destino a Jerusalém; segunda, desbaratar o Turco na passagem de Itália a Constantinopla; terceira, ferir de sua mão e fazer prisioneiro o monarca otomano; quarta, cingir em Constantinopla a coroa do império universal; quinta, tornar a Lisboa com os dois pendões vitoriosos, de rei de Portugal e de imperador do universo; sexta encontrar as dez tribos de Israel perdidas, e reduzi-las à obediência do papa e à fé católica; sétima, realizar a conversão geral dos infiéis e a paz permanente em toda parte[1]. Assim preparado o caminho entraria em seguida o reinado de Cristo na terra por mil anos, até chegar o Anticristo, soltar-se o diabo, encadeado esses mil anos, e vir por fim o dia do Juízo.

Eis porém que o predestinado desaparecera ficando assim desmentidos os vaticínios. O intérprete não perdia por isso a confiança em si. Os oráculos, dizia ele, constavam de duas partes, uma referente à aclamação de D. João IV, outra à destruição do império turco e conquista da Terra Santa. A primeira fora cumprida, por onde evidentemente se mostrava ser o Bandarra verdadeiro profeta. Aqui a regra do silogismo solvia toda dificuldade. "O Bandarra é verdadeiro profeta, o Bandarra profetizou que el-rei D. João IV há de obrar muitas coisas que ainda não obrou nem pode obrar senão ressuscitando; ergo etc."[2]. E no escrito não completava o raciocínio, de que era evidente a conclusão.

De como Vieira, para a comodidade do seu discurso, coordena o confuso e elucida o obscuro, acompanhando de um comentário as estrofes do sapateiro sibila, seria longa e importuna a menção. A composição perdeu o interesse com o assunto, e entra na bibliograflia copiosa do sebastianismo, sem mais relevo que o decorrente da categoria literária do autor. De particularidades basta advertir que de uma alusão à *era de seis*, nas *Trovas*, infere Vieira

[1] *Obras inéditas*, t. 1, p. 107.

[2] Ibidem., p. 84.

caberem os fatos que se lhe referem aos anos de 1660 e 1666, ou à década respectiva: e isso tem relação com idéias suas, mencionada posteriormente.

Mandara Antônio Vieira o escrito, em forma de carta ao bispo de Japão, datada de Camutá, de abril de 1659, cópia do original, como de costume muito emendado, pelo capitão Paulo Martins Garro, um de seus afeiçoados e irmão secular da Companhia[3]. Este, sub-repticiamente ou com autorização de Vieira – ambas as presunções são aceitáveis – tirou mais de uma cópia; e, já porque ele mandasse alguma para o reino; já porque o bispo pecasse de inconfidente, passando a outras mãos o papel destinado a ficar entre ele e a rainha; já, o que também é plausível, suposto o amor de Vieira pela publicidade, com seu consentimento facultasse o confessor a outros a obra de que, pelo assunto e pelo autor, a notícia despertaria sôfrega curiosidade; o caso é que dentro em pouco, por toda a parte em Lisboa, o tratado das *Esperanças de Portugal* se comentava e discutia. Os sebastianistas apossavam-se dele para o contestar; os incrédulos zombavam do novo desvario, que se enxertava na seita; os inimigos do autor farejavam a heresia, e inculcavam na fé prestada ao Bandarra suspeições de judaísmo.

Apoiando as opiniões de Vieira apareceu outro visionário, Nicolau Bourey, mercador, flamengo de Anvers, casado com portuguesa, o qual por sua longa permanência no país se integrara no ambiente de misticismo político, que neste existia. Sujeito propenso a novidades tinha proposto à Câmara de Lisboa um plano para solver as dívidas municipais por meio de uma tontina de um milhão de cruzados, repartida por dez mil subscritores, a qual, a cada prazo de cinqüenta anos, embolsados os últimos sobreviventes, seria renovada[4]. Ele mesmo dado a especulações de jogo, porque jogo trouxe

---

[3] Declaração de Vieira: "Rompeu o original que tinha muitas emendas e borrões apenas soube ter a cópia chegado ao seu destino". Processo, 1º exame de confissão, 21 de junho de 1663.

[4] Bibl. Nac., col. Pombalina, cod. 650, fol. 133.

a essa empresa de persuasão. Diz ele no seu escrito: "Sou o primeiro que derramou o próprio sangue por essa ressurreição, porque ninguém poderá negar que o dinheiro é sangue, dos pobres como eu; digo isso porque apostei alguns cruzados de um por mil sobre essa ressurreição". É verdade que logo em seguida confessa: "Não ignoro que todos me têm em conta de doido ou insensato". E acerca do efeito que na opinião pública tivera a idéia de Vieira: "Notei que essa ressurreição e sua explicação é no geral muito mal recebida, mofando e zombando dela, e do autor que a explicou"[5]. Talvez por doido estivesse aos 75 anos detido no Limoeiro, quando o chamou o Santo Ofício, para explicações sobre o que tinha escrito. Houve-se o tribunal com benevolência, mandando-o em paz ao seu calabouço, e reconhecendo não ser erro contra a fé julgar possível uma ressurreição, nem de tal crença provir dano à salvação das almas[6].

Diferente foi o proceder com Vieira, para o que, além das circunstâncias sabidas, em parte concorreria a de ser Bourey familiar do Santo Ofício, e o jesuíta sujeito de malsinada origem, suspeito no sangue como nas opiniões. Ademais, com aquela docilidade que exigia sempre o tribunal, o defensor de Vieira tinha desistido de seus assertos, ainda antes da resolução que os julgou inofensivos. Em 13 de abril de 1660, uma ordem do Conselho Geral mandou que os inquisidores a quem competia chamassem o bispo do Japão, e lhe pedissem o papel das *Esperanças de Portugal* para ser examinado. Devia estar o padre André Fernandes enfermo, porque não compareceu, mas a 15 enviou o manuscrito acompanhado de um bilhete em que tentava desculpar

---

[5] Torre do Tombo. Inquisição de Lisboa. Processo de Antônio Vieira. na folha 53, o escrito de Bourey: "Para os incrédulos da Resurreição del rey D. João o 4º não só para haver de reinar, mas também para haver de imperar, tirado das profecias de Gonçalo Anes Bandarra, explicadas e declaradas pelo padre Antônio Vieira da Companhia de Jesus, residente nas partes do Maranhão. Estado do Brasil".

[6] Ibidem. Assento em Mesa, 5 de maio de 1661.

o amigo[7]. A ordem do Conselho determinava que, não contendo a obra de Vieira coisa que impedisse a restituição, se devolvesse ao bispo. Ao contrário do que sucedeu com Bourey, os inquisidores entenderam haver no tratado matéria de escrúpulo e apreenderam o exemplar, sobre o qual deu parecer um qualificador. Este opinou que para evitar escândalos, que se poderiam originar da leitura, mormente em tempos tão calamitosos, se sepultasse e recolhesse para sempre o papel.

Depois mandou-se a Roma uma cópia, submetendo o caso à deliberação do Santo Ofício de lá.

O parecer dos doutores romanos foi desfavorável a Vieira. Condenava as *Trovas* do Bandarra como tendo odor de judaísmo e declarava perniciosa a sua divulgação, aliás já proibida em Portugal; quanto ao escrito submetido a exame, julgava-o temerário, repleto de falsidades, e sobretudo repreensível no abuso que fazia da Sagrada Escritura. Determinava que o autor fosse interrogado sobre a parte suspeita de heresia, e persistindo nela se lhe instaurasse processo na forma usual. De toda a maneira se lhe impusesse nunca mais tratar, seja por escrito, seja verbalmente, da matéria versada[8]. Estava nesse tempo Vieira ainda no Maranhão, e nada indicava tivessem tão cedo os inquisidores oportunidade de lhe intimar em pessoa as censuras; a revolta ia trazer-lhes o delinqüente, e a transformação no governo facilitar-lhes a ação contra ele.

Até chegar da América, Vieira decerto ignorava o que a seu respeito havia no Santo Ofício. O bispo não iria confiar aos azares de uma carta aquilo que por disposições sabidas era sujeito a segredo inviolável; e morrendo levou este consigo para sob a campa.

---

[7] Bilhete do bispo: "Em cumprimento do mandado de V. Sª remeto o papel incluso; cujo autor falou só segundo sua opinião ou afeição, que lhe fez avaliar ao Bandarra por profeta do rei Dom João como a outros do rei Dom Sebastião. Guarde Deus a V. Sª, em 15 de abril de 1660. De V. Sª humilde servo – *André*". Processo, fol. 4.

[8] Processo. Instrução de Roma, 6 de agosto de 1661.

Vieira, apupado no Pará e Maranhão pela gentalha em revolta, na corte era homem de prestígio, e de cujo conselho ali se fazia grande caso. Parecia intempestivo querer a Inquisição molestá-lo em tal quadra. Ainda assim tentou. Logo, porém, interveio o marquês de Marialva com a sua influência pessoal, a rainha com ordens, e o tribunal recolheu a garra[9]. O convite para ir o autor das *Esperanças de Portugal* explicar-se ante os inquisidores não chegou a ser-lhe intimado. Mercê da intervenção ficou em sossego o jesuíta e abafado o negócio. Quando, porém, pela mudança do governo ele ficou desprotegido, a insídia que hibernava esperando a sazão propícia, despertou. As instruções de Roma e a má vontade dos inquisidores, que elas satisfaziam, iam entrar em ação.

No Porto, onde no colégio da Sociedade cumpria o desterro, o autor do escrito incriminado, com sua habitual despreocupação, fiado no ascendente que supunha ter ainda, falava alto, julgava os políticos, discutia as operações de guerra, como de costume não poupando as críticas. Entremeando dava notícias dos labores literários, a que tencionava aplicar seus lazeres de exilado. Dezesseis tomos de sermões, parte dos quais andavam corruptos em edições de língua estranha – referia-se a dois volumes publicados em Castela – para dar ao prelo, e o livro de maravilha que havia de ser a sua obra capital, a *Clavis prophetarum*. Esta só em mente, por enquanto. Mais de uma vez havia tentado pô-la em escrito, mas sempre uma doença grave o impedia; por isso ainda agora temia arriscar-se. Sobre tudo isso largamente discursava com pessoas gradas de fora: Duarte Ribeiro de Macedo, jurisconsulto

---

[9] Duas cartas de Vieira a D. Rodrigo de Menezes aludem a essa intervenção. Obscuramente em 26 de janeiro de 1665: "Lembre-se Vossa Senhoria de certo negócio em que, estando eu nessa terra, me fez mercê o senhor marquês de querer ter parte". (*Cartas*, t. 2, p. 113.) Com clareza em 14 de setembro desse ano: "Lembrado está Vossa Senhoria daqueles intentos acerca do papel escrito ao bispo do Japão, que foram impedidos pelo senhor marquês, interpondo-se a autoridade da rainha nossa senhora" (Ibidem, p. 248).

de nota, diplomata, estadista, fino cultor das letras, às quais prestou serviço insigne, bem como à história, em conservar as cartas recebidas de Vieira; frei Jorge de Carvalho, abade de S. Bento, e alguns desembargadores, colegas de Macedo.

Todas as semanas costumava escrever ao padre Jacinto de Magistris, visitador nomeado para o Brasil, que aguardava em Lisboa a ocasião de partir; e com ele discursava sobre as missões, e outros assuntos particulares da Companhia. Desses era a publicação da *Crônica* do padre Simão de Vasconcelos, que, em seu parecer, pelo estilo, não faria honra às letras dos jesuítas, e não se devia por isso consentir. De igual opinião era o padre Baltasar Teles, e se mostravam outros. Também não agradava a todos a parte narrativa. Daí resultou ser cortado o trecho em que o autor pretendia demonstrar ter sido na América o sítio do paraíso terrestre[10].

Não somente nas conversações, também na correspondência epistolar com os amigos que na corte deixara, Vieira se expandia sobre os negócios políticos. As operações militares do ano, favoráveis no Minho, tinham, ao que parece, animado a fazerem-se da parte portuguesa proposições de paz. Com fundamento ou sem ele, dizia-se fora incumbido de tentar algum entendimento com o inimigo João Nunes da Cunha, futuro conde de S. Vicente, que estivera no Porto de passagem para o exército. Vieira escrevia sobre isso: "Do segredo das suas negociações não sei nada, nem tenho curiosidade de o saber; mas, se os poderes que traz são os que se escrevem dessa corte, não poderá negociar muito"[11].

Desse trecho não se pode coligir que ele fosse muito inclinado à paz. A carta era para o marquês de Gouveia, que então se preparava para deixar a corte, de onde, desgostoso com o governo de Castelmelhor, pedira licença

---

[10] Padre Francisco Rodrigues, *Rev. de Hist.*, v. 11, p. 92.

[11] 9 de setembro de 1662. *Cartas*, t. 2, p. 7.

para retirar-se. Andavam os conhecidos adversários da situação vigiados, particularmente os que estavam em desterro, e suas cartas eram com freqüencia violadas; sucederia isso àquela, ou a outra em que a opinião do padre aparecesse mais explícita. O caso é que, com o pretexto de haver ele escrito ao marquês sobre a paz, pronunciando-se por ela, se cuidou de lhe infligir pena mais grave, e em lhe mudar para mais longe o desterro. Falou-se em Angola, no Brasil, e até no Maranhão para onde o visitador padre de Magistris, pretendeu reconduzi-lo. Era isto antes de sair o decreto, que lhe vedava o regresso à missão. Afinal foi resolvido transferi-lo para Coimbra devendo ficar como detido no colégio.

Entretanto não afrouxavam na revindita seus inimigos. O que contra ele diziam de voz não bastava; perseguiam-no com papeluchos satíricos. Ficou memorável um destes, em forma de carta, sob o nome de Jerônimo Corrêa Sarrapante, conhecido mentecapto, alvo das assuadas populares. Que o escrito teve grande voga verifica-se pelo número de cópias nas coleções da época. O malicioso autor chacoteava alegremente do infortúnio de Vieira, e com muitas ironias de lavra própria, desfechava-lhe a quintilha de Camões:

Ali vi o maior bem
Quão pouco espaço que dura,
O mal quão depressa vem,
E quão triste estado tem
Quem se fia da ventura.

O principal da crítica versava sobre deixar Vieira o púlpito pela política: "Imite ao Baptista que, bem que foi pregador de Herodes, não foi conselheiro"[12]. À carta seguiu-se a resposta, em nome de Vieira, feita, porém, por

[12] Carta que Jerônimo Corrêa Sarrapante escreveu a Antônio Vieira, estando preso por louco, no hospital o dito Sarrapante. *Maquinações de Antônio Vieira jesuíta*, Ms. da Bibl. Nac., t. 6, p. 231. Mais cópias em outros códices da Biblioteca.

menos hábil foliculário. Mas não ficavam nisto os ódios. Se acreditarmos o que diz o desterrado, houve o propósito de lhe tirarem a vida, e foi para esse fim ao Porto um dos valentões, assalariados de D. Afonso VI[13]. Deu-lhe aviso João Nunes da Cunha, com o que, conservando-se a recato, logrou escapar ao perigo. O fato pode ter-se por crível; o período era de violências, e mais de um homicídio se registrou, praticado por serventuários de um ou outro bando.

Talvez por motivo da carta do jesuíta, o marquês de Gouveia alcançou a licença, por que insistia, de se recolher à sua casa senhorial, sendo-lhe, porém, defeso voltar à corte sem ordem, cláusula que convertia a graça em punição. Saiu de Lisboa pelo mesmo tempo em que partiu do Porto Antônio Vieira, com quem se encontrou em Coimbra, onde permaneceu doente alguns dias. Parece, porém, que se não viram; pelo menos quando aquele quis ir, como explica, aos pés do marquês, foi-lhe pelos superiores intimada a ordem de não sair à rua, segundo instruções do governo. Isto sabemos por duas cartas de Vieira, a primeira do Porto, a outra de Coimbra, dirigidas ao marquês[14].

Nessa ocasião foi igualmente mandado retirar-se do Porto o abade de S. Bento, cuja presença os ministros julgaram, como a de Vieira, inconveniente naquela cidade. Os decretos referentes a um e a outro são do mesmo dia.

Tendo chegado ao seu novo desterro aos 12 de fevereiro, a 13 escrevia o padre a Duarte Ribeiro de Macedo:

> Com razão chama Vossa Mercê tempestade má a que me arrancou do Porto, e mais quando eu gozava nele a quietação que há tantos anos busco e me foge, com os outros emolumentos de gosto e satisfação que não repito por não agravar as saudades. Não era bem chegado à nossa Atenas quando achei ou me

[13] Memorial ao príncipe D. Pedro. *Obras inéditas*, t. 3, p. 85.

[14] 9 de setembro de 1662 e 13 de fevereiro de 1663. *Cartas*, t. 2, p. 3 e 11. A segunda carta datada erradamente de janeiro no texto impresso.

achou uma novidade tão grande como a vinda repentina do padre D. Abade, e a carta que me leu de seu irmão, que concordava muito com outra que eu tive de Lisboa. O seu decreto e o meu se passaram juntos, e é muito para dar graças a Deus que, fazendo-se tão pouco caso de D. João de Áustria com oito mil cavalos, se tema tanto a frei Jorge em uma mula e a Antônio Vieira a pé. O certo é que o Porto está mui bem vigiado; conheça Vossa Mercê as sentinelas e guarde-se. As novas do enviado tem muita parte de boas; o amigo João Nunes da Cunha dobrará com elas o sentimento que tem do pouco que se ajuda a paz com as prevenções de guerra. Vi carta sua em que fazia essa queixa. Nos comissários se fala variamente, neste correio se espera a nomeação, crê-se que será um deles Niza. O marquês de Gouveia está ainda aqui muito contra vontade. Deteve por muitos dias a carruagem que enfim despediu, porque as sezões ainda que mais moderadas continuam, e o tempo com as neves que caíram vai tão rigoroso que não promete convalescença. Eu passo bem, porque em toda a parte me faz Deus tanta mercê que acho conformidade com a sua vontade. O mesmo Senhor guarde a Vossa Mercê muitos anos com os aumentos de sua graça, que a Vossa Mercê muito do coração desejo[15].

Ao marquês de Gouveia, que tanto estimaria visitar, ao menos para ouvir dele as últimas notícias da corte e seus enredos, dizia em um apressado bilhete o seu impedimento:

Excelentíssimo Senhor. No caminho soube juntamente da chegada e do achaque de Vossa Excelência, e trabalhando por chegar depressa, como o pedia qualquer desses dois cuidados, há 24 horas que cheguei, e não me é ainda possível ir aos pés de Vossa Excelência; e vem a ser os termos da ordem de Sua Majestade, em que me manda que do colégio de Coimbra não saia fora, e não têm ainda os prelados

---

[15] 13 de fevereiro de 1663. *Cartas*, t. 2, p. 11.

averiguado a inteligência dessa clausura, nem o podem fazer hoje por estar o padre provincial impedido: não pode chegar a mais a perfeição. Vossa Excelência se sirva de me mandar de palavra melhores novas da saúde de Vossa Excelência, que é só o alívio que posso ter em tanta desgraça[16].

Muito provavelmente frei Jorge de Carvalho, chegando a Lisboa, fez alarde de sua intimidade no Porto com Vieira. O caso é que em 5 de abril foi chamado aos Estaus, a fim de declarar as conversas que tivera com o desterrado. Entre outras coisas deu notícia da planejada obra da *Clavis prophetarum*; depois fez por escrito um relatório das doutrinas que mais se lhe afigurava ferirem a ortodoxia. Já, entretanto, o Santo Ofício começara a proceder. Aos 16 de fevereiro, um decreto do Conselho Geral ordenou que o tribunal de Coimbra mandasse ir à mesa o jesuíta, e o interrogasse sobre o escrito das *Esperanças de Portugal*, iniciando o processo, na forma ordinária, segundo as ordens de Roma, devendo o mesmo seguir seus trâmites ainda quando negasse o argüido ser ele o autor.

Não produziu imediato efeito a ordem de Lisboa por ter adoecido gravemente aquele a quem se referia. "Três vezes morto e três vezes ressuscitado neste ano" dizia ele em uma carta[17], sendo que a primeira foi logo a princípio de se achar em Coimbra. Já sabemos que ele era sujeito a achaques, e não admira que o organismo enfraquecido por fadigas conservasse resíduos de impaludismo do sertão amazônico, provocando as crises que o prostraram freqüentemente anos consecutivos. Ultimamente os incômodos agravavam-se de complicações bronquiais, com hemoptises, que faziam temer ao doente a tísica, doença vulgar na Companhia, e a que macerações e canseiras ajudavam o contágio, facilitado pela vida em comunidade.

[16] Idem.

[17] A D. Rodrigo de Menezes, 17 de dezembro de 1663. *Cartas*, t. 2, p. 13.

Em maio perdiam os médicos a confiança na botica e em sangrias, e aconselhavam a mudança de ares. Determinaram os superiores fosse o doente para a residência do Canal, junto a Buarcos, e trataram de alcançar a necessária licença da corte. É provável que lá ou em Coimbra alguém desse aviso aos inquisidores, porque Vieira recebeu nesses dias notificação do Santo Ofício para se não ausentar da cidade sem ir primeiro ao tribunal.

Não apressaria a convalescença pensar o doente que no Santo Ofício esperavam por ele. Por superior que se julgasse às acusações, confiado que estivesse em amizades, não lhe seria oculto o perigo. Quando o tribunal empolgava uma vítima, a inocência só tarde valia; as amizades desvaneciam-se, e quando alguma intervinha o esforço em geral era vão. Com o sangue mais fidalgo, e a familiaridade da corte, o conde de Vila Franca, que esteve nomeado embaixador para França, agonizara longos anos até à morte, em um cárcere. Manuel Fernandes Vila Real vira-se destituído de toda a proteção no dia em que foi recolhido ao calabouço, acusado de heresia. Com ele, Vieira, dava-se a circunstância fatal que seus protetores e amigos eram os vencidos, pelo golpe de Estado, privados agora de influência, alguns exilados, e na totalidade suspeitos a quem detinha o poder.

Assim, não seria sem um frêmito de comoção que, conquanto intrépido, a 21 de junho, já melhorado e pronto para a jornada de Buarcos, o jesuíta transpôs a portada da Inquisição, no antigo Colégio das Artes, onde seus confrades em outros tempos haviam triunfado. O cenário em que lhe iam correr tantas horas na humilhação do entendimento superior que se sente desdenhado, na tortura de um ânimo insofrido forçado à submissão, não era o que as mais das vezes contemplavam os réus, e conhecemos pelas narrativas, igual nas três Inquisições do reino. A grande quadra; no meio sobre um estrado a vasta mesa, cingida de damasco carmesim, símbolo da jurisdição do Santo Ofício – chamar à mesa, ir à mesa, pedir mesa, eram os termos consagrados para significar o modo pelo qual chegava o súdito daquele foro à presença dos juízes; ao fundo sobre uma tapeçaria a imagem do crucificado, tomando de alto a baixo a parede. Na parte anterior da mesa o inquisidor; ao pé dele, rosto ao Cristo, o interrogado; ao fundo, na outra cabeceira, o notário escrevendo as declarações. Em torno respirava tudo severidade: severas na austeridade monástica as alfaias da sala; severa a voz que interrogava, entre insinuações vagas e admoestações terríficas; severa em suas dimensões a estátua do crucificado, cuja vista acordava idéias de martírio e não de piedade.

Mas não foi ali que conduziram a Vieira. Subindo a escada que do terreiro de S. Miguel levava à casa do despacho, o meirinho que o recebeu na ante-sala fê-lo passar ao recinto do oratório, mais recatado, onde dava audiência o doutor Alexandre da Silva, cônego bracarense, promotor que fora na Inquisição de Lisboa, e que depois do processo, talvez em prêmio, ascendeu a um lugar no Conselho Geral. Nessa pequena estância Vieira passou por vezes, em mais de quatro anos, minutos trágicos: cóleras, desesperos, abatimentos, reações, até que por fim capitulou renegando-se. Em certos momentos devia parecer-lhe um aviso o Cristo, posto sobre o altar, aquele mesmo que ia, nas procissões dos autos-da-fé, de face para os infelizes relaxados à justiça secular, para os quais não havia misericórdia. De que não seriam capazes seus inimigos?

Entrando à audiência o jesuíta abeirou-se da mesa, acaso um pouco vacilante no andar, enfraquecido por cinco meses de enfermidade, e tomou assento perto do inquisidor provavelmente em cadeira de espaldas, por distinção que lhe quisesse fazer aquele, posto lhe não pertencesse pelo regimento. Começou o interrogatório pelo formulário usual: se suspeitava a razão por que fora chamado, e, à resposta negativa, se em algum tempo, por palavras ou escritos, se havia pronunciado em matérias de que ao Santo Ofício tocasse conhecer. Vieira parece não desconfiava de que fornecera o pretexto da sua presença ali o escrito sobre a ressurreição de D. João IV. Tanto a de D. Sebastião fora, e continuava a ser, crida, pelo menos sob a forma de prolongamento de uma vida misteriosa; tanto após a Restauração fora o Bandarra exaltado sem protesto do Santo Ofício, que lhe não ocorreu acusar-se disso. Com fundamento podia supor fosse a sua intervenção a favor dos cristãos novos o motivo de o chamarem os inquisidores. Referiu portanto os fatos relativos aos memoriais sobre os hebreus; um, dizia, composto quatorze ou quinze anos antes a pedido de Sebastião César de Menezes e do conde de Penaguião, camareiro-mor; outro, haveria treze anos, quando veio de Holanda, o qual D. João IV mandara entregar ao bispo de Elvas, Pantaleão Rodrigues Pacheco, do Conselho Geral do Santo Ofício, proposta que depois guardou consigo, por não ter a aprovação do prelado. Como sempre, havia na memória de Vieira confusão de datas. O primeiro escrito acerca dos cristãos novos era de 1643; o segundo de 1646 ; o regresso de Holanda ficava assim, pelo cálculo, adiantado para 1650, com diferença de quatro anos, engano estranhável em fato tão relevante da sua vida como aquele. Mas não era isso o que pedia o inquisidor, o qual, por fim, pondo-o no reto caminho, lhe perguntou se tinha feito algum papel acerca de certa pessoa defunta. Deslisava assim a questão para um terreno onde, pelo que precedera nas declarações, parece não a esperava o interrogado; e é possível que aí se lhe representasse mais fácil a defesa. Se pensou, desse modo, os acontecimentos iam dissuadi-lo.

Respondeu Vieira que era certo haver feito um papel, em que anunciava a ressurreição de D. João IV, o qual mandara para ser apresentado e servir de consolo à rainha. Baseava seus dizeres no Bandarra, a quem tinha por profeta, se não em sentido canônico com certeza naquele em que os santos padres e a Igreja admitem o espírito profético, que era o terem-se cumprido as coisas profetizadas. Aqui repetia o silogismo do escrito: os sucessos que o Bandarra tinha profetizado relativamente ao soberano falecido, parte estavam por efetuar; e como de outra forma não podiam verificar-se, seguia-se que forçosamente ressuscitaria. Declarou mais que o mesmo havia pregado em Salvaterra, estando o rei doente, e por ocasião das exéquias no Maranhão, onde também em alguns sermões predissera que em tempo breve haviam de vir à Igreja Católica vários castigos seguidos de felicidades, predições essas fundadas na Escritura. Sendo-lhe então mostrado o escrito para o reconhecer, hesitou, por faltar a assinatura. Eclipse de memória, que na sessão seguinte remediou, recordando-se de que dera a copiar a carta e a não tinha assinado. Entretanto passara a hora, que, pelo Regimento do Santo Ofício, só em circunstâncias muito excepcionais podia ser excedida; "e o declarante achava-se *muito achacado e queixoso de dores*", assim foi consignado nos autos. Ficou pois a continuação do exame para outra sessão, com preceito de que até nova ordem não poderia Vieira ausentar-se do distrito da cidade e colégio. O que o governo autorizara proibiam os inquisidores. A jornada para o Canal, disposta para esse dia, não pôde portanto ter efeito[18].

É de presumir que, com o abalo do interrogatório e a inesperada proibição, se exacerbassem os padecimentos de Vieira, mormente o estado febril. Certo é que recaiu. Impedido de se afastar de Coimbra, cujo clima se lhe mostrava tão nocivo – "não pode a minha fraqueza com a intemperança destes ares", dizia ele em uma carta, "sertão frigidíssio onde estive três vezes morto", em outra assim designava a terra[19] –, trocou a residência do colégio pela quinta de Vila Franca, lugar ameno, de vistas deliciosas, propriedade da Companhia à beira do Mondêgo, pouco acima, aonde usavam ir os religiosos a recreio e convalescença[20]. Dali se não pôde retirar até setembro. Nada resta hoje no local que recorde ter sido a estância casa dos jesuítas, e cenário no drama em que foi protagonista Antônio Vieira.

---

[18] Processo, 2ª parte, 1º exame de confissão.

[19] A D. Rodrigo de Menezes, 17 e 24 de dezembro de 1663. *Cartas*, t. 2, p. 14, 18.

[20] Não será porventura sem interesse ver-se como houve esta propriedade à Companhia de Jesus. A quinta fora confiscada para a coroa pelo Santo Ofício a Diogo Rodrigues e sua mulher, réus de heresia. Em provisão de 27 de maio de 1571 ordenou D. Sebastião que a mesma fosse entregue aos jesuítas de Coimbra, a quem a vendia, concedendo o prazo de oito meses, para eles em pagamento entregarem certas coisas, que não podiam alienar sem autorização do Geral; não chegando a licença dentro desse tempo ficaria nula a venda e os jesuítas tinham de sair da propriedade. Mas outras concessões modificaram completamente

Instruído do que se passara na sessão, o Conselho Geral concordou em que fosse Vieira para a quinta do Canal, consoante seu desejo, mas na saída deveria passar, como da primeira vez, pelo Santo Ofício, para prosseguir o interrogatório e se lhe declarar a censura de Roma. Se, a ordem dizia, ele se conformasse com a censura, estava o negócio concluído; não se conformando, continuariam as perguntas e seguiriam os procedimentos, como das instruções. De toda a maneira se lhe dariam dois meses para tratar da saúde, os quais se poderiam prorrogar havendo, necessidade[21].

Parecerá disto que eram benignas as disposições do Santo Ofício para com o seu velho inimigo. Não se acredite; os inquisidores assaz lhe conheciam o caráter para estarem seguros de que ele não capitularia sem reagir. Intrépido e orgulhoso de sua inteligência, havia de querer defender opiniões a que o aferrava a contradição. Em pontos de exegese e ciência divina não aceitava mestres, fossem qualificadores nacionais ou teólogos de Roma. A suposição, pois, de que estaria pelas censuras, sem tornar razões, era uma daquelas que por decoro se admitem, mas se não crêem realizáveis. Quando, porém, esta o fosse, que melhor vitória para o Santo Ofício que ver submisso aquele obstinado adversário de tantos anos, rendido à primeira intimação?

Não pôde o jesuíta aproveitar-se da licença e deixar Coimbra, porque lho não permitiu a enfermidade. Era a segunda crise desse ano, em que, na sua

o contrato: 28 de janeiro de 1572, prorrogado o prazo por mais seis meses; 28 de dezembro do mesmo ano, prorrogação até regressarem de Roma os padres que iam à congregação geral, devendo estes trazer a licença; 9 de novembro de 1573, carta de doação, ficando o Santo Ofício desobrigado de uma dívida que tinha à Companhia, por cessão de umas casas contíguas no edifício da Inquisição, as quais tinham sido de Diogo Afonso, secretário do cardeal D. Henrique, e anulada uma mercê de 500 cruzados, de que ainda não fora tirada a provisão, bem como uma tença de 25 mil cruzados, a Miguel de Sousa, religioso da Companhia, em sua vida. (De um artigo no *Conimbricense*, de 9 de janeiro de 1869, não assinado, presumivelmente, do diretor do periódico, dr. Joaquim Martins de Carvalho).

[21] Processo, 1ª parte. Carta do secretário do Conselho Geral Diogo Velho aos inquisidores de Coimbra, 28 de julho de 1663.

frase, se viu morto e ressuscitado três vezes. Só aos 25 de setembro se achou convalescido o bastante para comparecer no tribunal; e, como sem dúvida esperavam os inquisidores, informado da censura requereu lhe dessem cópia das proposições impugnadas a fim de as explicar. Nessa sessão deu notícia dos livros que meditava escrever: a *Clavis prophetarum*, em que, por lugares da Escritura e Santos Padres, mostraria haverem todas as nações de se converter à fé católica, constituindo o novo e último estado da Igreja; e o *Conselheiro secreto*, agregado de argumentos em refutação à lei de Moisés, e para desenganar de seus erros os hebreus; ambos os livros ia compondo na mente, e só do primeiro tinha escrito algumas notas, deixadas no Maranhão. Da *História do futuro*, que o ocupava desde 1649, e que naquele mesmo tempo andava a escrever; da resposta, aos contraditores das *Esperanças de Portugal*, defendendo o Bandarra, a qual, se não estava ainda em execução, teria já planejado; dessas duas obras, que lhe haviam de ser sequestradas, não falou. Cuidava escapar à tormenta, e que entretanto ninguém lhe perturbaria o correr plácido dos pensamentos até a publicidade.

A postura do argüido nesse segundo interrogatório não seria tão sobranceira desde que, no aperto das perguntas, se lhe começava a representar o enredado da situação. Também a doença o teria debilitado de maneira que, na voz menos forte, no aspecto abatido, estivesse o inquisidor inclinado a enxergar sintomas de fraqueza moral. Seria por isso que, escrevendo a um dos membros do Conselho Geral, informava assim: "O padre anda pouco melhorado, e muito mais brando do que estava da primeira vez que veio à Mesa". Tão combalido da enfermidade que lhe não agourava longa vida, ao menos assaz longa, para o que o processo prometia: "No caso que haja de ser examinado por tudo, levará tanto tempo que não chegará ele a vencê-lo"[22].

---

[22] Processo, 2ª parte. Carta do inquisidor Alexandre da Silva ao inquisidor Manuel Pimentel de Sousa, 1º de outubro de 1663.

Antes da informação recebida, já a 3 de outubro o Conselho Geral ordenava se passasse ao processo, seguindo em tudo as instruções do Regimento. Foi assim que na sessão seguinte, a 20 de outubro, Vieira compareceu como réu.

II

A primeira sessão propriamente do processo diz o Regimento do Santo Ofício que há de ser de genealogia, e no formulário estabelecido, entre outras disposições, recomenda aos inquisidores: "Mandarão ao preso que se ponha de joelhos e que se benza e diga a doutrina cristã, a saber, o padre-nosso, ave-maria, credo, salve-rainha, mandamentos da lei de Deus e da Santa Madre Igreja, o que se fará ainda que o preso notoriamente seja pessoa de letras"[23]. Preso, no sentido da palavra, como se entendia em respeito ao Santo Ofício, não estava ainda o jesuíta, mas realmentente o era, com menagem no Colégio, de onde se não podia ausentar sem vênia dos inquisidores. De sorte que, sem contra ele se cometer violência, foi aquele réu que no mesmo interrogatório se dizia de profissão teólogo e pregador de Sua Majestade, examinado em catecismo, como um menino, um incrédulo, ou um novo na fé. E isto ajoelhando a mandado do juiz que ele por certo, apesar da educação na humildade, no íntimo desprezaria como intelectualmente inferior. Mais teve de declarar se sabia ler e escrever, e em remate da humilhação, cumprindo o Regimento, tudo se escreveu e foi lido a Vieira, que em seguida assinou. No fecho as palavras de admoestação, repetidas cada vez que esteve em presença do inquisidor: que examinasse bem a consciência e tratasse de confessar inteiramente suas culpas, para ter bom despacho. "E por dizer que não tinha culpas que confessar foi outra vez admoestado em forma, e

[23] Regimento, Tít. 6º, § 2.

mandado que guardasse o que se lhe tem ordenado". Segredo do que havia passado com ele e proibição de se ausentar. Palavras que eram de praxe e se escreviam, tanto daquele que havia sido árbitro de razões de Estado e conselheiro de príncipes, como do mofino judaizante ou réu do pecado nefando, que não satisfazia nas declarações ao inquisidor.

Em duas sessões seguintes, a 27 de outubro e a 3 de novembro, os interrogatórios versaram respectivamente sobre o quinto império futuro e o dom profético do Bandarra. O quinto império começaria pela extinção do reino de Alemanha, chamado ainda império romano, com o que se acomodavam os fatos ao comentário bíblico da visão de Daniel, e aquele duraria até vir o Anticristo. Quanto ao Bandarra tinha o declarante por muito provável que as *Trovas* fossem compostas mediante revelação do céu; e bastava o sucesso visto, de parte das coisas anunciadas, para lhe dar foros de profeta iluminado por Deus.

Em outra sessão, a 15 de dezembro, o inquisidor, que se prezava de esperto teólogo, perguntou se tinha o réu alguma notícia do lugar onde se achava a alma de D. João IV, ao que ele respondeu com uma evasiva: não ressuscitando o soberano, estaria no lugar que por suas obras merecesse; se houvesse de ressuscitar, naquele onde Deus costuma ter as almas dos corpos que depois ressuscita, do qual lugar se não sabe coisa certa, por depender da vontade de Deus.

Essa pergunta, que embaraçava o interrogado, destinava-se talvez a convencê-lo da fatuidade da sua ciência, após um triunfo oratório recente. Cedendo, pode-se crer que sem dificuldade, a pedidos, Vieira deixara a obscuridade e o silêncio a que ultimamente o forçavam as circunstâncias, e mais uma vez se exibira ao público aplauso no púlpito. Compensação suave das repetidas amarguras. Foi a 25 de novembro, na festa de Santa Catarina, a única ocasião em que pregou em Coimbra. A oração é das mais eruditas que lhe foram ouvidas, e como convinha ao auditório de acadêmicos. Fatos de história sagrada e profana, e da particular da Igreja, ministravam ao pregador confrontos para exaltar a virgem de Alexandria. Tinha ela, em disputa pública, vencido e persuadido a cinqüenta filósofos pagãos, que logo abraçaram o cristianismo. Ela sozinha contra cinqüenta, e vencera a todos! No modo, porém, consistiu a maravilha do feito: "não a cada um particularmente, em muitas disputas, senão a todos em uma só"[24]. Os santos Agostinho, Gregório Magno, Bernardo, Cirilo e tantos outros tinham vencido em discussão a muitos adversários, mas um por um; Horácio prostrara os três irmãos inimigos, mas um após outro, em três diferentes assaltos; Davi derribara o principal dos filisteus, é verdade que gigante, mas um só. O caso de Alexandria era único, única também a glória da santa padroeira dos teólogos.

Não se pode afiançar que nesses símiles pretendesse Vieira afrontar a Inquisição, e que, na alegoria da disputa, em que saía a santa vencedora, representasse o seu debate sobre a ressurreição de D. João IV e o Bandarra; mas, quando eles lhe ocorreram, certamente pensou que se, como a virgem, disputava sozinho contra todos, como ela seria vencedor. Não podia, contudo, concluir sem claramente falar de si e por si.

> Se eu pregara onde agora me não querem ouvir, não deixara de representar aos reis ou a seus ministros o exemplo nunca assaz louvado de Baltasar, e o prêmio que tirou Daniel da verdade e constância com que lhe interpretou as suas letras. Continha-se nelas não menos que a morte do rei, a perda da coroa imperial e a sujeição de toda a monarquia a seus inimigos; e não restando a Baltasar mais que poucas horas de vida, na mesma em que Daniel lhe anunciou uma tão funesta sentença, o mandou vestir de púrpura e levantar à maior dignidade. Assim premiou um tal desengano quem tão enganado vivia. Mas esta generosidade e justiça de um rei gentio falta hoje em muitos príncipes cristãos e desejosos de parecer justos[25].

---

[24] *Sermões*, t. 2, p. 11.

[25] Ibidem, p. 30.

Do trecho se pode inferir que aludia Vieira ao discurso lido a D. Afonso VI, em presença das corporações do reino e de fidalgos, nas vésperas do golpe de Estado. Nesse caso seria ele o autor da famosa exortação. Mas, deixando isso em dúvida, é crível que algumas vezes importunasse com seus conselhos o leviano príncipe. De toda maneira não tratara este o conselheiro como Baltasar a Daniel, antes como ao mesmo Daniel o seu predecessor Dario. Suposta a diferença dos tempos, o Santo Ofício valia bem a cova dos leões. Para lá o tinham arremessado os sátrapas; quem sabe se, como o profeta, não seria também ele em breve triunfador?

É desse período a primeira carta conhecida do padre a D. Rodrigo de Menezes, irmão e sogro do marquês de Marialva e grande partidário do infante D. Pedro, de cuja casa fazia parte. "Cavalheiro pobre que estava às sopas do irmão" – diz dele o autor da *Anticatástrofe*; em outra página: "além de caviloso ambiciosíssimo"; e mais: "tinha D. Rodrigo muita política e sobeja maldade; era pobre, e por isso pretendia fazer sua fortuna à custa de um delito"[26]. O delito era a posse do trono, com que tentava a seu amo. Conceitos de que é lícito desconfiar, por virem de um inimigo político, mas que esclarecem a intimidade com Vieira e certos pontos da correspondência em que este perfeitamente descobre seus anelos. Não se carteando com ele desde o Porto, onde uma carta recebida, de que fez praça com a usual leveza, continha alguma comunicação, que deu rebate aos espias, escrevia-lhe a 24 de dezembro, sabendo por aviso de certo padre de Lisboa que estava para também lhe escrever D. Rodrigo. Expunha a sua doença, e lastimava-se de o não deixarem se ausentar de Coimbra, a cujos maléficos ares a imputava. Antes de receber essa carta já tinha feito diligências para lhe ser remitido o desterro; diligências baldadas, e tanto mais por virem de parte suspeita aos governantes, qual era o sequaz de D. Pedro[27].

---

[26] P. 275, 276, 39.

[27] "Pela obra de misericórdia com que Vossa Senhoria falou aos ministros dou a Vossa Senhoria as graças, mas não espero que a tenham por nenhuma intercessão."– *Cartas*, t. 2, p. 18.

Quatro dias depois, na véspera do Natal, escrevendo outra vez, peremtoriamente atribui às cartas de D. Rodrigo a transferência para Coimbra. Ao marquês de Gouveia tinha dito que por causa de uma carta para elem marquêsm lhe mudavam o desterro. Fosse como fosse, o pretexto lhe servia para excusar o silêncio. Agora, desprezando o risco, desde que ia ao seu encontro o cortesão experiente em intrigas, e que delas o informaria, não resiste ao atrativo, por muitas que sejam as apreensões do seu espírito. Com o fidalgo amigo desabafa seus cuidados e esperanças, a ele põe ao corrente do que adiantam suas obras. Destas, o que esperava D. Rodrigo, como toda a gente, eram os sermões. A oratória sagrada constituía então, para a gente culta de Portugal, a mais elevada expressão da literatura. Mas naquele momento Vieira cuida de objeto diferente. A D. Rodrigo desculpava-se com a doença. "Não me fale Vossa Senhoria em sermões, porque estas regras, e as que remeti o correio passado, são o maior excesso a que me tem dado lugar o sangue, dor e fraqueza, ou total desmaio do peito"[28]. Algum alento que tinha era para aquela grande obra, em que anunciava os destinos do mundo, a *História do futuro*. "Estamos em notável era", continuava. Aproximava-se 1666, ano evidentemente apontado pelo Bandarra[29], além disso em singular concordância com o Apocalipse na referência ao número da Besta: *este número é 666*.

---

[28] *Cartas*, t. 2, p. 18.

[29] Nas *Trovas*, Copla C:

. . . .
E nestes seis
Vereis coisas de espantar

Copla CXXVII:

. . . .
Aqueles que aos seis chegarem
Terão quanto desejarem.
E um só Deus será conhecido.

Havia ainda outro fundamento, que trouxe a lume, quando discutiu com a Inquisição as razões de sua crença.

Sobre todas é insigne em confirmação desta conjetura a alegoria da idade de Cristo, em cuja idade querem muitos autores que o mesmo Senhor estampasse uma muito exata figura da duração e progressos da sua Igreja, e não se pode negar que se correspondem geralmente uns e outros anos com grande propriedade. Querem pois os ditos autores que a cada ano de Cristo corresponda um ano de remissão, o qual na lei velha se chamava ano de jubileu e vinha de cinqüenta em cinqüenta anos.

[...] Sendo pois a idade de Cristo, segundo a opinião comum de 33 anos e três meses (posto que o cardeal Cusano a toma desde a Encarnação e a faz de 34) segue-se por boa conta que corresponde igualmente aos anos da Igreja de mil e seiscentos e sessenta e dois e meio nesta mesma era em que estamos. Advirto porém que à idade de Cristo se lhe hão de acrescentar alguns dias mais conforme os dez que abateu o calendário gregoriano, a que corresponde ano e meio, com que se prefazem mil e seiscentos e quatro. Mas para esta conta se tirar com toda a exatidão se há de ver Kepler e Gordone e outros, que novissimamente escreveram do ano cristiano. A discrepância porém mais ordinária que há entre os ditos autores não é tanta que não venha sempre o cômputo da alegoria a cair ou dentro ou ao redor da era em que estamos, e segundo alguns modos de contar mesmo ano corrente. Quanto mais que contando simplesmente o ano de mil e seiscentos e sessenta e dois e meio notaram alguns, segundo a mesma alegoria, que no dito ano e mês pontualmente entrou o Turco por Hungria e Alemanha, julgando que aquela entrada seria a primeira escaramuça, da sua destruição, e a primeira disposição dos fins de Deus, que por este meio é crível se hajam de conseguir.

Nesta mesma era dos seis fala muito *aquele autor idiota e infeliz que eu tenho mais razões de detestar que de alegar*. Só digo que pelo ano de 1666 se pode dizer como ele diz: *Aqui faz o conto cheio*. Porque todos os números do abecedário latino se enchem completamente na conta deste ano, sem acrescentar, nem diminuir, nem trocar ou alterar a ordem deles: porque o M vale mil, o D quinhentos, o C cento, o L cinqüenta, o X dez, o V cinco, o I um; e todos juntos pela mesma ordem vêm a fazer 1666. MDCLXVI[30].

Não se tome a sério o tom depreciativo em que Vieira se refere ao profeta, luz resplandescente de suas lucubrações. O passo transcrito era destinado aos inquisidores, e composto no cárcere: atenuação portanto não carecia de fundamento.

Também, segundo a conta de certos comentadores, de que se encontra lembrança entre as notas de Vieira, as letras do nome de Maomé correspondem ao número 666[31].

Tudo isso claramente designava o ano fatal, a que precederiam grandes desastres para a Igreja, seguidos do fim dos impérios turco e germânico, e do estabelecimento de outro que seria universal. Tinha portanto de apressar a publicação da sua obra, para que a não precedessem os acontecimentos, e sua marrativa deixasse de ser história do futuro.

Sobre isso de todas as partes lhe vinham novas que mais o persuadiam. Diziam-lhe, informação confirmada por certo jesuíta recém-vindo de Roma, que um português beirão fora elevado a rei de Argel, e o fato certamente se relacionava com o texto do Bandarra:

Uma porta se abrirá
Num dos reinos africanos;

---

30 "Representação dos motivos que tive para me parecerem prováveis as proposições de que se trata". Documento no processo, fol. 269, v.

31 "Francisco Fevardense, nas anotações ao livro 5 de S. Irineu *Adversus haereses*, prova largamente como a Besta do Apocalipse significa Mafoma e sua seita, e que o nome de Maometes (sic) se compõe de letras que fazem o número de 666." Apontamento sobre a destruição do império turco. Processo apêndice 8, fol. 1.

ao mesmo tempo que afirmavam de outra parte haverem os turcos conquistado sete cidades de Alemanha e posto cerco a Praga. "Tudo se vai encaminhando ao castigo da cristandade, que segundo as profecias é a última disposição das felicidades que se esperam."[32] Depois disso não tardaria o império prometido a Portugal. Assim o decifrador de textos cheios de mistério entendia os acontecimentos.

Semelhantes fatos deviam abalar-lhe a segurança daqueles seus prognósticos, pelos quais se achava agora sujeito à justiça dos inquisidores. Já lhe acudiriam dúvidas quanto à ressurreição anunciada. Bem podia ser afinal o predestinado aquele a quem quisera tirar o trono. "El-rei que Deus guarde é o mais feliz monarca do mundo, e para ele tem guardado o céu os bens, que sua real grandeza repartirá liberalmente com seus vassalos."[33] Esse, ou outro, com qualquer deles o fato primacial era a destruição do Turco pelo rei lusitano, coroado em seguida imperador de todo o mundo. Podia o caso aplicar-se a D. Afonso? Antes de Vieira tinham já outros refletido no assunto e resolvido afirmativamente. Desses, alguns do escol da intelectualidade portuguesa, membros da Academia dos Generosos, a qual em 1662 deu por tema a um torneio poético a libertação do Santo Sepulcro pelo moço soberano; e como a origem disso estava nas profecias herdadas do sebastianismo, quem aceitava a primeira parte não enjeitaria a última, posto a não mencionasse.

Entre os jesuítas o acontecimento final profetizado não parecia duvidoso. O padre Simão de Vasconcelos, dedicando a sua *Crônica* a D. Afonso VI, dizia haverem de se cumprir nesse monarca os oráculos das futuras felicidades da nação, e aludia ao império que aqueles igualmente prometiam. De D. Sebastião e D. João IV o título de *Encoberto*, sinal do predestinado, passara ao reinante vivo, e dava-se o assunto em tese, no colégio de Coimbra, para

---

[32] Carta ao marquês de Gouveia, 26 de dezembro de 1663. *Cartas*, t. 2, p. 21.

[33] Carta a D. Rodrigo de Menezes, *Cartas*, t. 2, p. 18.

justas dialéticas. Destarte a Sociedade renegava a conjura, em que tivera parte, e consagrava o rei, que tentara depor, figura grandiosa na história do mundo. Seria lisonja, mas no fundo continha resquícios de fé.

Não foi somente em Portugal que no século de Vieira a idéia desse futuro império perturbou os espíritos. Em Inglaterra, durante o período revolucionário, tinham os que esperavam o advento da quinta monarquia fundado um partido, estribando a sua crença nas profecias da Bíblia. Como Vieira, anunciavam a conversão dos homens todos ao verdadeiro culto, dessa vez uma das modalidades do protestantismo, e o mesmo reinado de Cristo na terra por mil anos. Cromwell, a quem combatiam, suspeitava que era intento deles ab-rogarem as leis e a propriedade, e restaurarem a lei mosaica. Em 1654, quando se discutiu a realeza de Cromwell, tentaram levantar-se em armas; mas o movimento abortou, sendo logo dispersos os revoltosos e presos os cabeças, aos quais depois perdoou o Protetor. Ao desmoronar da república ainda constituíam um partido capaz de ação[34]. Certo livro, publicado em 1642, anunciava para 1666 o reinado do Anticristo[35].

Também em outras partes a aproximação do ano fatal trazia os ânimos convulsos. Para os cabalistas, e muitos havia disseminados pela Europa, que com a gente hebraica tinham aprendido a extravagante ciência, o número apocalíptico possuía significado místico. Desses também alguns haveria no país. Aí por 1652 D. Francisco Manuel de Melo compunha um *Tratado*

---

[34] Veja-se o *Diário* de Samuel Pepys, 4 de janeiro de 1659-60.

[35] "An interpretation of the number 666, where in not only the manner how this Number, ought to be interpreted is clearely proved and demonstrated, but it is also shewed that this number is an exquisite and perfect character, truly, exactly, and essentially, describing that state of Government to which all other notes of Antichrist doe agree. With all knowne objections solidly and fully answered, that can be materially made against it." Francis Potter, B. D. Oxford, 1642. Pepys conta: "Thence took coach, and home, calling by the way at my bookseller's for a book writ about twenty years ago in prophecy of this year coming on 1666, explaining it to be the mark of the beaste." *Diário*, 16 de janeiro de 1665-66.

da ciência da cabala, contrário às pretensões dos cabalistas, o qual, verdade é, só póstumo se publicou, mas que certamente não escreveria se o não incitassem fatos da ocasião. A astrologia tinha igualmente seus cultores, e fora um deles o príncipe D. Teodósio, de quem os panegiristas louvaram, como insigne predicado, a perícia na interpretação dos signos. A aparição de cometas era para todos sinal de acontecimentos notáveis; matemáticos e filósofos discorriam, explicando pelo caminhar de um astro errante as catástrofes do mundo.

Por tudo se vê que, conquanto as opiniões de Vieira possam parecer insensatas, não se afastava ele em demasia da corrente do pensar do seu tempo. O período em que vivia o jesuíta era agitado por um marulhar de aspirações vagas, em que as almas incertas do porvir buscavam seu rumo. Não as podia satisfazer a ciência incompleta, a filosofia incoerente, a religião em debates, que o tempo lhes oferecia. Cada um forcejava por descobrir a seu modo o segredo, que sempre atraiu o homem, da direção do mundo e da finalidade da vida.

A mesma intranqüilidade em que se revolvia a Europa cristã reinava no Oriente. O ano fatídico de 1666 tinha para a grei israelita significado igual ao que lhe atribuía Vieira: a renovação do mundo. Para ela, porém, pela chegada do Messias. E os prognósticos cabalistas, esperança secular da raça hebraica, realizavam-se na pessoa de um judeu de Esmirna, para junto do qual, de toda a parte, da Síria a Amsterdam e às Ilhas Britânicas, os sectários da Toura concorriam, na ânsia de contemplarem a face augusta do Rei dos reis, enviado do céu. Ao espírito ganancioso da raça a crença sugeria especulações estranhas. Certo judeu de Londres oferecia 10 libras a quem quer que se quisesse obrigar a dar-lhe 100, se dentro em dois anos um seu correligionário de Esmirna fosse reconhecido no Oriente como rei do mundo e verdadeiro Messias[36]. Por espaço de dois anos o redentor Sebatai Cevi recebeu

[36] Pepys, *Diário*, 19 de janeiro de 1655-66.

as homenagens dos crentes, arrecadou oferendas, convocou adeptos, pregou, peregrinou do Egito a Constantinopla, até que por fim, sem que jamais a credulidade dos fiéis cansasse, para evitar que, como impostor, o governo otomano o punisse, se converteu ao islamismo.

Não é possível asseverar se estaria Vieira informado do movimento de esperança, que já então sacudia o mundo judaico; mas do mesmo modo se não concebe que, com tantos hebreus no país secretamente aditos da lei dos antepassados, tais fatos não tivessem entre eles repercussão; e nesse caso dificilmente passaria isso despercebido de quem, como o jesuíta, anunciava para breve a redução geral dos judeus à fé. Certo é, todavia, que ele em nenhuma parte deixa entender serem-lhe conhecidos esses acontecimentos, tão de perto em relação com o assunto de suas permanentes cogitações.

Nestas tinha então por confidente principal D. Rodrigo de Menezes, que lhe dera o conselho de pôr em escrito a obra planejada; a esse informava da marcha do trabalho; esse lhe buscava em Lisboa os livros e as notícias, que faltavam em Coimbra. "A livraria deste colégio tem tesouros", escrevia-lhe o padre; ele os tinha achado em cata minuciosa, revolvendo as estantes, arrumando os volumes, muitos dos quais, desde largos anos esquecidos. Mas eram tesouros da ciência vulgar; velhas crônicas, tratados teológicos, comentários da Escritura, discursos de filosofia. Outros tesouros havia, possuídos de poucos, e por eles avaramente guardados; tais as profecias de S. Frei Gil de Santarém, de S. Isidoro, arcebispo de Sevilha, do beato Amadeu, português ilustre sepultado em Milão[37], a exposição do Apocalipse por Serafim de Razis, obra de que ninguém dava relação, os vaticínios de Santa Hildegarda, apensos à sua biografia, e um comentário do abade Joaquim, vidente do século XIII, alegado pelos primeiros sebastianistas, e a quem exegetas de fama, como Cornélio à Lápide, muito seguido de Vieira, não recusavam o dom da

[37] "Nasceu em Campo Maior, junto a Elvas, do sangue e casa dos Silvas." Frei Luís de Sousa, *História de S. Domingos*, t. 2, p. 72.

profecia[38]. Tudo livros da maior raridade. As profecias de S. Frei Gil tinha-as um esparteiro das portas da Mouraria, quando o padre João de Vasconcelos, a quem as emprestou, compunha a *Restauração de Portugal prodigiosa*, em favor de D. João IV[39]. Em modestas mãos jazia a luz de que o intelecto superior de Vieira colhia o reflexo. Mais que todos inacessível o livro misterioso, que no seu sepulcro o beato Amadeu tinha cerrado na mão, para ser aberto em certo dia, oculto aos homens, marcado na tensão divina[40].

Todo o ano de 1664 e o seguinte até o mês de setembro, em que forçadamente emudece, Vieira assegura ao seu amigo que, ignorando achar-se ele sob a alçada da Inquisição, tentava retirá-lo de Coimbra, estar consagrando todo o seu tempo e alentos à obra em execução, a qual espera sempre dar a lume antes dos acontecimentos anunciados. À comunicação, que lhe faz D. Rodrigo, das diligências em seu favor, torna: "Pelo aperto com que Vossa Senhoria tem falado na minha restituição beijo as mãos a Vossa Senhoria muitas vezes; mas com o mesmo peço a Vossa Senhoria me deixe Vossa Senhoria estar assim até que Deus queira". E já como meio de ocultar a impossibilidade que lhe criava a situação para com o Santo Ofício, já porque realmente era este o seu parecer, acrescentava: "Não quero ressuscitar como Lázaro, senão com a ressurreição universal do gênero humano, porque tenho por certo que há de ser muito cedo o nosso dia de juízo"[41].

Dia de juízo seria o da justificação dele e do Bandarra, pela realização dos fatos que um e outro tinham prenunciado. Quando tal sucedesse, em que

---

38 "A multis suo tempore habitus est propheta, verum in omnibus ipse obscurus et enigmatus est sed nonnullis falsus et fallens..." Extraído de Cornélio, por Vieira. Há nos apontamentos deste, anexados ao processo, uma página inteira de passos do mesmo autor sobre o abade Joaquim.

39 Cf. *Cartas*, t. 2, p. 38. Os demais livros acham-se mencionados em outras cartas de Vieira.

40 *Successus regni Lusilaniae suo tempore aperiendus*, título do livro, segundo os crentes.

41 *Cartas*, t. 2, p. 25.

abismo se sumiria o inquisidor Alexandre da Silva e os êmulos, que de longe o perseguiam!

E o notável era que essa ressurreição universal se efetuaria "com muita glória de Portugal e de el-rei que Deus guarde"[42]. Desde já ele antecipava a gratidão de D. Afonso, imperador do universo, que o reconhecia por novo Daniel[43]. Sob essa mesma impressão escrevia, transcorrido um mês:

> Por cá não há coisa digna de relação mais que haver-se hoje dado princípio às mesas na sala dos nossos estudos, onde o mestre, que é o padre Francisco Guedes, tomou por problema dos futuros contingentes se havia de vir ou não el-rei D. Sebastião. E depois de o disputar com aplauso por uma e outra parte, resolveu que o verdadeiro *encoberto* profetizado é el-rei que Deus guarde, D. Afonso VI. Por sinal que, para eu o crer e confessar assim, não foi necessário nenhum dos argumentos que ouvi, porque, depois que observei as felicidades de Sua Majestade, e a providência tão particular com que assiste o céu a todas as suas ações, estou inteiramente persuadido a isso. Nem se poderá dizer por mim que mudei a opinião depois que me vi ao remo, porque esse meu desterro nunca o tive por galé; antes, se não fora tão sujeito às inclemências do tempo, o tivera por paraíso da terra. Se aquela obra chegar a merecer esse nome, será uma grande prova, e pode ser que admirável, disso que digo[44].

Já agora não tinha por mal o desterro, e Coimbra, não obstante a Inquisição, lhe podia ser o paraíso. Tanto o punha em júbilo o pensamento do triunfo vizinho! Era sintoma isso da transformação ocorrente em suas idéias. Naquela mesma quadra em que aplicava todas as forças da sua dialética a

---

[42] *Cartas*, t. 2, p. 25.

[43] Ibidem, p. 32.

[44] Ibidem, p. 38.

demonstrar aos inquisidores, pelas regras do silogismo, a ressurreição de D. João IV, em seu espírito principiava a evolução, pela qual a coroa do quinto império ia, de cabeça em cabeça, passar a gerações não engendradas ainda; e isso sempre seguindo as profecias.

Passado o tempo, esmorece-lhe a fé em D. Afonso, para começar a fixar-se em D. Pedro, se bem não abandonando ainda totalmente a hipótese da ressurreição. "Não quero dizer com isto a Vossa Senhoria que moram as minhas esperanças no mesmo lugar, porque, ainda que todos os dias se confirmam mais, não sei se estão depositadas, em S. Vicente de fora, se fora de S. Vicente, mas sempre será em lugar santo."[45] Hesitava entre S. Vicente, onde as cinzas do que havia de ressuscitar repousavam, e o Corpo Santo, residência do infante de dezesseis anos, candidato à coroa. D. Rodrigo de Menezes, homem prático, afagava a mania de Vieira, não porém sem um tanto de ceticismo. O silêncio que guardava sobre o assunto desanimava a este. "Nunca Vossa Senhoria me disse nada acerca dos sujeitos que às profecias podem ser opositores, e se, além do rei presente, do ausente e do defunto, e ainda do castelhano, que também é décima sexta geração, ocorre a Vossa Senhoria outro algum que possa fazer argumento."[46]

Décima sexta geração, como se sabe, era aquela em que as promessas feitas por Cristo ao primeiro rei em Ourique haveriam de cumprir-se. Contando de vários modos, uns, pela série dos reis, a fixavam em D. Sebastião, o rei ausente, a que se referia Vieira; outros, introduzindo a linhagem dos Bragança, chegavam a D. João lV; e depois os oportunistas, por um artifício, ou com melhor conta, excluindo a D. Afonso Henriques, reconheciam a D. Afonso VI, podendo também considerar-se na mesma linha o soberano espanhol. Nessa ocasião o intérprete não mencionava ainda o último opositor, D. Pe-

---

[45] *Cartas*, t. 2, p. 99.

[46] Ibidem, p. 97.

dro. Mas na carta seguinte declarava-se, exprimindo a dúvida anteriormente referida, sobre a situação de suas esperanças, em S. Vicente ou no palácio do infante, que pelo nome também era lugar santo. E insistia pelo parecer de D. Rodrigo: "Já pedi a Vossa Senhoria que me fizesse mercê de dizer o seu sentimento, porque sempre seguirei e estimarei a opinião de Vossa Senhoria"[47].

Seria de interesse conhecer o sentido e os termos precisos da resposta de D. Rodrigo. Somente podemos verificar que rejeitava a predestinação oferecida ao morador do Corpo Santo. O padre sentia-se humilhado e desculpava-se.

> Trabalho as horas que posso, mas afirmo a Vossa Senhoria que me desmaiou a carta de Vossa Senhoria com a resposta das minhas perguntas, em que Vossa Senhoria me disse em poucas regras mais do que eu tenho sabido escrever em muito papel. Agora sinto os danos do meu desterro, pois me priva de consultar mui freqüentemente os oráculos de Vossa Senhoria: em tudo me conformo com a doutrina e a autoridade de Vossa Senhoria, e só cuidava que sem novidade se podia também esperar que fizesse algum milagre o Corpo Santo. Não digo nada neste particular por afeto nem juízo próprio, mas é muito o que tenho ouvido a gente que discorre pelas estrelas, e discorre delas abaixo; e como cada santo tem suas prerrogativas, não é muito que se tenha mais fé naquele em tempo de tantas tempestades[48].

Se bem curioso da literatura dos prognósticos, e dado às especulações que a mesma sugeria, o camarista de D. Pedro não lhe buscava aplicação imediata. Permanecia no terreno da política positiva. O seu problema era o de colocar no trono um rei novo, e não o eleger imperador para o mundo.

---

[47] Ibidem, p. 99.

[48] *Cartas*, t. 1, p. 101.

III

O escrito, pelo qual fora o mentecapto Nicolau Bourey chamado à Inquisição em 1661, e que esta proibira, não tinha, apesar disso, definitivamente desaparecido. Como todos em iguais circunstâncias, divulgara-se em cópias clandestinas. Pessoas de representação na corte o liam e aprovavam. Vieira também teve o seu exemplar. "Cá me mandaram o papel do flamengo, e também vi por escrito quanto se tem contentado dele Pedro Fernandes Monteiro, de que não pouco me admirei; não é minha fé tão cega que se convença ou se cative de tão leves fundamentos."[49] Essa última frase parece revelar a já decidida transição do pregador, da ressurreição de D. João IV para outras idéias, porque a ressurreição era o que em seus argumentos frágeis propugnava Bourey. Ou teria ele por dispensável aliado aquele homem privado de siso, e por isso o renegava?

À medida que se aproximava o ano fatídico, iam-se dando acontecimentos que, uns pelo seu alcance político, confirmavam as profecias, outros, por sua estranheza, bem davam a compreender que atravessava a sociedade humana uma época de crise. Em 1663 os turcos avançam pela Hungria, ameaçam Presburgo, e corre que cercaram Praga, deixando Viena para trás. É o fim, que se avizinha, do império romano, de que tem o título a casa de Áustria. Quem duvidará que se cumprem os fados na forma anunciada? Uma derrota e a trégua subseqüente expulsam da Alemanha os invasores. Nada importa. A crença é tenaz, e o efeito dos primeiros sucessos não se esvai das imaginações.

Mais tarde é no céu que se manifesta o extraordinário dos tempos. "Cá me mandaram um cometa com duas luas no meio, que dizem apareceu em Alemanha em 12 de janeiro."[50] Em fins de 1664 outro cometa foi visto em Portugal. Logo se lhe encontrou uma coincidência que punha as imagina-

---

[49] Ibidem, p. 97.

[50] *Cartas*, t. 2, p. 60.

ções em sobressalto: "O cometa de 1577, a que se atribui a perda de el-rei D. Sebastião, segundo a conta de Vossa Senhoria, saiu ou apareceu no mesmo dia que este, e não falta quem ache grandes mistérios nessa correspondência, que verdadeiramente é notável"[51]. A propósito dele Vieira desentranha um texto de Ptolomeu, segundo o qual não tardariam os efeitos de sua passagem a ser reconhecidos. "É o que havemos mister, e o que promete a circunstância do tempo e o concurso de todas as outras causas."[52] Para alguns o fenômeno celeste era de mau agouro para a existência da pátria; aparecia outra semelhança com o de 1577: "Dizem que esse cometa é parecido em tudo ao de el-rei D. Sebastião e que, assim como aquele significou a sujeição de Portugal a Filipe II, assim se deu entre este e Filipe IV"[53]. Mas em breve sobrevieram coisas que confirmaram a Vieira na opinião de que a aparição do cometa no firmamento se relacionava com a transformação do mundo, profetizada. Assim ele dizia a D. Rodrigo em cartas sucessivas. Na de 26 de abril:

> Ontem afirmou um cônego desta Sé, Manuel dos Reis de Carvalho, que na véspera do dia, em que o cometa voltou a cauda para o Oriente, o vira ele e toda a sua família correr com grande pressa para o lugar onde estava a lua e meter a cauda pelo meio dela, e que este tão extraordinário movimento fora tão apressado e sensível que o distinguiam e notavam claramente os olhos [...] De Lisboa se escreveu neste correio chegara por via de Itália que o Turco tinha quebrado a trégua; se é verdade, tudo são disposições muito próximas do que se espera[54].

---

[51] Ibidem, p. 108.

[52] Ibidem.

[53] Ibidem, p. 128.

[54] *Cartas*, t. 2, p. 157.

Em 4 de maio:

Grandes prodígios se referem de perto e de longe. De Melgaço vi carta de um notável meteoro, que, correndo da parte de Valença do Minho e durando por muito espaço, se desfez sobre Galiza em raios e coriscos; era de figura de uma espada de cor verde e amarela, que saía de duas pequenas nuvens, uma branca e outra vermelha, e com a mesma figura foi visto em outras partes. No colégio dos tomaristas desta cidade se viu depois de meia-noite um globo de fogo que nascia na parte de sueste e subia por espaço de duas ou três horas até se desfazer, e continuou algumas noites. Em Guimarães vomitou um homem enfermo um dragão com duas asas, de comprimento quase de um côvado, da cabeça até o meio largo de dois dedos, vermelho e escuro, do meio para a cauda mais delgado e de cor parda. De Roma se escreve houve três dias de névoas tão espessas e escuras, que se não viam os homens nem os edifícios, e que as trevas eram palpáveis, como as do Egito. Tudo são sinais e prodígios que solenizam as vésperas do ano fatal, por cujas maravilhas nenhum há já tão incrédulo que não espere[55].

Na semana seguinte:

Não me diz Vossa Senhoria nada do segundo cometa, ou repetição do primeiro: cada dia se fala em novos meteoros vistos nos arredores, a diversos tempos do dia e da noite. O maior de todos para mim é o arsenal do Turco, que também temo seja o açoite de Itália, pelo muito que concorda com todas as Escrituras, ainda canônicas[56].

---

[55] Ibidem, p. 158.

[56] Ibidem, p. 168.

Outro notado prodígio tinha sido o suar sangue uma imagem da Virgem, em Torres Vedras. "Com o que" – dizia Vieira – "o céu e a terra parece começam a solenizar as vésperas e expectação do ano de 1666."[57]

Esta capacidade de crer não era exclusiva do cismador que escrevia a *História do futuro*. Já vimos que a tendência para o sobrenatural e maravilhoso estava no ambiente da época. Vieira, gênio autêntico, era a voz do seu tempo, a dar expressão a uma idéia, balbuciante sempre, através dos desenganos, na consciência da raça: o sonho magnífico da era manuelina, realizado um instante, para logo o transferir em anelo, nunca mais satisfeito, a crueza dos fatos. Exprimindo isso, era ele o arauto do seu povo; mas ia além, porque exprimia juntamente a psique da sociedade convulsa da sua época. Desde o Oriente, onde entre as nações que o Turco oprimia o judaísmo chamava o seu redentor, à Inglaterra, no outro extremo, dilacerada por contendas sangrentas de religião e governo, a mesma aspiração de tranqüilidade e equilíbrio social incitava os homens a buscar a chave das possíveis transformações do mundo nos arcanos do céu, ou de celeste procedência, que o esforço dos sábios conseguira desvendar. Assim, segundo as terras e as pessoas, a cabala, a astrologia, a mística rompiam o mistério dos acontecimentos, e davam refrigério aos espíritos, na inquietação perene do futuro.

Em Portugal, além da tradição histórica, da batalha de Ourique à aclamação de D. João IV, repousava no maravilhoso, a educação comum, eivada de misticismo, o pavor religioso como única sanção moral, uma literatura de que sermões e crônicas conventuais constituíam a produção mais fecunda, tudo isso incitava à credulidade ainda os mais esclarecidos espíritos. Dela se não eximiam indivíduos cuja profissão parece deveria guardar de uma fé demasiada em certos relatos. Acerca do dragão vomitado em Guimarães escrevia Vieira: "Disse-me Sanfins" – era o seu médico assistente – que o vira pintado e com certidão de

[57] Ibidem, p. 163.

médico passada ao pé"[58]. Quando assim pensavam os médicos, que afinal sempre alguma luz de ciência positiva recebiam, como duvidariam os ascetas?

Também o Bandarra parecia recuperar seu prestígio. A vitória do Canal assegurava outra vez as esperanças no futuro maravilhoso por ele predito, e, nas festas de Ação de Graças, os púlpitos novamente o proclamavam inspirado do céu. Vieira registava com júbilo essas demonstrações, que eram a justificação da sua crença.

> Finalmente no ano presente de 1663, com os sucessos do Alentejo ficaram ainda muito mais acreditadas as profecias de Bandarra, e mais publicamente apregoadas e pregadas por tais, como se ouviu nos sermões de todos os pregadores que naquela ocasião pregaram Ação de Graças, e particularmente nesta universidade, onde foram os pregadores delas o lente de prima de teologia[59], e outros lentes de teologia e Escritura, os quais todos em seus sermões alegaram e explicaram muitas vezes vários textos das profecias de Bandarra, mostrando como naquele caso se tinham cumprido, com grande aprovação e aplauso de todos, sem haver neste congresso dos mais doutos homens do reino quem lhe viesse ao pensamento censurar nem estranhar proposição alguma das que disseram, chamando-lhe todos profecias e profecias cumpridas. E nas festas que se fizeram na corte pelas mesmas vitórias se levantou um arco triunfal, no qual em figuras hieroglíficas estava pintado o sucesso e lugar da batalha, tendo por inscrição os dois versos do Bandarra:
>
> Vejo como por peneira
> A grifa morrer no cano[60]
>
> que eram lidos, celebrados e admirados de todos, como clara e verdadeira profecia, clara e verdadeiramente cumprida[61].

---

58 Ao marquês de Gouveia. *Cartas*, t. 2, p. 161.

59 O padre mestre frei Luís de Sá.

60 *Trovas*, copla CXLV.

61 Processo, apenso 1º, fol. 12.

À cela onde Vieira meditava e compunha convergiam daqui e de além oráculos, que outros místicos liam no firmarnento ou exumavam de cartapácios.

"Cá se divulgam profecias e prognósticos para o mês de setembro, em que se não pode fazer juízo sem saber as disposições interiores do mundo. Vossa Senhoria que está tanto sobre ele e o vê de perto, me dirá o que devo crer ou esperar."[62] Poder-se-ia supor que profecias e prognósticos fossem os boatos da corte sobre a política; mas não era isso. As preocupações do sonhador pairavam mais longe. Alguns prognósticos, como o que de Tentugal lhe mandava D. Teodósio Pereira de Melo, irmão do duque de Cadaval, ali desterrado, queriam referir-se a D. Sebastião, significado que ele como era de prever rejeitava. O oráculo anunciava personagem de sangue real. Que importava isso? O mistério era outro, dizia Vieira. "Não falta quem espere a revelação dele neste ano e ainda neste mesmo mês. Do seguinte se afirma constantemente que é fatal."[63] Outras vezes notícias da comoção dos ânimos também lá fora: "Aqui chegam agora uns padres de Itália, e dizem que para o ano que vem se esperam lá grandes mudanças no mundo"[64]. Para ele não apresentava dúvida haverem de vir tais mudanças no ano apocalíptico. Citando a aparição de uma estrela de particular grandeza, que alguém lhe tinha assinalado, dizia ao duque de Cadaval: "Esses dois anos, em cujas raias estamos, são reputados por fatais de todas as nações; espero em Deus que hão de ser felicíssimos para a nossa, ao menos em seus fins"[65]. Assim, portanto, idéias próprias e influências de fora, tudo o premia para que se apressasse a concluir a *História do futuro*, sem o que seria meramente o tardio profeta de coisas acontecidas.

---

[62] A D. Rodrigo de Menezes. 3 de agosto de 1665. *Cartas*, t. 2, p. 210.

[63] Ibidem, p. 211.

[64] Idem.

[65] Ibidem, p. 236.

Em abril de 1664 informava a D. Rodrigo que, esfriando o tempo, notavelmente se lhe estragava a saúde. "Mas nem por isso levantei mão da nossa obra, cujo sucesso depende tanto do tempo que poderá ser se apresse mais do que alguns cuidam."[66] E, passados dias, na carta seguinte:

> Os alicerces e as primeiras paredes vão todos fundados em autoridade divina, e pasmo de ver quão grandes tesouros estão escondidos no que todos trazem entre mãos e diante dos olhos. Já tomara que alguma parte estivera em estado de se apresentar aos de Vossa Senhoria, mas Deus ajudará[67].

Em março do seguinte ano comunicava estar pronto o primeiro tomo e em mãos do copista.

Já não era na corte segredo que andava o afamado jesuíta a escrever um livro que, pela novidade da matéria e aparato da ciência, excedia a tudo que antes produzira. Foi grande a curiosidade, e na roda dos áulicos houve talvez, quem, no empenho de conhecer o escrito, inculcasse na casa dos jesuítas lhe seria útil, a ele e à Companhia, mostrar ao rei os trechos da obra já concluídos. O que D. Afonso dela poderia compreender, e qual a parte que teve nas ordens dadas em seu nome, a isso referentes são pontos de perpétuo enigma. O fato é que, por preceito dos superiores, e ao que parece contra a vontade de Vieira, que se queixou da violência em cartas a D. Rodrigo e D. Teodósio, foram os primeiros cadernos do manuscrito remetidos, a fim de serem vistos pelo rei, em seguida mandando este por um decreto do secretário de Estado o assistisse o provincial com o necessário para ser terminada em breve a composição. Muito provavelmente será esta a parte única, que veio a imprimir-se depois da morte de Vieira, e formava o começo, ainda muito atrasado, da introdução. A essa parte não desconviria a informação que temos do autor: "Fiz eleição

---

66 *Cartas*, t. 2, p. 46.

67 Ibidem, p. 50.

daqueles capítulos mais capazes por sua matéria da aceitação de Sua Majestade, ainda que a obra toda vem a ser sua; mas as outras partes dela necessitam de fé, e para esta bastam os olhos"[68]. Com efeito aí ele insiste principalmente em sucessos passados da história pátria, cujas maravilhas todos no seu tempo admitiam: os futuros deduzidos das profecias, para as quais era a fé necessária, ficavam para o prosseguimento da obra. A esta, na ânsia de adiantá-la, consagrava o mais do tempo que lhe deixavam as obrigações de religioso, para as quais não havia, como ele declarava, privilegiados dentro da Sociedade[69].

Ainda assim se distraía, para satisfazer às instâncias pelo texto de alguns sermões proferidos, buscados como jóias literárias, e que a pessoas como D. Rodrigo de Menezes não ousava recusar. Sobre dois que esse fidalgo lhe pedia informava uma vez: "Os dois sermões, como quase todos os outros, estão em apontamentos, e é necessário reduzi-los de novo a estilo; nisso fico trabalhando, pois Vossa Senhoria assim o ordena, e descansará entretanto a outra tão cansada obra", isto é a *História*[70]. Também a correspondência ativa com esse mesmo amigo, com o duque de Cadaval e seu irmão D. Teodósio, com o marquês de Gouveia, com João Nunes da Cunha, provavelmente com Duarte Ribeiro de Macedo, e mais a de que não ficou memória, com alguns padres da Companhia e pessoas com quem permutava notícias, opiniões ou vaticínios sobre a guerra e a política; todo esse afán de, no seu forçado retiro, se sentir presente no mundo exterior, do qual temia o esquecimento, importava o desperdiçar de muitas horas, preciosas para o seu labor literário.

Nada, porém, tanto como os acidentes de moléstia, que a cada instante o prostravam. Já se viu que, no primeiro ano de residência em Coimbra, grande

---

[68] *Cartas*, t. 2, p. 143.

[69] Na petição ao Conselho Geral: "É religioso da Companhia de Jesus, religião em que não há privilegiado e deve acudir a todas as obrigações do seu instituto e da comunidade que levam grande parte do dia". *Obras inéditas*, t. 1, p. 70.

[70] *Cartas*, t. 2, p. 88.

parte dele esteve enfermo, e nas três vezes que melhorou de cada uma se julgou ressuscitado. O seguinte, de 1664, não foi mais feliz. Em 20 de fevereiro, escrevendo ao marquês de Gouveia, comunicava-lhe: "Fico em cama há quatro dias, resistindo quanto posso às sangrias, pelo dano que me têm feito sempre; mas os indícios são de qualidade que me parece não poderei continuar mais essa resistência"[71]. Nessa mesma carta diz que tanto temia não ter cabedal de forças para a doença como para os remédios. Quando pôde levantar-se, foi convalescer em Vila Franca, de onde noticiava a D. Rodrigo: "Esta Vila Franca está feita a casa da saúde, e todos os convalescentes que se passam a ela experimentam melhoria; eu vou continuando na minha mediocridade"[72].

Em junho vem a Coimbra à festa de Corpus Christi; de tarde grande febre; é uma forte erisipela; tem de ficar no colégio, onde o sangram seis vezes em três dias. Em 7 do mês seguinte ainda dita, porque não pode escrever de sua mão: "Alguns medicamentos me aplicaram essa semana, com que se não remediou, antes se dobrou a doença"[73]. Só em meado de julho pôde regressar, muito abatido, à quinta. A pequena jornada trouxe-lhe uma recaída. "Foi terrível o acidente que naquele dia padeci com a mudança do colégio para Vila Franca, mas quis Deus que passasse, e fico em pé com esperanças de melhoria."[74] Receitam-lhe banhos do Mondêgo; vai experimentar, diz, se a água de Coimbra lhe será mais favorável do que tem sido a terra e o ar. Entre os dias 15 e 19 de agosto volta enfim à cidade, já melhorado, mas ainda muito combalido. A febre só em outubro desaparece de vez.

O ano de 1665 foi pior. Em fevereiro os costumados catarros, estilicídios, segundo a expressão, agora com laivos sangüíneos. No fim de março, pela semana santa, chega-lhe o mal a valer: "A doença começou dia de Ramos, e

---

[71] *Cartas*, t. 2 p. 35.

[72] Ibidem, p. 53.

[73] Ibidem, p. 68.

[74] Ibidem, p. 71.

os remédios, por mal conhecida, começaram dia de Páscoa, e de então para cá nenhum dia houve sem novo martírio" – o do tratamento – "e quase todos de sangue" – as sangrias, que com tanto motivo o horrorizavam[75]. Perto dele, na enfermaria, morriam dois religiosos e agonizava um terceiro. "Não sendo os anos de todos três tantos, como só os meus", advertia. O que o levava a exclamar: "Bendito seja o Senhor que mostra nesses exemplos quão grande é a mercê que me faz, ainda quando passo com queixas"[76]. Em maio, com cinqüenta dias de cama, fazia a descrição da doença, bem entendido que por mão alheia, a D. Rodrigo de Menezes. Não é desprovido de interesse o trecho, pela notícia dos aspectos mórbidos e da terapêutica adotada.

> Começou a doença dia de Ramos em uma sezão declarada, e depois ficou em uma terçã nota, com os crescimentos noturnos, que por não serem reconhecidos dos médicos, e as águas mostrarem cozimento, me deixaram passar oito dias sem aplicar remédio. Ao cabo deles foi o primeiro umas sanguessugas, e porque este não aproveitou me deram quatro sangrias nos pés, e no dia 14 uma purga, com que se acrescentou a febre, que ainda se não julgava por contínua; ao dia 18 se aplicou contra essa outra sangria de pé, e nada mais até o dia 27 em que houve nova purga sem melhoria. Continuei depois com uns xaropes de frango e raízes diuréticas, com que no dia 31 e no seguinte me deram duas sangrias nos braços, havendo já muitos dias que a febre mui conhecidamente não despede, e os crescimentos duram toda a noite, ocupando toda a tarde antecedente os correios deles, que não passam de bocejos e extremidades frias. O maior receio é de que a febre ou se faça ou seja habitual, e de que a debilidade do sujeito fique incapaz de outros remédios, porquanto se viu ultimamente que o sangue era todo dessorado, que foi a causa de pararem com as sangrias; mas as águas sempre perfeitas na cor e sedimento[77].

---

[75] *Cartas,* t. 2, p. 15. Carta a D. Teodósio.

[76] Ao marquês de Gouveia. *Cartas,* t. 2, p. 153.

[77] *Cartas,* t. 2, p. 167.

A febre diariamente e sempre seria sintoma funesto. "É o que mais se teme nesta cidade e colégio, onde a ética e a tísica parece que têm feito o seu assento."[78] Ainda assim não estava o doente de todo em sossego, porque os médicos às vezes discordavam: "Sanfins acha febre, Vale diz que não acha, e ambos depois de esgotada toda a sua ciência, que vem a ser sangrias e purgas, tratam de me mandar essa semana para Vila Franca."[79] Para Vila Franca foi a 21 de maio, mas sem melhoras imediatas, porque continuavam os crescimentos e a medicação de que Vieira linha tanto horror como da mesma doença. Afinal em 13 de julho estava ela debelada e podia pela primeira vez o padre escrever, sentado à sua banca: "Dou muitas graças [a Deus] por poder fazer já esta a Vossa Senhoria com os pés no chão, depois de cento e cinco dias de cama"[80], dizia a D. Rodrigo de Menezes.

Com tantos impedimentos, e este da enfermidade tão contínuo, não é de estranhar pouco se ter adiantado na composição o livro que antes de 1666, prazo fatal, iria revelar ao mundo os seus destinos. Se causas impossíveis de arredar dilatavam o trabalho, a extensão dele, segundo o que o autor tinha meditado, formava o maior obstáculo. Basta saber-se que a primeira parte, chegada em longos meses ao sétimo capítulo, prometia sessenta e mais, pois para o sexagésimo reservava o escritor, e pela matéria não podia ser esse o final, tratar dos inspirados que anunciaram o movimento de 1640 e a aclamação de D. João IV e. f.[81]. E tudo isso não era ainda o livro, *senão preparação ou aparato*, advertia ele. Somente depois viria o que era propriamente a *História do futuro.*

[78] *Cartas*, t. 2, p. 162.

[79] Carta ao marquês de Gouveia. *Cartas*, t. 2, p. 160

[80] *Cartas*, t. 2, p. 199.

[81] *História do futuro*, 1718, p. 126.

Não contente da imensa tarefa e das razões estranhas que a protraíam, das quais falta mencionar o processo, que ia correndo no Santo Ofício, Vieira tentou ainda outra empresa: a justificação da carta ao padre André Fernandes, motivo daquele, para sair anônima ou com suposto nome em resposta a seus detratores.

O trecho inicial dará idéia do sentido que tinham o escrito.

Quando S. Paulo em Atenas pregou aos areopagitas a fé da ressurreição dos mortos, refere a história sagrada que causou a novidade dessa doutrina três efeitos diferentes nos ânimos dos que a ouviram. Uns totalmente zombaram, outros parecendo-lhe bem criam, e outros, que ficaram no meio desses dois extremos, disseram que gostariam de ouvir falar outra vez ao apóstolo sobre a mesma matéria. Isso mesmo aconteceu ao autor daquele papel ou discurso, em que se pretende provar a ressurreição ou segunda vida de el-rei D. João IV; alguns creram, muitos zombaram, e outros mais curiosos e menos incrédulos, desejam que o autor satisfaça as dúvidas que se lhe oferecem, e que confirme, e que prove ou corrobore mais os fundamentos da sua proposição. Isso é o que eu determino neste segundo papel, e pois seu autor não responde por si, responderei eu por ele. Não falarei com os que já crêem porque não hão mister, nem também falarei com os que zombam, porque não são capazes disso; falarei somente com os duvidosos, que desejam ouvir falar outra vez sobre essa matéria, satisfazendo a todas suas dúvidas, e mostrando com novos e evidentes argumentos a certeza ou probabilidade dela. E porque o meu intento e o dos que leram este segundo papel não é nem deve ser outro mais que o verdadeiro conhecimento do que provavelmente se pode e deve crer ou esperar desse assunto, peço àqueles a cujas mãos chegue o queiram ler com intenção totalmente pura e limpa, e que dispam primeiro seus ânimos de qualquer paixão ou afeto, dos que costumam levar após si o entendimento e escurecer a verdade.

Toda a controvérsia ou todo o reparo e admiração que causou o discurso de que tratamos, deixadas as coisas em que não há dúvida, se reduz a dois pontos

> principais. O primeiro pertencente ao passado, em que se afirma haver sido Bandarra verdadeiramente profeta, e haver falado em seus escritos com verdadeiro espírito de profecia. O segundo pertencente ao futuro, em que dessa primeira proposição se infere como coisa certa haverem-se de cumprir todas as coisas que no mesmo livro do Bandarra estão preditas, de que se tira por conseqüência a ressurreição e segunda vida de El-rei. Nestes dois pontos dividiremos este segundo papel e demonstraremos serem certos com toda a moral evidência[82].

Não se pode bem fixar a época em que foi principiado o escrito que ficou, como a *História do futuro*, incompleto. Seria pelo outono de 1664, quando dizia a D. Rodrigo: "O sermão do Maranhão bem entendo qual é, mas não poderá ir com tanta brevidade, porque é força trabalhar em outro papel, que também irá a Vossa Senhoria, porque há coisas que se lhe passa o tempo"[83]. Era com certeza aquele o das exéquias de D. João IV, em que prognosticava a ressurreição; e o papel em feitura há toda a razão de supor fosse a apologia acima. Nenhum outro do tempo aparece que se possa tomar por ele. Assim pois, a demonstração da segunda vida de D. João IV, quando já o império do mundo passara a D. Afonso VI, e já o explicador dos textos o oferecia ao outro filho! Não nos admiremos. O mesmo sustentava ele em presença do inquisidor. Volúvel por temperamento, a contradição transferia-lhe em firmeza as convicções oscilantes. Vieira era essencialmente um disputador.

IV

Entretanto caminhava o processo. Nos intervalos, que deixava a doença, o jesuíta era chamado aos exames, em que o inquisidor Alexandre da Sil-

---

[82] Processo, apenso 1º.

[83] *Cartas*, t. 2, p. 94.

va, dialético de nenhum modo à altura do seu competidor, debalde tentava convencê-lo do erro de suas opiniões, e o exortava a largá-las. Vieira descreve-o como absolutamente inferior à tarefa. Não teólogo mas canonista, que confessava ele próprio nada entender em matérias de teologia, e recear lhe escapassem no calor da controvérsia afirmações que podiam ser heréticas. Para as audiências levava as questões em notas por onde interrogava. Ministrava-lhe os apontamentos o deputado frei Domingos Freire, domínico, nomeado em 1665, pode ser que, como pretendia Vieira, de propósito para intervir na causa[84].

Todos os esforços tendiam a incriminar de heresia judaica o jesuíta. Entrado o ano de 1664, a primeira sessão foi a 8 de fevereiro. Versou o interrogatório sobre as tribos perdidas de Israel, que Vieira disse deviam existir em região incógnita da Ásia, e apareceriam em seguida à destruição do império turco; então D. João IV, como pessoa escolhida para instrumento da universalização da fé católica, as conduziria ao pontífice. Voltou aquele mais três vezes durante o mês, a 14, 16 e 27. A mais importante sessão foi a segunda. Nela referiu como tinha vencido em discussão a Manassés ben Israel, e outro rabino, Samuel Levi Morteira, lhe não aceitara o desafio; bem assim tinha convencido em Itália e Holanda a vários judeus. Aqui uma pergunta insidiosa do inquisidor: qual o motivo de tamanho interesse pelos cristãos novos, e tão especial que todos os seus escritos, compostos e que determinava compor, eram a favor deles? A favor dos judeus não, respondeu Vieira, mas a favor da fé. Quando seus livros saíssem a lume se veria não tratar neles só da conversão de judeus, mas de turcos, hereges e gentios, enfim, de toda a classe de infiéis. Para muitos tinha feito catecismo em suas línguas. O mesmo escrito, a favor dos judeus saídos de Portugal, tivera por

[84] Cf. "Direitos do juízo, processo e sentença do padre Antônio Vieira, representados à santidade de Clemente X e ao padre geral da Companhia de Jesus." Ms. Transcrito no Apêndice.

fim armar o reino com recursos para impedir que entrassem os heréticos holandeses nas conquistas. Assim que, todas as suas obras eram a favor da religião católica.

Esta e as outras sessões sempre terminadas pela fórmula usual; que examinasse bem a sua consciência e confessasse suas culpas; e a réplica, por parte de Vieira, que nada tinha a confessar. Na última o preveniu o interrogante de que na sessão seguinte o promotor apresentaria o libelo, e que, portanto, ainda a tempo antes dos procedimentos, examinasse bem a sua consciência, e visse se cria e tinha por verdadeiras as proposições impugnadas. Ao que tornou o réu que as proposições tinham sido interpretadas em sentido diferente do verdadeiro, e por isso insistia em as explicar, não por contumácia, mas para sua justificação.

A 5 de abril compareceu o jesuíta para ouvir o libelo. Admoestação prévia: que dissesse a verdade de suas culpas e a verdadeira intenção com que fizera o escrito, pelo qual fora chamado a responder; era o que convinha para descargo de sua consciência e bom despacho da causa. Formalidade usual com todos os réus. A costumada réplica de Vieira: não tinha culpas que confessar, nem mais declarações a fazer. Entra o promotor licenciado Gaspar da Costa Gouveia; é mandado por-se de pé o padre, e procede-se à leitura. Vieira escuta as acusações. Que sendo teólogo de profissão compuzera o *Quinto império do mundo*, dando por profecias certas as *Trovas* do Bandarra; que confirmara isso mesmo, declarando por verdadeiro profeta e alumiado por Deus o autor; que chamado à Mesa e tendo-se-lhe dito serem tais coisas escandalosas e reprovadas pelo Santo Ofício, não somente insistira nelas, desprezando a censura, mas ainda agravara a culpa com afirmações novas; que no Porto havia igualmente pronunciado asserções condenáveis; e que, finalmente, não querendo dizer a verdade, nem declarar a intenção com que escrevera, se presumia tê-lo feito por dissentir da fé católica e doutrina dos padres da Igreja: razões pelas quais pedia fosse castigado, com as penas mais graves aplicáveis ao delito.

Em seguida lhe foi dito que escolhesse defensor, e lhe apontou o inquisidor dois letrados, que preenchiam as funções no tribunal de Coimbra. "Pessoas de letras, prudência e confiança, graduadas em cânones ou leis e podendo ser também eclesiásticos", recomenda o Regimento: para o caso os licenciados Antônio Baptista Pereira e Antônio Dias Cabreira. Esses dois e não outros; a opção tinha de ficar entre eles. Vieira decidiu-se pelo segundo, tão indiferentemente que nem o nome lhe ficou sabendo, e esse escreveu em seguida o requerimento inicial da sua intervenção. Das aptidões desse defensor julgaremos por depoimento do acusado.

> No mesmo dia [5 de abril] lhe foi dado por procurador da causa um advogado, a quem não sabe o nome, o qual lhe disse que daquelas matérias não entendia coisa alguma, e para pedir tempo suficiente para responder e alegar a multidão e dificuldade das matérias de que se lhe fazia cargo, e o estado de sua pouca saúde, foi necessário que o suplicante lhe ditasse (como ditou) o que havia de dizer, não sendo esta a sua profissão, nem tendo conhecimento algum dos estilos do Santo Ofício[85].

Com muita verossimilhança passaria o caso como Vieira o refere. O procurador, treinado nos casos correntes de judaísmo, feitiço, bigamia e semelhantes, em que a negativa formal e a suspeição das testemunhas era tudo que a sua inútil intervenção fazia em favor dos réus, mal se atreveria a dar qualquer alvitre a este, afamado pelo saber, voluntário de condição, altivo como de todos reconhecido: muito menos em matérias de alta teologia, onde se sentia forasteiro. O caso é que, por parte do seu patrocinado, alegou não ser intento dele resistir ao que de suas opiniões se tinha julgado ou houvesse de julgar,

---

[85] Petição ao Conselho Geral, *Obras inéditas*, t. 1, p. 63.

senão somente explicá-las; que para isso necessitaria de tempo a fim de expor suas razões por escrito, tempo que teria de ser longo, visto achar-se doente, e de enfermidade tal que lançara muito sangue pela boca, o que lhe vedava aplicar-se ao estudo como convinha; pelo que pedia prazo para apresentar seus motivos. A isso anuiu o inquisidor, sem todavia marcar data.

Era o que queria Vieira: prazo não para a defesa no tribunal, mas para a que lhe seria o livro maravilhoso que estava compondo, e a justificação do mesmo pela realidade dos acontecimentos. Tanto quanto de sua correspondência se pode coligir, os incidentes do processo não lhe davam cuidado grande. A defesa escrita prometida nunca a preparou. Apelava para o tempo, que preencheria suas esperanças, fundadas nos vaticínios, e para o efeito da *História do futuro*, destinada ao público e não aos inquisidores. Só no fim, quando apertadamente lhe exigiram a apologia, e nada tinha para oferecer além do esboço de uma obra imensa, que demandaria labor prolongado, compreendeu o perigo.

Ainda então seu fito foi só concluir a *História*, e por meio dela remir-se da situação de apuro. É o que de suas confidências se entende. Em janeiro de 1665, escrevendo a D. Rodrigo a quem comunicava não poder levantar a pena da obra em composição: "Lembre-se Vossa Senhoria de certo negócio em que, estando eu nessa terra, me fez mercê o senhor marquês de querer ter parte"[86] – referia-se à primeira acometida do Santo Oficio; esta era a causa do açodamento. No mês seguinte, conta que a *escarrar vermelho*, continuava a escrever: "Mas a tudo obriga o gosto senão também a necessidade"[87]. E denunciava a intenção de, quando a verdade por si não valesse para defesa, se valer de D. Rodrigo e do marquês seu irmão.

[86] *Cartas*, t. 2, p. 113.

[87] Ibidem, p. 127.

Não há indício de que, através das alusões vagas, o destinatário da carta percebesse a verdade da situação do padre. No deserto moral em que se encontrava, pelo segredo imposto com juramento, privado de desabafo – ele que tão mal sabia guardar o recôndito de sua alma – impedido de buscar um conselho, uma promessa de auxílio que lhe fosse conforto, acabava por soltar este brado de angústia: "Até a esperança se nos tolhe, que é o único alívio que ninguém tirou na mais triste fortuna aos mais desafortunados!". Nessa ocasião lhe escapa uma súplica de socorro disfarçada neste voto: "Bem a propósito da tormenta vinha agora o senhor Santelmo". Apelo ao enfante, cujo nome era o mesmo do salvador que os navegantes invocavam: S. Pedro Gonçalves, Santelmo, Corpo Santo, e que, na coincidência dos dois nomes, o próprio e o da estância que habitava, tinha um selo de predestinação. Assumisse a coroa D. Pedro e o libertaria dos inquisidores."

Isto, porém, já no último período e acidentalmente. Em geral é evidente nele a despreocupação. Em agosto de 1664, quando convalescendo em Vila Franca, sobram-lhe tempo e disposição de ânimo para compor versos latinos, oferecidos ao padre mestre frei Luís de Sá, vice-reitor da universidade, que fora à quinta em visita. Se todos são dele, como afirma o coletor coetâneo, pode-se dizer ter feito em poucas horas sozinho o trabalho de uma academia. Duas elegias e 27 epigramas, em glosa a uma carta do vice-reitor e três sonetos que o mesmo chegando a casa enviara, acompanhado o regalo de um belo congro aos padres. Os sonetos em três línguas, latim, castelhano e português, aludiam a um crucifixo de Vila Franca, a que o Mondego, em uma cheia, tinha arrebatado um braço. É necessário ler os versos para se entender a carta, toda ela de trocadilhos e retorcidas frases, que o autor dirigiu com eles ao padre mestre[88].

[88] 15 de agosto de 1664. *Cartas*, t. 2, p. 76. Uma elegia e vários epigramas em *Obras várias*, t. 2, p. 161 e ss.; mais epigramas em *Obras inéditas*, t. 3, p. 61 e ss. Pode-se ver tudo no t. 12 das *Obras manuscritas* de Vieira, na Bibl. da Academia das Ciências.

Alguma vez igualmente galanteava com a musa caseira. A batalha de Montes Claros inspira-lhe uma décima, em louvor dos heróis da jornada, que, se o não abona como poeta, testemunha o seu bom humor[89]. Quando as sessões com o inquisidor eram mais apertadas, logo a seguir, nas cartas, discreteava sobre os sucessos da corte, sobre a guerra e a paz, discutia prognósticos, ou dava notícia de seus trabalhos com o desenfado de quem não sente apreensões pelo futuro. Desânimo não se vislumbra nele, a não ser no tocante à saúde. Mais parecia afetá-lo o temor de algum remoto desterro. Logo após o libelo constou-lhe que o queriam mandar para a Índia: "Cá tive meus rebates, como o ano passado, de me quererem mudar o degredo para mais longe, nessa ocasião de naus da Índia, mas não são necessárias as calmas de Guiné nem as tormentas do Cabo da Boa Esperança; bastam os frios de Coimbra para satisfazerem à vontade de meus amigos"[90]. Já ao chegar ao Porto tivera o mesmo receio; mas desde essa segunda ocasião não voltou a manifestá-lo.

O seu desejo era que o retirassem de Coimbra, não tanto pelo processo como para fugir ao clima que tinha por perigoso, em razão da temperatura. D. Rodrigo de Menezes, o marquês de Marialva, e parece que uma pessoa

---

[89] *Cartas*, t. 2, p. 193.

DÉCIMA

Passou da marca o marquês
No valor, na bizarria:
São João teve o seu dia
A dezessete do mês:
O meu César desta vez
Soube vir, ver e vencer:
Com Jaques não há perder:
Meneses todo é Luís:
O Diniz fez quanto quis,
Não há mais Flandres que Scombér.

[90] Ibidem, p. 46.

incógnita que, a recomendação do duque de Cadaval, intercedia em Lisboa, diligenciavam alcançar-lhe a transferência. Em junho de 1665 havia as melhores esperanças. Castelmelhor afetava magnanimidade. "O valido prometeu, que havia de pedir nessa ocasião a Sua Majestade me tirasse de lugar tão nocivo à saúde", escrevia Vieira a D. Teodósio. E dias depois: "O requerimento da minha restituição disse o conde que Sua Majestade o mandara consultar com algumas pessoas, sobre que andava fazendo boa diligência"[91]. Provavelmente boas palavras, e só palavras, com que o ministro correspondia aos empenhos pelo jesuíta.

Este continuava pessoa suspeita para os detentores do poder. Não lhes seria desconhecido que mantinha com outros desterrados e opositores mais graduados do governo assídua correspondência epistolar. Em 1664, por Cinzas, correu em Lisboa o boato de ter ele ido lá ocultamente, e se mandaram fazer indagações em Coimbra[92]. A Lisboa nunca foi, mas é certo que aproveitando as facilidades de passeio, que tinha em Vila Franca, mais de uma vez se afastou para visitas: em uma ocasião a Tentúgal, ao duque de Cadaval; outra, que preparava em agosto de 1664, por qualquer transtorno superveniente, não se pôde realizar. Em Vila Franca, nos esconderijos da quinta, tinha encontros clandestinos. Lá esteve com ele D. Teodósio, porventura o mesmo duque; lá conferia com os emissários, que iam de Tentúgal levar-lhe os recados de um e outro. Com a cumplicidade do companheiro, segundo a Regra, padre José Soares, boa alma, humilde inteligência, dedicado e simples, que desde o Maranhão a toda a parte o seguia e foi, até que os separou a morte, seu amanuense, e o mais sincero e talvez único amigo. Nem sempre essas violaçõesdo regime da casa e das ordens régias passaram ignoradas dos

[91] *Cartas*, t. 2, p. 182, 195.

[92] "Neste mesmo correio se mandou informar certo ministro dessa corte se estivera eu em Coimbra pela Cinza, porque se afirmava em Lisboa que estava eu lá escondido nesse tempo", *Cartas*, t. 2, p. 44.

superiores, e de S. Roque avisaram a Vieira que poderia isso, sabido na corte, embaraçar-lhe o indulto. Ele, porém, não se coibia.

Acaso, no Conselho Supremo do Santo Ofício tiveram eco as notícias relativas ao réu de Coimbra. Eram passados mais de oito meses desde que fora ao tribunal pela última vez e deixara a promessa de voltar com a defesa. Desde esse tempo nada fizera saber de si. Por ordem do Conselho foi ele a 23 de dezembro chamado à Mesa, onde se lhe notificou um requerimento do promotor para que o processo continuasse seus trâmites, no caso de ele não apresentar a apologia escrita, a que se tinha obrigado. Vieira mostrou os papéis que levava consigo e tinha podido juntar à pressa: capítulos da *História do futuro*, defesa das *Esperanças de Portugal*, páginas e notas avulsas. "Trinta cadernos de folha de papel escritos, alguns de sua letra", consigna o auto desse dia. E uma nota da mão do inquisidor à margem: "Estes cadernos não eram acabados de escrever, sendo somente principiados, com várias matérias." O padre invocou a desculpa da doença e seus tratamentos, que lhe tomavam o tempo e impediam o trabalho; ainda poucos dias antes lançara sangue pela boca. Pedia por isso mais prazo, e em seis meses daria tudo acabado.

Os do Conselho Geral, convencidos de que era o intento de Vieira ganhar tempo, protelando o processo, até que por enfado o deixassem, ou que algum imprevisto acontecimento o viesse libertar, tinham manifestado aos inquisidores de Coimbra que a demora os não surpreendia, mas insistiam pela conclusão, autorizando todavia a prorrogação da defesa pelo tempo que julgassem conveniente. Em virtude dessas instruções Alexandre da Silva declarou-se disposto a conceder a dilação pedida, mas somente até a Páscoa, decisão pouco do agrado do réu, que protestou contra ela.

A sessão foi, ao que parece, tempestuosa. O jesuíta exaltou-se; o inquisidor ameaçou. Ambos reciprocamente atribuem um ao outro o excesso. Averigua-se que Vieira sendo-lhe dado o auto a assinar, recusou. "Veja lá em que se mete", advertiu o inquisidor irritado; e observou que não cabia aquela forma de proceder em um réu. Caindo em si, de nenhum modo amedrontado, o que sem injustiça se não pode supor dele, Vieira assinou. "Por força", segundo diz em uma petição que fez mais tarde ao Conselho, na qual o incidente é relatado. Posta a assinatura regressou ao Colégio, mais preocupado com o cometa aparecido ultimamente, de cuja significação disputavam com aferro os entendidos, do que com o processo.

O visitante astral continuou sendo para ele objeto de interesse todo o tempo que permaneceu no firmamento. Rara a carta desse período em que deixe de se lhe referir. Em fevereiro chegam-lhe dois livros dos que muito desejava: o do abade Joaquim, e outro com fragmentos do arcebispo de Sevilha, santo Isidoro, material profético utilíssimo para a sua obra. Nesse mês exercícios espirituais: oito dias em que todas as demais ocupações se interrompem. Periodicamente chega o *Mercúrio Português*, gazeta de Antônio de Sousa de Macedo com as novas da guerra e da política externa. Vieira tinha em pouca estima a publicação, da qual dizia sarcástico: "Antigamente era coisa mui prezada ter um conselheiro de Estado para saber um segredo; agora se compra tudo isso com um vintém"[93]. Mais adiante quando soube que a publicação ia ser suspensa: "Eu lhe sofrera o estilo, com que Deus nos desse muitas ocasiões de escrever vitórias"[94]. Os negócios do Maranhão continuavam a inquietá-lo. Em março era ocasião de escrever para lá. Lastimava-se de que, estando havia três anos em Portugal, o tivessem em parte onde não podia falar a favor dos índios, pelos quais tanto renhira: "Prenderam-se os pastores e soltaram-se os lobos, e não tem Cristo quem acuda pelo seu rebanho"[95]. Como se sabe, tinha pela última lei sido retirada dos religiosos a direção dos índios. Tudo o distrai do trabalho principal, cada vez mais urgente, como teria percebido. É possível que, certo já de a não poder levar a cabo em tempo

[93] Ao marquês de Gouveia. *Cartas*, t. 2, p. 125.

[94] Ao duque de Cadaval. *Cartas*, t. 2, p. 223.

[95] A D. Rodrigo de Menezes. *Cartas*, t. 2, p. 157.

útil, se agarrasse à esperança vaga de, autorizado pelo rei a sair de Coimbra, se lhe afrouxar a pressão inquisitorial. Conseguido isso, era aguardar que as profecias se realizassem.

O termo fatal, a Páscoa, caía, em 1665, a 5 de abril. Um ano, dia a dia, que tinha ficado de apresentar a defesa. Não se pode dizer fosse em demasia exigente o Santo Ofício. Mas nessa data estava, como temos visto, prostrado pela doença; tão decaído que em 12 se desculpava de não poder ditar duas regras para o duque de Cadaval. E com a enfermidade se lhe ia prolongando o espaço assinado por mais seis meses.

A 13 de julho podia finalmente o enfermo, já de pé, cartear-se com os amigos. Era tempo de prosseguir na tarefa interrompida; a época dos sucessos prognosticados avizinhava-se; os inquisidores aguardavam a apologia. Apesar do que, com tantas distrações contínuas, não progredia o trabalho. Vieira era um gênio incompleto: nas obras grandes que meditou não correspondeu a capacidade da execução à facilidade da concepção; nenhuma pôde acabar e alguma nem mesmo foi principiada. Supondo, porém, que com seu plano imenso, o trabalho desordenado, as diversões contínuas, lograsse afinal aparecer no Santo Ofício com a *História do futuro* concluída, nem por isso a sua condição mudaria. É seguro que os inquisidores não veriam no livro glorioso outra coisa que matéria para novas culpas. A esperança, que nele Vieira fundava, era mais uma quimera sua.

A 10 de agosto preparava-se para uma excursão furtiva a Tentúgal, em visita ao duque de Cadaval e seu irmão D. Teodósio, fazendo conta de convencer a este, pertinaz sebastianista, da vaidade da sua crença. "E haverá tempo para alargar mais a conferência e falar nas estrelas do céu e nas da terra, que nem sempre hão de ser contrárias."[96] Estrela da terra, a que despontava no Palácio do Corpo Santo, da qual, chegada ao zênite, esperava o termo de suas

[96] *Cartas*, t. 2, p. 215.

misérias. Mas não se realizou então a jornada, por ter adoecido D. Teodósio, ficando para quando ele melhorasse.

Entretanto, ou por ter recado do Santo Ofício a insistir pela apologia, ou porque lhe não estranhassem a delonga, mandou Vieira em justificação, a 16 de agosto, atestados de doença, um do doutor Francisco Rodrigues Cassão, médico do Colégio, outro do doutor Antônio Mendes, lente da universidade. Diziam os médicos que se tinham agravado os padecimentos, originados do clima da cidade e próprios da compleição do padre, sujeito a estilicídios, e agora deitando sangue pela boca. Ambos concordavam em lhe ser necessário mudar de ares e abster-se de trabalhos de escrita.

Com isto se julgou o enfermo a coberto de procedimentos. Todo o seu empenho era protrair o negócio, até que algum sucesso político, ou o prazo do Apocalipse, lhe modificasse o destino. A 17 de junho fora a batalha de Montes Claros, em que ficara prisioneiro um filho do conde de Castrilho, valido de Filipe IV. Os crentes punham em conexão o fato com os vaticínios do sebastianismo, "Aqui se diz que o conde de Castrilho se chama Garcia, e se dá essa explicação ao último verso da décima do Bandarra", escrevia Vieira ao irmão do vencedor, pedindo-lhe a confirmação do nome. O primeiro verso da mesma décima tinha para ele igualmente significado atual: "Também disseram uns frades da serra de Ossa que a casa que os duques de Bragança têm na tapada se chama a *Cabana*". E a palavra *cabana* se achava ali. Semelhantes coincidências não podiam ser casuais. "Espero que tudo o mais se cumpra e seja muito cedo."[97] Tudo que ele nas coplas do inspirado

---

[97] *Cartas*, t. 2, p. 227. A décima é a seguinte:
Ao redor da gran cabana
Naqueles montes erguidos,
No vale que se diz Cana,
Ouvimos esta semana
Lobos que andam fugidos
Dando grandes alaridos,

sapateiro tinha lido, através do fraseado incompreensível, e em que tanto mais agora cria quanto disso, convertido em realidade, supunha pendente o seu futuro.

Eis que na quinta-feira, 10 de setembro, já depois do anoitecer, um bilhete do notário da Inquisição o intima a trazer sem demora a defesa ao tribunal. Era ordem do Conselho de Lisboa, que, tendo ao fim por excessiva a tardança, determinava sentenciassem os inquisidores a causa no estado em que se achasse, e remetessem os autos para a revista. Vieira tinha ajustado com D. Teodósio ir no seguinte domingo visitá-lo a Tentúgal e despedir-se do duque, que partia para Almeida, a fim de juntar-se às forças do comando de Pedro Jaques de Magalhães. Na véspera escrevera ao fidalgo amigo, sobre as precauções da jornada: "Domingo pela manhã, quanto mais cedo melhor, estimarei que Vossa Senhoria dê ordem que venha carruagem, e que espere no olival, e se me dê recado, porque toda essa cautela é necessária para a dissimulação com que importa fazer essa ausência"[98]. Com suma dor tem de participar que se despede do intento: "A esta hora, que são as dez da noite, me sobreveio de parte superior um impedimento inevitável para não poder fazer a jornada, e é o impedimento de qualidade que o não posso eu manifestar a Vossa Senhoria, e muito menos por papel"[99]. Ainda assim com bastante desprendimento para na carta se referir a coisas da guerra.

À intimação do notário responde à margem, segundo a ordem:

> Quando os senhores inquisidores me mandaram responder até a Páscoa da Ressurreição, representei eu quão limitado era o tempo para satisfazer a tantos pontos,

---

Fazendo grande agonia,
Muitos mortos e feridos,
E outros andam perdidos,
Caem no bailo do Garcia.

[98] *Cartas*, t. 2, p. 244.

[99] Idem.

e que incluíam tantas, tão novas e tão dilatadas matérias. Contudo por obedecer quanto em mim fosse me apliquei logo ao estudo delas, trabalhando de dia e de noite de modo que no princípio da Quaresma comecei a lançar muito sangue pela boca, e antes do fim caí em cama, onde estive quatro meses com grande perigo de vida, de que ainda não estou convalescido com capacidade de poder continuar o começado, que está sem ordem e a pedaços, e por apontamentos confusos, sem digestão nem método de que se possa formar conceito, com outras impossibilidades que se não podem dizer à margem, como Vossa Mercê me ordena. Tanto que me o permitir a convalescença (que espero será muito cedo) irei pessoalmente dar conta de mim e de tudo aos senhores inquisidores, e farei o que me mandarem com a submissão que costumo. Deus Guarde a Vossa Mercê. Vila Franca, quinta-feira.

ANTÔNIO VIEIRA.

A esta carta replicou o notário em 11 que, sem embargo das razões alegadas, ordenavam os inquisidores mandasse o padre logo à Mesa os cadernos, que já tinham visto, no estado em que estivessem, e não o fazendo procederiam como lhes parecesse justiça, e sentenciariam a causa sem defesa, visto já terem esperado por ela ano e meio.

Foi a comunicação entregue pessoalmente a Vieira pelo meirinho do tribunal, que certificou tê-lo visto caminhar encostado a um bordão, macilento de rosto, e demonstrando fraqueza na presença e na voz. O dia fora de ruins novas. Trouxera o correio cartas do Maranhão, em que se lastimavam os missionários das perseguições feitas aos índios, das quais os não podiam defender. De Lisboa lhe comunicavam haver-se o Estado metido em posse, a título de empréstimo, dos bens de seu cunhado Simão Álvares de Lapenha, que, tendo mandado a fazenda adiante para o reino, perecera em naufrágio, com mulher, quatro filhas e um filho; fazenda que, extinta a descendência, tocava à família Ravasco, bem assim os rendosos empregos do falecido, já então vendidos a outros pelo governo. A tais novas chama ele "correios de Jó", e é de notar que, tão aflito por casos mesquinhos de interesse, o pareça menos pelos de ordem afetiva; porque nem o fim trágico da irmã, cunhado e sobrinhos, em 1662 ou 1663, nem a morte da mãe, que devia ter sido em 1664[100], deram ensejo a referência em tantas cartas suas que conhecemos desse período. As notícias que assim o contrariavam deviam contribuir, além da fraqueza, para o aspecto acabrunhado que lhe notou o meirinho.

Na mesma folha da citação, à margem, levou este a resposta:

> Estou nesta quinta de Vila Franca onde não tenho os papéis para os enviar logo, nem hoje poderei ir ao Colégio porque me não sofre a indisposição andar a pé tão largo caminho, e é necessário prevenir outra comodidade. Amanhã irei ajuntar os ditos papéis e segunda-feira os levarei aos senhores inquisidores. E quanto à forma do termo que nos autos se tem feito bem lembrado estará o senhor inquisidor Alexandre da Silva que lhe representei eu que não era bastante o termo sinalado para se responder a tão dilatadas matérias. E posto que o dito termo fora suficiente, ainda não tem corrido nem passado, porque *legitimo impedito non currit tempus,* e eu em toda a Quaresma lancei sangue pela boca, e me curei deste tão perigoso achaque até que nas últimas semanas cai em cama da doença de que ainda não estou convalescido. E ainda que nunca terei razão de me queixar dos senhores inquisidores, tenho-a porém muito justa e notória para representar que o chamado ano e meio não foram seis nem cinco meses, porque no ano passado adoeci logo depois da Páscoa, e me mandaram os médicos vir para essa quinta a provar se com a mudança dos ares melhoraria, e dia de Corpus Cristi caí de todo em cama, da doença que me durou até o último de setembro, e este ano adoeci nos primeiros de fevereiro[101] até o dia presente, que por boas

[100] O Conselho Ultramarino, por consulta de 26 de setembro de 1662, autorizou a vinda de Simão Álvares de Lapenha, provedor da Fazenda da alfândega de Pernambuco, ao reino, acompanhado de quatro filhas que deviam professar. Antônio Vieira declarou em sessão de 20 de novembro de 1666, no Santo Ofício, que sua mãe falecera havia dois anos.

[101] Compare-se com a carta de 13 de abril em que diz ter adoecido no domingo de Ramos, que caiu a 29 de março.

contas vem a ser somente quatro meses de saúde, e essa mui cheia de indisposições e achaques. E quando o tempo verdadeiro fora ano e meio, e eu tivera muita saúde, não é bastante esse tempo para responder a tantas e tão dilatadas matérias, em que se me pediu conta não só do que dissera ou escrevera, senão de quantos livros tive pensamento de escrever, e de tudo se me fez cargo. Assim que, os senhores inquisidores podem fazer o que forem servidos, não consentindo eu porém nunca em se me haver de negar o direito natural da própria defesa, e de se me dar para isso o tempo, moral e proporcionadamente necessário, conforme as matérias de que se trata, com as quais o dito tempo se deve conformar e medir. E assim o requeiro aos senhores inquisidores, quem peço se sirvam reparar no estado em que estou, incapaz ainda de responder nem prosseguir pleitos. Deus guarde a Vossa Mercê. Vila Franca, sexta-feira.

ANTÔNIO VIEIRA

Vieira regressou a Coimbra no seguinte dia, ou talvez no domingo. A 14, segunda-feira, apresentou-se no Santo Ofício, mas era já terminada a audiência da tarde, o processo tinha sido julgado, e os autos enviados ao correio para irem ao Conselho Geral, consoante as ordens. Foi contudo admitido a falar aos inquisidores, ainda em sessão, Alexandre da Silva e Manuel Pimentel de Sousa, este com comissão do ordinário, e Pedro Ribeiro do Lago e João de Azevedo, deputados, e fez entrega dos papéis. Um feixe de folhas em desordem. "Dez ou doze mãos de papel de apontamentos e questões, começadas todas e nenhuma delas concluídas", informava o auto[102]. Papéis "alguns escritos de muitos anos e outros depois de principiada a causa", notaram os inquisidores[103]. Onze maços diversos, nenhum de uma só matéria, e matéria nenhuma em um só, os quais numerados formaram outros tantos apensos

[102] Petição ao Conselho Geral. *Obras inéditas*, t. 1, p. 65.

[103] Cf. Sentença, *Obras inéditas*, t. 1, p. 146.

ao processo. Tudo quanto na precipitação do momento o padre pudera arrecadar, cuidando com o volume do que apresentava encobrir a insignificância do conteúdo para a causa. A única parte ordenada da *História do futuro*, a incompleta introdução, faltava ali, pois a tinha mandado para a corte. O resto eram capítulos poucos deles em seqüência, fragmentos de outros, infinidade de referências e trechos de autores sagrados e comentadores, apontamentos, alguns no verso de cartas, páginas deixadas a meio, quanto em suma, desde 1649, ele tinha começado, ensaiado, coligido, para explicar a visão de Daniel e os enigmas do Bandarra. Nada melhor para convencer os inquisidores de que não pensara jamais em cumprir a promessa feita de lhes trazer a apologia. Despediram-no, retendo os papéis, a despeito dos protestos, e sem lhe quererem ouvir as explicações e pedido de mais três ou quatro meses para a defesa.

Não disseram a Vieira que já tinham, sem ela, julgado a causa. Do assento respectivo consta ser o voto dos juízes se esperasse ainda pela defesa, atendendo ao impedimento de gravíssima doença, que lhes era notório; tinham porém de cumprir as ordens do Conselho Geral. Por isso, justificando a decisão, pelo que havia escrito acerca da ressurreição de D. João IV e dom profético do Bandarra, e tencionava escrever na *Clavis prophetarum*; por não ter aceitado as qualicações de Roma, e se manifestar, como por singular inclinação, protetor da gente hebraica, chegando a pedir fosse em Portugal consentido o livre exercício do judaísmo; condenavam o réu a não tratar por escrito ou palavra das proposições reprovadas, opinando também que devia ser privado da voz ativa e passiva, e suspenso de pregar pelo prazo que o Conselho Geral determinasse. Não convinham porém na abjuração, nem em mais rigoroso procedimento, atendendo a seus protestos de seguir as determinações do Santo Oficio, e ao descrédito que poderia seguir-se à sua religião, cujos sujeitos principais não aprovavam as *Esperanças de Portugal* e tão pouco se conformavam com os modos e singularidades do réu. Que a sentença fosse lida perante os inquisidores, deputados, promotor e notário

– somente o pessoal graduado do tribunal – e no Colégio em presença de doze religiosos. Penas, que é força reconhecer, suaves, mas que a pertinácia de Vieira, e o intuito, nas instâncias superiores, de o humilharem, consideravelmente agravaram.

No apertado lance o jesuíta pôs de banda escrúpulos de consciência, e deixou de guardar o segredo, imposto por juramento, confiando ao protetor, que julgou mais capaz de lhe valer, a verdade da situação. Da quebra do segredo, que se lhe poderia estranhar, desculpava-se com o direito imprescritível da defesa, certo além disso de que depositava em peito seguro a confidência. Depois expunha, sem recorrer a termos velados, o acontecido, com o único temperamento de usar a palavra Universidade por Inquisição:

> Lembrado estará Vossa Senhoria daqueles intentos acerca do papel escrito ao bispo do Japão, que foram impedidos pelo senhor marquês, interpondo-se a autoridade da rainha nossa senhora. A esses pontos me mandaram responder os ministros desta Universidade, apontando neles tudo quanto disse ou escrevi, e tudo quanto imaginei dizer ou escrever em minha vida, que de tudo se pediu conta, e de tudo se me fez cargo. A tudo prometi responder e satisfazer, e sobre matéria ou matérias (que são infinitas e não tratadas até agora pelos doutores) tenho escrito muito, mas falta muito mais por escrever, e tudo por concluir, porque as pedras deste edifício estão lavradas a pedaços e sem nenhuma ordem, como acontece em todas, e muito mais nas deste gênero, de que Vossa Senhoria, pode ser bem testemunha, pela mercê, que me tem feito, de descobrir e me mandar tantos livros, e ainda de me mandar buscar fora do reino os que não têm chegado. E é de direito natural que ninguém possa ser julgado sem se lhe dar defesa e o tempo necessário para ela. Sobre ser muito desproporcionado o tempo que se me tem dado para a minha, a despeito da multidão das matérias e qualidades delas, é tal o rigor da minha desgraça que me não querem levar em conta o tempo das minhas enfermidades, sendo tão graves e tão perigosas, por serem mui dilatadas, e

que me não valha o axioma tão recebido e ditado pela mesma natureza, que *legitime impedito non currit tempus*: represento e requeiro que, ou se me dê tempo suficiente para responder por escrito, ou que me permitam responder verbalmente, ao que me ofereço desde logo. E sendo essa resposta tão justa e tão justificada não é recebida, e sem embargo do estado em que estou continuam as baterias com tal aperto que parece me querem matar, como já estivera morto por essa mesma causa se Deus me não sustentara a vida, depois de tão desconfiados todos dela, porque dos excessos que fiz, sendo obrigado a estudar e escrever de dia e de noite, vim a lançar muito sangue pela boca, de que tantas vezes me queixei a Vossa Senhoria, e ultimamente a cair em uma cama com tanto risco. Tenho notícia que todos estes apertos manam dessa cidade, e como nela não tenho outra esperança nem outro amparo mais que aquele ministro parente de Vossa Senhoria[104], que tão propício se mostrou sempre às minhas coisas, estimarei muito que Vossa Senhoria nesta tão apertada ocasião me valha com ele, esperando da sua inteireza e piedade queira acudir por minha justiça, e que ela, pois é tão manifesta neste incidente de que depende o demais, não pereça ao desamparo[105].

Nesse mesmo dia mandava uma petição diretamente ao Conselho Geral. É o documento que anda impresso como dirigido à Inquisição de Coimbra[106]. Nele Vieira relata os antecedentes da causa, alega as doenças e solicita licença para ir descansar em lugar marítimo, com prolongamento do prazo para a defesa, dois ou três meses ou o tempo que necessário for. Mais pede se lhe restituam os papéis tomados pelo Santo Ofício, e vista das censuras para

---

[104] Provavelmente o deputado ao Conselho Geral Diogo de Sousa, depois primeiro inquisidor e arcebispo de Évora.

[105] 14 de setembro de 1665. A D. Rodrigo de Menezes. *Cartas*, t. 2, p. 248.

[106] *Obras inéditas*, t. 1, p. 63.

responder contradizendo. Quanto às suas proposições, requere se não dêem a qualificar a religiosos de S. Domingos nem se mandem a Roma, porque os primeiros são seus inimigos, em razão de lhes haver no sermão da Sexagésima condenado o método de pregar, e a Cúria terá por mal que na carta ao bispo do Japão ele fale em invasão da Itália e castigos da cidade eterna, pelo que aos teólogos romanos e àqueles dá por suspeitos. Por último roga se lhe dê por procurador um deputado do Santo Ofício.

É de ver como, no tocante aos papéis apresentados, ele transtorna a realidade. Diz que em vista da imensidade das matérias, que tinha de versar para sua defesa, buscara modo de as meter em um só discurso, intitulado *História do futuro*; e tomara o disfarce do título para se poder ajudar de um escrevente, sem este suspeitar da razão do trabalho, não sendo assim violado o segredo do Santo Ofício. A *História* estava em projeto e começada desde 1649; existia o título e existia a obra, esta já em prosseguimento depois da longa interrupção, muito antes do compromisso tomado sobre a apologia.

Acompanhando a petição, mandou Vieira uma carta ao secretário do Conselho Geral, Diogo Velho:

> Senhor meu. Não conheço a pessoa de Vossa Mercê mais que por fama, como Vossa Mercê a mim por delitos; os quais devem estar tão mal reputados nesse sagrado tribunal como se vê pelos apertos com que sou instado, a despeito da saúde e da própria vida. Se eu tivera liberdade para ser ouvido pode ser que se tivera outro conceito de minha justiça, cuja melhora muito espero de Vossa Mercê no breve despacho dos requerimentos inclusos. Vossa Mercê dará a esse débil papel o espírito e vigor que falta às razões escritas, ainda quando é a alma delas a mesma verdade. Custou-me cuspir de novo sangue o escrevê-lo com tanta pressa, e parece que meu estado merecia compaixão quando não favor. Em tudo que Vossa Mercê fizer a esta causa terá Vossa Mercê o merecimento dos que favorecem aos desamparados e perseguidos, e o de muitas obras do serviço divino que do bom expediente dela estão pendentes. De mim não ofereço nada, porque não sou nada

mas se algum dia tiver ser, terá Vossa Mercê em mim um mui obrigado servo. Deus guarde a Vossa Mercê muitos anos com o desejo e hei mister. Coimbra, 21 de setembro de 1665. Capelão de Vossa Mercê.

ANTÔNIO VIEIRA[107]

O efeito foi muito ao contrário do que esperava o requerente. Nem o secretário teria crédito que prevalecesse nas decisões do Conselho, nem que o tivesse o empregaria em favor de Vieira. Descobre-se-lhe a má vontade nas ordens à Inquisição de Coimbra. Dos conselheiros, Pantaleão Rodrigues Pacheco, bispo de Elvas, presidente, era manifestamente inimigo do padre desde o tempo das propostas relativas aos cristãos novos. Vieira o considerava motor do processo e lhe imputava toda a perseguição subseqüente. Outro, frei Pedro de Magalhães, entrara para o Conselho vencendo a oposição de Viera que recomendava a D. João V o seu consócio jesuíta padre Francisco Pinheiro, este tão displicente à Inquisição como quem tinha sido figura saliente no conflito de Évora em 1642, e por isso preso e processado. Além da razão pessoal, era o inquisidor monge dominicano, e assim dificilmente propenso a lenidade com o réu[108]. Os demais do Conselho, ainda que sem aversão, pouco poderiam ser complacentes com quem tanto havia hostilizado a instituição que representavam. O certo é que o despacho à petição foi uma ordem para o réu ser chamado à Mesa em Coimbra e recolhido a um dos cárceres de custódia; depois continuar-lhe o processo, declarando que as censuras eram todas por qualificadores do Santo Ofício de Roma[109].

---

[107] Carta publicada pelo dr. Antônio Baião em um estudo sobre o processo de Vieira na revista *Serões*, nº 22, abril de 1907, e no seu livro *Episódios dramáticos da Inquisição portuguesa.*

[108] Defeitos do juízo, processo etc., cit.

[109] Além dos dois mencionados, assinaram o assento os conselheiros Diogo de Sousa, Luís Martins da Rocha, Manuel de Magalhães de Menezes e D. Veríssimo de Lencastre.

Assim pois se suspendia a sentença, relativamente benigna da Inquisição de Coimbra, e consideravelmente se agravava a situação do jesuíta.

Este não desconfiava de quanto fora contraproducente o seu recurso ao Conselho. Não lhe ocorreu que o exame da embrionária apologia mostrava que realmente ele pouco empenho havia posto em a levar a fim, e antes se esforçava por ganhar tempo e dilatar a defesa. Entretanto, na quarta-feira 23 de setembro, pudera ainda encontrar-se com o duque de Cadaval e D. Teodósio, não se apura se na casa deles em Tentúgal, se mais perto. A 25 escrevia a ambos, na aparência despreocupado, e discorrendo sobre acontecimentos da guerra e da doença do infante D. Pedro. Mas com D. Rodrigo de Menezes o tom é diverso e revela abatimento: "Os aproches se apertam com grandíssimo rigor, e não sei que se possa esperar dessa vitória, havendo tão pouca ocasião para tanta guerra. Queira Deus que me a não faça quem no-la faz"[110]. A última frase enigmática. Poderia referir-se ao valido Castelmelhor; ou quereria aludir o padre a intrigas de Castela? Em 28 outra carta para D. Rodrigo, que parece não suspeitava da gravidade da conjuntura, pois insistia novamente pelo sermão da ressurreição de D. João IV, que aquele prometia mandar, tanto que desembaraçado do impedimento atual. E manifestava a confiança na proteção do amigo: "Enfim eu não tenho na terra outro amparo senão o de Vossa Senhoria, e porque estou tão seguro dele não quero cansar mais a Vossa Senhoria com matéria de tão pouco gosto"[111]. Nesse mesmo dia carta de cumprimentos ao marquês de Gouveia. Daí emudece. Separa-o do mundo agora a portada lúgubre da Inquisição.

---

[110] *Cartas*, t. 2, p. 253.

[111] *Cartas*, t. 2, p. 263.

V

De uma nota na primeira folha do processo consta que foi Antônio Vieira recolhido ao cárcere no 1º de outubro. No dia seguinte encontramo-lo em audiência que tinha pedido para saber por que razão com ele se usava de tão rigoroso procedimento. Grande devia ter sido a surpresa e a indignada revolta em seu ânimo, quando lhe foi intimada a prisão. Espetáculo não vulgar, ainda naquele recinto onde as vaidades do mundo tantas vezes soçobravam. O estranho era a contradição entre a qualidade do delinqüente e a função do tribunal. Mestre de teologia, pregador insigne, missionário que passara nove anos a converter os gentios e se jactava de que, disputando com hereges, sempre os vencera ou convencera, ei-lo na morada lôbrega do judeu mofino, do clérigo solicitante, do adepto do vício nefando. Qual dos motivos o levaria lá? O público não deixaria de bordar sobre o extraordinário do caso conceitos aleivosos. O mais corrente era que o afainado jesuíta saíra afinal judeu. Desaire que refletia sobre a Ordem. Se no processo os inquisidores visavam a deslustrá-la pela mácula é certo que atingiam seu fim.

Ciosos, porém, das aparências de moderação tinham concedido a Vieira um privilégio: em vez do cárcere dos presos comuns, mandaram se lhe desse um dos chamados de custódia. Aí se recolhiam os condenados a penitências, em seguida ao julgamento, os réus de menores culpas e as pessoas a quem o tribunal queria mostrar benignidade. Não há razão de supor que no ato de mandar Vieira para o cárcere o poupasse o inquisidor às recomendações do Regimento: admoestação para examinar bem sua consciência e se dispor à confissão das culpas; que no cárcere estivesse com muita quietação e cuidando só delas e de se encomendar a Deus para que o alumiasse; que não procurasse saber o que passava nos cárceres vizinhos, curiosidade de onde lhe resultaria castigo; talvez até que, tendo notícia de fazer isso mesmo outro preso, o devia denunciar[112]. Os

[112] Regimento, Título 4º, § 9.

termos do Regimento são peremptórios, e o que em relação a outras formalidades, de que se fez termo, foi cumprido, também se executaria quanto a isto.

O que eram os cárceres do Santo Ofício no-lo descreve um escrito atribuído a Vieira, que não é dele, mas em que, segundo a probabilidade, colaborou[113]: um quarto de quinze palmos por doze, sem luz direta, a qual lhe vinha do corredor por uma fresta esguia. A planta da Inquisição de Coimbra mostra que também lá era assim, e os cárceres especiais de custódia não os assinala diferença alguma. Alfaias, o cântaro da água e as vasilhas para os despejos. Os presos ordinários tinham para se deitar um estrado, sobre o qual lançavam uma esteira e por cima o colchão. Pode ser que a Vieira se facultasse o regalo de um leito, e devia ter sua mesa e cadeira para a escrita. Livros, nenhum, a não ser o breviário e mais tarde uma Bíblia. Como especial regalia a entrada algumas vezes de um preso para os serviços de limpeza. Nesse antro baixo e sombrio, de pouco mais largueza que a tolda do barco em que no Amazonas viajava de missão a missão, quantas saudades teria daquela luz viva, dos horizontes vastos, da selva estuante da vida, em cujo ambiente lhe haviam brotado os pensamentos, pelos quais se achava ali!

Conduzido à presença do inquisidor, dessa vez por certo acompanhado de guarda, declarou-lhe aquele secamente que o rigor adotado era o que a suas culpas convinha, e informou-o, segundo as ordens, de que a censura feita a seus escritos procedia de Roma, da sagrada congregação do Santo Ofício. Ouvindo isso, Vieira afirmou aceitar desde logo a censura, de que agora lhe diziam a proveniência, e do mesmo modo aceitaria qualquer outra de ministro ou qualificador autorizado. Com uma limitação porém: que a censura, de onde quer que viesse, era uma opinião de teólogos e, portanto, discutível até que uma sentença do Santo Ofício a tornasse obrigatória. Com esse motivo, e não vindo daí prejuízo à sua causa, desejava ainda apresentar

---

[113] Notícias recônditas do modo de proceder a Inquisição com os seus presos. *Obras várias*, t. 1, p. 5.

a apologia, e pedia se lhe restituíssem os papéis que entregara, para os passar a limpo, e lhe dessem livros e um procurador, deputado do Santo Ofício, que o instruísse nos estilos do tribunal.

Contra o que o inquisidor estaria inclinado a supor das primeiras palavras, o intrépido lutador não se curvava. Acima de qualquer temor e da ânsia da liberdade, estava a têmpera de um homem afeito a dissídios e que no fundo os amava. Disputador por índole, não renegava a dignidade do silogismo nem mesmo quando como então se lhe antolhavam as conseqüências temerosas.

Fez-se participação ao Conselho Geral da resposta de Vieira, advertindo os inquisidores que, mandando buscar ao Colégio os livros pedidos por Vieira, era fácil induzirem os padres o motivo da prisão; escrúpulo condenável, porquanto, para manter a praxe do segredo, não atendia ao dano que à fama do réu podia advir de suspeitas iníquas. A decisão de Lisboa foi que pedir ele os livros e procurador estava em contradição com o dizer que aceitava a censura; e portanto se chamasse à Mesa, a ver no que se firmava, tomando os inquisidores sobre isso assento, que voltaria com o processo ao Conselho.

Em cumprimento dessa ordem compareceu Vieira, a 15 de outubro, e declarou que o pedido de procurador era justamente para, segundo o que lhe aconselhasse o mesmo, resolver se devia aceitar ou discutir a censura. No dia seguinte, em sessão plena, a que foram presentes os três inquisidores e quatro deputados, por todos os votos se assentou que se devia dar o procurador, e este fosse, deputado do Santo Ofício, como o réu pedia, ou outro que o Conselho Geral indicasse.

Em Lisboa não foi a decisão admitida. Diogo Velho transmitiu, a 27 de outubro, as ordens do Conselho: sobre o procurador não havia que deferir; que se vissem os papéis entregues e juntos ao processo, e havendo neles proposições merecedoras de censura se mandassem qualificar; quanto ao mais correria a causa na forma ordinária. O só favor que se fazia ao padre era dar-se-lhe um preso, todas as vezes que ele o pedisse, evidentemente para os serviços baixos do cárcere.

Foi portanto comunicado àquele que o pedido do procurador deputado do tribunal não tinha lugar; era-lhe força contentar-se com um dos advogados ordinários da casa, e como aquele de quem já antes se tinha socorrido falecera, nomeou-se-lhe o licenciado Antônio Baptista Pereira. Das letras deste não se pode fazer juízo pelo requerimento deixado nos autos, o qual verossimilmente, como o anterior, foi ditado por Vieira. Mas da ortografia somos autorizados a supor que lhe não era familiar a língua latina e na vernácula claudicava. No inviolável sigilo das causas podiam bem dispensar-se as louçanias literárias.

Dispunha o Regimento que as conferências do procurador com o preso sempre fossem em presença do notário, ou de algum oficial encarregado de vigiar para que os dois não trocassem palavra alheia ao assunto da defesa. Quanto esta seria tolhida pelo preceito qualquer julgará; mas não era o caso de Vieira, que nada tinha a ocultar, e além disso superabundante sempre nas explanações. Como porém só podia estar com o defensor a hora e em local convenientes à vigilância, sucedeu serem necessários dias, com um santificado no meio, para escrever o requerimento que então fez, começado em 14 de novembro, sábado, e terminado a 16, como das notas postas à margem se vê. Delas parece que foi o papel feito na presença do inquisidor.

No requerimento, mais uma vez repetindo que não impugnava as censuras, mais uma vez também pretendia o padre explicar as proposições e defender-se de intuito malicioso. Insistia em se lhe restituírem os papéis apreendidos, e pedia transferência da reclusão para o seu colégio ou outra casa de religiosos, onde tivesse a comodidade de livros, e não lhe perigassem, como no cárcere, a saúde e mesmo a vida. Bem assim se lhe concedesse uma pessoa a quem ditasse a defesa, visto lhe não permitirem seus achaques trabalho aturado de pena.

Em uma dessas ocasiões, porventura ao ser-lhe indeferido o requerimento, houve outra vez da parte de Vieira um lance de revolta e desafio. Bem podia acontecer, disse ele ao inquisidor, que o tornasse a levantar aquela roda que ao presente o abatia. Já alguém lhe tinha dito se aplicavam a ele as palavras do Bandarra: "Vejo um alto engenho em uma roda triunfante". Porque não haveria de assim suceder? Tanto mais que as palavras seguintes, na quadra profética, pareciam designar a mudança política por ele ambicionada; significação nova, porque antes, nas *Esperanças de Portugal*, as tinha aplicado a D. Afonso VI, e a D. Teodósio a imagem da roda triunfante[114]. O caso foi notado no auto, e depois incluído entre as circunstâncias de culpa na sentença.

Por quase cinco meses, entre 16 de novembro de 1665 e 6 de abril de 1666, fecha-se a porta do cárcere sobre o jesuíta, de onde sai somente na última data, para audiência, a pedido seu. Encerrado com uma Bíblia e o seu breviário, nenhum som do mundo exterior lhe chega, tirante o da torre do Colégio marcando os dias festivos, as missas, as rezas da comunidade, que ele como se estivesse em sua cela acompanhava, e alguma vez, com dobres, a passagem de um religioso da vida mortal para a eterna. Aqueles mortos mais felizes do que ele, sepultado igualmente, mas torturado de males físicos e aflições mentais. Que maior suplício podiam infligir-lhe os inquisidores que este de o segregarem do mundo e o deixarem a sós com suas cogitações? Entrara o ano fatídico de 1666 sem em nada alterar o curso dos acontecimentos; fora, ao que podia supor, tudo era o mesmo ainda. Então entraria a pungi-lo a incerteza, e cismou que acaso estaria enganado. Seria falaz quando lera ou crera ter lido no Bandarra, no livro de Daniel, no Apocalipse, nos comenta-

---

114 Nas *Trovas*, copla CXLIX:
Vejo um alto engenho
Em uma roda triunfante,
Vejo subir um infante
No alto de todo o lenho.
A explicação: "Todos cuidavam e esperavam por natural conseqüência que o príncipe D. Teodósio, que Deus tem, havia de suceder a seu pai, e que na volta que deu a que o Bandarra chama roda triunfante, havia ele de ser o que sucedesse e subisse no alto de todo o lenho". *Obras inéditas*, t. 1, p. 91.

dores da Escritura, nos intérpretes de profecias sibilinas e dos fenômenos do céu? Agora que, reduzido às proporções da defesa o material da *História do futuro*, ordenava as provas acumuladas, parecia-lhe assentarem suas convicções em bases infalíveis. E, contudo, até aqui os fatos não se acomodavam ao previsto.

Então cogitou que talvez a apologia redundasse afinal em trabalho estéril, e para a sua libertação desnecessário. Bastaria submeter-se à censura, e abandonar o propósito da justificação, para que a perseguição terminasse. Mas em tal caso, como ficava a sua fama pessoal de teólogo e pregador da fé, e o crédito da Companhia, que o tinha em tanto apreço, se reconhecesse haver proferido conceitos heréticos, quando à luz da razão e da ciência podia demonstrar que o não eram? A hesitação cessou pela interferência do confessor, que o visitou na Quaresma, privilégio talvez devido à sua qualidade de religioso, pois não era praxe da Inquisição dar confessor aos presos senão em artigo de morte. Ele próprio o tinha reclamado antes várias vezes, porém baldadamente.

Esperava talvez um padre da sua Ordem, pois os jesuítas eram usualmente os confessores da casa. Deram-lhe em vez do guia espiritual, que poderia confortá-lo, "um canonista indouto", segundo referiu depois[115]. Esse mesmo insuficiente conselheiro opinou ser-lhe obrigação defender-se, tanto pela dignidade do hábito como pela sua pessoal. Pelo lado da consciência estava sanada a incerteza. Restava porém uma dúvida: se não tomariam os inquisidores isso como agravante da culpa. O meio de certificar-se era uma interpelação direta, já que não tinha o advogado, capaz de o aconselhar, que pedira, e foi isso o que fez. Em presença de Alexandre da Silva mais uma vez expôs achar-se no propósito de aceitar as censuras, mas entretanto lhe dissessem candidamente os juízes se devia desistir da demonstração de sua

[115] Veja-se "Informationes pro causa Patris Antonii Vieyra" no Apêndice.

boa fé e de, pela honra da religião a que pertencia, explicar como fora induzido em erro. Diligência sem efeito, porque o inquisidor o ouviu em silêncio e escritas as declarações, o mandou recolher ao cárcere, sem pronunciar palavra de que se pudesse tirar indício de adesão. Aí de novo se submergiu até 23 de julho.

O que tinha portanto a fazer era continuar a defesa; assim fez, e a entregou na data acima. Trabalho de oito meses, em solidão completa, durante os quais, sem apontamentos, sem livros, sem amanuense, entre os assaltos da doença dispôs, passou ao papel e tirou a limpo a apologia[116]. No intervalo recrescia fora a matéria para a condenação. Enquanto os inquisidores lhe rebuscavam nos papéis a intenção herética, a notícia de ter o Santo Ofício procedido acordava em consciências timoratas recordações antigas, e instigava as denúncias. A suspeita de judaísmo, de tantos anos irrogada ao jesuíta, achava-se para muitos confirmada. Em novembro lembrou-se o administrador geral dos provimentos da Beira, Manuel Ferreira, de que, havia vinte anos, sendo ele de dezoito, lhe ouvira quando o acompanhou a Paris como escrevente, afirmações deste tomo: que se deviam dar "abertas e publicadas" aos acusados de judaísmo, e não havia mal em esperarem os cristãos novos pelo Messias, pois do mesmo modo esperavam os cristãos velhos por D. Sebastião. E correu a dar parte desse despertar da memória ao Santo Ofício[117]. Em junho foi o doutor Fernão Sardinha, médico da real Câmara, o que teve ensejo de recordar uma conversação de dezesseis anos atrás, em Santo Antão, onde fora visitar o jesuíta, que estava enfermo, conversação em que dissera aquele ser conveniente ao comércio do reino admitirem-se os judeus; e ou o padre, ou outra pessoa que presente estava, seu cunhado – devia ser Simão Álvares de Lapenha – acrescentara, assentindo o companheiro, – que a própria Inquisição fazia os judeus. O que naquele tempo lhe pareceu ca-

---

[116] Parte do borrão encontra-se na Bibl. Nac., Cod. 681, intitulado *Vieira cahido*.

[117] 2 de novembro de 1665. Processo, 1ª parte, fol. 85.

recer de importância, e agora com melhor reflexão delatava[118]. Uma e outra denúncia em Lisboa.

Não necessitavam os inquisidores desses testemunhos tardios. A prova principal estava no que Vieira tinha escrito. Em julho expediam eles ordem positiva para o examinarem em Coimbra pela presunção de judaísmo, resultante de uma censura, que remetiam para ser anexada ao processo. O qualificador, que conservou o incógnito não assinando o documento, escreveu dessa vez em latim.

Logo a seguir a apologia, entregue pelo réu, ia ministrar novos temas à argúcia dos teólogos. O escrito, que consta de 283 páginas em folha, da letra apertada de Vieira[119], começa pela declaração de que não era nem jamais tinha sido intento seu, como afirmara muitas vezes, defender as proposições notadas. E pode ser que falasse sinceramente. O crente era de fato menos pertinaz que o dialético. Em toda a discussão, durante o processo, o intento de Vieira consiste não em defender a doutrina, mas em demonstrar que raciocinou justamente. Na realidade dos fatos não insiste; basta que a lógica se salve. Porventura também julgava eximir-se assim à culpabilidade.

A dissertação divide-se em duas partes. A primeira pertence ao Bandarra, e nela mostra o padre as razões que teve para lhe reconhecer o dom da profecia, e como inferia dos fatos preditos anteriores, que se realizaram, os outros futuros da ressurreição de D. João IV e estabelecimento do império universal a que ele presidiria. Mais autores além do Bandarra abonam a crença no advento do novo império e na ressurreição do soberano, se bem tenham alguns mencionado outro imperador:

> Os franceses em particular dizem que há de ser o rei de França, e assim o supõe correntemente Rusticano na sua recopilação das profecias modernas [...]

[118] 30 de junho de 1666. Processo, 1ª parte, fol. 93.

[119] Título: "Representação dos motivos que tive para me parecerem prováveis as proposições de que se trata". Processo, 2ª parte, fol. 147.

Merlino (que muitos contam também entre os profetas modernos) posto que não faça o dito imperador inglês, dá grande parte do merecimento dessa obra aos ingleses, principalmente aos seus soldados do mar e aos seus marinheiros, de que por este mesmo nome faz memória muitas vezes.

Mas a comum opinião de quase todas as nações da Europa é que esse esperado imperador há de ser príncipe da Espanha, e que a Espanha há de ser o assento do seu império e monarquia. Assim o dizem e supõem as profecias de Santo Isidoro falando do rei encoberto e fatal, de que e a quem promete maravilhas e felicidades. E o mesmo escrevem Jerônimo Vichieto, Tycho Brahe, Kepler, Justo Lipsio, e outros autores deste século, fundados nas Escrituras, nas estrelas e em outras observações naturais, morais e políticas; concordando todos que o império caminha para o Ocidente. E não se pode cuidar que os cega nesse pensamento o amor da pátria, porque uns são flamengos, outros alemães, outros italianos. O certo é que o movimento do universo é do Oriente para o Poente, seguindo todos os elementos (como se experimenta principalmente nas correntes do mar) o curso e revolução dos orbes celestes. E é também certo que esse mesmo curso e movimento seguiram até agora os quatro impérios passados; porque o dos assírios, que foi o primeiro, foi o mais oriental de todos, e dali veio sempre o império caminhando mais e mais para o Ocidente: dos assírios aos persas, dos persas aos gregos, dos gregos aos romanos.

E em conformidade dessa opinião tenho por muito provável que a terra e nação desse futuro imperador e império é a terra e nação portuguesa, e o reino último e mais ocidental de todo o mundo, que é o reino de Portugal[120].

A segunda parte versava sobre o quinto império, que viria a ser o reino consumado de Cristo na terra, pela conversão total dos infiéis, e paz em toda ela, por espaço de mil anos, até aparecer o Anticristo. O tempo em que havia de começar esse império e a mudança do mundo era o ano de 1666. Disser-

[120] Processo, fol. 280.

tava finalmente sobre o imperador. As razões para o julgar português eram a seu ver decisivas. Entre outras, as seguintes:

> [...] A profecia de S. Teófilo que diz: *Ide ao Ocidente e na cidade de sete montes achareis o rei em uma cova de três abóbadas, cercado de grades e guardado de escorpiões.* A cidade ocidental de sete montes é Lisboa. A cova de três abóbadas é a sepultura de el-rei D. João, que verdadeira e propissimamente está debaixo de três abóbadas: uma abóbada da mesma sepultura que é a pedra em forma oval com que se fecha; outra abóbada que sustenta o altar-mor de S. Vicente, debaixo da qual abóbada está a dita sepultura coberta toda com ela; outra abóbada a da capela-mor da dita igreja que (está) sobre essas duas; com que vem a ser a sepultura de el-rei D. João cova tricamerata[121] e coberta de três abóbadas . Essa tal sepultura, como se vê, está cercada de grandes e altas grades, e está guardada de escorpiões, porque assim se chamam as pontas de ferro ou bronze agudas, com que se rematam as ditas grades, para que ninguém possa saltar nem entrar dentro.
>
> Na livraria do convento de Nossa Senhora de Jesus de Lisboa está um livro francês mui antigo, em que se vê estampado um homem meio amortalhado, que se vai erguendo da sepultura; ao qual um anjo está oferecendo um barrete, e junto à mesma sepultura está uma ave toda negra. E posto que me não lembram as letras da inscrição dessa estampa, é certo que falam de um prodigioso imperador, que dizem virá nos tempos vindouros. A propriedade com que se pode aplicar a el-rei D. João é bem particular. Porque a ave negra, que é o corvo, significa o lugar de S. Vicente onde está sepultado; o ir-se erguendo meio amortalhado da sepultura significa a sua ressurreição; e o barrete oferecido pelo anjo significa o império dado por Deus e pelo céu, porque o barrete é insígnia dos imperadores na sua coroação por serem diáconos da Igreja, como se pode ver na segunda parte da *História Pontifical*, onde se trata da coroação do imperador Carlos Quinto.

---

[121] Conforme o texto latino: "[...] quaerite Regem in specu tricamerato, magnis vestribus circumdatum, ab scorpionibus servatum".

Ultimamente no cometa do ano passado (1665) advertiu Valentim Estancel, alemão de nação, professor de matemática em Praga, que nascera naquele lugar do céu que está junto à constelação e figura do corvo. E notando o curso do dito cometa, que primeiro esteve em baixo e depois muito acima da lua, em um largo discurso que intitula *Anthusiano* aplica o dito cometa à pessoa de el-rei D. João, prognosticando que se há de levantar do lugar do corvo, que é a sepultura de S. Vicente onde jaz, e que há de vencer e dominar a lua, que é o Turco etc.

Todos esses sinais de predições, e outros muitos que deixo por brevidade, ajudam o pensamento da ressurreição de el-rei D. João, da qual eu não falei nem falo senão quanto se inferia dos escritos do Bandarra. Destes me pareceu que ou se havia de negar que eram proféticos ou, concedido que o fossem, segundo a opinião geral, se seguia forçosamente dele a dita ressurreição[122].

Indução final não mais violenta que aquelas em que, nas *Esperanças de Portugal*, dos versos do Bandarra:

Não acho ser deteúdo
O agudo

concluía uma referência ao marquês de Montalvão; ou destes outros:

Mas acho que o lanudo
Mui sisudo
Que arrepelará o gato,

no *gato* alusão ao Estado da Índia, no *lanudo* ao vice-rei conde de Aveiras; e ainda dos seguintes:

---

[122] Processo, 2ª parte, fol. 291.

O rei novo é acordado
Já Levy lhe dá a mão,

inferia o reconhecimento da independência pela Santa Sé, protraído até a ressurreição de D. João IV"[123].

Por fecho da apologia um arrazoado em que mais uma vez declara não ser intento seu defender as proposições condenadas nem contradizer o tribunal, e que havendo-se de crer tal desiste de tudo que nelas se acha escrito. Desculpa a insuficiência, que se lhe pode opor, de algumas alegações, com a falta de livros, e finaliza dando a razão porque se quis defender: "Não por me acudir a mim, a quem nenhuma coisa está melhor que a paciência das afrontas, mas por não desamparar também eu o hábito que professo".

De 23 de julho, quando entregou a apologia, até 2 de outubro, some-se outra vez o preso no encerro. Era necessário esperar que se pronunciassem os qualificadores. Nada menos de cem proposições, extraídas da carta ao padre André Fernandes, dos interrogatórios, denúncias e papéis avulsos, sobre os quais eles tinham de dar opinião[124]. A apologia teve uma censura especial. Os pontos a examinar veladamente oferecidos, no afetado propósito de ocultar o nome do autor, que os teólogos facilmente descobriam: "Uma pessoa religiosa e douta proferiu as proposições seguintes"; fórmula indicada por Diogo Velho. Seis abalizados qualificadores, dois conimbricenses e quatro de Lisboa, analisaram as afirmações suspeitas em compridos relatórios[125]; um deles pôde escrever so-

[123] *Obras inéditas*, t. 1, p. 88, 89, 91.

[124] Nove proposições condenadas em Roma, três tiradas das declarações de frei Jorge de Carvalho, seis da petição ao Conselho Geral, 36 dos papéis avulsos, três das denúncias de Manuel Ferreira e Fernão Sardinha, as restantes dos interrogatórios.

[125] Foram os qualificadores D. Duarte de Santo Agostinho, monge de Santa Cruz, frei Domingos Freire, do Colégio de S. Tomás, frei João de Deus, lente jubilado de S. Francisco da cidade, frei Bartolomeu Ferreira, do Convento de S. Domingos, Frei Cristóvão de Almeida, augustiniano, e frei Filipe da Rocha, trinitário.

bre a matéria 346 laudas. Todos encontram no autor inclinação aos judeus e ao judaísmo. Um, sobre a proposição de que esperariam os judeus pelo Messias era coisa inocente como faziam o mesmo tantas pessoas por D. Sebastião, diz que quem tal afirmava em juízo, capaz era em particular de incutir aquela mesma esperança aos judeus. Outro, acerca da restituição das dez tribos de Israel e conversão geral pelo anunciado imperador, asseverava que a proposição tão ímpia e escandalosa ninguém se atreveria a não ser o próprio que isso escrevera e os judeus. A primeira parte da apologia findava em três silogismos, de onde se concluía ser provável a ressurreição de D. João IV. A isto redarguia o censor que o tempo gasto em formar os silogismos, melhor o teria empregado o autor em fazer três cruzes, a primeira na testa, para o livrar Deus de tais pensamentos, a segunda na boca, para o livrar de tão mal soantes palavras, a terceira no peito, para que o livrasse da paixão da afeição ao Bandarra e aos judeus. Esse mesmo teólogo dizia de certas questões tratadas por Vieira não parecerem alheias de um heresiarca.

Tanto que o Conselho Geral teve vista das primeiras censuras, que aventavam a presunção de judaísmo, ordenou se fizesse inquirição de sangue do réu. Logo a 7 de junho o tribunal de Coimbra expedia deprecadas para o fim, sendo inquiridas certas pessoas em Santarém, onde nascera o pai de Vieira, e em Moura, pátria do avô. O conde de Unhão, a mãe deste, uma tia, religiosa na Anunciada em Lisboa, referiram a história corrente na família, dos amores do avô do jesuíta e da avó mulata; nada porém quanto à procedência hebraica. Tão pouco saiu qualquer indício da inquirição no Alentejo. Fez-se também ao réu nova sessão de genealogia. Desse interrogatório sabemos que vivia ainda Bernardo Ravasco, em idade de 98 anos, no Brasil. Perguntado sobre as avós paterna e materna, Vieira disse ignorar seus nomes e condição. Redarguiu-lhe o inquisidor não ser crível que nunca lhe mencionassem isso na casa paterna nem ele o perguntasse; e daí coligia haver defeito de sangue, que pretendesse ocultar. Vieira preferiu aceitar a insinuação a recordar-se, e persistiu na amnésia, talvez simulada, porque, com pretensões a nobreza, filho de um fidalgo da casa de Sua Majestade, qual se dizia, lhe soaria mal confessar a origem servil e a mestiçagem.

A tendência de seus escritos e a voz dos detratores eram as que lhe impunham a gafa do judaísmo: "baptizado em pé" tinham dito dele no Maranhão, sem outro fundamento que a maldade.

Por mais que fizesse não logrou a Inquisição verificar a circunstância que, para o critério especial de sua justiça, era já meia prova. Ainda assim não abandonou a postura de desconfiança, sincera ou não, e acabado o inquérito determinou o Conselho Geral se procedesse com Vieira como pessoa de cujo sangue ao certo se não sabia. Desse modo não podia ele invocar em seu favor o privilégio de católico extremo: a suspeita pairava-lhe em torno.

De toda maneira, certamente experimentaram decepção viva os inimigos que tinha Vieira no Santo Ofício, não lhe sendo encontrada a gota de sangue que autorizaria as suspeições máximas; não que se infira a pretensão de chegarem às penas graves; mas que vitória, se ao fim pudessem infligir a este orgulhoso a humilhação pública do auto-de-fé!

Entretanto, quaisquer que fossem as inimizades adquiridas por Vieira entre os consócios, não o abandonaram estes indefeso à sua sorte. Ia-lhes nisto, além do interesse que para alguns podia ter o indivíduo, o crédito da Companhia, que importava a todos. A pedido dos jesuítas de Lisboa fizeram-se diligências em Roma para obter a intervenção do pontífice. Que para qualificar as proposições suspeitas ordenasse o Santo Padre se nomeassem censores imparciais, e não os dominicanos, êmulos da Sociedade. Que se abreviasse o julgamento, e reconhecidas as culpas se não publicasse a sentença sem autorização da Santa Sé. Esforço baldado, porque Alexandre VII recusou intervir. Talvez por sugestão o Geral da Companhia João Paulo Oliva, invocando a necessidade de manter insuspeito o crédito do seu instituto, apelou diretamente para a benevolência dos inquisidores. Se, como podia ser, estivesse o padre "desatinado e delirante em certas matérias", ele Geral se obrigava, sendo-lhe o preso entregue, a conservá-lo internado em algum colégio, com a precisa segurança, e nas condições que aprouvesse ao tribunal estabelecer. Grande seria o desdouro para a Companhia se o padre viesse a morrer nos cárceres do Santo Oficio, o que, dada a sua compleição enfermiça, bem podia suceder[126]. Mas, do mesmo modo que o Vaticano, a Inquisição foi surda para as solicitações.

Ao mesmo tempo que o inquérito genealógico iam os interrogatórios prosseguindo. Duelo de teólogos, o mais raivoso em que se debatem os homens: se os relâmpagos que os olhos fuzilam pudessem ferir não ficaria contendor imune na liça. Entre a entrega da apologia e o primeiro recontro, houve uma pausa, para se esperarem as qualificações, que o secretário do Conselho Geral só a 18 de setembro remeteu. A 2 de outubro foi a primeira sessão com o inquisidor; a 13 a seguinte; depois em novembro sete sessões, das quais uma aos 20 sobre a genealogia; em dezembro quatro, interrompendo-se em seguida até março de 1667, talvez por doença do réu.

Em botes sutis de teólogo, provido de livros, contra este contendor desarmado e sujeito à surpresa das perguntas sem mais defesa que a memória, era ponto de honra para Alexandre da Silva convencer de erro judaico o adversário. Demais o auxílio do casuísta domínico, ultimamente adido ao tribunal, favorecia-lhe o propósito. O réu, porém, dialético perito, para tudo tinha réplica, e se evadia de tal modo, que o inquisidor por fim lhe pôs o dilema de se submeter ou aceitar as conseqüências de sua pertinácia, dilema que era a confissão da própria impotência ante argumentador tão valente. Foi isso em sessão de 3 de dezembro de 1666, que nos autos teve esta epígrafe: "Exame e intermédio acerca de acabar por uma vez com tantos obséquios e submissões verbais, como o réu faz, e obrigá-lo a que declare lisamente se quer estar pelas censuras e admoestações, e desistir da defesa e mais razões e filosofias"[127].

---

[126] Padre Francisco Rodrigues, *Rev. de Hist.*, v. 11, p. 96.

[127] Processo, 2ª parte, 18º exame, fol. 693.

Aqui Vieira revelou toda a sua determinação e o quanto sua intrepidez era capaz. Não já vaidade de poleinista, cioso da sua fama e que não quer ceder, mas o sentimento da dignidade pessoal exaltado, com que suportava a prolongação do presente sacrifício e arrostava o perigo da decisão final. Citado a tomar posição definida ante a cominação pendente, a resposta foi digna da grandeza do seu ânimo. Transcreve-se dos autos, onde evidentemente foi escrita a ditado seu. Dizia pois Vieira:

> Considerando o estado a que presentemente tem chegado sua causa, se acha com muito maior escrúpulo de consciência do que antes se achava, e entende ser muito mais urgente e manifesta a obrigação, debaixo de pecado mortal, de mostrar sua inocência e pureza da verdadeira e católica intenção que teve em proferir as ditas proposições, e em determinar compor o livro acerca do quinto império de Cristo espiritual e temporal, de que se lhe faz cargo; porquanto dos exames e admoestações, que acerca dessas coisas se lhe têm feito, tem ele declarante alcançado e entendido arguirem-no da suspeita de judaísmo, e de outros erros contra nossa santa fé católica; e assim, se deixasse de procurar desfazer a dita suspeita por meio das resoluções e fundamentos com que responde e determina responder aos argumentos, objeções e inferências que se lhe fazem, e desistisse de tudo isso estando absolutamente pela sobredita censura, na forma dela e pelo que se lhe tem dito nas admoestações dos exames, seria sem dúvida isto não só com gravíssimo descrédito da sua religião, mas também do grandíssimo escândalo para este reino e para a cristandade, onde ele declarante é conhecido não somente por religioso, senão por professor particular da pregação e defensor da fé, por cuja verdade teve muitas disputas nas principais províncias e cidades da Europa, contra todo o gênero de hereges e dos mesmos judeus; e ultimamente na América trabalhou pela propagação da mesma fé, com a conversão de milhares de gentios, os quais todos, e os demais infiéis, no caso em que ele declarante fosse julgado por suspeito na fé, justamente se escandalizariam muito, e formariam conceito, mui alheio do que deve ser, dos pregadores evangélicos e defensores da fé. Pelo

> que se resolve em não desistir da dita defesa ou demonstração de sua inocência, e não estar absolutamente pelas ditas censuras e admoestações na forma que se lhe tem declarado, sem mostrar que as não merece a tenção verdadeira e católica com que proferiu as ditas proposições, ou pretendia escrever o dito livro[128].

O resultado foi alongar-se a discussão por mais dez audiências, e oito meses de tempo, até 19 de agosto, quando afinal o réu capitulou. Na sentença, muito conhecida e que anda impressa, se podem ver os pontos de controvérsia e a argumentação triunfante – como tal ele a julgava – do inquisidor. Mas nem foi a razões do adversário, nem às objurgatórias e admoestações feitas em cada exame, que a intransigência do acusado cedeu. Esgotados os recursos da dialética, ordenara o Conselho Geral se lhe declarasse que as censuras de Roma tinham o visto e a aprovação do pontífice. Aí Vieira aceitou a ponte oferecida, que lhe permitia sair com honra de uma situação arriscada. Não o venciam argumentos, sim a veneração pelo chefe da Igreja. A transação era também conveniente para o Santo Ofício; a insubmissão pertinaz de um réu, que pretendia abater, mas contra o qual dificilmente podia recorrer às violências extremas, não lhe realçava o prestígio. Além disso, nesse tempo o cariz da política aconselhava comedimento com um antagonista, que só quando privado do régio favor pudera ser atingido. Tudo já prenunciava a queda de D. Afonso VI. Para ambas as partes, portanto, era vantajosa a solução.

Ao cabo de quatro anos de disputa teológica, moral e fisicamente coacto, Vieira sentia o cansaço dessa pugna estéril, e naquele dia 19 de agosto chegava à audiência resoluto a não prolongar mais a defensa que lhe prolongava a reclusão. O entusiasmo da crença, em que havia principiado, desvanecera-se com o tempo, que lhe não realizara as esperanças. Já para trás ficara o ano

[128] Processo, fol. 696.

fatídico. A transformação do mundo, que os textos prometiam, volvera-se de novo em sonho afastado. A decisão do tribunal, qualquer que fosse, não lhe podia ser mais dura que o estado atual de padecimento e incerteza. Assim pois, a uma pergunta do inquisidor, que lhe fizera um resumo das argüições, sobre se desejava alegar algo mais em sua causa, e necessitava de procurador, tornou que por então renunciava a outra defesa, e se entregava à justiça e piedade do tribunal; unicamente requeria que, quando estivesse pronto para final julgamento o processo, se lhe permitisse fazer por escrito um breve sumário e justificação. E mostrando-lhe o inquisidor a relação das proposições sujeitas à censura, nenhuma delas sustentou: só de algumas disse não estarem conformes a seu pensamento, devendo ser explicadas, e outras rejeitou, como não as tendo proferido.

Já ele pois, de pura fadiga e desânimo, se tinha rendido, quando lhe declarou o juiz estarem as censuras aprovadas pelo pontífice. Então Vieira imediatamente manifestou a sua incondicional submissão e renúncia de mais defesa ou explicação, tanto acerca dessas como das restantes proposições, pelas quais fora admoestado; isso teria feito desde o princípio se tivesse conhecimento da reprovação de Sua Santidade; e pela mesma razão desistia do resumo escrito final, que era seu intento oferecer.

Pode-se crer que o espírito de Vieira se não submeteu ao juízo alheio, ainda com a concordância do papa. A obediência, a que era forçado, continha-lhe a palavra, mas o pensamento não lhe sofria grilhões. Certo, o tempo já lhe havia demonstrado a inanidade de sua ciência. Tanto estudo, tantos testemunhos e profecias! Todo o ano de 1666, é lícito imaginar, esperou ele o eco exterior da ressurreição, ou, quando nisto se enganasse, do sucesso estrondoso que culminaria na coroação de um imperador universal. Posto que segregado do mundo, bem sabia o vidente que tal não passaria sem irem buscar ao cárcere o mensageiro da verdade, que padecia por tê-la anunciado. Dia após dia, mês após mês decorreram, os últimos já nas flutuações entre a esperança e a dúvida; as horas finais do ano eram como tábuas de naufrágio a que a ilusão se agarrava, esmorecida já; amanheceu o dia novo, e outro dia, e mais dias... Tudo quanto ele havia estudado e crido e proclamado não era mais que uma infatuação de sábio. O desmoronamento dentro do seu eu devia ser enorme; é esse porventura o episódio mais trágico da sua vida interior. Quiçá motivo da doença que o reteve dois meses sem diálogo com Alexandre da Silva. Em seguida a isto era inevitável uma evolução em seu pensar. Do antigo conservou o que não dependia de um cálculo de tempo; ao resto renunciou. Foi isso o que erradicou de suas idéias, não porém obedecendo ao papa, senão pelo desengano dos fatos.

Essa mesma aparente submissão efêmera, porque não deixou de escrever a defesa final, de que desistira, nem de pedir lha recebessem, quando compareceu ante os inquisidores, em reunião plena, para dizer de sua justiça antes do julgamento. Debalde o fez todavia, porque eles o sentenciaram sem esperar pelo escrito, que nunca foi anexado ao processo, permanecendo em mão do autor. Por isso pôde ser mais tarde divulgado em cópias, e entrar na coleção de suas obras[129].

Antes porém daquela última audiência, e quando já cuidava achar-se livre dos odiados colóquios com o Inquisidor, foi ainda duas vezes chamado à presença dele sobre matéria nova. Tinham-lhe publicado em Madri, em 1644, dois tomos de sermões, vertidos para o castelhano; tradução, muitas vezes infiel, de original em cópias infiéis; textos deturpados por mutilações e interpolações; contendo, além disso, alguns sermões alheios, dados como seus; obra em suma que o autor absolutamente renegou. "Aqueles papéis" – dizia ele na defesa escrita – "não são meus, senão de quem os quis imprimir debaixo do meu nome, para me afrontar ou para ganhar dinheiro." Mas respondendo ao inquisidor não podia ser tão peremptório. O Conselho Geral, no empenho de acumular culpas, tinha mandado à censura os volumes, de

[129] Defesa do livro intitulado *Quinto império. Obras inéditas*, t. 1, p. 1.

que o qualificador extraiu ainda proposições suspeitas. Vieira apontou os sermões falsos; certos conceitos achou tê-los pronunciado; de outros disse não poder recordar-se, tantos eram os anos decorridos, alguns desses de um sermão pregado 35 anos antes na Bahia. A despeito de tudo, vários pontos foram aproveitados para as razões da sentença.

Ao fim a 26 de agosto, a trigésima sessão de exame foi a última. Em seguida nova enfermidade do réu, pelo que acaso se dilatou até 18 de outubro o assento final dos inquisidores. Nesse dia compareceu perante o tribunal reunido, para as derradeiras alegações. É difícil averiguar o ocorrido na audiência. Vieira faz disso menção em dois documentos, de diferente gênero, os quais como sempre discordam. Em um diz que, tendo preenchido o espaço da sessão a falar em sua defesa, pediu para continuar na seguinte, o que lhe foi negado[130]; em outro que, falecendo-lhe as forças para discursar em público, por efeito da doença recente, requerera para o fazer em papel, ao que aquiesceram os juízes[131]. É possível que a verdade esteja na concorrência das duas versões: que ele falasse largo tempo e, esgotado o da sessão, requeresse licença para apresentar as alegações por escrito. O caso é que, se nisso assentiram os inquisidores, foi só por evitarem protestos, que mais prolongassem a audiência. Quando o réu, passados dias, quis trazer o papel, foi-lhe dito que era a defesa supérflua, porquanto já estava julgada a causa favoravelmente.

Com efeito, saindo ele, tinham procedido ao assento, em que votaram os três inquisidores, um com representação do prelado da diocese, consoante os regulamentos, e quatro deputados, todos eles conformes em que se mantivesse o assento primitivo de 1665, com uma adição que recomendavam ao Conselho Geral. Era esta que ao réu fosse vedado sair do reino sem licença dos inquisidores, para não suceder que, no despeito de haver sido preso e rigorosamente examinado e inculpado de judaísmo e outros erros heréticos,

---

130 Defeitos do juízo, processo e sentença, cit.

131 "Pedi licença para falar por papel...", petição, cit. *Obras inéditas*, t. 1, p. 1.

fosse em terras estranhas detrair o procedimento do Santo Ofício[132]. Receio fundado, como depois mostraram os fatos.

No Conselho Geral não se conformaram com a benignidade do tribunal de Coimbra. A praxe era aterrar o delinqüente com o peso das penas, muito embora depois se lhe aliviassem. Desse modo, a decisão foi consideravelmente alterada. Primeiro, no tocante à publicidade, para maior desaire. À leitura da sentença, além dos funcionários da Inquisição, que era o proposto, assistiriam eclesiásticos do corpo da universidade e alguns religiosos; no Colégio, não somente doze padres mas toda a comunidade. Como penas, a privação de pregar, e a de voz ativa e passiva, não temporariamente mas para sempre, com reclusão por tempo indeterminado em uma casa da Ordem. Pouparam-lhe todavia a humilhação última de abjurar, e a de ter durante a leitura uma vela na mão, imposta aos penitenciados ordinários. "E pague as custas", assim conclui a sentença. Quantia módica e que bem mostra provirem de outra fonte os réditos dos que intervinham nos processos: 17$223 réis em uns autos que compreendem perto de mil folhas[133]. O Bandarra, cúmplice inatingível, já fora castigado antes, com renovar o Conselho Geral a proibição das *Trovas*, por decreto de 3 de novembro de 1665, pouco depois de se achar recolhido o seu intérprete à custódia.

Foi na sexta-feira 23 de dezembro pela tarde que, de pé por espaço de mais de duas horas, Vieira mais uma vez ouviu a enumeração de seus erros, e a triunfante refutação do teólogo, com quem por quatro anos disputara; fácil triunfo, porque ao vencido lhe estava a voz tirada. Os convidados ao ato deviam ser dos que teriam prazer especial em ver abatido o atleta de outrora. No Colégio, na manhã seguinte, foi o cenário diferente. Quando, o condenado se levantou para lhe ser lida a sentença, todos os religiosos convocados

---

132 Assinado por Manuel Pimentel de Sousa, Manuel de Moura, Alexandre da Silva, Pedro Ribeiro do Lago, João de Azevedo, Jerônimo Soares, Antônio de Gouveia de Sousa.

133 Veja-se no Apêndice o pormenor.

à casa do capítulo se levantaram com ele. Era o protesto comum contra a injúria, que os padres bem sabiam ser, no alcance premeditado, irrogada tanto à Ordem como ao companheiro que pessoalmente a padecia.

VI

Nessa véspera de Natal de 1667, grande haveria de ser a comoção de Vieira ao penetrar de novo na corrente da vida universal, de que estivera por 26 meses apartado. Durante esse prazo tivera por extremos do mundo material o cárcere e a sala dos inquisidores; fatos que lhe interviessem no ritmo do pensamento, só os episódios do seu duelo teológico. Agora hauria outra vez o ar saturado das idéias e ações dos outros homens, e mesmo em clausura podia dizer que renascia.

Antes de deixar a Inquisição, mais uma vez se obrigou, por termo assinado, a guardar segredo do que passara naquela casa de mistério, e no mesmo termo prometeu não mais tratar das proposições argüidas, "sob pena de ser gravissimamente castigado."

Conduzido ao Colégio, levava com certeza oculta nos vestidos, porque lhe não deixariam trazer papéis, a defesa escrita que não pudera apresentar aos juízes, e na mão o breviário, em que fizera nas margens apontamento dos tópicos principais para os não esquecer quando aquela fosse entregue. O documento, além da exposição e defesa dos pontos impugnados pelo Santo Ofício, ocupa-se em duas divisões, das oito que o compõem com o título de ponderações, das denúncias, supostas causas do processo, e de fatos da vida do autor. Uma e outra de grande interesse para a biografia, e a primeira singularmente curiosa como revelação psicológica. Vieira atribuía o processo a maquinações de um mundo de inimigos, contra ele em conluio. Inimigos seus e do irmão e cunhados "os quais vingavam muitas vezes em mim o que não podiam neles, ou neles o que não podiam em mim". Inimigos na corte, e desses "todos os embaixadores e ministros das embaixadas, cujas cifras eu tinha, e Sua Majestade ordenava me dessem notícias de todos os negócios". Inimigos do Maranhão, que o tinham expulsado, assacando-lhe estar vendido aos holandeses. Com a observação: "Se lá houvera Santo Ofício pode ser que lhes não fora necessário irem buscar o falso testemunho tão longe". Inimigos seculares e inimigos religiosos: dos quais últimos, uns por emulação com a Companhia, outros, que tinham casa no Maranhão, por ciúmes das missões; outros finalmente de dentro da sua Ordem por lhe invejarem os talentos e o favor que desfrutara na corte. Assim que, de toda a parte convergiam ódios sobre ele, que se sentia verdadeiramente perseguido, e alvo de uma conspiração universal. Um só inimigo não menciona: aquele a quem tantas vezes desafiara, que agora o tinha à mercê e duramente se desforrava.

Não menos curioso, como testemunho de suas variações, é o passo em que renega a carta do Maranhão, e tudo que sobre a predestinação de D. João IV dissera antes e depois dela, para coroar imperador do mundo a D. Afonso VI. Muito de crer que sincero na contradição, e porque possuísse a faculdade de obliterar da memória o fato antigo, instalando nela a convicção recente. Deslembrado dos sermões de Salvaterra e do Maranhão, e do que no Santo Ofício tinha declarado, afirmava que só por consolar a rainha alegara a ressurreição do soberano e os fatos futuros, e que sempre fora seu pensamento consagrar a *História do futuro* a D. Afonso, e concluir seria ele o imperador. Recorrendo aqui a uma sutileza gramatical, para demonstrar que as promessas de Cristo a D. Afonso Henriques, fundamento místico da Restauração, se tinham de cumprir, não na geração décima sexta, mas na sua descendência imediata, representada no reinante atual[134].

---

[134] "[...] Usquam ad decimam sextam generationem in qua attenuabitur proles, et in ipsa sic attenuata respiciam et videbo" – nas quais palavras expendia, ou havia de expender, que o relativo – *in ipsa* – não se referia à décima sexta geração, que foi el-rei D. João IV, senão à prole da décima sexta geração, que é el-rei D. Afonso". *Obras inéditas*, t. 1, p. 5.

Que surpresa teria, quando soube que esta sua construção lógica ruíra um mês antes de lhe lerem a sentença, e que o futuro imperador do mundo, quase emparedado em seu quarto no paço, só de nome era rei! A imposição de perpétuo silêncio na matéria de certo modo lhe era vantagem, porquanto o eximia à necessidade de se explicar sobre o desmentido dos fatos. A notícia da deposição de D. Afonso e dos sucessos subseqüentes, que logo teria no Colégio, enchê-lo-ia de jubilosa esperança; mas, ao mesmo tempo, que golpe esse para quem tanto tempo subordinara a marcha do mundo à sua quimera, e, aplicando a lógica ao sonho, dele induzira a realidade!

Cinco dias passados marcou-lhe o Santo Ofício por lugar de reclusão a casa de Pedroso. Era um antigo mosteiro beneditino, nos arredores do Porto, passado aos jesuítas que, arrendando as terras, deixaram a parte habitável ao abandono; por isso não capaz de alojar então religiosos. O reitor, padre Luís Lopes, alegou a inconveniência, e a Inquisição de Coimbra submeteu o caso ao Conselho Geral, que a 10 de janeiro o resolveu pela ordem de permanecer o preso no Colégio.

Se bem a decisão fosse tomada "em vista do que representavam os padres da Companhia", assim rezava o despacho, outras razões mais ponderosas tinham movido o Santo Ofício a condescender. Como princípio, o primeiro inquisidor Pantaleão Rodrigues Pacheco fora acometido de doença súbita, provavelmente uma apoplexia, quando rezava o ofício da manhã no coro da Sé, em Lisboa, onde era cônego, à mesma hora em que se estava lendo a sentença a Vieira, em Coimbra, falecendo dois ou três dias depois. Assim ficara ele livre do seu mais encarniçado inimigo. Juntamente, a mudança do governo tinha restituído à influência política os amigos, companheiros da conjura contra o rei deposto. Pedro Vieira da Silva regressara ao ofício de secretário de Estado; o duque de Cadaval era o confidente mais íntimo da rainha D. Maria Francisca, na causa do divórcio; D. Rodrigo de Menezes, presidia aos meneios com que o bando, entrado no poder, legalizava o assalto ao trono. Foram esses os que impuseram ao Conselho Geral a moderação. O mesmo regente interviera, do que o secretário de Estado imediatamente deu parte a Vieira, assegurando-lhe que a ordem de ir para Pedroso seria anulada.

O duque, que tivera conhecimento da sentença, logo também escrevera ao recluso, a manifestar-lhe o propósito de se empregar em seu favor, diligenciando que o passassem para Lisboa. Vieira respondia de modo em que é muito patente ainda a amargura do transe passado:

> Excelentíssimo Senhor – Conheço quanto devo à grandeza e piedade de Vossa Excelência, e quanto ela poderia valer se os decretos da providência divina se puderam impedir com as diligências humanas. Os homens escreveram a sentença, o céu a ditou, e eu a aceitei com a paciência e conformidade que se deve às suas ordens. Sobre tanto desengano do mundo estava e estou resoluto a o tratar como ele me tem tratado, e não aparecer mais onde me veja. Debaixo dessa condição, que não pode deixar de parecer bem a Vossa Excelência, irei para onde me mandarem, pois assim Vossa Excelência o manda, cuja obediência foi sempre para mim o mais seguro acerto, ainda antes de meus erros estarem tão conhecidos e condenados. Eu, senhor, fico sempre aos pés de Vossa Excelência, sem discurso nem juízo, e hoje mais rendido que nunca, porque hoje mais obrigado. Deus guarde a Vossa Excelência, 3 de janeiro de 1668[135].

O desejo de Vieira era que se fizesse pressão sobre o Santo Ofício, para lhe consentir na ida a Roma, onde pensava alcançar do pontífice a revisão do processo. Isto se infere da carta de 8 de janeiro para o duque. Na mesma alude à comutação do lugar onde tinha de cumprir a sentença:

> Bem mal cuidou Antônio Vieira que a esta hora não estivesse muito longe de Portugal, sendo para isso tão grandes as causas, cuja dor tanto mais cresce quanto se vão esfriando as feridas. Mas os extremos do afeto e obrigação, que devi neste

---

[135] *Cartas*, t. 2, p. 265.

> trabalho a Vossa Excelência me prenderam de sorte que, por não incorrer nota de ingrato, quero antes viver afrontado na pátria, entre os ódios dos naturais, que ir buscar em outras melhores partes do mundo a honra que sei me fazem por lá os estranhos. Ao padre provincial mostrei a carta de que Vossa Excelência me fez mercê, e ele me ordenou obedecesse a Vossa Excelência e fosse para onde me mandasse, com que cessou o escrúpulo da consciência, posto que não o do crédito, que cada dia está mais vivo na minha imortificação[136].

Dias depois comunicava o duque andar na pretensão de lhe obter a transferência para o Noviciado em Lisboa. Vieira responde como quem só mediano contentamento sentia pela graça. "O passar de Coimbra para o Noviciado não sei se é ir adiante ou se tornar atrás." Linhas abaixo, palavras que assáz demonstram o seu fundo desalento: "Não escreve a Vossa Excelência o Antônio Vieira que foi, senão o que é, ou o que deixou de ser"[137]. A despeito disso, ele próprio, obedecendo às indicações de seus amigos, requere em 7 de fevereiro a passagem para o Noviciado, "que está fora da cidade de Lisboa e, por ser casa de noviços, mais retirada, para estar mais recolhido". Alegava, além disso, ter sempre pouca saúde em Coimbra, "pela destemperança dos ares", diferentes daqueles em que fora criado, e a renovação dos achaques. A 2 do seguinte mês o Conselho Geral autorizava a mudança, sobre a qual tinham informado favoravelmente os inquisidores de Coimbra.

Estes, ou porque recordassem aquela roda triunfante, de que os ameaçara o réu, e que parecia querer outra vez levantá-lo, ou porque, satisfeitos do desaire infligido a tão alto espírito, julgassem suficientemente punido o inimigo do Santo Oficio, mostravam-se como apostados a compensar com blandícias a anterior perseguição. Logo aos primeiros dias corriam a visitá-lo ao Colégio. Tanto que tiveram conhecimento de lhe ser comutada

---

136 *Cartas*, t. 2, p. 266.

137 Idem, p. 268, 269.

a detenção em Pedroso, foram dar-lhe parabéns. Demonstrações de que o condenado experimentava uma quase infantil vaidade. "Os senhores de cá, que me têm visitado por vezes, tiveram a mesma notícia, posto que ainda não o despacho. Outras coisas entendi deles, que poderiam ser de algum alívio se as soubera o mundo"[138]. Porventura lhe teriam os inquisidores de Coimbra significado que os rigores da sentença provinham do Conselho Geral, o que, como sabemos, assim era. Quando chegou o despacho sobre a ida para Lisboa, o lnquisidor Alexandre da Silva fez-lhe participação em termos carinhosos. E que lhe desse Deus melhoria da pouca saúde em que estava, com perfeito contentamento e largos anos de vida[139]. Foi esta a despedida do subalterno inimigo, que tanto tempo o torturara nos exames e afinal o reduzira a capitular.

Ele era o mesmo que se não pejava de invocar o testemunho de Vieira, para justificação dos méritos pelos quais pretendia ser promovido ao Conselho Geral, promoção, ao que parece, demorada por se opor o regente, acaso em desagravo ao condenado[140].

---

[138] Ibidem, p. 267.

[139] Carta de 8 de março de 1668, no processo.

[140] O inquisidor tinha a proteção do duque de Cadaval, e era da familiaridade de D. Teodósio, que o nomeou seu testamenteiro. A este parece dirigida a carta seguinte, conservada nos papéis do duque. "Meu sr. a três ou quatro dias que desta partiu para essa cidade o dr. Manuel Pereira de Mello, e então escrevi a V. Sª referindo o sentimento com que ficava do sr. infante, que Deus guarde, reparar na aprovação da minha consulta, e que se a informação de V. Sª me valesse não trata ia mais de tal lugar, nem ainda de continuar neste, pois venerava mais a vontade de S. Altª para a seguir e obedecer que quanto há no mundo. Agora torno a molestar a V. Sª com esta carta, não para falar no mesmo negócio, senão para dizer a V. Sª em segredo que chegou provisão do Conselho Geral em que aliviam ao padre Vieira de ir para a casa, que lhe estava assinada por reclusão no bispado do Porto, e lhe assinam este Colégio para ela, enquanto se não ordena o contrário; com o que fica mais dilatada a sua mudança para essa corte, de que eu podia também esperar brevidade na minha, e não sei qual de nós apegou ao outro, no tempo que fomos vizinhos, essa desgraça, pois de um só golpe ficamos ambos feridos; queira Deus que o duque meu sr., e outros senhores devotos do próprio recluso e da

O jesuíta chegava ao lugar novo de sua reclusão em quadra na qual os sucessos políticos punham em efervescência Lisboa: sucessos felizes, sucessos trágicos, sucessos com um quê de ridículo, e onde a mordacidade pública se apascentava. A 11 de março, publicação das pazes com Castela, após 28 anos de guerra: regozijo geral. A 24, véspera de Ramos, sentença do divórcio da Rainha: boquejava-se que, para obter do rei deposto a declaração falsa de não ter consumado o matrimônio, se lhe prometera a liberdade. A 2 de abril cerimônia final do casamento de D. Maria Francisca de Sabóia com D. Pedro, celebrado por procurações cinco dias antes, na quarta-feira de trevas. Do convento da Esperança à quinta de Alcântara, onde foram as bençãos, o cortejo seguiu entre as alas do povo silencioso e atônito da novidade. Não faltava quem assegurasse terem-se antecipado à solenidade religiosa as verdadeiras núpcias. As opiniões dividiam-se conforme os bandos: o dos que, despojados, verberavam o ataque aos direitos sagrados do rei e do esposo; o dos que, entrando à partilha dos postos e graças, viam no caso a ventura da nação.

Vieira sentiu-se por certo feliz quando novamente respirou nessa atmosfera de agitação e intrigas, a que mais sempre lhe aprouve; feliz, ainda mais, pelo contraste com a opressão dos longos meses de ignorância e silêncio no cárcere. Não que por ora participasse nos acontecimentos; mas vivia neles, julgava-os, e até tentaria contribuir com pareceres, pois não era homem que,

Inquisição nos curem também a ambos com uma só mezinha, certificando a S. Altª, que eu não cometi culpa alguma no meu provimento, para ser castigado como se a cometera, e que para qualificação dos meus estudos, ofereço só em prova o ser aquele inquisidor que argumentei a pé quedo mais de três anos com o Padre Vieira, nas mais notáveis e dificultosas matérias que há na Sagrada Escritura e Teologia, com as notícias – e acertos de que ele dará testemunho. Perdoe-me V. Sª a digressão, mandando me muito em que sirva a V. Sª, como Deus Nosso Senhor me guarde a V. Sª longos anos. Coimbra, 16 de janeiro de 1668. – O criado de V. Sª mais obrigado – Alexandre da Silva. (Doc. 69 do codice 24, artigo 20, dos manuscritos portugueses da Bibl. Nacional de Paris.)

em relações com os principais atores, como o duque de Cadaval e D. Rodrigo de Menezes, se abstivesse de criticar e aconselhar. Nada impedia a doença, em que quase sempre esteve; ela era um pretexto para ter visitas, e a cabeça nunca se lhe cansava das cogitações da política.

A clausura pode-se crer não fosse rigorosa, e essa mesma durou pouco tempo. O Santo Ofício não podia mostrar-se implacável com um réu, que tinha na corte padrihos tais. Era-lhe conveniente estar de bem com o poder novo, e além disso, chegado afinal o acordo com a Santa Sé, iam-se prover as dioceses vacantes desde a Restauração, e mais de um inquisidor estaria de olhos fitos no bago. Por outra parte tinham de contemporizar com os jesuítas, senhores da influência perdida durante o governo anterior. Um deles era confessor do princípe; jesuíta igualmente o confessor da rainha, e entre jesuítas, ou com o concurso deles se havia maquinado o divórcio, que dera o final impulso para o golpe de Estado. Tudo pois induzia à conciliação, bastando que, mediante as formalidades, ficasse intacto o decoro do tribunal.

É pois grandemente provável que a absolvição de pena, concedida a Vieira, fosse eleito de prévio acordo entre padres e inquisidores. Em virtude dele requereu o provincial da Companhia que, atendendo às enfermidades do recluso, a seu proceder exemplaríssimo durante a detenção em Coimbra e depois, e à ordinária praxe de benignidade do tribunal, lhe fossem as penas perdoadas. Requerimento que o Conselho deferiu a 12 de junho, ficando em vigor unicamente a obrigação de não tratar o réu das proposições suspeitas.

Assim, com a liberdade pessoal recuperava o jesuíta aquela outra, quiçá para ele ainda mais cara, de comunicar com o público por meio da tribuna sagrada. É muito possível que antes do indulto, e certo já dele, se estivesse preparando para reaparecer no teatro de suas glórias, e colher, findo o período dos opróbrios, a reparação pública no aplauso do auditório. Do paço lhe tinham dado aviso que haveria de pregar na capela real, por ocasião do aniversário da rainha, a 22 de junho; e talvez precedesse a intimação o indulto do Santo Ofício. A oração estava pronta, o pregador ansioso de se mostrar, o público em expectação e mordido da curiosidade.

Vieira ia mais uma vez pronunciar um sermão político, intervir da tribuna do evangelho nas discussões que separavam os portugueses. Congratular-se pelo que a todos regozijava; pleitear pelo que muitos reprovavam. Primeiramente celebrava a paz, felicidade bem para prezar ao cabo de 28 anos calamitosos. É daqui o conhecido passo sobre a guerra: "aquela tempestade terrestre que leva os campos, as vilas, os castelos, as cidades [...] aquele monstro que se sustenta das fazendas, do sangue das vidas [...] aquela calamidade composta de todas as calamidades"[141].

Depois o fato que a corte festejava. Aquele dia 22 de junho, era o maior do ano; o maior para o mundo pelas horas de sol, o maior para Portugal, porque nele nascera Sua Majestade. A eleição de tão excelsa pessoa para compartir do trono português provava acertadíssima: "A enxertia mais própria, mais certa e mais segura é quando o garfo e a raiz são da mesma planta". A raiz da família real estava em França; de lá viera o conde D. Henrique, lá se fora buscar a presente rainha. "Mas o erro e o engano esteve em que se uniu o garfo ao ramo seco e estéril, quando se havia de unir ao ramo verde e fecundo."[142] Já se anunciava prenhez da rainha, e os desafetos faziam sobre isso contas maliciosas. A precipitação do casamento tinha escandalizado a muitos. Não se esperara dispensa de Roma para o segundo matrimônio, e fora de carreira a Paris o secretário de D. Maria Francisca, Luís Verjus, buscar um breve do cardeal de Vendôme, que tinha poderes temporários, como legado *a latere*, e já dera a dispensa para o primeiro casamento, poderes que alguns tiveram por insuficientes, sendo requerida mais tarde a confirmação ao pontífice. Vieira respondia ser tudo propósito divino, e para tudo encon-

---

[141] *Sermões*, t. 8, p. 196.

[142] *Sermões*, t. 8, p. 204.

trava correspondência nos livros sagrados. Os repentes do Espírito Santo são conhecidos, dizia ele. "Há tal repente como este? Ontem a sentença, hoje o breve, amanhã o casamento? Assim o fez Deus para provar que era obra sua."[143] Aos receosos tornava que não fazia falta a confirmação do papa onde já Deus dera a sua, concedendo a fecundidade. "Assim declarou Deus o seu beneplácito, assim confirmou com o efeito a nova eleição, e assim supriu a benção imediata do pontífice ausente, com a benção presente sua."[144]

Após isso justificava o ato pelo qual fora desapossado o reinante, e exaltava o desinteresse com que D. Pedro rejeitara o título, ficando-se com a autoridade de soberano. Desde fevereiro tinham representado as cortes que ele tomasse a coroa; então, como sempre, até morrer o irmão, o escrupuloso usurpador recusou. Desinteressada igualmente, segundo Vieira, a nova esposa: "Estava de posse da coroa de Portugal, estava reconhecida e adorada por rainha; e vendo a ruína oculta e irreparável do reino que fez? Resolveu-se a deixar e perder a coroa, para que a mesma coroa se não perdesse". E em face de tais abnegações exclamava enlevado: "Quem não quis ser rainha é mais que rainha, quem não aceitou ser rei é mais que rei"[145].

Por qualquer motivo não averiguado até agora, composto o discurso, Vieira não o disse do púlpito, e o público só teve dele conhecimento quando, passados dias, saiu impresso. Pode ser que a ausência do pregador fosse causada por doença, como pretextou, se bem que em geral se teve a indisposição por simulada[146]. Tempo depois ele se queixava de o terem obrigado a fazer neste

143 *Sermões*, t. 8, p. 208.

144 Ibidem, p. 210.

145 Ibidem, p. 215.

146 Veja-se: Carta satírica de D. Feliciana contra o sermão que o padre Antônio Vieira pregou em a capela real pelos anos da Rainha Nossa Senhora, no ano de 1668. Ms. Bibl. Nac., cod. 589, fol. 82: "[...] sermão panegírico que compôs e não disse, porque dizem que se fingiu descomposto pelo não dizer na celebração dos anos de S. M".

sermão um manifesto, e o confrontava com a *Catástrofe de Portugal*, aquele violento libelo contra o rei destronado, que valeu ao panfletário grandes favores de D. Pedro[147]. Sucederia que por escrúpulos, no receio de ofender o sentimento público, à última hora Vieira se abstivesse de proferir opiniões, que aliás se achavam em harmonia com o que sentira antes e mais podia desejar então? Não estava isso em seu caráter: sabemos que as opiniões sujeitas a contradita o atraíam singularmente, e nem ele era homem que recusasse responsabilidades. De onde lhe veio a imposição? Do princípe? Dos cortesãos amigos? Dos superiores? Há fogo demasiado na oração para ser totalmente de encomenda e forçada. Todavia não parece duvidoso tê-la enjeitado o autor. A impressão de 1668 foi feita por ordem do padre Manuel Fernandes, confessor de D. Pedro, com a indicação de ser por ele mesmo oferecido à rainha; Vieira não o incluiu nos tomos de sermões publicados em sua vida. É possível que de algum agravo da ocasião resultasse o amuo, e arrepender-se o panegirista do que havia escrito. O caso é que o ressentimento, se o houve, persistiu; e ainda no sermão, que pregou por morte de D. Maria Francisca, menos soam os trenos lastimosos que a confessada alegria pela esperança em um novo matrimônio mais fecundo. Acaso estará a chave do enigma no passo da oração fúnebre referente à participação da rainha nas deliberações do governo: "Nenhum rei de Portugal teve tal conselheiro de puridade". E adiante a nomeia por "valida"[148]. Ciosa da sua influência, é crível lhe tivesse repelido desde a primeira tentativa os intrometidos ditames.

A despeito disso, Vieira, que adulava com voluptuosidade, não podia renunciar ao gozo de afirmar *publicamente* sua devoção ao Santelmo salvador. O ensejo deu-lhe o nascimento da princesa D. Isabel, a 6 de janeiro seguinte. Houve nesse dia *Te Deum* na capela real, e na solenidade, em presença de D. Pedro e da corte, se fez ouvir o afamado pregador régio. Mais comedido que

---

[147] Carta de 18 de novembro de 1670 a Duarte Ribeiro de Macedo. *Cartas*, t. 2, p. 319.

[148] *Sermões*, t. 11, p. 323.

no sermão panegírico, mas com a hipérbole de uso, disse ele que três dias notavelmente grandes tivera Portugal durante o século: o da Restauração, o da paz com Castela e aquele terceiro, em que se perpetuava a descendência real. E nada importava não ser por fruto varonil, advertia aos desconsolados. Em geral não eram queridos de Deus os varões primeiros filhos.

> O primogênito de Adão, Caim, desgraçado; o primogênito de Abraão, Ismael, desgraçado; o primogênito de Isaac, Esaú, desgraçado; o primogênito de Jacó, Rubem, desgraçado; o primogênito de Davi, Amnon desgraçado; o primogênito de Jó, não lhe sabemos o nome mais que pela desgraça, a qual foi tanta, que de um golpe em sua casa, acabou ele, a casa e todos seus irmãos.[149]

Era o fado comum dos primogênitos e, assim desfazendo o azar, vinha adiante a princesa, afastando a má fortuna, para deixar livre o passo ao irmão venturoso. Continuando nos símiles, o, realmente impudico, de comparar D. Pedro, último filho, a Davi. "O primeiro degrau da sua fortuna foi pôr-lhe Deus na mão o cetro de Portugal, e assentá-lo no trono real não depois da morte senão em vida do rei, bem assim como Davi em vida de el-rei Saul."[150] Tanto quanto possível cumpria coonestar o esbulho, tolhendo os protestos com lances dos livros santos. No seguimento outra comparação mais ousada: "Quis o Eterno Padre (quanto cabe na proporção do criado ao incriado) que a fecundidade dos nossos príncipes fosse mui semelhante à sua fecundidade, e a geração da nossa primogênita mui parecida à do seu unigênito". Isso por ter sido aquela imediata ao matrimônio. "A fecundidade humana ordinariamente obra com dilação de tempo [...] Não assim a fecundidade divina: no mesmo ponto em que a primeira pessoa da Trindade

---

[149] Ibidem, p. 342.

[150] Ibidem, p. 336.

ab aeterno é constituída pessoa, logo juntamente é pai, logo juntamente tem filho"[151]. Lisonjas baixas, mas a que não podia ser insensível um moço de vinte anos, ainda no deslumbramento do poder que lhe não tocava, e de um amor a que ainda menos lhe era lícito aspirar.

Muitos cuidariam que o jesuíta ia recobrar no paço a influência de outrora. Acerca do processo corriam histórias, a que os padres, seus consócios, não deixariam de dar toda a possível divulgação. Que, quando foi da sentença, o inquisidor D. Diogo de Sousa escrevera a Alexandre da Silva: "Ai vai essa borracheira!" Outro, D. Veríssimo de Lencastre, depois inquisidor geral, dizia ao mesmo, a desculpar-se. "Bem verá Vossa Mercê que não é a lima minha."[152] Ninguém queria a responsabilidade das alterações ao assento de Coimbra. Processo e sentença, fora tudo perseguição de Pantaleão Rodrigues Pacheco; a morte deste, no momento em que sucedeu, evidenciava o castigo celeste. Com isso, Vieira pensava na desforra, e já se sentia capaz de desafiar novamente o tribunal. Só o prendia a expectativa de ganhar o favor do regente.

Na Quaresma de 1669 pregou várias vezes. A 22 de março, na capela real, o sermão notável dos pretendentes. Nele se encontra a conhecida sentença, que talvez referiu a si próprio, e na qual, sendo assim, já transparecia um queixume. "Se servistes a pátria que vos foi ingrata, vós fizestes o que devíeis, ela o que costuma; mas que paga maior para um coração honrado que ter feito o que devia?"[153] Em todo o caso não lhe faltava a multidão com o aplauso de que era tão ávido. Já podia dizer que a visão do Bandarra – "um alto engenho em uma roda triunfante" – se tinha realizado. O que faziam os inquisidores assim o demonstrava.

---

[151] *Sermões*, t. 11, p. 339.

[152] Cf. "Informationes pro causa Antonii Vieyra Roma ab ipso S. Pontifici presentata", Ms.

[153] *Sermões*, t. 1, p. 230.

O restante, contido nas coplas, devia ser igualmente verdadeiro, mas era mister buscar de novo o como e o quando, já que a primeira interpretação fora errada. O rumo, que lhe dera ao espírito aquele místico ignaro, permanecia imutável, e assim vê-lo-emos até o fim da vida na traça de acertar com o predestinado. A *História do futuro*, falida na materialização de seus fatos, ficava, é certo, abandonada. Se o compromisso com o Santo Ofício lhe não permitia continuar nela, também não era do seu ânimo, cobiçoso de novidades, recomeçar o já feito. Quando teve de coordenar os sermões para a imprensa, foi pela obediência que o fez, e não por desenfado. Agora ia para a *Clavis prophetarum*, livro condenado, mas que, ainda por escrever, não podia abrangê-lo a renúncia proferida na Inquisição.

Quinto período

O revoltado
1669-1680

I. O regente D. Pedro e os validos. Sermões políticos. Sátira dos pretendentes. Sermão de Santo Inácio. Polêmica dos dominicanos. Viagem à Itália. II. Incidentes da jornada. Recepção festiva em Roma. Negociação para o casamento do duque de Cadaval malograda. Embaixada do marquês das Minas. Comércio epistolar. Prognósticos ao marquês de Marialva. Queixas do abandono do regente. Desconsolação de Vieira em Roma. III. O sacrilégio de Odivelas. Exaltação no reino contra os judeus. Parecer de Vieira. Requerimento a favor dos cristãos novos atribuído a Vieira. Observações sobre o domínio português na Índia. Prisões de cristãos novos em Lisboa. Propostas para uma Companhia da Índia. A Inquisição opõe-se; Vieira apóia o projeto. Confidências ao confessor do regente. Recurso dos cristãos novos para a Santa Sé. Agitação em Lisboa contra eles. Negociações dos cristãos novos em Roma. Intervenção do abade Francisco de Azevedo e de Pedro Lupina Freire. Convocação de cortes. Mostram-se estas contrárias aos cristãos novos. Conspiração contra D. Pedro. Escrito a favor dos cristãos novos imputado a Vieira e réplica de um teólogo. Separam-se as cortes. IV. Desejos de voltar à pátria. Alternativas. Considerações sobre a Índia. Prognósticos para 1673. Correspondência com Duarte Ribeiro de Macedo. Discursos em língua italiana. Pregador de Cristina de Suécia. Renovação da confiança em Bandarra. Orações das *Cinco pedras de Davi e Lágrimas de Heráclito.* V. O regente adverso às pretensões dos cristãos novos. Bispos e Santo Ofício mandam representantes a Roma. Súplica do Estado dos povos ao pontífice. Requerimentos dos cristãos novos na Cúria. Aparecem em favor dos cristãos novos as *Notícias recônditas.* Quem foi o autor? Escritos de polêmica: *Desengano católico e Engano judaico.* Auto-da-fé em Coimbra contra as ordens do pontífice. Pregações de frei Antônio das Chagas. VI. Antônio Vieira chamado ao reino. Representação ao papa sobre o processo de Coimbra. É isento, por determinação do pontífice, da jurisdição do Santo Ofício. Regresso a Portugal. Acolhimento frio do regente. Suspeito de infidelidade ao príncipe. Projetos matrimoniais para a herdeira do trono. Interferência de Vieira. VII. Cada vez mais suspeito retira-se da corte para Carcavelos. Conflito com o padre Manuel Fernandes. Publica-se o 1º tomo dos *Sermões.* O epitáfio de D. João IV rejeitado. Jornada às Caldas. Prodígio em Santarém e vaticínios da ressurreição de D. João IV. Festas dos desposórios da princesa em Lisboa. VIII. Continua o pleito dos cristãos novos em Roma. É suspensa a Inquisição no reino. Reforma da mesma por Breve de Inocêncio XI. Última intervenção de Vieira em negócios do Estado. Memorial de serviços ao Príncipe Regente. Recusa o posto de pregador de Cristina de Suécia novamente oferecido. Partida para o Brasil. Cerimônia burlesca em Coimbra de afronta a Vieira.

ANTÔNIO VIEIRA JULGAVA PODER CONTAR COM a gratidão do regente, e por ela elevar-se à posição de influência, que tivera no tempo de D. João IV. Gratidão por certo justificada. Tinha sido o jesuíta um dos artífices de sua grandeza atual; por isso padecera desterro e risco de vida, e o pudera perseguir o Santo Ofício. Fora, por mais disso, um de seus mestres na puerícia, e o afeto da rainha falecida lhe tinha dado por confessor, para que na idade varonil o guiasse como na infância o instruíra. Mas o príncipe, de condição altaneiro, presunçoso das louvaminhas dos seus sequazes, tinha as amizades por forçosas, as dedicações por devidas, e um após outro lhe experimentaram o desamor aqueles mesmos que mais para sua exaltação tinham contribuído.

Dentro do primeiro ano o marquês de Cascais, que notificara a D. Afonso a deposição, saía para o desterro; Pedro Vieira da Silva deixava o ofício de secretário, com o prêmio de consolação de um bispado; D. Rodrigo de Menezes, recebendo áspera resposta, quando aconselhava moderação em certos gastos, estivera para se retirar da corte; qualquer deles, pelos serviços prestados ao pretendente, com inegável direito à complacência do soberano.

Não se sabe de fatos de que resulte provado o valimento de Antônio Vieira. Mas é certo que freqüentava o paço, e que os desafetos da Companhia, e desservidos em pretensões, lhe imputavam intrigas, da mesma sorte que ao padre Manuel Fernandes, confessor do príncipe. Houve afinal quem dissesse que entre os mesmos dois jesuítas se levantara conflito sobre a presidência do Conselho de Fazenda, que o confessor desejava se desse ao marquês de Marialva, e Antônio Vieira ao duque de Cadaval. Não é crível ousasse Vieira, por mais que o duque lhe merecesse, combater uma pretensão do irmão de D. Rodrigo, aquele mesmo que o protegera contra o Santo Ofício. Os maliciosos diziam ser concertada a divergência dos padres, para que, fosse qual fosse o preferido, sempre ficasse de bem com ambos a Companhia. Ganhou o vencedor de Montes Claros, por intercessão dos conselheiros de Fazenda; o duque foi compensado no ano seguinte com a presidência do Conselho Ultramarino.

Não é de supor que Vieira tivesse parte na eleição. A verdade é que, embora lhe atribuíssem os desafeiçoados intervenção funesta nos negócios públicos, seu crédito, se algum possuiu nesse período, foi sempre assaz restrito. Logo de começo teve ele a prova, quando tentou ressuscitar o projeto de uma companhia para a Índia, idêntico ao da que, por indicação sua, estabelecera D. João IV para o Brasil, o qual não foi, como esperava, tomado em consideração. Ao lado do príncipe exercitava-se uma influência que todas as outras excluía: a da rainha, sua mulher, que nas segundas núpcias conquistara aquela autoridade ambicionada, de que nas primeiras a tinham defraudado os validos. Acaso o escândalo em que terminaram estas foi movido mais por tal razão, que pelas de alcova, aliás suspeitas invocadas para acelerar o destronamento. O conflito com o secretário de Estado Antônio de Sousa de Macedo, que redundou no desterro deste, é significativo. Rainha que governasse, e não cônjuge sem prestígio de um instrumento de privados, era o que pretendia ser. No casamento anulado tinha encontrado o poder em mãos deles; neste não haveria de tolerá-los.

Vieira por experiência o reconheceu, e na oração fúnebre, por morte de D. Maria Francisca, o publicou:

> É famosa questão entre os políticos se os reis devem ter validos ou não; e ambas as partes se defendem com fortíssimos argumentos. Só sua Majestade, que

> Deus guarde, com seu singular juízo soube compor e conciliar essa controvérsia: seguiu a parte negativa porque não teve valido; e seguiu juntamente a afirmativa porque teve valida[1].

E explicava como se decidiam os negócios do Estado: "Ambos conferindo; a rainha aconselhando, el-rei resolvendo". Depois o conceito já referido: "Nenhum rei de Portugal teve tal conselheiro de puridade". Não se descobre bem se isto é louvor ou ironia. Amarga recordação com certeza, porque nenhum competidor à graça de D. Pedro, dos que a rainha afastou, teve desengano maior.

Nesse mesmo ano de 1669 pela Quaresma, duas vezes o jesuíta, como no tempo de D. João IV, fez a crítica dos costumes políticos. Um e outro discurso sobre os pretendentes. Era a chaga da ocasião. Com o governo recém-estabelecido havia muito quem pedisse recompensa de serviços atuais ou passados à causa vencedora. E como os não despachados se descontentassem, e descontentes ficassem os que não eram premiados à medida do que ambicionavam, tentava o pregador persuadi-los a conformarem-se. A estes pela comparação entre o que haviam ganho e seu estado antecedente. Aos outros, que nada tinham alcançado, consolava-os com a satisfação própria.

> O prêmio das ações honradas elas o tem em si, e o levam logo consigo; nem tarda, nem espera requerimentos, nem depende de outrem; são satisfação de si mesmas. No dia em que as fizestes vos satisfizestes. E se fora de vós esperáveis outro prêmio, contentai-vos com o da opinião e da honra. Se vossos serviços são mal premiados, baste-vos saber que são bem conhecidos. Este prêmio mental, assentado no juízo das gentes, ninguém vo-lo pode tirar nem diminuir. Que importa que subais mal consultado dos ministros se estais bem julgado da fama? Que importa que saísseis excusado do tribunal se o tribunal fica acusado? Passai pela chancelaria esse despa-

---

[1] *Sermões*, t. 12, p. 21.

cho, deixai-o por brasão a vossos descendentes, e sereis duas vezes glorioso. Só vos dou licença que vos arrependais de ter pretendido. Pouco fez, ou baixamente avalia suas ações, quem cuida que lhas podiam pagar os homens[2].

Havia muitos descontentes por ter D. Pedro nomeado o conde da Torre escrivão da puridade, dizendo-se que fora a eleição a instâncias de Antônio Vieira e do confessor. Pode ser que a esses toque a homília. Pelo menos a coincidência presta verosimilhança à conjetura.

De toda maneira o discurso por certo agradaria ao regente: era defesa sua. Não assim o seguinte que abria pelas palavras "Estamos em sermão de pretendentes", dos quais motejava o orador, comparando-os aos heróis das grandes navegações: "Os nossos descobridores primeiro passaram o cabo de Não e depois o cabo de Boa Esperança. Os pretendentes pelo contrário: começam pelo cabo da Boa Esperança e acabam pelo de Não"[3]. Enquanto com esses falava o pregador não tinha o príncipe de que se descontentar; em breve porém ele passou às lições e conselhos, o que de nenhum modo aprazia. Aos filhos de Zebedeu que pediram a Cristo os dois lugares à sua mão direita e esquerda no paraíso, e eram primos seus e favorecidos de João, o mais amado dos discípulos, respondera ele que os lugares já estavam dados por seu pai. Esse lance fornecia o assunto ao sermão, e era o exemplo apontado a D. Pedro, não sob a geral designação de rei, ou príncipe, ou imperador, e na terceira pessoa, mas diretamente e como aquele a quem se dirigia. Inculcava-lhe com modelos da Escritura que, havendo de recusar qualquer pretensão, se excusasse com o voto dos conselhos:

---

[2] Ibidem, p. 21.

[3] *Sermões*, t. 2, p. 33. Erradamente na impressão como de 1670. Nesse ano achava-se o autor em Roma.

Isto é, senhor, o que prudentemente ensina a política humana, confirmada mais altamente com os documentos da sagrada, que tenho referido. O meio, porém, que sobre todos represento e ofereço a Vossa Alteza para a feliz administração do cetro, que com tão particular providência pôs nas reais mãos de Vossa Alteza a divina, é o exemplo do Filho de Deus nas palavras que tomei por tema, tão próprias do tempo, circunstâncias e ocasião que parecem ditadas e escritas só por ela. Negou Cristo aos dois irmãos os lugares que pediam, e o meio com que lhes adoçou o *não*, e com que o fez decoroso e decentíssimo para si, foi com alegar os decretos e disposições de seu Pai: "Não é meu" – diz o Senhor – "conceder-vos o que pedis, porque esses lugares já meu Pai os decretou para outros; e assim como dele herdei o poder assim dele hei de seguir e confirmar os decretos". Isto é o que devem imitar os príncipes herdeiros, e tanto mais gloriosamente quantos filhos de pais mais gloriosos. É conseqüência natural que com o sol que se põe, se escureçam uns lugares, e com o que nasce se alumiem outros; e esta é a alva ou alvo das pretensões no oriente dos reis que começam e ocaso dos que acabam. Mas o príncipe, que teve a fortuna de suceder a um pai tão digno das saudades dos vassalos como da imitação dos filhos, com se referir às eleições de seu pai se livra de inovar outras[4].

Mas isso não era tudo. Seguidamente referia-se a Roboão que, desprezando o ditame dos velhos conselheiros de seu pai, tomara o de amigos da infância, jovens como ele, e com isso se destruíra.

E se buscarmos a origem de tão infeliz e desastrado sucesso, em que um rei sem batalha perdeu as dez partes do seu reino, para si e para todos seus descendentes em uma hora, acharemos que foi por não querer conservar os ministros antigos que assistiam ao lado de seu pai, e tomar outros. Assim o diz e pondera a Escritura [...] A causa próxima da ruína de Roboão foi deixar o maduro conselho

[4] *Sermões*, t. 2, p. 61.

dos velhos experimentados, e tomar o dos moços orgulhosos e sem experiência. Mas origem dessa mesma causa esteve um passo atrás, que foi mudar os ministros que assistiam ao lado de seu pai[5].

D. Pedro podia ver aqui repreendido seu proceder com Pedro Vieira da Silva; talvez com outros. Seria ou não o propósito do pregador; contudo é certo que pleiteava este em causa própria quando dizia:

> E que mais tem os amigos que foram amigos dos pais do que os amigos novos e particulares dos filhos? Tem de mais aquela diferença que há entre o certo e o duvidoso. Os amigos novos, que os filhos elegem, poderá ser que sejam bons e fiéis amigos; mas os que foram amigos dos pais já é certo que o são, porque estes já estão experimentados e provados, aqueles ainda não.[6]

Acaso haveria nestas últimas palavras um dardo à rainha? Vieira, confundindo as épocas, repetia os processos de impertinente mentor, que lhe consentira D. João IV, e com que em 1662 instigara a oposição a D. Afonso VI, em um sermão sobre os conselheiros, e outro onde, na alegoria da mãe dos Zebedeus, diretamente invectivara a mãe de Castel-melhor[7]. Mas os tempos eram diferentes. Pouco gostaria de exortações públicas D. Pedro; a rainha ainda menos. Com o fazê-las, Vieira rompia os laços frágeis da gratidão, e perdia de feito o favor a que aspirava. Afeição, serviços, lisonjas desmaiavam ante o amor próprio dos soberanos molestados.

Que a um período de relativa privança se seguiu afastar o regente de si o amigo de seu pai, tudo que depois com ele sucedeu no-lo certifica. Pouco

---

[5] Ibidem, p. 63.

[6] Ibidem, p. 64.

[7] *Sermões*, t. 5, p. 5 e t. 4, p. 356.

bem visto no paço, por suas imprudências de tribuna, o mesmo ambiente de malevolências de sempre o cercava fora. Os que, supondo-o valido, se julgavam por ele prejudicados em suas pretensões, os que sentiam em si os remoques dos sermões dos pretendentes, vingavam se lembrando o processo de Coimbra, assoalhando que o mandara recolher o Santo Ofício para cumprir as penitências, e novamente o inibira de pregar. Recolhido de fato estava, mas por desgostos de cortesão.

O desejo de alcançar a revisão do processo, que não parece ter experimentado enquanto pensou recuperar o valimento antigo, acudiu-lhe então com urgência. Em julho estava decidido a partir para Roma. De uma carta a Duarte Ribeiro de Macedo infere-se que apelava para o pontífice com vênia e aprovação do Santo Ofício. Se não de todos os inquisidores, ao menos com aquiescência de Alexandre da Silva, já então transferido para o Conselho Geral, e a quem julgava ter convencido com razões ponderosas. Em tudo isso o mais provável é que o seu desejo superasse a realidade.

Antes de partir, quiçá como resposta àqueles que diziam lhe fora o púlpito vedado outra vez, pregou Antônio Vieira pela festa de Santo Inácio em Santo Antão, no último de julho. Depois nunca mais a sua voz eloqüente soou em templo de Lisboa. Refere André de Barros que a solicitação de outros padres e muito instado. Como quer que fosse daí lhe proveio um extraordinário triunfo oratório. Constando que tinha de pregar naquele dia, logo ao alvorecer e antes que se abrisse ao público a igreja, já se achava o largo fronteiro pejado de curiosos. As missas diárias disseram-se a portas cerradas para que a multidão, invadindo as naves, não perturbasse os celebrantes. Quando se franqueou a entrada, em um ápice ficou tomado todo o espaço. O nome do pregador justificava o alvoroço: o discurso correspondeu à sua fama antecedente.

Era o panegírico do orago do dia, no máximo que podiam dar comparações e hipérboles. Santo Inácio compêndio de todas as virtudes: "semelhante a todos os santos mas entre todos os santos sem semelhante". E mais: "O livro das vidas dos santos foi o original de que Santo Inácio é a cópia". A anedota de claustro, introduzida como nota jovial, de que se regalaria o auditório, dá o sentido da oração.

> Em Germânia, tendo-se o demônio apoderado de um homem, estava tão forte e tão rebelde que a tudo resistia: aplicaram-se-lhe todos os remédios naturais e divinos; repetiram-se por muitas vezes os exorcismos; mas o demônio sem se render a nada. Resolveu-se o exorcista a invocar todo o exército do céu contra aquele soberbo espírito, e começou assim pela ordem das ladainhas : *Sancte Michael, Sancte Gabriel, omnes sancti angeli et archangeli.* O demônio zombando. *Sancte Joannes Baptista, omnes sancti patriarcha e propheta.* O demônio sem fazer caso. *S. Petre, S. Paulo, omnes sancti apostoli et evangelista.* Nenhum efeito. *S. Stephane, S. Laurenti, omnes sancti martyres.* Cada vez mais rebelde. *S. Gregori, S. Ambrosi, omnes sancti pontifices et confessores, omnes sancti doctores.* Mais aferrado, mais pertinaz, mais furioso. *S. Antoni.* Nada. *S. Benedicte.* Como de antes. *S. Bernarde.* Nenhum abalo. *S. Dominice.* A ter mão fortemente. *S. Francisce.* A mesma pertinácia. *S. Ignati.* Em soando o nome de Santo Inácio, desampara o demônio, deixa o homem, desaparece e nunca mais tornou[8].

Da mesma sorte que para si tomou as virtudes de cada santo, Inácio, meteu no instituto, fundação sua, as excelências que nos seus tinham posto os fundadores de cada ordem. De S. Bento o ensino público. "O senhor arcebispo último de Lisboa, tão grande português como prelado, e tão grande prelado como douto, dizia que todos os homens grandes de Portugal saíram do pátio de Santo Antão." De S. Bruno o perpétuo cilício. "Não o cuida assim o mundo, mas sabem-no as enfermarias e as sepulturas." E, como alguém podia notar-lhe não ser geral a prática, advertia: "O cilício que anda entre o

---

[8] *Sermões*, t. 4, p. 22.

corpo e o linho não é o que mais pica: o que cega o entendimento e nega a vontade este é o que afoga a alma e tira a vida". Com o que talvez pretendesse declarar quanto à cega obediência lhe pesava. "Outros cilícios mortificam, este mata." De S. Francisco a seráfica pobreza. "Fazemos um voto de guardar a pobreza e outro de a estreitar." A muitos, aos que, como o autor da *Arte de furtar*, chamavam *Apanhia* à Companhia de Jesus, podia parecer contestável a afirmativa. Vieira respondia com um *distinguo* sutil. "Aos professos mandou Santo Inácio que pedissem esmola, aos não professos que lhes desse esmola a religião, para que a não fossem buscar fora dela; por isso têm rendas os colégios e não as casas." De S. Domingos a devoção do rosário e o preceito de seguir a doutrina de S. Tomaz. Nesse ponto uma advertência: "Mas concordou S. Inácio essa mesma doutrina e essa mesma devoção tal preferência que, no caso em que uma encontrasse a outra, a devoção da senhora prevalecesse à doutrina e não a doutrina à devoção"[9].

Esse trecho, para os profanos talvez obscuro, parece que o tomaram os dominicanos como ofensivo do seu patriarca e das práticas da Ordem, ou foi esse o pretexto para romperem com um religioso que tinham por ferrenho inimigo. O escândalo foi igual ao do sermão da Sexagésima. Quatro dias depois, a 4 de agosto, na festa de S. Domingos, em um convento de freiras da Ordem, provavelmente na Anunciada, respondia-lhe frei Domingos de S. Tomás, aquele mesmo pregador que tão encarniçado fora contra ele em 1655. Agora, além do sermão, havia outros agravos. A suspeição lançada sobre os qualificadores dominicanos, por ocasião do processo, certamente não ficara em segredo e pedia desquite. O panegírico de S. Domingos converteu-se em diatribe contra o panegirista de Santo Inácio. E não deixaria o pregador de tornar saliente, por alusões certeiras, que tentara deprimir o inventor do Santo Ofício – a designação é de frei Luís de Sousa – um réu que só à clemên-

---

[9] *Sermões*, t. 4, p. 27 e 28.

cia dos inquisidores devia a liberdade. Em S. Domingos e outros templos da Ordem se repetiu o ataque. O ofendido dizia depois em zombaria que grande honra lhe tinham feito aqueles religiosos, pregando dele Antônio Vieira, em lugar do santo, na festa do seu padroeiro[10]. Mas na ocasião, e dados os antecedentes, ficou sem dúvida mortificado.

Ainda se não tinha dissipado o eco do escândalo quando Vieira embarcou, a 15 de agosto, com destino à Itália. Os termos em que se achava então para com ele o regente vêem-se do modo como lhe acolheu as súplicas referentes ao objeto da viagem. Impetrara o padre licença para ir à Inglaterra visitar a rainha D. Catarina; pensava sem dúvida que uma recomendação da esposa católica de um soberano, cuja conversão se desejava, seria de valor para o papa: não lha quis dar. Pediu instruções terminantes para que o embaixador em Roma o ajudasse nas diligências atinentes à sua causa: o deferimento foi uma vaga ordem ao encarregado de negócios para o auxiliar em certo negócio da Companhia, não especificado, que era o pretexto e não o fito real da viagem[11].

O motivo público que na Companhia se dava àquela, era a canonização dos seus mártires, padre Inácio de Azevedo e trinta e nove companheiros, trucidados por corsários calvinistas em 1570, quando iam para o Brasil; canonização de que fora o processo interrompido, e se encomendava agora o acabamento ao emissário. Na cidade corriam sobre o fato opiniões desencontradas, não se dando crédito à versão publicada. Uns, que pretendiam receber informações do paço, diziam fora o jesuíta, como no tempo de D. João IV, a

---

[10] Cf. Carta apologética ao padre Jâcome Isquazafigo. *Cartas*, t. 3, p. 737.

[11] Eis o texto: "João de Roxas de Azevedo amigo: Eu o príncipe vos envio muito saudar Antônio Vieira da Companhia de Jesus, meu pregador, que vos dará esta carta, vai a essa corte mandado por seus prelados a negócios da sua religião. Em tudo o que para eles se lhe oferecer o ajudareis de maneira que se veja na confiança com que o tratardes e comunicardes qual é a estima que faço de sua pessoa. Escrita em Lisboa em 9 de agosto de 1669. *Príncipe*".

negócios diplomáticos: outros, os desafeiçoados, que o chamara o Pontífice, para ser novamente julgado pelas proposições heréticas, que persistia em sustentar; e alguns, de dentro da Companhia, inimigos que continuava a ter lá, referiam muito à puridade, que o mandara ir a Roma o Geral a fim de lhe tirar o hábito, sendo dessa vez certa a expulsão: finalmente havia mais quem divulgasse que era o fim da viagem postular do Santo Padre a nomeação de um inquisidor geral jesuíta. Todas as versões coligiu um contemporâneo, que deixou memórias muito pormenorizadas desse período agitado[12].

Mas, além destas, outras passaram à posteridade. O biógrafo jesuíta relata que a razão determinante da viagem foi a mudança de ares pelos de Roma, que requeriam as enfermidades, e Vieira se aproveitou para isso a oportunidade do negócio dos mártires[13]. E o censor da obra pela Mesa do Paço, D. José Barbosa, cronista da casa de Bragança, em oposição ao texto, assegura que o padre foi para Roma constrangido e obedecendo à ordem que teve do príncipe regente para acompanhar o embaixador marquês das Minas, o qual de fato tinha partido antes, a 31 de julho[14]. Assim, a malícia, o interesse e a admiração tantas vezes complicam a simples realidade. Sabemos hoje, que para justificar a jornada a Roma, Vieira tinha solicitado ao provincial do Brasil, ao tempo o padre Francisco de Avelar, seu grande amigo, o encargo de tratar da canonização dos mártires. Anuiu aquele, e expediu a ordem, segundo o desejo do pretendente, como se fora de iniciativa própria e não condescendência[15]. Dessa maneira pôde o viajante apresentar-se aos superiores em Roma como quem ia ao serviço da sociedade, e não movido de interesse pessoal.

---

[12] O anônimo autor das *Monstruosidades do tempo e da fortuna*.

[13] *Vida*, p. 225.

[14] Ibidem, p. IX.

[15] Carta do padre Francisco de Avelar ao Geral. *Rev. de Hist*, t. 11, p. 99.

Mais uma vez, pois, as peripécias de uma vida aventurosa levaram para longe da pátria Antônio Vieira. Esse apartamento ainda mais triste que o da imprevista viagem para o Maranhão.

Naquela fora com a dor na alma, porém na esperança de ser chamado de volta; nesta ia desiludido de suas expectativas e de peito feito para não voltar. Assim pois, descendo o Tejo, dizia o adeus, que pensava definitivo, àquele teatro vasto em que fora festejado ator, e, ai dele!, também vilipendiado. A distância, e alguma lágrima que lhe embaciava a pupila, ia-lhe encobrindo, em baixo, à margem do rio, o torreão da Ribeira: ali deixava as satisfações do orgulho. No alto do monte revestido de pomares e vinhas, o Noviciado da Cotovia: de lá saíra para a curta ilusão de que se arrancava agora. A seu lado, consolação única, se é que a podia ter, uma discreta amizade: o padre José Soares, seu companheiro desde o Maranhão, e que nunca mais havia de o deixar. Amigo seguro e humilde, que dele fizera um ídolo, e cuja dedicação aceitava como tributo devido.

II

Tinha sido propósito de Vieira fazer a viagem por Inglaterra e França; por Inglaterra, em visita à rainha, de quem esperava algum afago; por França para se encontrar com o enviado Duarte Ribeiro de Macedo, que tinha sido um dos seus íntimos durante o desterro no Porto. Já se viu que o regente não conveio nisso, pelo que o caminho foi pelo Mediterrâneo. Forçado de tempos contrários, duas vezes arribou. A primeira a Alicante, onde – refere André de Barros – um hebreu batizado havia de pouco, ouvindo-lhe razões sobre a reconstituição da nação judaica, e sua conversão, segundo a *Clavis prophetarum*, lhe disse maravilhado que, se fosse a Orão, e aquilo mesmo declarasse aos judeus, todos eles se converteriam. Da segunda vez a Marselha.

Ali aportou no mesmo dia o príncipe herdeiro da Toscana, Cosme de Médicis, ao qual, passando em Lisboa, já tinha rendido homenagem. Apenas terminadas as salvas da artilharia, estava o jesuíta a bordo a cumprimentá-lo. Tinha o príncipe afeição particular aos religiosos, e Vieira possuía o dom de cativar. Logo ficaram amigos, e tanto que o reteve Cosme de Médicis na sua galé, juntos continuando a viagem até Liorne. A ocasião foi aproveitada pelo padre para uma proposta, a seu ver, de grande alcance político. Nada menos que o casamento entre a infanta filha de D. Pedro, que não tinha ainda um ano, e o primogênito do príncipe, então com quatro anos. A seu tempo se verá como esse esquadrinhador de combinações políticas extraordinárias não abandonou a proposição, ao tempo na aparência prematura. Com a facilidade de imaginação que lhe era própria, supunha já sem mais filhos a D. Pedro, e Portugal com um prolongamento em Itália. O plano, aliás, não foi só dele, posto que buscado o noivo e a parte de ambição territorial em diverso lugar.

Desembarcando pois em Liorne, Vieira fez a jornada por terra até Roma, aonde chegou aos 21 de novembro, havendo 98 dias que de Lisboa tinha partido. Não se sabe se a dilação da viagem foi devida às arribadas, ou se o padre ficaria algum tempo em Liorne e outras cidades do caminho. É crível tivesse ido a Florença acompanhando o príncipe. Como dele não houvesse notícia, em Lisboa divulgaram os maldizentes que andava escondido, tramando novas maquinações com os hebreus, de que havia muitos refugiados em Toscana[16].

Fora da cidade eterna, a meia légua da porta del Popolo pela via Flamínia, saíram ao encontro do viandante duas carroças, e nelas o assistente de Portugal padre Gaspar Gouveia com alguns senhores romanos, amigos dos jesuítas. Não esperava ele o cortejo, nem era a homenagem usual na

---

[16] *Monstruosidades*, cit., p. 27.

Companhia. O fato representava um protesto contra o proceder do Santo Ofício. Para Vieira essa satisfação do amor próprio tinha valor que assaz o compensava das perseguições, não porém do abandono ingrato do príncipe. O mesmo quanto à recepção que o Geral e mais padres lhe fizeram. Como de costume, foi D. Rodrigo de Menezes o confidente de seus queixumes, bem se pode crer na esperança de que soassem aos ouvidos daquele de quem sentia os agravos.

> O padre geral me recebeu com demonstração extraordinária de afeto, e o mesmo experimento em todos os religiosos desta casa, que hoje é uma recopilação de toda a Companhia, por se acharem nela em congregação os enviados trienais de todas as províncias. O certo é, senhor, que os portugueses conhecem a Antônio Vieira, pois só eles o trataram como merece. O padre assistente de Portugal, com quem nunca tive correspondência, e outros muitos senhores me foram receber duas milhas fora de Roma com duas carroças, sendo tanto mais para estimar este amor quanta é a diferença com que el-rei D. João, que está no céu, mandou a Roma este mesmo homem, há vinte anos, então com a maior confiança e autoridade, e hoje, quando só me era necessária, com suma indignidade. Nos termos das cartas que trouxe para o embaixador e protetor não falo, pela reverência que devo à firma de Sua Alteza, que Deus guarde, e porque temo que a dor de chaga tão fresca me obrigue a alguma voz de que se ofenda o meu amor[17].

"Magnus dolor est loesus amor", dizia ele em continuação, e outras palavras não podiam representar melhor a sua mágoa.

Cotejando essa carta com outra da semana seguinte, quase se pode assegurar foi escrita com o pensamento que D. Pedro a veria. Esta foi a carta das queixas, a segunda a dos interesses. Aqui Vieira dá parte de seus intentos,

---

[17] *Cartas*, t. 2, p. 279.

e renova as instâncias pelo auxílio diplomático à sua pretensão relativa ao processo.

> Agora dou conta do meu negócio a Vossa Senhoria, que já se não poderá tratar neste pontificado, porque o papa fica morrendo. Presente é a Vossa Senhoria que o papel censurado foi escrito no Maranhão, e enviado de lá por mãos do confessor à rainha nossa senhora que está no céu, e para seu alívio na morte de el-rei. Deste papel, interpretado como pareceu aos qualificadores, se formaram proposições e se mandaram a Roma, onde foram censuradas, sem aqui nem em Portugal eu ser ouvido, porque quando isto se fez estava eu no Maranhão, sem se me dar notícia de tal coisa.
>
> Suposto isto, eu não quero ter pleito algum com os inquisidores de Portugal, que foram meros executores das censuras, e só quero e devo ter com os ministros de Roma que as censuraram, e pedir ao papa que, pois eu não fui ouvido, me ouça, e depois de cuidar a razão do que eu disse, mande julgar de novo o que for justiça. Assim que, o meu pleito todo é em Roma com os ministros romanos, não entrando para mal nem para bem nesta causa os ministros de Portugal; com que fica totalmente cessando o reparo que Sua Alteza tinha de que a autoridade do seu embaixador se interpusesse a favor desse negócio, e é tanto assim que o mesmo inquisidor Alexandre da Silva, por cujas mãos correu toda a causa, me exortou e aconselhou que assim o fizesse, alegando muitos exemplos de que os inquisidores não tiveram sentimento algum, pois não ofende seu crédito e autoridade que o papa desfaça, ouvindo a parte, o que o mesmo ou outro papa fez, não a ouvindo. Sendo essa suposição tão diversa e tão alheia de todo o inconveniente, espero que Sua Alteza me favoreça com uma carta para o embaixador, em que lhe mande dizer que, além do negócio das canonizações dos mártires do Brasil, tenho outro que lhe comunicarei, e que me assista com tudo o que puder[18].

[18] *Cartas*, t. 2, p. 280.

Na mesma ocasião Vieira, por intermédio de D. Teodósio de Melo, solicitou a proteção da rainha. Ao príncipe escrevia igualmente, mandando a carta por D. Rodrigo, e a este encarregava de expor como se julgava com direito ao pedido, por ser aquele que tantos serviços havia prestado à coroa e, por amor dele, fora desterrado e perseguido.

É de acreditar que, nas explicações a D. Rodrigo de Menezes, disfarçasse Vieira o seu intento, a fim de alcançar o concurso diplomático que julgava necessário; mas na realidade o pleito não era com os inquisidores de Roma, senão com os de Lisboa, de quem ele e a Companhia queriam despicar-se.

Negócio entretanto adiado, como o da canonização dos mártires, porque ao chegar o padre a Roma, Clemente IX, de avançada idade e diabético, agonizava já. Dois dias depois dessa carta estava o trono pontifical vacante, e só quando, pelo cansaço, terminaram as intrigas de um longo conclave pôde ser preenchido. Deixando pois, pela força das circunstâncias, o negócio próprio e o da Companhia, Vieira cuidou de outro que, à partida, lhe tinha encomendado o seu grande amigo duque de Cadaval. Era este viúvo e tendo perdido a filha única, pensava em assegurar a sucessão direta da casa nobilíssima por núpcias novas. Vieira foi incumbido de lhe buscar noiva em Itália: tarefa difícil, porque para a união se requeriam condições excepcionais de nome e fortuna. Mas para o auxiliar lá estava D. Leonor Pimentel, tia-avó do duque pelo lado materno, senhora altamente considerada na aristocracia romana, duquesa de Sermoneta por segundo casamento.

Mais uma vez, pois, o jesuíta assume o papel, que parece lhe era estimável, de embaixador de noivados; e não será a última; em todas porém sem fortuna, porque, do mesmo modo que as negociações em Paris e Roma, respectivas ao príncipe D. Teodósio, ficou sem efeito a do duque e a outra que, por sua conta, encetou para a filha de D. Pedro. Aqui foi imediata a decisão. Logo no dia seguinte ao da chegada a Roma, o jesuíta visitou a parenta do duque; voltou depois para o negócio; com ela passou em conferência muitas horas, a uma da noite escrevia desenganando aquele de toda a esperança em Itália. Então, da parte da duquesa, e com ela em concordância, insinua ao pretendente que conviria apertar o negócio de Carnide[19]. No enigma referia-se à filha natural de D. João IV, D. Maria recolhida no convento de Santa Teresa naquela povoação, e partido conveniente para o duque, o qual só com sangue de príncipes devia aparentar. Mas ainda isso não se realizou. A união da estirpe ducal à dos Braganças, tronco comum, ficou para a geração seguinte.

A missão sobre a canonização dos mártires não teve mais ventura. A 29 de abril de 1670 foi eleito Clemente X, o novo pontífice, moderno cardeal, de oitenta anos, e carregado de enfermidades. As demoradas transações do conclave haviam terminado por se assentar em convergirem os votos sobre o valetudinário – *papa em depósito*, assim se designava o eleito em tais condições – com o que se estabelecia uma trégua, e guardava cada qual suas esperanças para a nova eleição eminente. A pretensão dos jesuítas topava com embaraços sérios: um deles, e não o menor, o número tão grande dos mártires. E, acrescentava Vieira, a qualidade de portugueses. O caso foi que o processo, já não recente, continuou a protelar-se, e só muito mais tarde, em 1854, logrou a Companhia por ter entre os bem-aventurados aqueles seus missionários.

O embaixador conde do Prado tinha precedido a Vieira em Roma, onde chegou a 19 de outubro. Logo recebido em audiência particular por Clemente IX, a morte deste impedira a recepção solene e a entrega das cartas de crença. Com feliz decisão, porém, o conde fez força para ser admitido pelos cardeais, e na abertura do conclave tomou o lugar de embaixador acreditado, com as mesmas honras dos que representavam as potências em regulares relações com a Santa Sé. Seu modo de se apresentar em Roma era ostentoso, a habilidade com que se havia imposto granjeou-lhe aplauso; o regente au-

---

[19] 6 de dezembro de 1669. *Cartas*, t. 2, p. 283.

mentou-lhe a autoridade, elevando-o em título a marquês das Minas, com o que preencheu uma aspiração da família[20].

Sem recomendação especial para ele, Vieira fazia-lhe a corte e era bem recebido. Por isso o qualificava de "grande, prudente e zeloso ministro". Louvava-lhe o modo por que conduzia as negociações e, como despeitado que era, entendia que em Lisboa o contrariavam. "Que importa que ele trace e disponha, se tudo quanto cá se arma em Portugal se descompõe?"[21]

Roma era naquele tempo uma cidade cosmopolita, como nenhuma das outras capitais da Europa. Metrópole do mundo católico, ali repercutia a política de todas as nações da cristandade. Além dos interesses de ordem espiritual, que a religião representava, o Estado pontifício tinha de zelar, em cada país católico, interesses materiais, que constituíam parte avultada de seu patrimônio; e assim príncipes e chefe da Igreja se achavam em recíproca dependência: a de autoridade, a que pretendiam forrar-se os primeiros, a pecuniária, de que não convinha ao último ver-se excluído. Por seu turno, cada governo buscava ter por si a enorme influência moral do pontificado, seja nos Estados estranhos, seja dentro do seu próprio; e daí derivava ser Roma um campo de batalha, onde os interesses do mundo se degladiavam em permanentes intrigas e embaraçadas negociações.

É desnecessário inquirir se em tal meio estaria a seu gosto Vieira. Achava-se ali no centro do mundo, e ao par de tudo o que digno de nota passava nele. Negociações e intrigas convergiam à casa onde governava o sibarita

---

[20] "[...] Muito se receava no Brasil, pelo muito dinheiro que D. Francisco de Sousa havia gastado da Fazenda de Sua Majestade, que lhe tomassem no reino estreita conta [...] E porque ele não pediu mais que o marquesado de Minas de S. Vicente o tornou (Filipe II de Espanha) a mandar a elas com o governo do Espírito Santo, Rio de Janeiro e mais capitanias do Sul", frei Vicente do Salvador, *História do Brasil*. São Paulo e Rio de Janeiro, 1918, p. 418. Encontra-se a confirmação em A. Braamcamp Freire, *Brasões de Cintra*, t. 1, p. 421.

[21] A Duarte Ribeiro de Macedo. 18 de novembro de 1670. *Cartas*, t. 2, p. 317.

João Paulo Oliva, tanto como ao mesmo Vaticano[22]; e as notícias chegavam de toda a parte, pelas ramificações numerosas da Companhia. Outro centro onde as novidades afluíam e as intrigas se entreteciam era o palácio de Cristina de Suécia. A rainha erudita tinha então ali a sua corte, centro brilhante do saber, e ornato primoroso da capital dos pontífices. Chegando a Roma os embaixadores iam fazer-lhe visita, que ela recebia sentada sob dossel, como quando no trono em Estocolmo. Lá foi o marquês das Minas, com a sua comitiva, depois de estar no Sacro Colégio. Pode ser que ele mesmo lhe apresentasse Vieira, quando não fosse Cristina que, sabendo achar-se em Roma tão notável jesuíta, lhe mandasse recado para ir à sua presença.

Como em Coimbra, Vieira mantinha com seus amigos assíduo comércio epistolar. Ficaram-nos cartas a D. Rodrigo de Menezes, ao marquês de Gouveia, a Duarte Ribeiro de Macedo, além de outras, em menor número, a diversos. Sabemos que também freqüentemente correspondia, e de modo muito familiar, com Cosme de Médicis, reinante desde maio de 1670. Os negócios de Portugal, que se tratavam na cúria os propriamente romanos, os da política geral da Europa, e atos dos governantes no reino, davam-lhe matéria constante para notícias e glosas. A pendência que desde a Restauração tinha a coroa portuguesa na Santa Sé, respeitava ao provimento das dioceses. Até a paz de 1667 o governo de Madri embaraçara quantas diligências se faziam para a solução do assunto. O papa não reconhecia o governo de Lisboa, nem expedia os breves de confirmação na forma pedida, equivalente a esse reconhecimento.

Nenhum dos diplomáticos, enviados a Roma durante o período de guerra, lograra recepção oficial. O marquês das Minas tinha sido o primeiro,

---

[22] Acerca desse Geral dos jesuítas escreve Ranke: "Oliva war ein Mann, der äussere Ruhe, Wohlleben, politische Intrigue liebte [...] auf seinen Tisch brachte man nur die ausgesuchtesten Speisen; nie ging er zu Fuss aus; in seinen Wohnzimmern war die Bequemlichkeit bereits raffinirt [...]". *Die römischen Päpste*. Leipzig, 1885, t. 3, p. 85.

mas com a morte do pontífice ficara ainda protelada a nomeação dos bispos, tão desejada.

Quando foi eleito Clemente X, da situação particular do governo português nasceram dificuldades de forma, sobre o título porque havia de ser designado nas letras pontifícias o ocupante do trono, D. Pedro. Afinal, em fevereiro de 1671, achava-se tudo regularizado, e as confirmações nos termos em que o governo português as pretendia.

Tão importante assunto não podia resolver-se perto de Vieira sem que ele interviesse com iniciativas, alvitres, críticas. Em ocasiões de dificuldade, requeria-lhe o conselho o embaixador. Outras vezes ele o mandava, por deliberação própria, a D. Rodrigo de Menezes. Quando o negócio foi resolvido, pronunciava-se desta sorte: "Enfim se fez o que se ordenou se fizesse, e se perdeu a ocasião que não se poderá repetir em muitos séculos, se o mundo não der tantas voltas como neste nosso"[23]. O embaixador ficava absolto da censura, e dele dizia que, em conseguir o negócio, havia trabalhado "tanto à portuguesa no valor como à romana na destreza."

Dos sucessos do mundo importavam-Ihe particularmente os do império otomano. Posto desenganado de suas interpretações do Bandarra, não podia esquecer que aquele ano de 1670 era o derradeiro do período fatal, "desde seis até setenta", como diziam as *Trovas*. Os turcos faziam em Constantinopla e Cândia grandes preparativos: "E como estes são pela maior parte marítimos, ainda que Alemanha e Hungria eram as que mais se temiam, já se entende que dará o raio em Itália"[24]. Bem podia ser esse o princípio do golpe vaticinado: a destruição de Roma antes de se estabelecer o quinto império. "Deus se lembre da sua Igreja!" dizia ele a propósito desses preparativos, escrevendo a um bispo, talvez de Leiria, o ex-secretário de Estado Pedro Vieira da Sil-

[23] *Cartas*, t. 2, p. 330.

[24] Ibidem, p. 293.

va[25]. A Duarte Ribeiro de Macedo confiava suas apreensões, estas em outro sentido, com respeito a Portugal: "Eu não quisera crer em profecias, como tão escandalizado delas; mas também não posso negar o que tenho visto e vou vendo". Em seguida, como a justificar-se: "Se fiara mais desse papel, mandara a Vossa Senhoria um em que há duzentos anos está escrito tudo o que vimos nestes quatro últimos, e só falta o que já se começa a dizer"[26].

No íntimo admitia ainda o cumprir-se em D. Pedro o prognóstico do império, motivo pelo qual, acerca do abandono a que a Índia fora votada, observava: "Para conquistar as [terras] do Turco é necessário primeiro recuperar as suas"[27]. E, como nos tempos de Coimbra, tinha que fosse o marquês de Marialva o general predestinado a infligir ao maometano a derrota decisiva. Isto dizia a D. Rodrigo de Menezes em fevereiro: "Sempre me animei muito com os oráculos que têm prometido a vitória do Turco às armas de Portugal, debaixo do governo do senhor marquês de Marialva"[28]. Depois de três meses passados:

> Ao senhor marquês, meu senhor, me fará Vossa Senhoria mercê dizer que o Turco continua nos aprestos de uma poderosa armada naval e de alto bordo, não se descuidando de Alemanha pela Croácia e Hungria, e que somos entrados na era de setenta, em que tantos prognosticam sua ruína, e eu a felicidade de poder ver a Sua Excelência em Levante tão carregado de triunfos como no Poente[29].

---

[25] Carta a certo prelado. Ibidem, t. 2, p. 292.

[26] *Cartas*, t. 2, p. 310.

[27] Ibidem, p. 357.

[28] Ibidem, p. 292.

[29] Ibidem, p. 303.

Podia entrar nisto muito de lisonja, mas a convicção do fato fundamental é patente. Este variava no tempo, à medida que a tal o forçavam as realidades, e permanecia arraigado como crença.

Se nenhum lugar da terra melhor podia quadrar, que a cidade buliçosa dos papas, ao gosto de Vieira; se nenhuma lhe oferecia tão soberbo tablado onde o deslumbrasse o espetáculo, e ele mesmo pudesse ser figurante; as circunstâncias em que a ela tinha vindo aguavam-lhe o deleite, e a cada instante uma recordação pungente, a consciência da mudança operada em sua sorte, lhe causava uma pena. Da primeira vez entrara em Roma emissário de governantes, a menear negócios dos que se tratam no maior recato dos gabinetes dos príncipes; à disposição tinha quantias avultadas, para premiar adictos e corromper adversários; em nome do rei dava ordens e se correspondia com embaixadores. Agora era um exilado, quase desvalido se não fosse o seu hábito, e que ao partir para a viagem não alcançara sequer uma conveniente recomendação para ser o representante do seu ingrato soberano. As honras que lhe haviam feito à chegada, a consideração que lhe prestavam, as devia somente ao apreço em que o tinham os superiores, e à fama de seus talentos. Quando alguma vez oferecia um ditame sobre os negócios do Estado, era necessário fazê-lo escondidamente, para não topar uma repulsa. "Não era assim neste mesmo lugar hoje faz vinte e dois anos!", advertia magoado[30]. Na pátria continuavam os êmulos a malquistá-lo: "Certo que me puderam deixar viver em Roma os que não quiseram que eu vivesse em Portugal"[31].

Nada porém o afligia tanto como o abandono do príncipe. Todas as diligências para conseguir que o negócio do seu processo fosse recomendado ao embaixador saíram baldadas. Depois de solicitações, em que fez intervir quantos amigos conservava na corte, uma carta firmada por D. Pedro

---

30 *Cartas*, t. 2, p. 330.

31 Ibidem, p. 338.

trouxe-lhe a recusa nítida. Os termos vêem-se da observação sardônica do suplicante: "Sua Alteza resolveu melhor do que eu soube pedir: porque se o que peço é justo, ficará mais justificado sem a proteção do seu real favor; e se o não é, fica menos arriscada a interposição da sua autoridade ou de um seu ministro". Após o que, deixava perceber um fingido desprendimento toda a extensão da sua dor. Referindo-se à cela, em que, como estrangeiro, não era hóspede gratuito, e, advertindo que bem lhe podiam dar uma pensão com que pagasse o aluguel, exprimia assim um forçado contentamento: "Nela vivo mais contente que o papa no Vaticano, e, se me aconselhar com a minha comodidade, dela me levarão à sepultura ainda que viva muitos anos". E logo a seguir: "Só o esquecimento de Portugal me pode levar a Portugal"[32]. Despeito vão, porque lá, e principalmente na corte, lhe demorava o pensamento, lá somente ambicionava achar-se.

O que ele realmente pensava, disse-o quando no ano seguinte escrevia ao mesmo correspondente: "Se eu vira que em Portugal servia a Sua Alteza, também soubera ajuntar o seu serviço com o de Deus, como em outro tempo fiz, e não era necessário outro motivo para eu me não apartar dos seus reais pés"[33]. Assim depois, ao mesmo D. Pedro, que em um momento pareceu em diversa disposição para com ele, e o chamou: "O meu maior e único desejo é ver-me aos reais pés de Vossa Alteza, tanto mais cedo quanto for possível". Então propusera-lhe o Geral fazê-lo nomear pregador do futuro papa, porque já se dava pouca vida a Clemente X; ele porém a tudo preferia a corte e o favor de D. Pedro: "Não há cadeias, por mais douradas que se representem, as quais me possam deter um momento, para que por mar, por terra e pelos ares não siga o menor aceno e vontade de Vossa Alteza"[34].

---

[32] 2 de agosto de 1670. *Cartas*, t. 2, p. 307.

[33] A D. Rodrigo de Menezes, 11 de maio de 1671. *Cartas*, t. 2, p. 344.

[34] 7 de setembro de 1671. Ibidem, p. 363.

O posto para que o queria em Lisboa o regente não se acerta qual fosse. Talvez um bispado, como se pode inferir do que sobre o assunto escrevia a D. Rodrigo de Menezes. Também por um bispado se descartara o regente de Pedro Vieira da Silva: "A mercê, que me quiseram fazer" – D. João IV, a rainha D. Luísa e o príncipe D. Teodósio – "e me significaram por muitas vezes, tem muitas testemunhas entre os mortos, e pode ser que ainda vivam alguns, que por seu mandado me quiseram persuadir a que aceitasse"[35]. Alusão evidente à oferta, por ocasião do conflito com os superiores, quando o quiseram despedir da Ordem. Qualquer que fosse, Vieira resolveu aceitar e partir a ocupar o cargo proposto, só com a dilação necessária para alcançar do papa a imunidade do Santo Ofício. Na revisão do processo não insistia, obedecendo ao Geral, que porventura não queria molestar demasiadamente os inquisidores portugueses; mas sujeito a futuras perseguições não queria ele que partisse, pelo que lhe era forçoso demorar a viagem.

O resultado foi que, ou por não sofrer demora o caso, ou por se ofender o príncipe de não ser a graça aceita sem reservas, o projeto caiu no esquecimento, e caiu, ao que parece, o agraciado do efêmero favor. Debalde Vieira esperou novo chamado, daqueles que não admitem tergiversações. "Se Sua Alteza, ou no reino ou nas conquistas, se quer servir de mim, importa que logo, logo me mande escrever uma carta, que eu possa mostrar, com ordem muito apertada, em que o diga assim e me mande ir para Portugal." Mas, duvidoso ainda, pedia a D. Rodrigo: "E quando Vossa Senhoria não ache essa vontade e disposição muito verdadeira e sólida no ânimo de Sua Alteza, peço a Vossa Senhoria que com a mesma verdade e brevidade se sirva avisar-me por duas regras de sua mão, para que eu com esse desengano saiba o que hei de fazer de mim"[36]. Nessa mesma ocasião dava o porquê de suas hesitações, de que era causa o Santo Ofício.

---

[35] Ibidem, p. 343.

[36] 22 de outubro de 1672. *Cartas*, t. 2, p.515.

> Toda a minha desgraça esteve no tempo, e em me não ouvir o senhor inquisidor geral presente, que eu desejava muito me ouvisse, com palavra sua de que me concederá revista, e me ouvirá como em tantos casos tem feito a Inquisição de Roma, à qual o padre geral não quis que eu recorresse, por guardar respeito à de Portugal; e com a ordem que digo de Sua Alteza estou pronto a me partir logo[37].

Isto era em outubro de 1672. No último de dezembro, sem informação do amigo nesse ponto essencial, insistia por ela. "Espero com a maior brevidade, quando a Vossa Senhoria for possível, a resposta da carta, que há muitos correios escrevi a Vossa Senhoria sobre meus particulares."[38] Aqui termina a correspondência com D. Rodrigo. Mais cartas, se as houve, é de temer estejam para sempre perdidas. Em junho de 1674, D. Rodrigo, atacado de apoplexia, perdeu a fala e nunca mais a recuperou.

Repudiado por D. Pedro, Vieira esperava auxílio e consolação da rainha de Inglaterra. Tanto maior desgosto quando soube que havia incorrido em seu desagrado, e estava D. Catarina de *fogo e sangue* contra ele. "A causa é cuidar que tive eu parte nas mudanças de Portugal, e ler que segui tão descobertamente no sermão dos anos impresso o que dele se conhece."[39] Não perdoava D. Catarina o proceder detestável do irmão com o rei destronado, e só depois veio a reconciliar-se. Muito menos perdoaria à cunhada, e àqueles que com ela se tinham bandeado. Antônio Vieira estranhava a severidade; o seu discurso era menos escandaloso que a *Catástrofe,* cujo autor recebera tanto prêmio, ao passo que ele só tinha de um e outro lado desfavor. Davalhe isso ocasião a lamentar-se "Poderei dizer como Henrique VIII: *Omnia perdidimus*". Depois, relembrando o passado: "Mal cuidei que nem uma nem outra coisa se pudesse verificar nos filhos de el-rei D. João IV".

---

37 Ibidem, p. 516.

38 Ibidem, p. 551.

39 *Cartas*, t. 2, p. 302.

Tal era a situação de Vieira, abandonado por todos e, afinal, sem encontrar em Roma as satisfações que lhe pareciam prometidas à chegada. Conhece-se isso do modo pelo qual se exprime sobre a terra e sobre a gente. "Mais gosto de ver em Roma as ruínas e desenganos do que foi, que a vaidade e variedade do que é." Começara o Carnaval, e ele dizia que só então os romanos tiravam as máscaras. "Porque verdadeiramente mostram que não são por dentro o que parecem por fora."[40]

O púlpito não lhe proporcionava triunfos como julgara. Em 1670 pregou por duas vezes na igreja de Santo Antônio por Cinzas e na festa do orago. Mas o auditório de portugueses era diminuto. Dos outros ouvintes fazia ele este juízo: "Os italianos não entendem o que digo, e os castelhanos querem entender mais do que digo"[41]. O sermão de Santo Antônio fora um extraordinário elogio da nação portuguesa, de que talvez se afrontassem os súditos de Filipe IV. No ano seguinte não quis pregar por Santo Antônio, pelo que ficou a festa sem sermão. É possível que já nesse tempo se andasse a preparar com o estudo da língua e dicção, para pregar em italiano. Assim corria ao aplauso, que era elemento necessário à sua vida. Conjuntamente ia pondo em ordem os sermões para se imprimirem em diversas línguas, como queria o Geral. Sem gosto, e talvez "só por obediência", como diz, porque na admiração distante do leitor não se comprazia muito; o que lhe dava contentamento, e ele no púlpito buscava, era a fascinação do orador, o domínio, pela ação imediata, do auditório presente e numeroso.

Nisto se deu em Lisboa um acontecimento de que resultou esfriar-lhe o desejo de voltar à corte, e tomar outro escopo sua ação na cúria.

---

[40] Ao marquês de Gouveia, *Cartas*, t. 2, p. 321.

[41] Idem.

III

Na manhã de segunda-feira 11 de junho apareceu violado o sacrário da igreja do mosteiro de Odivelas. Um ladrão introduzira-se de noite no templo e cometera o malefício, roubando os vasos sagrados e outras alfaias. Mas no primeiro momento só se deu pelo que tocava ao sacrário, e se atribuiu o crime a mero intuito de profanação. Crer que fosse a ação de herege, e mais particularmente hebreu, era conseqüência natural. Exaltaram-se os ânimos na capital e em todo o país; desagravou-se o templo com solenidade, assistindo o príncipe e a corte; cuidou-se de providências que ao mesmo tempo castigassem o sentimento herético, que se desmandava, e impedissem de futuro semelhantes atentados. Muitos cristãos novos foram presos, sem que todavia o delinqüente aparecesse. A indignação popular manifestava-se em pasquins insultuosos, que pediam a morte dos ofensores da fé. A 25 de agosto foi ordenada a expulsão de todos os indivíduos penitenciados pelo Santo Ofício desde o último perdão geral, isto desde 1605, pena que abrangia os filhos daqueles que, com veementes suspeitas de heresia, abjuravam, e os filhos e netos dos que tinham confessado, portanto milhares de pessoas vivas e ainda gerações por nascer. Sobre os restantes, não incursos na providência da expulsão, determinava a lei que não poderiam instituir morgados, nem suceder naqueles que fossem instituídos por cristãos velhos; tão pouco contrair casamento em famílias de sangue limpo, nem freqüentarem seus filhos as escolas e universidades. Outra cláusula ordenava o confisco dos bens vinculados, de igual modo que os livres, quando deliguisse o possuidor[42].

Como defesa, os cristãos novos inculcavam que o desacato fora cometido por pessoa que desejava atrair sobre eles a animadversão pública. Vieira, sabendo do acontecido, logo tentou intervir, fazendo valer seus antigos projetos acerca dos cristãos novos. Nenhum outro meio de pôr termo aos

[42] Decreto, 22 de junho de 1671.

crimes contra a fé que a separação dos incrédulos, dando-lhes a liberdade de adorarem Deus a seu modo.

> Limpe Sua Alteza o seu reino, e o contágio da fé, e a honra da nação, e o escândalo do mundo, e ouça os meios, e escolha o que melhor for para tudo; se Sua Alteza o fizer assim, será o seu reinado no céu e na terra o mais glorioso, e vencerá a fama de todos os reis seus progenitores.

E para o convencer bastaria que ele Vieira lhe expusesse o seu remédio: "Dera eu agora todo o meu sangue por uma hora aos pés de Sua Alteza"[43]. Isto dizia logo após as primeiras notícias a D. Rodrigo de Menezes. Mais adiante, quando este lhe pediu a opinião sobre os acontecimentos, e parecer quanto ao modo de os evitar, Vieira disse o que pensava em carta confidencial.

> Confesso a Vossa Senhoria que, no mesmo dia em que chegou a nova, com a sagrada hóstia nas mãos me senti inspirado a dizer o que se me oferecia, mas considerando que as razões que eu dissesse bastava serem minhas para que não se aceitassem me pareceu melhor deixa-las à ventura de que ocorressem a outros sem este perigo.

A D. Rodrigo largamente explica a necessidade de se adotar o seu plano, e termina a carta com este aviso: "Todos os dias digo missa pelo príncipe, para que Deus o alumie nesta ocasião"[44]. Zelo inútil, porque a inspiração do céu, como já tinha visto, foi toda em oposto sentido.

A respeito do decreto de expulsão informava que lhe era a opinião comum contrária em Roma e toda a Europa. Na casa dos jesuítas unanimemente os padres, tanto portugueses como estrangeiros, reprovavam a resolução.

---

[43] *Cartas*, t. 2, p. 358.

[44] 24 de outubro de 1671. *Cartas*, t. 2, p. 377.

Só excetuados os castelhanos, que a viam com secreto contentamento, por esperarem dela a Portugal os mesmos danos que teve a Espanha em expulsar os mouriscos. Em outra carta referia que uma das pessoas principais de Roma, familiar do pontífice e de grande autoridade, capitulara o ato do príncipe de loucura, de injustiça, de impiedade. "São palavras formais", acrescentava. Aludia com certeza ao cardeal Altieri, que exercia o poder pelo decrépito Clemente X, e de quem ele dizia ao marquês de Gouveia: "O papa vive, o cardeal reina"[45]. E ainda sobre o mesmo fato a D. Rodrigo: "Oh! se Vossa Senhoria ouvira rir os mais santos e mais doutos homens do mundo das implicações a que nós chamamos zelo da fé[...]"[46].

Em outubro afinal foi por acaso preso na cerca do mesmo mosteiro de Odivelas, quando tentava outro roubo, o autor do desacato. A inquirição do sangue mostrou que era cristão novo, mas não se lhe pôde atribuir o crime a impulso sacrílego de inimigo da fé. Descobriram-se os objetos roubados, os quais não pudera alienar; o ato fora de ladrão baixo, e não de herege fanático, como em geral se tinha pensado. O processo andou rápido e a sentença se executou a 23 de novembro. Arrastado, decepadas as mãos em vida, garrotado, em seguida queimado, assim o mísero expiou seu crime estúpido.

Vieira, mal informado, não sabia ainda, em janeiro, ter-se cumprido a justiça, e supunha que a sentença se demorava, por causa do inquérito, com o qual, provando-se a qualidade de cristão novo do réu, fosse justificado o decreto da expulsão. "Eu disse, porque me perguntaram, o que entendia na matéria, mas sei de certo que não havia de contentar o meu voto."[47] E nesse ponto acertava; o mesmo D. Rodrigo de Menezes parece não ter recebido de boa mente as opiniões largas de Vieira sobre os meios de domar o judaísmo,

---

45 *Cartas*, t. 2, p. 348.

46 Ibidem, p. 384.

47 A Duarte Ribeiro de Macedo. *Cartas*, t. 2, p. 504.

sendo talvez esse o motivo por que durante longos meses deixou de lhe responder às cartas. O jesuíta desconfiava disso, quando em agosto de 1672 se queixava: "Vai um ano que não vejo firma de Vossa Senhoria, nem uma carta de mão alheia[...]" E referindo-se ao que sobre o assunto tinha dito: " Se tudo pareceu mal a Vossa Senhoria, não devia porém parecer mal nem o zelo e serviço de Deus e do príncipe nem o ânimo e sinceridade com que o escrevia, principalmente tendo-me Vossa Senhoria ordenado que o fizesse"[48].

Mas, já no tempo em que isto escrevia, a lei, concebida nas primeiras impressões do sacrilégio, se achava suspensa, tendo-se desde logo patenteado as dificuldades da execução e os inconvenientes gerais. O número imenso dos expatriados, com as conseqüências que traria para a economia nacional a saída de tantas pessoas abastadas, era o principal obstáculo; mas havia a questão dos morgados, que por sua latitude tocava a muitos e atingia não só os descendentes diretos mas ainda os herdeiros transversais com direito ao vínculo, não poucas vezes fidalgos, que se não dedignavam de participar, por alianças baças, na opulência hebraica. O mesmo Santo Ofício se manifestou contrário à expulsão, por ser nocivo à fé que tantas pessoas, vacilantes nela, pudessem trasladar-se a terras onde a liberdade de consciência era lei.

Tanto que quando foi publicada a providência surgiram protestos. Um deles, em forma de requerimento, apresentado sem assinatura ao regente, e no qual em toda a extensão se enumeravam os inconvenientes da resolução vingadora, foi logo atribuído a Vieira. Como tal figura nas coleções manuscritas e o incluíram em suas obras impressas[49]. Ficou por estilo dar ao jesuíta a autoria de todo o escrito em favor dos cristãos novos. É muito duvidoso que seja este autêntico. O modo por que advoga os casamentos mistos não condiz com opiniões manifestadas antes e na mesma ocasião por Vieira. Sem repelir tais consórcios, vê-se bem que nas condições existentes os não aprova. No papel de

48 *Cartas,* t. 2, p. 482, 483.

49 Papel a favor dos cristãos novos. *Obras inéditas,* t. 2, p. 77.

1646 concorda em que os mande proibir D. João IV, "ou todos, ou só entre os nobres, como mais convier"[50]. Na carta a D. Rodrigo de Menezes reconhece o perigo de, pelo contágio do sangue, contaminar também a heresia. Suas idéias eram mais largas que as expressas na representação a D. Pedro. Alvitrava a liberdade de crença, e, separados os judeus que o quisessem ser, aqueles que permanecessem católicos não se lhes podia pôr em dúvida a sinceridade, nem de se unirem a cristãos velhos resultaria dano à fé.

Entretanto diligenciava utilizar em benefício da República a força econômica, representada pela comunidade que os mal-avisados queriam eliminar. Ao sair da reclusão renovara o projeto da companhia para a Índia, a fim de expelir os holandeses do mesmo modo que do Brasil os tinha expelido a primeira companhia. Ocupava lá o invasor várias praças, e ameaçava o domínio português inteiro. Ceilão estava definitivamente perdida, e em Cananor e Cochim se conservavam os holandeses, sem embargo do tratado de paz, que os obrigava a restituírem as fortalezas. Nem com semelhantes vizinhos estava Goa em segurança. Pelo casamento de D. Catarina tinham os ingleses ganho o Industão, de que possuíam a entrada em Bombaim, e cuidavam já de arredondar suas posses para o nosso lado. Também França cobiçava alguma parte do vasto espólio luso, e os naturais, mal sofridos do jugo, mostravam-se dispostos à rebelião. O grande império português desmoronava-se, e Vieira podia escrever sobre a matéria ao seu amigo, ministro em Paris: "Já aqui dizem os franceses que se despeça Portugal da Índia e se contente com o Brasil"[51].

Antes se tinha lastimado igualmente a D. Rodrigo de Menezes: "Batalha França, Inglaterra e Holanda sobre a Índia, e nós, tendo paz e soldados, deixamos o que tanto custou aos portugueses"[52]. A campanha de Luís XIV em Holanda, em 1672, fizera reverter a atenção de Vieira para os negócios da Índia. Temia ele que,

---

[50] *Obras inéditas*, t. 2, p. 73.

[51] *Cartas*, t. 2, p. 470.

[52] 23 de fevereiro de 1671. *Cartas*, t. 2, p. 331.

destruído cabalmente o poder militar dos holandeses, se lhes apossasse França de todas as colônias. Por isso lastimava não se haver realizado o seu projeto de 1669. "Mais há de três anos que eu previ grande parte disso, e o que devíamos fazer para o caso dessa guerra, mas não estavam reservadas as riquezas de Amsterdam para as nossas companhias[...]."[53] Tinha chegado no ano antecedente da Índia, por via de Inglaterra, e achava-se em Roma o padre Baltasar da Costa, provincial do Malabar, que o estimulava em suas idéias, assegurando estarem os rajás descontentes com os holandeses e prontos a voltar-se contra eles. Assim o informara também o procurador do Japão. "Dizem que todos os gentios da Índia têm ódio mortal aos holandeses, e suspiram por nós e dizem: Portugueses, porque dormis, porque nos não vindes resgatar desta tirania?"[54] Ambos os informadores tinham por fácil a restauração das comarcas perdidas, bastando se mandasse o dinheiro necessário para subsídios aos soberanos e às tropas nativas. "Asseguram que, se houver as ditas pagas, a maior parte dos que servem os holandeses se passarão a nós."[55] Comunicação igual fez a D. Rodrigo de Menezes, que lhe redarguiu não haver no reino cabedal para tanto. Ao que replicava o padre: "Torna Vossa Senhoria a me dizer que não há cabedal, e eu torno a dizer a Vossa Senhoria que sim há, porque o pode haver"[56]. E apontava se gastasse nas conquistas tudo quanto das conquistas vinha, quaisquer que fossem os protestos por isso motivados. Mas o mais eficaz seria aproveitar o concurso dos mercadores cristãos novos.

Nessa época encontrava-se em Roma um deles, dos mais opulentos de Lisboa, Manuel da Gama de Pádua, muito da intimidade de Vieira, e tanto que ele se não absteve de o declarar no Santo Ofício[57]. Que negócio teria

[53] A Duarte Ribeiro de Macedo. *Cartas*, t. 2, p. 470.

[54] A D. Rodrigo de Menezes. *Cartas*, t. 2, p. 388.

[55] A Duarte Ribeiro de Macedo. *Cartas*, t. 2, p 405.

[56] Ibidem, p. 388.

[57] "Não tenho nem tive jamais amizade com cristão novo algum, exceto somente com Manuel da Gama de Pádua, por ser o mercador a quem meu irmão remetia do Brasil os haveres do seu

lá esse homem? É possível estivesse a tratar pela comunidade de assuntos relativos ao tribunal da Fé, mas viera também solicitar a recomendação de Vieira para D. Rodrigo de Menezes em certos pleitos que tinha pendentes dos tribunais do reino.

Não admira que, juntando-se o mercador, o padre Baltasar da Costa e Vieira, discutissem os três os negócios da Índia, nem repugna crer que das conversações nascesse o projeto apresentado depois ao regente, por intermédio dos jesuítas, no qual se executava o pensamento da Companhia Oriental.

Talvez os correligionários de Manuel da Gama de Pádua, e ele próprio, não estivessem inclinados à negociação. O caso foi que só apareceu a proposta depois de certos acontecimentos, que puseram em sobresalto a grande família dos cristãos novos, incitando a todos à defesa comum. Se tais acontecimentos não foram a razão do negócio, indubitavelmente o apressaram.

Em seguida ao crime de Odivelas tinha recrudescido a perseguição aos cristãos novos pelo Santo Ofício. Choviam as delações e acumulavam-se os presos nos cárceres. Nos últimos dias de julho de 1672 recolhiam à Inquisição em Lisboa alguns dos mais graduados comerciantes da cidade: Antônio Rodrigues Mogadouro e Diogo de Chaves, contratadores das rendas da coroa, Simão Rodrigues Chaves, irmão do segundo, Francisco Carlos, tesoureiro da junta do comércio, o castelhano Fernão Rodrigues Penso, e outros de menos notoriedade. Filhos e outras pessoas de família os acompanharam na ocasião ou seguiram em breve. Grande foi o alarme entre os hebreus abastados, quando a nova das prisões se divulgou. De ordinário os ricaços, a tempo avisados, ou protegidos por amizades poderosas, logravam umas vezes evadir-se, outras evitar a prisão. À vista do sucedido nenhum mais se julgou em segurança, e os principais cuidaram da defesa de todos, ao mesmo passo que de libertar os companheiros ultimamente detidos.

---

negócio e açúcares, e por ser o prebendeiro da capela que me pagava os ordenados de pregador de el-rei". Defesa do livro intitulado *Quinto império* etc. *Obras inéditas*, t. 1, p. 56.

O meio de salvação podiam facilitá-lo os jesuítas, e consistia na proposta que de Roma trouxera Manuel da Gama de Pádua. Foi iniciador da campanha o padre Baltasar da Costa, já nesse tempo em Lisboa. Tão a ponto veio a intervenção, que não é fácil desligá-la de um entendimento com os cristãos novos. Fora o provincial de Malabar à chegada beijar a mão ao regente, que dele quis ouvir como se poderiam concertar os negócios da Índia. O missionário pediu vênia para responder por escrito, o que fez em carta dirigida ao confessor Manuel Fernandes. Podia-se na Índia recuperar o perdido em terras, e a antiga prosperidade, criando-se uma companhia, na qual entrassem os cristãos novos, à semelhança do que se fizera com a do Brasil. Em remuneração disso, e de outros serviços a que estavam prontos os mercadores, se lhes permitiria negociarem na Santa Sé um perdão geral. A graça consistia na anulação dos processos e na extinção das culpas cometidas até a data da mesma. Além desta poderiam igualmente requerer a substituição das formas de processo em uso pelas da Inquisição romana, que consideravelmente facilitavam a defesa. Por último aconselhava o padre que procurasse Sua Alteza com toda a eficácia alcançar em Roma o despacho, advertindo não faltar lá quem fizesse as solicitações necessárias. Aqui muito plausivelmente indicava Antônio Vieira[58].

Dias depois apresentavam os delegados dos cristãos novos, igualmente por intermédio do confessor, propostas concretas: pôr a comunidade à sua custa, desde março seguinte, cinco mil homens na Índia; mandar cada ano nas mesmas condições mais 1200 homens; dar anualmente, de 1674 em diante, vinte mil cruzados para o sustento da gente de guerra; prover de viático os missionários da Índia, e ocorrer aos gastos pelas letras pontifícias de nomeação dos bispos; finalmente formar a companhia com as cláusulas que se ajustassem.

[58] Doc. nas *Provas da Dedução Cronológica*. Parte 1ª, p. LVII.

O projeto não era mais que a seqüência de tentativas anteriores. Desde 1662 que o hebreu Duarte da Silva, o mercador que, quando Vieira esteve em Holanda, dera os créditos para a compra dos navios e fora na ocasião preso pelo Santo Ofício, fizera à rainha D. Luísa oferta de socorro pecuniário, navios e gente armada, por parte dos correligionários, a troco de várias concessões. Esse influente israelita, sentenciado a degredo pelo Santo Ofício e logo indultado, como freqüentemente acontecia, tinha acompanhado a infanta D. Catarina à Inglaterra, incumbido de promover a venda de açúcar, pimenta e cravo, em que uma parte do dote se achava representada, por não haver dinheiro no erário para a soma total. De lá fizera a proposta, que abrangia os favores seguintes: aos indivíduos nascidos na lei de Moisés; que viessem de fora, liberdade do culto, e um lugar determinado para sinagoga; aos cristãos novos perdão geral e a publicação dos nomes das testemunhas nos processos futuros a que por culpas de heresia fossem submetidos. Antes, porém, que em Lisboa o soubessem os inquisidores constou o caso em Roma, e o papa Alexandre VII ordenou que por todos os meios eles se opusessem a um gênero de auxílio, tanto em ofensa da autoridade divina[59]. Inútil mandado, porque o Santo Ofício não havia mister de instigações para mostrar seu zelo, nem era a conjuntura propícia a essa sorte de negociação. O rei D. Afonso tinha então assumido o poder e outras eram as preocupações da hora que as vantagens dos cristãos novos. O certo é que não teve o projeto seguimento, nem dele nasceu o rumor de costume produzido por tentativas semelhantes. Provavelmente não teve a rainha, no burburinho dos últimos tempos de seu governo, a oportunidade de a considerar.

Ressuscitado agora em parte, desde a primeira abertura continuaram as negociações até o fim do ano, e depois pelo seguinte até março; e, em segredo

[59] Breve *Ex omni fide*, 11 de fevereiro de 1663. *Corpo diplomático português*, t. 14, p. 26.

a princípio, houve conhecimento delas em público quando, prosseguindo as práticas, foram surgindo as opiniões encontradas, umas a rejeitar totalmente, outras tendentes a melhorar o contrato para a coroa. Obrigados disso, ofereceram os hebreus mais vantagens: pagar as despesas do vice-rei da Índia e do embaixador ou residente em Roma, e quando na Índia não houvesse necessidade, dar a mesma importância em qualquer outra parte; igual faculdade quanto às tropas, que eles poriam em alguma outra das conquistas, quando dispensáveis na Índia, com reversão ao Estado do que sobrasse das despesas de transporte. Depois disso se lhes exigiu o desempenho das rendas das alfândegas, hipotecadas aos juros de empréstimos, cujo pagamento as absorvia em grande parte. Mas porque essa operação requeria somas avultadas, os cristãos novos somente se obrigavam no tocante a Lisboa, e isso para mais tarde, devendo a coroa entretanto contentar-se com a promessa.

Ao regente cumpria, por seu turno, conceder-lhes licença para impetrarem da Santa Sé o perdão geral e a modificação das praxes processuais, requerimento que legitimamente se lhes não podia impedir; recomendar por sua parte o pedido ao pontífice; e conseguir que o inquisidor geral sobreestivesse quanto a prisões e autos-de-fé, até chegar de Roma a decisão. E, diziam eles na proposta, não eram tais serviços oferecidos em pagamento do perdão geral, mas "para a glória e exaltação da fé, e que se veja que são instrumentos da dilatação da fé aqueles que até agora foram julgados por obstáculos dela"[60]. A matéria tratava-se entre o padre Manuel Fernandes, e o Pádua, que fora igualmente negociador da Companhia do Brasil. Quando as bases se achavam ajustadas, no mês de março, mandou-se a proposta ao Conselho Geral do Santo Ofício, para dizer sobre ela. Em abril, depois de haver submetido o caso às inquisições de Lisboa, Évora e Coimbra, saiu aquele com uma consulta em oposição ao requerido. Diziam os inquisidores que os

[60] Torre do Tombo. Papéis dos jesuítas. Caixa 1, nº 24.

cristãos novos nem podiam exigir o que pediam, nem dar o que ofereciam; o primeiro por não ser justo, o segundo porque redundaria em exação iníqua; além do que a Companhia do Brasil já havia mostrado serem eles incapazes de executar o que tão largamente prometiam. Acima de tudo inquietava o tribunal da fé que, desvanecido o receio de perderem a fazenda, regressassem ao país tantos heréticos que andavam fora, porquanto se os que viviam em Portugal com sua indústria e riqueza tinham viciado a maior parte dos portugueses, muito era de temer, vindo os ausentes com cabedal imenso, se multiplicassem os casamentos, aumentando o número dos cristãos novos de modo que poderiam tentar a ruína da monarquia e a subversão da fé. E a isto seguia um argumento não destituído de lógica: "Que importa mandar à Índia a converter em contingência nações gentias, e ficarem em Portugal, vivendo no judaísmo, os cristãos novos?"[61].

De Roma, Vieira acompanhava com vivo interesse os acontecimentos. Duarte Ribeiro de Macedo, que participava de suas idéias, era o confidente a quem se manifestava, em novembro de 1672 escrevia-lhe: "Ouço que em Portugal se trata da Companhia Oriental, e dizem que com bons fundamentos; eu sempre desejei companhia e não companheiros; lutemos com os holandeses arca por arca"[62]. Em dezembro: "Se aceitássemos os oferecimentos intrínsecos dos nossos homens de negócio, são eles tais que nós, sem companhia de outrem, podíamos fazer a guerra na Índia, com que nos livraríamos de grandes inconvenientes"[63]. Ainda antes de ir o negócio à consulta do Santo Ofício, Vieira julgava que assim se tinha feito, e receava delongas e obstáculos. Todavia alguma esperança nutria do bom resultado, por confiar na disposição favorável do duque de Aveiro, que presidia o Conselho. "O duque inquisidor geral se

[61] Papéis dos jesuítas. Caixa 1, nº 21.

[62] *Cartas*, t. 2, p. 528.

[63] Ibidem, p. 544.

mostra mui inclinado a tudo o que for de maior bem do reino e serviço de Sua Alteza."[64] O mesmo cuidava com respeito à rainha: "Suas razões persuadiram a Sua Alteza o que ouvia ao princípio com horror e abominação"[65]. Com esta se enganava, como o tempo mostrou, e o duque entendia de outro modo o bem da nação e o serviço do príncipe. Quando o parecer do Conselho Geral foi conhecido, o jesuíta ficou desconsolado.

> O negócio dos homens de negócio depois de resoluto no conselho do Corpo Santo passou ao do Rossio; e, detido ali muitos dias, finalmente vieram aqueles senhores com tais embargos que, ou o desbarataram, ou suspenderam tudo de tal maneira que os mesmos que de lá mandam estes avisos, e depois que o negócio foi público, falam nele com desesperação.[66]

Pouco antes mandara-lhe D. Pedro recado que o desejava muito em Lisboa, mas que tinha também em Roma negócio de grande conseqüência do qual precisava que ele tratasse. "Entendo que não pode ser outro senão este, o dos cristãos novos", dizia Vieira[67]. Mas as instruções que esperava não chegavam, e isso o punha entre cada correio em alternativas de fé e desalento.

O caso tinha para ele mais valor que meramente a realização do projeto afagado da Companhia Oriental; ia nele o regresso à confiança do reinante, que era a sua perene aspiração.

À falta dessa confiança, que superiormente a tudo presava, o êxito dos cristãos novos em suas reivindicações era-lhe uma vitória moral: satisfação de amor-próprio, porque desde muito as havia feito suas, e maneira indireta de se despicar do Santo Ofício, que o tinha afrontado e perseguido. A

---

[64] Ibidem, p. 581

[65] Ibidem, p. 576.

[66] Ibidem, p. 595.

[67] Ibidem, p. 581.

alteração do regimento judiciário, que aqueles exigiam, coarctava de modo considerável os meios pelos quais os inquisidores extorquiam aos réus as declarações. Na ignorância de quem os tinha acusado, e sujeitos a tormento, às vezes a condenação por negativos ou diminutos nas confissões, o que implicava serem relaxados à justiça secular, e portanto ao garrote e fogueira, declaravam o delito, que freqüentemente não era aquele de que os incriminava a testemunha. Sucedendo isso ficavam da mesma sorte em perigo, e tinham por tentativas de buscar o ato, lugar e ocasião que coincidisse com os depoimentos. Se a acusação era falsa, simulada tinha de ser a confissão, o que infinitas vezes ocorria, suposto que o réu, na ânsia de acertar, esgotadas as culpas reais, inventava outras, dizendo tê-las cometido em presença do presumido delator. E como raro daria no alvo, por esse modo se convertia em testemunha contra outros, chamados, por seu turno, a declararem-se até concordar o confessado com a imaginada imputação.

Assim se explica como em certos distritos muitas terras pequenas se foram pouco a pouco despovoando. Preso um habitante, não tardavam a segui-lo aos cárceres parentes, amigos e conhecidos. Muitos, à notícia das prisões, ausentavam-se, seguros já do destino que os esperava; alguns por fundado temor, como delinqüentes; parte deles, porém, convencidos de que os não livrava a inocência da acusação.

Compreende-se pois quão importante era para os cristãos novos a cláusula de se introduzir nos processos o que chamavam *abertas e publicadas*, nomeando as testemunhas e os fatos argüidos, com que por uma parte se isentavam de confissões intempestivas, por outra se podiam defender e contestar as acusações. Mas semelhante conquista, que para eles era de tanta conseqüência, para Vieira uma estrondosa vitória, estava ainda mui longe de se realizar. O regente, do primeiro impulso inclinado a favorecer os cristãos novos, pelas evidentes vantagens da proposta, hesitava na contradição dos votos, e vencido de escrúpulos pelo respeito, pode ser que temor, da Inquisição. Antônio Vieira tentava de longe dissuadi-lo da dúvida e seja por

D. Rodrigo de Menezes, seja pelo confessor, incutia-lhe que as objeções do Santo Ofício se deviam desprezar, e só o chefe supremo da Igreja tinha no assunto autoridade.

A única regra de fé que Deus deixou no mundo é o papa. Ponha Sua Alteza esses negócios e a sua consciência e dos seus ministros eclesiásticos nas mãos do vigário de Cristo; veja ele as leis, examine os estilos, informe-se da verdade inteiramente, e se mostrar que há injustiça emende-se, e ajude a isto um príncipe tão justo, e filho de um rei tão justo; e se pelo contrário se achar que é justiça, continue-se e acrescente-se mais, se assim convier ao bem da fé e da religião. El-rei que está no céu o queria fazer assim, e o deixou firmado de sua letra e sinal, que está em Roma; e se naquele tempo não teve efeito foi porque não foram recebidos seus embaixadores. Quem não quiser isso como el-rei queria, ouvidas as partes, não quer justiça[68].

Estava-se em novembro de 1671. Passado mais de um ano, no último de dezembro de 1672, ainda insistia no mesmo com D. Rodrigo: "Em conclusão, se Sua Alteza quer fé, justiça e reino, recorra, e recorra logo ao vigário de Cristo, que é a regra da mesma fé, e descarregue nele a sua consciência e de seus ministros"[69]. Juntamente afugentava receios que aos ânimos pávidos inspirava o Santo Ofício: "Quanto aos medos da Inquisição é coisa ridícula; e que pode ela pretender fazer contra o recurso ao sumo pontífice?"[70].

Ao confessor exprimia Vieira sem recato seu pensamento. A 25 de abril de 1673 tinha falecido o duque de Aveiro. No dia imediato foram dois outros inquisidores nomeados ao episcopado: Fernão Correia de Lacerda, irmão do secretário de Estado e autor da *Catástrofe de Portugal*, na diocese do Porto, Alexandre da Silva, juiz de Vieira em Coimbra, na de Elvas. As mercês tanto podiam ser meio de mostrar que, pela decisão do tribunal, desfavorável aos

---

[68] 21 de novembro de 1671. *Cartas*, t. 2, p. 390.

[69] Ibidem, p. 550.

[70] Idem.

cristãos novos, não ficara o regente magoado como pretexto para afastar daquele dois votos contrários, Vieira comentava o fato nos termos seguintes: "O negócio dos homens de negócio está em calma; dos que o impediram, a um pagou Deus o bom zelo com o céu, a dois Sua Alteza com dois bispados"[71]. Isto era só um dito malicioso; com o padre Manuel Fernandes explicava-se com liberdade. Insinuava que podia agora o príncipe nomear inquisidor geral, e outros dois em substituição dos bispos, gente segura, com que, tendo maioria no Conselho, se eliminava a oposição. Mas, persistindo esta, porque se não haveria de recorrer à força, para o que indicava já o Tribunal da Inconfidência?

Sua Alteza tem na sua mão a quietação do seu reino, e o remédio e expedição facilíssima desse negócio, e de muitos outros. Já consta a Sua Alteza quais são as pessoas que são dessa opinião e têm esse negócio por justo e necessário. Dessas pessoas eleja Sua Alteza logo o inquisidor geral, já que Deus com tão particular providência tirou daquele lugar a quem o encontrava, e em lugar dos dois inquisidores que saem para bispos meta outros dois da mesma opinião, e muito da sua confidência, e desse modo em um dia estará a cabo o pleito, e os mesmos que agora o encontram por respeitos particulares o ajudarão e aprovarão (como devem em consciência ajudar e aprovar) e terá Sua Alteza por si aquele castelo que tantas vezes se rebelou contra seu pai, e agora publicamente faz o mesmo contra Sua Alteza, como consta do que acima fica referido, que se fora vivo Pedro Fernandes

Monteiro havia de pertencer ao seu tribunal; isto é, aquele que meteu em uma cova da torre de Belém a D. Francisco de Castro, e sete anos em um cárcere da Cotovia a Sebastião Cesar[72].

[71] Duarte Ribeiro de Macedo. *Cartas*, t. 2, p. 615.

[72] 9 de setembro de 1637. *Cartas*, t. 2, p. 651.

E não foi essa a única vez em que insistiu para que o poder real se sobrepusesse ao que indevidamente se arrogavam os inquisidores, pondo-lhes para mais em dúvida a fidelidade.

Dizia el-rei e a rainha, que estão no céu, que depois de recuperado e restituído o reino só faltava uma fortaleza por conquistar, que era a do Rossio, onde se encastelaram tantos traidores como naquele tempo se experimentou e hoje se experimenta, posto que com menos declarados pretextos. Sua Alteza tem agora ocasião de derrubar e avassalar o orgulho e rebelião dessa fortaleza, não com a sua mão senão com a do pontífice; o que importa é que se aproveite dela, pois o pode fazer sem contradição e *citra omnem invidiam*, pois a causa já não é dos cristãos novos senão da fé e da Igreja, a que Sua Alteza não pode negar sua proteção e auxílio, e fazendo-o acudirá à primeira obrigação da sua consciência e ofício, e ganhará fama imortal com o mundo, e a graça e propensão da Sé Apostólica, que para todos os negócios da coroa, e para os das conquistas, é de tão importantes conseqüências[73].

Vieira instigava o príncipe a proceder segundo o exemplo de D. João IV, que em 1649 concedera aos cristãos novos licença, igual à que agora solicitavam, para recorrerem ao pontífice sobre a mutação dos estilos. Todo seu empenho era que a contenda se transferisse para Roma, onde os recorrentes tinham modo de captar os votos, e ele meio de cooperar nas diligências. Aconselhava fosse o representante diplomático de Portugal encarregado de patrocinar a causa, com a assistência dele Vieira, que para tal se oferecia, quando assim ordenasse o príncipe. De toda maneira, porém, daria seu concurso, posto que não ostensivamente, por assim o exigirem as circunstâncias. Por sua vez o confessor inculcava que replicasse D. Pedro aos inquisidores, indicando-lhes como a melhor solução mandarem a Roma um representante, o qual propusesse ao pontífice as razões em contrário à pretensão dos

[73] 5 de maio de 1674. *Cartas*, t. 3, p. 41.

cristãos novos; assim o pleito seria dirimido na Santa Sede, e não em Portugal, onde isso podia afetar o sossego público.

A consulta do Santo Ofício não ficou em segredo, como era de uso com os papéis que lhe pertenciam. O padre Manuel Fernandes mandou um traslado a Vieira; outros foram distribuídos por teólogos e ministros da coroa, a quem se pedia o parecer. Vieira achava que as alegações dos inquisidores não eram de grande força, e facilmente se podiam contestar. Mas tinha, não obstante, de convir que ainda sem razões fortes era o Santo Ofício sério contendor. "Só me dá cuidado a sua autoridade que em toda a parte é grande e muito respeitada, e a opinião comum da justificação dos seus procedimentos."[74]

Os teólogos consultados pela coroa pronunciaram-se em geral a favor do recurso; entre eles o arcebispo de Lisboa, que tinha sido por muitos anos deputado do Santo Ofício, o bispo de Angola, carmelita descalço, o bispo eleito de Meliapor, franciscano. Eram igualmente pelo que os cristãos novos requeriam muitos fidalgos principais. O marquês de Fronteira, o de Marialva, D. Rodrigo de Menezes, passavam por ser dos que mais nisso se extremavam, pretendendo não desinteressadamente a malevolência das ruas.

O certo é que o príncipe tinha suficiente número de opiniões autorizadas para se estribar, deferindo ao que, a troco de apreciáveis vantagens, os homens de negócio pediam. Afinal em julho decidiu-se. A licença para requererem aqueles em Roma a reforma da Inquisição foi concedida, e ele mesmo devia escrever ao pontífice, a recomendar a súplica, e apontando como providência complementar necessária o perdão geral. A carta copiada de minuta ao padre Manuel Fernandes, e este provavelmente também ditou as instruções ao residente junto da Santa Sé, Gaspar de Abreu de Freitas, para assistir aos requerentes na causa em nome do príncipe; auxiliar decerto qualificado para o fim, por isso que em Inglaterra insinuara o projeto ao padre Baltasar

---

[74] 3 de junho de 1673. *Cartas*, t. 2, p. 606.

da Costa, ao que parece, e de Roma ainda o recomendava[75]. Mas tudo afinal não passou da tenção.

No intervalo Antônio Vieira em Roma impacientava-se com as delongas. A 11 de julho de 1673 escrevia ao ministro em Paris: "Da nossa terra recebi nesse último correio cartas de esperança umas, de desesperação outras, sobre aquele negócio, e creio mais as segundas"[76]. Duas semanas depois recobrava a confiança, continuando a lastimar-se da demora: "Cada dia chegam maiores esperanças do negócio da gente de nação, com que se lida há um ano. O seu extermínio ou o decreto dele, que nos destruiu, se resolveu em oito dias; isto que pode ser de tanto proveito, perdendo-se a ocasião cada dia, não acaba de sair à luz"[77].

Nisto a corte transferiu-se inopinadamente para as Caldas, soando então que tinha o regente acedido às reclamações dos hebreus, que ia haver sinagoga pública, em Lisboa, e que entre os proponentes do negócio da Índia se achavam judeus declarados, vindos de Roma por comissão de Antônio Vieira. Com semelhantes boatos se comoveu a opinião fanática, e os inimigos dos cristãos novos romperam em protestos ruidosos. Nos sítios mais concorridos apareciam colados pasquins, uns mordazes, outros sediciosos, com que nas camadas baixas do povo a irritação se exaltava. A porta da casa dos jesuítas, em S. Roque, era dos lugares preferidos. Alguns desses papéis ameaçavam os fidalgos, suspeitos de protegerem a causa dos judeus. Os jesuítas que passavam nas ruas ouviam dichotes insultuosos. De noite percorriam a cidade grupos de embuçados – o rebuço servia de máscara dando vivas à fé de Cris-

---

[75] "[...]Dizendo-lhe (ao residente) que o negócio era seu, pois ele como me tinha comunicado lançara nele a primeira pedra desde Inglaterra, e depois de estar em Roma o lembrara sempre." Carta de Antônio Vieira ao padre Manuel Fernandes. 9 de setembro de 1673. *Corpo dipl. port.*, t. 14, p. 161.

[76] *Cartas*, t. 2, p. 624.

[77] Ibidem, p. 626.

to e morras ao judaísmo. Uma vez foram a Cotovia, onde morava o padre Manuel Fernandes, e chamando-o gritaram que havia muita pólvora e tojo para deitar fogo ao Noviciado. Aproveitavam a agitação dos ânimos os partidários do rei deposto, e já se dizia que, não dando o governo satisfação ao povo, voltaria D. Afonso.

Falava-se que a Casa dos Vinte e Quatro mandaria o juiz do povo às Caldas representar ao príncipe o desgosto da cidade, e os antecedentes mostravam que, quando esse tribuno da plebe saía com protestos, estava iminente a insurreição. Não foi o juiz do povo, mas deixou a sua diocese o arcebispo de Évora, para ir em nome dos prelados do reino dissuadir a D. Pedro de proteger a heresia. A Inquisição tinha expedido circulares aos bispos, incitando-os a se pronunciarem contra a determinação do governo; ao mesmo tempo as enviara aos mosteiros, para que nos ofícios impetrassem do Altíssimo iluminar o príncipe na decisão de certo negócio de alto interesse nacional, negócio não mencionado, mas que toda a gente sabia ser o dos cristãos novos.

O príncipe, de gênio impetuoso, respondeu com aspereza ao arcebispo, que fosse governar a sua diocese e de lá não saísse sem ele lhe ordenar. Mas não estava sozinho o metropolita de Évora. Pedro Vieira da Silva, bispo de Leiria, invocando ser o prelado mais vizinho do sítio onde se encontrava a corte, mandou um protesto escrito. Alegava os exemplos dos precedentes soberanos, que tinham negociado concessões com os cristãos novos: por cem mil cruzados, D. Sebastião a dispensa dos confiscos; por um milhão, o segundo Filipe o perdão geral; segunda vez a isenção da perda dos bens, D. João IV; tudo com dano da fé e sem proveito material para o Estado. Todavia esses príncipes tinham a razão das guerras, e se justificavam com a urgência de alcançar recursos para as mesmas; não era assim a ocasião presente, em que desfrutava o reino os benefícios da paz. Mas quando se tivesse de atender a essa ordem de interesses, o bispo trazia um argumento destinado a fazer grande impressão nos governantes. Só das confiscações relativas aos réus então nos cárceres – os presos de julho do ano antecedente davam a maior soma – ainda que não condenados todos, prometia a Inquisição quinhentos mil cruzados; e, para o futuro, quantias superiores, continuando como sempre a acudir a coroa, em conjunturas de aperto, com os socorros do fisco. Para que, pois, a condenável transação com os hereges?[78] Em seguida ao antigo secretário de Estado, outros bispos escreveram em sentido idêntico.

Avisado da agitação na capital, D. Pedro regressou das Caldas e tomou providências para assegurar a ordem. Mandou pelo tribunal da Inconfidência tirar devassas dos pasquins e sobre os meneios afonsistas, e aos bispos, por uma circular, que recomendassem aos respectivos cleros moderação, assim no púlpito como em conversações particulares, quando tratassem do assunto, que tanto inflamava os ânimos. Conjuntamente fortificou o castelo e chamou a Lisboa algumas tropas. Por esses meios, e com a detenção de certos inimigos do governo se acomodou a agitação.

No mesmo tempo divulgou-se por parte dos cristãos novos uma justificação, verosimilmente de autor jesuíta, com o título de *Narração verdadeira do que se tem passado com o negócio da gente de nação*[79], em que era transcrita a proposta dos homens de negócio, e se expunha que, pelo voto de pessoas autorizadas, o regente reconhecera ter por obrigação não só consentir no recurso a Roma senão também auxiliá-lo, visto disso dependerem tão graves interesses do Estado e da fé, como os que se ligavam à restauração da Índia. Sobre isso desmentia as atoardas acerca das sinagogas, e a versão corrente de que o perdão geral abrangia os crimes futuros, bem como outras notícias, espalhadas pela malevolência e de que o público se inquietava.

Entretanto as novas que iam chegando a Roma punham Vieira em cuidados. Nos primeiros dias de setembro constou, com a vinda de um correio,

---

[78] Documento nas *Monstruosidades do tempo e da fortuna*, p. 234.

[79] Papéis dos jesuítas. Caixa 1, nº 23. Impresso nas *Monstruosidades* com o título: "Relação do sucedido em o negócio da gente de nação", p. 218. Anda nas coleções manuscritas como obra de Antônio Vieira.

que estava Lisboa amotinada, o povo a ponto de tomar armas em defesa da fé; "e outras coisas ainda maiores a este tom", referia o padre ao marquês de Minas[80]. As coisas maiores diziam respeito ao rei prisioneiro, e ao descontentamento geral contra o governo, e acham-se relatadas em carta de 9 de setembro ao padre Manuel Fernandes[81]. Entre outras que o regente havia fugido, receoso da irritação geral, para as Caldas, e que o mesmo fizera o juiz do povo, ameaçado por se não querer por à frente dos munícipes em armas.

Dessa mesma comunicação se colhem dados acerca das negociações em Roma. Por parte dos cristãos novos se tinha entregado um memorial à Congregação do Santo Ofício, a rogar-lhe não tomasse resolução alguma sem ser ouvida a gente de nação, e dele estavam distribuídas cópias aos cardeais; mas já o delegado da Inquisição, frei Luís de Beja se antecipara com outro memorial, em que pedia se fizesse silêncio sobre os requerimentos dos heréticos, e, não sendo possível, se concedesse o prazo de seis meses aos inquisidores para mandarem pessoa habilitada a negociar. Até aqui sem intervenção do residente Gaspar de Abreu de Freitas que, contra o que Vieira pensava, não recebera instruções para ajudar a nenhum dos contendores, e esquecido da parte que tivera no projeto, dava, pelo contrário, motivo para que suspeitassem de que favoreceria o bando adverso.

Era o principal agente dos cristãos novos o abade Francisco de Azevedo, pretendente a certo benefício litigioso em França, de onde viera a Roma com o embaixador Francisco de Sousa Coutinho, por ocasião da sua malograda enviatura à Santa Sé em 1655, e depois para o serviço do residente João de Roxas de Azevedo; mais espião que diplomata, eclesiástico aventureiro, treinado na intriga da Cúria. "Não foi sem disposição do céu achar-me nessa corte na ocasião presente", escrevia ele aos procuradores em Lisboa[82], encarecendo

---

80 *Cartas*, t. 2, p. 640.

81 Ibidem, p. 643.

82 *Corpo dipl. port.*, t. 14, p. 172.

as suas capacidades para fazer jus a estipêndio melhor. Vieira que, parece, o tinha convidado, meneava de parte, por não comprometer a Companhia, mas era talvez o mais ativo dos interessados na controvérsia, superintendendo a tudo, dando passos, conselhos, informações e minutas. Ao mesmo sem dúvida se refere o agente quando, nas cartas aos hebreus de Lisboa, sob a designação encoberta de *o amigo*, alude à pessoa que parece dirigir a ação em Roma, por aqueles mais se esforça e com ele colabora[83]. De Lisboa chegara havia pouco um auxiliar, Pedro Lupina Freire, notário despedido da Inquisição de Lisboa, sentenciado a degredo por inconfidência e alcance nas contas de tesoureiro. "É homem terrível e que pode servir ou danar muito", informava sobre ele Vieira[84], receoso pelos antecedentes que traísse a causa, e subornado se congraçasse com os inquisidores. Não sucedeu isso, e se lhe deve, segundo a melhor aparência, o escrito de fama universal, que desvendou o mistério dos cárceres, as *Notícias recônditas*, de que, se não foi ele propriamente o autor, ministrou as principais informações. A idéia pode ter sido de Vieira, a quem se atribuiu a obra, e que acerca dele diz, quando soube ter chegado a Roma: "Para as notícias interiores da Inquisição, como foi secretário dela, pode dar grande luz"[85]. Tais palavras certamente dão força à opinião daqueles que apontam a Lupina por autor das *Notícias*.

Vê-se que o Santo Ofício não tinha esperado a advertência do regente para embaraçar em Roma as diligências dos cristãos novos. Alguém informou à Vieira que tinha ido a frei Luís de Beja, emissário dos inquisidores, um crédito de 45 mil cruzados para os gastos que pedia o negócio, aplicação meritória do dinheiro confiscado aos judeus. Constava-lhe também, que outros vinte mil cruzados recebera Gaspar de Abreu de Freitas, peitado para a causa da fé, o que não era exato; e que o mesmo frei Luís de Beja assegurava estarem

---

83 Idem.

84 Carta ao padre Manuel Fernandes, cit. *Cartas*, t. 2, p. 648.

85 Idem

todos os familiares do Santo Ofício na disposição de concorrer com quanta fazenda possuíssem para auxiliar o pleito em Roma. Por sua vez os inquisidores imputavam ao residente o suborno pela parte contrária, e faziam notar ao regente que os gastos daquele, em um ano, iam muito além do valor de seus ordenados e até de toda a sua fazenda. Tudo o que ele tinha, diziam, não lhe chegava para o tratamento de um mês; suspeição, pelo menos de uma parte, forçosamente infundada, mas que a qualidade do negócio, por ser de argentários, e o meio corrupto da Cúria amplamente explicavam.

Em Lisboa a oportuna repressão tinha impedido o levante popular que fomentavam os afonsistas; mas o conflito entre o Santo Ofício e a coroa permanecia igualmente aceso. Na carta em que o Regente insinuava aos inquisidores entregassem a decisão da causa ao pontífice, dizia ele que, pelo voto de trinta letrados e teólogos, lhe não era lícito impedir o recurso dos cristãos novos à Santa Sede. Respondendo em 11 de agosto de 1673 aqueles punham em dúvida a capacidade e probidade, dos consultores: uns infestos ao Santo Ofício por terem parentes castigados por ele, reconciliados ou fugitivos; outros por dependerem para cargos ou benesses de quem movia a questão – queriam dizer o confessor jesuíta –; outros finalmente porque, alheios ao tribunal, não podiam dar parecer em assunto para eles desconhecido. Arguiam que não era decente um litígio da Inquisição com os cristãos novos perante o sumo pontífice; mormente sendo esses assistidos pelo padre Antônio Vieira, por ele condenado, e pelo residente Gaspar de Abreu de Freitas que, estando antes de ir para Roma em Inglaterra, incitara lá os judeus a fazerem o mesmo requerimento sobre que se pleiteava agora. Alegavam mais que o negócio não era de resolver por consultas individuais, competindo aos tribunais do reino e cortes a deliberação. Quanto à doutrina opunham também o parecer de 23 teólogos contrários ao recurso[86].

---

[86] Papéis dos jesuítas. Caixa 1, nº 47.

A estes últimos respondeu uma consulta da Universidade de Évora, em sentido oposto; trinta votos do reitor e lentes, todos jesuítas, dos quais não havia um só entre os teólogos apresentados pela Inquisição, sustentavam o direito afirmado pelo príncipe. A circunstância é significativa; por ela se extremam bem os campos que debatiam na contenda. Ao mesmo tempo se esforçavam os protetores dos hebreus por alcançar em Coimbra parecer semelhante. Mas debalde tentou o confessor Manuel Fernandes por solicitações ao governador da universidade captar os lentes; uns escusaram-se, os outros votaram uniformemente como desejava o Santo Ofício. Até para impedir que um deles, padre da Companhia, se lhes juntasse, foi necessário impor-lhe o provincial por obediência a abstenção[87]; caso de defecção singular, e que testemunha ser mui dessemelhante o ambiente mental nas duas universidades do reino.

Entrementes, aceitando a insinuação da coroa, o Santo Ofício que já tinha, como sabemos, agentes em serviço na corte do papa, comunicava em 25 de agosto que ia mandar a Roma, por seu delegado, frei Valério de S. Raimundo, monge dominicano, para o qual pedia cartas de recomendação, que o acreditassem naquela qualidade perante o residente, na ausência do embaixador que já deixara o posto, e com o santo padre. Era um ardil, com que na Cúria se poderia entender patrocinava o governo a oposição ao que pediam os cristãos novos. As cartas não foram dadas, pelo que não partia o enviado e a Inquisição protestou. Vacilando entre os dois partidos, o regente mantinha-se

---

[87] Papéis dos jesuítas. Caixa 1, n.os 54 a 56. O jesuíta contrário ao recurso era o padre Francisco de Almada, que nestes termos protestava contra a imposição do superior pedindo-lhe fosse relevada a inibição: "Se V. Rev.ma não der a licença que peço é certo que hão de julgar que não só os particulares, que em Évora fizeram o parecer contrário, dos quais todos lhe consta muito bem, mas que a mesma Companhia e seus superiores se declaram contra a Inquisição, não deixando dizer livremente a seus súditos o seu parecer[...] Muito cego estaria (perdoe-me V. Rev.ma) quem queria religiosos pagos por judeus. Com tal soldo não militam os da Companhia de Jesus".

por enquanto na mais estrita imparcialidade: não dava ordens ao residente para auxiliar os requerimentos dos cristãos novos; não recomendava pela via diplomática a ação contrária que pretendiam os inquisidores.

A minuta, existente no arquivo dos jesuítas, de uma carta em que D. Pedro submetia ao papa a proposta sobre a Índia, com o pedido de autorização para a súplica sobre o perdão geral, a consulta da Inquisição em contrário, e a dos teólogos favoráveis, há toda a razão de supor não foi convertida em escrito definitivo. Isso se pode também dizer de outro rascunho de uma súplica para ser retirada ao inquisidor geral a faculdade, que sempre lhe pertencera, de nomear todos os funcionários da Inquisição, inclusos os membros do conselho supremo, e devolver a mesma à coroa, que inadvertidamente a alienara, quando se introduziu no reino o tribunal[88]. Uma e outra delineadas pelo confessor Manuel Fernandes e patronos das pretensões hebraicas, com o fim de dar cheque ao Santo Ofício, postas porém de parte sem aplicação.

O apelo dos inquisidores às cortes, com que eles contavam para subjugar a coroa, não lho podia ela negar. D. Pedro necessitava de subsídios, que só mediante o voto da nação, por seus representantes, conseguiria. Havia, além disso, que reconhecer por herdeira do trono a infanta, nascida em 1669, perdida já a esperança de sucessão por varonia. Em novembro publicaram-se os editais de convocação para janeiro. A Vieira nada a resolução sorria, temendo com razão a interferência dos Estados do reino, na questão em debate. Quando eles se reuniram, os fatos justificaram as apreensões, de que então dava parte a Duarte Ribeiro de Macedo: "Sei também com certeza autêntica que os inquisidores pediram e desejaram muito as cortes, para no congresso dos bispos, que todos foram ministros daquele tribunal, ajudados dos procuradores das suas dioceses, e das dependências que têm, não poucas, no braço da nobreza com todo o corpo do reino, darem um grande abalo no negócio que aqui se

[88] *Corpo dipl. port.*, t. 14, p. 234, 235.

tem principiado, e pôr-lhe perpétuo silêncio"[89]. E já prevendo que as cortes se pronunciariam contra os cristãos novos: "Se nelas se resolver contra o recurso a Roma, sobre o qual ou contra o qual os mesmos inquisidores fizeram ao príncipe duas notáveis propostas, serão elas outro Parlamento de Inglaterra, e só nos faltará que lá intitulemos uma nova cabeça da Igreja lusitana"[90]. Como fez cem anos depois o seu entranhado inimigo Pombal, o jesuíta equiparava as cortes de 1674 à Câmara dos Comuns, abominável para ambos.

Como resposta às tentativas de proteção aos heréticos, o Santo Ofício celebrou antes das cortes dois autos-de-fé, um a 26 de novembro em Évora, outro a 10 de dezembro em Lisboa. Na capital padeceram a última pena três réus, e outros sete, falecidos nos cárceres, foram queimados em estátua. Évora presenciou igualmente três execuções; sendo duas das vítimas, irmãs consanguíneas e ambas professas no mosteiro de Santa Clara de Beja, condenadas à morte por não quererem confessar o delito de heresia judaica. Mais cinco freiras da mesma casa religiosa abjuraram nesse auto por suspeição de judaísmo. Também no auto de Lisboa, e por igual causa, saíram penitenciadas duas freiras do Convento de Santa Iria, em Tomar, uma das quais só escapou ao suplício por declarações feitas à última hora, e um religioso franciscano da casa de Balhelhos no bispado da Guarda[91].

Dessa sorte a Inquisição manifestava quão indispensável era a sua ação sem peias para a manutenção da fé, vendo-se que até nas casas religiosas se acoutava a heresia.

---

[89] 2 de novembro de 1673. *Cartas*, t. 2, p. 680.

[90] 5 de dezembro de 1673. *Cartas*, t. 2, p. 683.

[91] Foram executadas em Évora soror Joana das Chagas e soror Maria da Vitória, e suas companheiras Joana de S. José, Inês dos Anjos, Mariana da Apresentação, Maria da Piedade, Violante de S. Francisco sentenciadas a cárcere e hábito penitencial perpétuo. Em Lisboa soror Ana das Saudades e soror Maria Josefa, irmãs por pai e mãe, a cárcere e hábito perpétuo, assim como frei Manuel da Apresentação, levando este no auto insígnias de fogo.

Aos 20 de janeiro reuniram-se pela primeira vez as cortes. Jurada a infanta, votaram-se os tributos, aceitando o Estado Eclesiástico a sua quota no subsídio de quinhentos mil cruzados, concedido por seis anos, em impostos sobre a carne, vinho e outros gêneros. Em seguida discutiu-se o assentimento ao perdão geral e reclamações dos cristãos novos em Roma. Logo de entrada o braço Eclesiástico e o do Povo se declararam contrários; o da Nobreza protelou o voto, mas rematou por acompanhar os demais, desmentindo a voz popular segundo a qual estava a fidalguia subornada por dinheiro hebreu. Redigiu a consulta o marquês de Fronteira, até aí malquisto por se haver mostrado adverso à Inquisição. Os três Estados em concordância rejeitavam o pacto com a gente herética, com ele o recurso a Roma, e do modo mais terminante o perdão geral.

O antigo secretário de Estado, bispo de Leiria, foi de entre os prelados o campeão principal do Santo Ofício. Acaso no intuito de se manifestar em oposição ao regente, dele partiu pela primeira vez a insinuação de se não respeitarem os breves, que o papa desse em favor dos hebreus[92].

Em 2 de março requereu o Eclesiástico autorização para irem representantes seus e do Santo Ofício à Cúria advogar a causa da fé, outrossim que o governo por meios diplomáticos se opusesse ao que em detrimento dela se tentava perante o pontífice. Só atendidos no tocante à licença pedida, os prelados insistiram em outra consulta pela intervenção da coroa[93]. Nessa segunda representação agradeciam o concedido, mas apontavam ser de mais substância a parte não deferida. Mui judiciosamente observavam se entenderia em Roma que, desamparando o governo os inquisidores, por isso mesmo amparava a causa dos contrários. Alegavam a renúncia de suas imunidades, consentindo em participar nos tributos votados, o que tinham feito

[92] Carta do bispo de Leiria aos bispos em cortes. Ms. Torre do Tombo, cod. 1072, p. 34.

[93] 16 de abril de 1674. *Monstruosidades*, p. 260.

por lhes ser insinuado se relegariam a perpétuo silêncio as pretensões dos heréticos. E, forçando a realidade, pretendiam que na contribuição nova fora incluído o provimento para as embaixadas à Santa Sé, o que aliás nenhum dos Estados tinha especificadamente declarado. Não obstante nada a lacuna influía, quando era o negócio a recomendar "o maior e mais importante que pode haver em muitos séculos", segundo afirmavam os bispos.

Igualmente fez o Estado dos Povos sua representação a recomendar a dos prelados. Foi o redator, como secretário do congresso, Mendo de Foios Pereira, escrivão do Senado de Lisboa, poeta hoje ignorado, a quem todavia o autor da *Biblioteca lusitana*, apelida de insigne; inimigo ferrenho dos jesuítas, esperto tribuno, e ambicioso que, falando então com sobranceria a D. Pedro, chegou a ser mais adiante enviado diplomático e secretário de Estado. Reprovando a abstenção, em que pretendia manter-se o regente, asseverava que em outra qualquer matéria poderia o reinante ocultar sua inclinação; nesta lhe era o declarar-se obrigação de católico. Porque, dizia, "nas matérias do Estado somos nós vassalos e Vossa Alteza príncipe, mas nas da religião nós e Vossa Alteza somos todos vassalos"[94]. E assim claramente indicava estar superior à coroa do Santo Ofício.

O juízo que desse escrito fazia Vieira merece referir-se:

> Vi um dia destes um papel escrito por um secretário do terceiro Estado às Cortes, dado e aceitado no nosso paço, cheio de tantas indignidades e meninices, que me caíram as faces do chão. O estilo parecia de um novato da universidade, escrito a alguma freira tola. E isto se escreve, se lê e porventura se aplaude no *Sanctum Sanctorum* de onde saem os nossos oráculos [...] A América hoje faz duzentos anos não estava tão longe do mundo como nós estamos[95].

[94] 20 de abril de 1674. *Monstruosidades*, p. 263.

[95] Carta a Duarte Ribeiro de Macedo. 31 de julho de 1674. *Cartas*, t. 3, p. 81.

A atitude das cortes, nessa ocasião verdadeiro parlamento, não deixou de impressionar a D. Pedro. Senhor do poder por usurpação motivo tinha para se temer da hostilidade do Santo Ofício, muito mais que, de mãos dadas com ele, se achavam os grupos que em cortes representavam o parecer da nação. Desprezar as reclamações dos Estados podia ser perigoso. De uma parte os bispos, defendendo interesses de classe; de outra o povo fanático, capaz de levantar-se, havendo instigadores, a apelidar o soberano esbulhado; finalmente a nobreza, dividida na fidelidade, e de que alguns membros urdiam tramas com Castela. Em setembro descobrira-se uma conspiração na qual entravam fidalgos, frades e gente mecânica, estando ainda o tribunal da Inconfidência a devassar sobre ela. O primeiro preso tinha sido Antônio Cavide, que servira por fim de secretário a D. Afonso VI. Em uma carta de Vieira encontramos os pormenores que ele atribuía ao sucesso, e acaso em parte não somente imaginados.

> Escreve-me pessoa que tem obrigação de o saber que da Ilha tinham vindo dois ou três homens principais, com aviso de que o bispo, cunhado de Cavide, tinha procurado levar a el-rei para sua casa, e que a maior parte da cidade, e o governador da fortaleza, resistira a essa pretensão com grandes debates de parte a parte. Suposto isto (que eu adivinhei tanto que soube estava preso Cavide) e suposto estar também preso o governador de Setúbal, e o mais de que avisei a V. Sª, entendo que o intento era trazer a el-rei da Ilha, recebê-lo em Setúbal, beijarem-lhe logo a mão os Mendonças[96] que estavam em Azeitão (e um deles estava feito marquês em Castela por intervenção do marquês de Liche) acudirem alguns dos que se tinham retirado

---

[96] Francisco de Mendonça Furtado e Jerônimo de Mendonça Furtado, seu irmão por segundas núpcias do pai, Pedro de Mendonça, um dos quarenta fidalgos do 1º de dezembro de 1640. O primeiro, que fora capitão de Mazagão, pôde fugir para Castela; o segundo governou Pernambuco, de onde os moradores, por seus desatinos, o mandaram preso para a Metrópole; foi sentenciado à morte e perdoado, comutada a pena em degredo perpétuo para a Índia, onde morreu. Veja-se *Famílias de Portugal*, por Jacinto Leitão Manso de Lima, t. 4 da letra M, p. 323, Ms. da Bibl. Nac.; e Sousa, *História geneológica*, t. 11, p. 439.

> a Évora, admitirem-se os presídios das fronteiras castelhanas que dizem estariam reforçadas, e depois de conquistada a província do Alentejo dar-se fogo à mina de Lisboa, ajudada do castelo impenetrável do Rossio[97], e executarem desse modo tudo o que o descontentamento, ódio, inveja e ambição, debaixo dos pretextos de Rei e Fé, tinha fabricado. Acrescente Vossa Senhoria a facilidade com que a armada de Castela posta em Cádiz podia em um dia estar dentro de Setúbal[98].

Na verdade o jesuíta conjecturava segundo a sua paixão; mas não diferiria consideravelmente daquilo que em geral se pensava no reino, nem a situação era isenta de riscos para o detentor do poder. Não se sabe bem o que maquinavam os conspiradores. Havia quem dissesse tinham por fito matar o príncipe, a mulher e a pequena princesa, jurada herdeira, e por fim D. Afonso, para entregarem o reino à Espanha; outros que pretendiam restituir o trono ao rei abdicatário, com o auxílio castelhano, dando em pagamento as Ilhas e o Brasil[99]. Suposições provavelmente exageradas, mas que ao governo convinha alimentar; o certo é que em maio seguinte quatro fidalgos foram degolados no Rossio, e três peões enforcados por conjuração, de que se não publicaram os particulares, contra a vida do príncipe e segurança do Estado. Outro fidalgo, sentenciado à morte, evadira-se a tempo para Castela. Antônio Cavide alcançara o perdão a pedido de Carlos II de Inglaterra[100].

Não havia dúvida de que os conjurados pensavam utilizar para o seu propósito a agitação causada pelo anunciado contrato com os cristãos novos. Isto fez desviar a maior parte dos que na corte favoreciam a causa, e por

---

[97] A Inquisição.

[98] 14 de novembro de 1673. Carta a Duarte Ribeiro de Macedo. *Cartas*, t. 2, p. 676.

[99] Carta de Antônio Vieira a Duarte Ribeiro de Macedo, 6 de março de 1674. *Cartas*, t. 3, p. 21.

[100] Foram degolados D. Gaspar Maldonado, D. João Maldonado, seu filho D. João de Melo, e Fernão Mascarenhas; enforcados José Peçanha, capitão de cavalos, Diogo de Lemos, advogado da Casa da Suplicação, e o castelhano D. Antônio Cachopim.

tal acirravam o desgosto popular, em que assentava a trama. Assim que, os principais conselheiros, antes instigadores do regente a não ceder ao Santo Ofício, davam já parecer contrário; contrário fora desde o princípio o secretário de Estado Francisco Correia de Lacerda; contrária se mostrava D. Maria Francisca de Sabóia, dirigida pelo seu confessor francês, o jesuíta Villes, que não acompanhava a opinião dos consócios. D. Pedro não possuía a força de ânimo requerida para resistir à oposição tão geral, e conveio por fim naquilo que exigiam os Estados. Prometeu escrever ao papa, manifestando-se oposto ao perdão e à reforma das praxes; e dar cartas que acreditassem na Cúria dois enviados, um pelos bispos, outro pela Inquisição; mais que ordenaria ao residente em Roma, suspeito como sabemos, que de modo algum se imiscuísse na controvérsia.

Ainda assim não satisfez isso os mais exaltados na hostilidade aos cristãos novos. Esses opinavam que de modo nenhum se devia levar o pleito a Roma, mas que o príncipe por seu alvedrio, e ouvindo os prelados e tribunais do reino, decidisse a questão. Contra isso protestaram os que haviam requerido o recurso, preferindo para campo de batalha a Cúria, onde, embora, com a intervenção da coroa em sentido contrário, pensavam ser vitoriosos. O escrito que fizeram correr alega que aos conselhos faltava o conhecimento dos fatos por serem os procedimentos do Santo Ofício em segredo, os bispos estavam interessados na causa, e de outros era notório o ódio à gente de nação. Mostrava como com os estilos, de que se pedia a reforma, os inocentes pereciam, e os culpados alheios a escrúpulos conseguiam a impunidade. Aludia ao decreto de 1649 pelo qual D. João IV autorizara passo semelhante, que não teve seguimento pelas circunstâncias da política; e terminava com a súplica de que o regente, como príncipe católico, obediente ao papa, favorecesse o de agora[101]. O papel, que começa pela objurgatória: "Já que Vossa

[101] Memorial a favor da gente da nação hebréia. *Obras inéditas*, t. 2, p. 5. Recolhido com título diverso e variável nas coleções de manuscritos.

Alteza ouve a quem tão licenciosamente fala", referindo-se às cortes, foi logo imputado a Vieira. Pode ser que juízo temerário: à linguagem falta o cunho da sua prosa, os autores citados não são os mesmos a cuja familiaridade nos acostumou. De toda maneira, convicção formada ou conveniência da causa, a ele é que foi dirigida a contestação. Frei Martinho de Torrecilhas, teólogo castelhano, por esse tempo em Lisboa, foi o encarregado, ou por desejo próprio assumiu o encargo, de responder. O escrito desde o título, consiste em uma verrina, que seria muito do agrado do público a que se destinava: *Resposta à proposta feita a Sua Alteza por um hebreu iludente e iluso, e colírio à sua cegueira*[102]. Hebreu era o missionário que passara nove anos de sua vida na América, convertendo à fé de Cristo os selvagens! Doutor graduado em Judéia, doutor rabino, doutor da lei, hebraico predicante, desta arte eram as invectivas. Letrado anônimo, ocultando quem era, "ainda que de seus escritos se conhece, mal em que lhe pese"; nestas palavras estava o sinal que o denunciava. Pugna estéril, porque em nada afetava as deliberações já tomadas. Somente se exacerbavam os rancores de uma e outra banda, e a malícia dos inimigos de Vieira recebia satisfação.

As cortes separaram-se em julho, obedecendo a um decreto de D. Pedro, impaciente da intromissão constante delas nas prerrogativas da coroa, como as entendia; mas no caso dos cristãos novos, se bem não fosse o recurso rejeitado, tinham conseguido o principal, que a troco dos novos tributos exigiam: a oposição declarada do governante. Clero, nobreza e povo, para nenhum deles outro assunto superava o da religião.

---

[102] Bibl. da Academia das Ciências, nas *Obras* de Antônio Vieira, Ms., 6º, fol. 43.

IV

O crime de Odivelas e fatos decorrentes tinham suscitado a Vieira uma finalidade com que ante si próprio justificasse o voluntário exílio em Roma. A canonização dos mártires não passara de um pretexto; prosseguir na revista do processo tinha-lhe vedado o Geral; o temor das perseguições era afetado; e no recôndito da consciência só o despeito lhe explicava o afastamento da pátria. Agora antolhava-se-lhe uma causa a servir, um objetivo a realizar, e ao fazê-lo tinha o ambicionado desforço, ao mesmo passo que promovia um interesse do patriotismo. Interesse igualmente da justiça, que se devia a tantos membros da nação oprimidos, mesquinho todavia em comparação ao do Estado, ao do soberano e ao dos portugueses em geral. Era o que ao enviado em França expunha, como explicação de seus esforços em favor dos hebreus:

> E neste sentido digo eu que a menor parte do negócio é seu [dos cristãos novos]; porque se todo ele se houver de compor e reduzir aos termos convenientes e necessários, é negócio de toda a nação portuguesa, por essa causa tão infamada; é negócio do príncipe, que dentro da sua corte sustenta uma citadela tão poderosa e invencível contra si mesmo como tem experimentado; é negócio da monarquia, que pela mesma razão no reino e nas conquistas se acha tão enfraquecida, empobrecida, e exausta, e tão dessubstanciada pelos mercantes estrangeiros, que todos por seu modo são inimigos, e quando menos ladrões que nos roubam[103].

Por isso, nas conferências com Manuel da Gama de Pádua e o provincial do Malabar, anima ou sugere o projeto da Índia, e depois lida pelos cristãos novos com aquele apaixonado empenho que é sua feição nativa. Após o caso

---

[103] A D. R. Macedo, 3 de julho de 1674. *Cartas*, t. 3, p. 71.

de Odivelas, e quando em outubro seguinte o padre Baltasar da Costa chega a Roma, patente é que o seu desejo de voltar a Portugal arrefece, e que ele vacila, incerto entre a atração do valimento e o propósito de servir a pátria, pugnando na Cúria, para regressar afinal vitorioso. Na verdade, o período das contradições alongou-se; mas, somados o ressentimento das ingratidões de D. Pedro, o anelo de se vingar de quem o tinha afrontado, e o costumado fervor pela ação meditada, tudo isso acabou por lhe tornar a resolução de permanecer em Roma definitiva.

Poder-se-ia crer simulava, quando se dizia prestes a correr à presença de D. Pedro, e a romper, a ordem sua, quantas cadeias de interesse ou gratidão o pudessem prender onde estava: mas a inconstância nos sentimentos era o próprio de sua índole, não o disfarçá-los. O certo é que hesitava, embebido agora em uma esperança, logo fustigado por um desdém. Em setembro carta de obediência ao regente, sobre o regresso ao reino; em outubro desconfiança de que o chamado é maquinação dos inquisidores: "Sua Alteza, que Deus guarde, me chama e apressa, e posto que me asseguram serem efeitos de sua graça, eu suspeito que são influências de quem me não quer em Roma"[104]. Em agosto do ano seguinte manifestava seu desprendimento a D. Rodrigo de Menezes: "Eu, senhor, estou em Roma com mais comodidade do que desejo, nem quero de Portugal mais que o seu bem"[105]; em outubro insinua ao mesmo que mande o regente ordem positiva, que possa mostrar ao Geral, e logo partirá[106].

Essa fraqueza ele a confessava somente a D. Rodrigo, como familiar do príncipe. Aos outros manifestava não querer voltar à pátria antes que triunfasse a causa, pela qual também já fora afrontado e perseguido. Isso, e o projeto da Companhia Oriental em execução, era o assunto de seus cuidados.

[104] A D. R. Macedo, 20 de outubro de 1671. *Cartas*, t. 2, p. 694.

[105] 13 de agosto de 1672. *Cartas*, t. 2, p. 484.

[106] 22 de outubro de 1672. *Cartas*, t. 2, p. 515.

A Duarte Ribeiro de Macedo comunicava como, apesar das instâncias de D. Pedro, rejeitara volver ao reino. Não se pode saber se escreveu outra carta a excusar-se, além da que se conhece, com data de 7 de setembro de 1671, e que de excusa não era, nem se o regente, em seguida à mesma, insistiu no convite. Como quer que fosse, o padre afirma deliberadamente a recusa:

> Senhor meu. Recebi a de Vossa Senhoria de 19 de novembro, e com ela antecipadas as boas festas, que desejo a Vossa Senhoria muito felizes, e continuadas por muitos anos, em que Vossa Senhoria na pátria e nos lugares que lhe são devidos logre os frutos de tantas peregrinações. É verdade, como dei conta a Vossa Senhoria, que Sua Alteza me manda abrevie, quanto puder ser, a minha, e me torne para Portugal; mas não é este cumprimento o que me há de levar lá, sendo o mesmo que foi, e não se melhorando em nada a potência, a justiça e a razão, que sem razão nem justiça se tem eximido de toda a potência, sendo o mais sujeito quem é superior a toda a sujeição. Dei as graças a Sua Alteza da mercê que me fazia, e do afeto que repetidamente me manda significar; mas não creio nem crerei nunca a quem pode o que quer, enquanto não quiser o que pode. O nosso reino está dividido em muitos reis, e a nossa Igreja em muitos papas, e eu não quero estar sujeito mais que a um, que reconheço por vigário de Cristo. Boa ocasião era esta para se examinarem e reformarem aqui os estilos singelares, que com tenção de conservar a fé a não melhoram em Portugal e a perdem na Índia, e isto é o que deixou escrito e firmado de sua mão el-rei que está no céu, e o que muitas vezes ouvi praticar ao príncipe, que como sábio e santo não se deixava levar das apreensões do vulgo[107].

Falando de D. João IV, referia-se à rogativa dos cristãos novos sobre a reforma do Santo Ofício, por aquele autorizada em 1649. Adiante alude ao plano relativo à Índia. "Se o príncipe a quer recuperada [...] faça uma Companhia Oriental,

---

107 22 de dezembro de 1671. *Cartas*, t. 2, p. 398.

muito poderosa e com cabedal alheio, tendo por certo que todos os de Holanda se passarão a Portugal, se estiverem seguros da confiscação."[108] Não obstante o que, passado algum tempo, se defende de ser ele o que instigava as pretensões dos cristãos novos, e se expande em lástimas porque disso o inculpam.

> [...] não são os ares desta terra os que me matam, senão os disparates e ferezas da nossa. Cada dia chegam, e por muitas vias, queixas contra mim, como se eu tivera parte no que sem imaginação minha lá se propôs, lá se pediu, lá se concedeu, lá se resiste, e lá parece que se torna a suspender, com tanta inconstância como descrédito[...] Tudo são gritos que nos pomos contra a fé e favorecemos o judaísmo. Isto o que se diz, isto o que se crê, isto o que se impugna, isto o que se blasfema. Julgue Vossa Senhoria, que paciência bastará para sustentar ou suportar tal vida[109].

Mas de fato a Índia, cuja conservação se busca anuindo ao que pedem os cristãos novos, é agora objeto de seus cuidados, como antes fora o Brasil. Quando vê o projeto abandonado mal se conforma. "Dizem que partem este ano da nossa terra duas naus e um patacho, que é o mesmo que tomar Azamor com caravelinha; e nisto desarmaram os estrondos da Companhia Oriental."[110] Luís XIV e Carlos II tinham declarado guerra à Holanda: excelente ocasião, lhe diziam em Itália, para recuperar o que o flamengo arrancara a Portugal no Oriente. "Mas, quando ouvem que partiram para lá só três naus, e que não há dinheiro, dizem o que não refiro para não molestar." A seguir, com amargo desprezo: "Escrevem de Lisboa que temos lá facções de cabeleiras e golilhas"[111]. Nisto davam então os conquistadores da Índia.

---

[108] Ibidem, p. 400.

[109] 7 de novembro de 1673. *Cartas*, t.2, p. 673.

[110] A D. R. Macedo, 11 de abril de 1673. Cartas, t. 2, p. 589.

[111] Ao marquês de Gouveia, 7 de maio de 1672. *Cartas*, t. 2, p. 443.

Em 1669 tinha morrido o vice-rei, conde de S. Vicente, de quem esperava muito, por ser dos que compartiam de suas idéias, sobre o restabelecimento do poder da nação pelo dinheiro hebraico. "Enfim morreu João Nunes da Cunha; a Índia está expirando; Portugal pouco menos."[112] E em tudo referente à política e administração do reino um desgosto fundo que, se bem legítimo, trai o ressentimento do conselheiro desatendido: "Tremo dos correios que de lá vem, porque todos trazem motivo de dor e tristeza, sem depois desse governo termos uma nova de gosto ou esperança dela". Toda a sua mágoa expressa no desejo de se ver "em um lugar, se o há, tão remoto, onde se não ouça nem conheça o nome de Portugal"[113].

Junto a isso o receio de que pudesse tornar ao trono D. Afonso, já por uma comoção popular, já pelo exigirem as potências. Para estas tudo era pretexto adequado a seus fins de espoliação e cobiça. "Castela, França, Inglaterra e Holanda são inimigos piores que declarados e que não tardarão muito em se declarar: Castela quer Portugal, Inglaterra e França querem Índia e Brasil, e Holanda quer na Índia o que possui, e no Brasil o que perdeu; nisto não há dúvida."[114] Da Inglaterra principalmente desconfiava, pela influência da rainha, ainda não reconciliada com o irmão, após a perfídia do golpe de Estado e casamento; e o que lia nas gazetas justificava-lhe as inquietações: "Todas publicam que naquela corte se reputa a nossa princesa por ilegítima e o matrimônio por inválido e a rainha D. Catarina por herdeira"[115].

Davam-lhe mais fundamento aos receios os vaticínios referentes ao ano em que se estava. O profeta, a cuja interpretação e defesa tantas páginas dedicara, tornava a ser lembrado.

---

[112] A D. R. Macedo, 11 de dezembro de 1674. *Cartas*, t. 3, p. 131.

[113] A D. R. Macedo, 31 de janeiro de 1673. *Cartas*, t. 2, p. 565.

[114] A D. Rodrigo de Menezes, 10 de setembro de 1672. *Cartas*, t. 2, p. 496.

[115] A D. R. Macedo, 22 de novembro de 1672. *Cartas*, t. 2, p. 528.

> Eu fora da jurisdição de Portugal não sou obrigado a renegar do Bandarra, e ele, falando sobre o seu ano fatal de quarenta, diz: "Trinta e dois anos e meio haverá sinais na terra, a escritura não erra, que aqui faz o conto cheio". E vem a ser, segundo boas contas, o junho ou julho deste mesmo ano em que estamos[116].

De Lisboa Pedro Fernandes Monteiro comunicava-lhe outros prognósticos, os quais todos concorriam em anunciar sucessos graves para o mesmo prazo dos 32 anos e meio sobre o de 1640. Diferentes cartas da corte lhe transmitiam que muito se falava em ameaças de guerra e restituição de D. Afonso ao trono. "Para isto ser assim, conforme uma antiquíssima escritura, só falta que el-rei saia da ilha; porque tudo o mais que lhe sucedeu até agora, se conta e descreve no mesmo papel, com as mais miúdas e individuais circunstâncias."[117] Oráculo de duzentos anos, não nomeado, que aceitava, como todos os que pareciam confirmar-lhe algum, de seus místicos devaneios.

Com Duarte Ribeiro de Macedo discutia largamente, em assídua correspondência, de que por felicidade nos resta nos originais grande parte, os acontecimentos notáveis. As cartas do ministro em Paris eram para ele, consoante expressão sua, o "verdadeiro mapa do mundo", e semanalmente cada um fornecia ao outro notícias, comentários, divagações. Toda a confiança e veneração de antes manifestada a D. Rodrigo de Menezes, pertence, agora, ao novo amigo, mais perto dele pelas idéias, menos afastado pela hierarquia. Neste, que não é dispensador de graças senão pretendente, enxerga aptidões para os cargos de maior responsabilidade: o quer embaixador em Roma ou secretário de Estado; isso lhe diz e para isso trabalha; sem resultado como qualquer, menos cego sobre si mesmo, logo haveria de reconhecer. Tinham idéias comuns, ambos acerbos censores da política nacional, ambos fundando em predições a confiança em melhor futuro. Um e outro, queixosos,

---

116 A D. R. Macedo, 14 de março de 1673. *Cartas*, t. 2, p. 580.

117 A D. R. Macedo, 21 de março de 1673. *Cartas*, t. 2, p. 582.

reciprocamente desabafavam seus descontentamentos. Para Vieira, Macedo é o espectador necessário de sua vida interior, o depositário de suas esperanças mutáveis, o confidente de seus despeitos constantes. Assim, e graças à separação em que permanecem quase sempre, se forma a corrente epistolar, que nos permite participarmos, de 1671 a 1679, na intimidade desses dois esclarecidos e curiosos espíritos. As cartas a Macedo são daquelas em que Vieira mais abre o seu pensamento, as mais engraçadas na crítica, e em que mais dá soltas a seus azedumes; outrossim historicamente de sumo valor por dizerem respeito a esse período de sua existência, preenchido por uma aventura grave e da qual muitos particulares só por essas cartas se penetram.

Essa correspondência era o grande desafogo de Vieira; mas, por muito que lhe importasse a causa dos cristãos novos, a política com seus episódios de guerra e diplomacia, ou o modo porque, sem os seus ditames, os negócios públicos corriam em Portugal, isso não saturava um espírito afeito a ponderar a sorte última da humanidade e do mundo. Desde que tinha deixado a atividade da política seu pensamento se alçara a esses cumes. Agora continuava nas cogitações de Coimbra, posto que sob diversa forma. A *História do futuro* ficava para trás, como recordação literária e nada mais; o manuscrito confiscado pelos inquisidores, a doutrina renegada pela retratação. Mas restava-lhe a obra, já elaborada em síntese, e que nos recessos da mente, muito embora suspeita, escapara à proibição, a *Clavis prophetarum*. Desde a chegada a Roma escrevia esse livro em que, se nem sempre trabalhava, distraído por tantas ocupações e cuidados, não deixou nunca de pensar. Em 1672 já o tinha muito adiantado, e mostrava os trechos compostos, recolhendo com delícia os louvores. "Ninguém o lê sem admiração e sem o julgar por importantíssimo à inteligência das escrituras proféticas", contava em desvanecimento a D. Rodrigo de Menezes[118].

Isso lhe era compensação de não encontrar para os sermões em Santo Antônio dos Portugueses o auditório numeroso e de férvida admiração a que se tinha

---

[118] *Cartas*, t. 2, p. 516.

habituado. Os italianos, ignorando a língua, não compareciam, e isso era um motivo de desgosto, como vimos. O Geral, João Paulo Oliva, orador de nota, deixado do púlpito, entendeu que seria Vieira sucessor condigno de sua eloqüência, e como tal o poderia exibir com lustre para a Companhia. Pessoas gradas, que a curiosidade estimulava, insistiam por isso. Oliva ordenou que o missionário do Brasil aprendesse o idioma de Itália, e se dispusesse a pregar ante os cardeais e nobreza romana, o mais culto auditório do mundo. Não se tenha dúvida de que o preceito consideravelmente lisonjeou o amor-próprio do padre; a outros, menos vaidosos de suas partes, o mesmo sucederia. Entretanto, pelo decoro, e por mostrar que, agravado na pátria, não havia para ele satisfação, a cada um dos amigos a quem escreve se manifesta violentado. Ao marquês de Gouveia:

> Se Vossa Excelência ouvir dizer que o padre Vieira pregou em Roma em língua italiana não condene Vossa Excelência a temeridade, porque ele a teve por tal; resistiu sempre, não só aos empenhos de grandes senhores desta corte, mas ao desejo e instâncias do seu Geral, o qual por última resolução lhe pôs obediência que pregasse[119].

A Duarte Ribeiro de Macedo, depois de referir que esteve uns dias enfermo: "Acrescenta-se a este trabalho o da aplicação à língua italiana, e quererem à força que fale nela em público, que é a mais terrível obediência que se podia impor à minha idade"[120]. A D. Rodrigo: "Sei a língua do Maranhão e a portuguesa, e é grande desgraça que, podendo servir com qualquer delas à minha pátria e ao meu príncipe, haja nesta idade de estudar uma língua estrangeira, para servir, e sem fruto, a gostos também estrangeiros"[121].

---

[119] 24 de setembro de 1672. *Cartas*, t. 2, p. 503.

[120] 8 de outubro de 1672. *Cartas*, t. 2, p. 511.

[121] 22 de outubro de 1672. *Cartas*, t. 2, p. 515.

Tanto se embebeu do idioma que aprendia, tanto o versava a fim de o possuir cabalmente, que dele lhe encontramos reflexos no vocabulário português: artejano, esvalijar, gelosia (ciúme), maladia, raconto, testa (cabeça), são novidades com que nos deparamos então, como toques de estrangeirismo, as suas cartas.

Pregou, por fim, em outubro de 1672 na festa de S. Francisco de Assis, sendo o lugar dessa estréia oratória uma capela da invocação do santo, perto da igreja da Minerva. Concorreram pessoas notáveis da nobreza romana, alguns prelados e seis cardeais.

"O discurso será meu" – assim começou Vieira – "as palavras nem minhas nem vossas: não minhas porque de língua estranha, não vossas porque mal polidas e duramente pronunciadas."[122] O sermão é todo neste gênero de galanterias verbais. Se a pronúncia feriu algum meticuloso ouvido, o discurso em si, trama delicado de agudezas, em que parecia o orador recrear-se, brincando com as palavras e as idéias, pôs em enlevo a todos. Não se sabe o que nele era maior, assim julga o biógrafo jesuíta, "se o engenhoso, o devoto ou o discreto". Naquele tempo tinha decaído muito a eloqüência do púlpito. O nepotismo afastara dos lugares eminentes o verdadeiro mérito. Ninguém se distinguia por talentos, e em adular os grandes, nisso apenas, consistia o afã dos pregadores[123]. Em um auditório enfadado do medíocre, Vieira mais uma vez colheu aquele aplauso que, palavras suas, é a lisonja do pregador. Oliva triunfou com ele, e em seguida lhe anunciou que haveria de pregar em duas solenidades a que assistia em corpo o Sacro Colégio. Na mesma ocasião lhe propôs honras subidas: que ficasse em Roma para ser assistente de Portugal, e lhe suceder como pregador do papa. Grilhões dourados que pretendiam lançar-lhe, dizia Vieira, e os quais recusou. Ausente da pátria nenhuma

---

[122] *Sermões*, t. 11, p. 266.

[123] Cf. Ranke, *Die Päpste*, cit., t. 3, p. 81.

honra lhe equivalia o favor do príncipe perdido, ou a idéia de voltar um dia vencedor do Santo Ofício, que agora o desvelava.

Vieira pregou várias vezes em italiano. O autor da *Vida* enumera os sermões e dá conta dos triunfos sucessivos. Tanta era a curiosidade de ouvir o forasteiro que se tornou necessário pôr soldados às portas dos templos onde ia pregar, para impedir que se apossasse o público dos lugares, antes de chegarem as dignidades eclesiásticas e pessoas de representação. O jesuíta português foi nesse tempo alvo predileto das atenções na sociedade romana. Ao sermão, na igreia de S. Lourenço em Damaso, na solenidade das 48 horas, durante as festas do Carnaval de 1673, estiveram presentes, dezenove cardeais. Quem não ia ouvi-lo decaía no conceito das pessoas de gosto, aquelas que nas grandes cidades costumam arvorar-se em árbitros da distinção e da moda. Cristina da Suécia, que a Roma de Clemente X se não enfadava de festejar, viu por momentos eclipsada a sua glória. Por seu turno, ela, de quem todo aquele mundo cosmopolita reconhecia a realeza intelectual, que fizera de sua casa academia das mais nobres ilustrações das artes e ciências, não sofreu que faltasse ao congresso de sumidades, a que presidia, esse ornamento singular. Vieira infalivelmente havia de prezar a homenagem. Aproximaram-se mais e reciprocamente se estimaram. Entre os dois existiam simpatias de caráter, de que talvez tiveram a intuição, e que certamente concorreram para a simpatia pessoal. Ela e ele buliçosos, impulsivos, amigos de intrigas, indiscretos, e volúveis, tinham a mais em comum o afetado desprezo das honras e grandezas, com a saudade delas quando perdidas, e a perpétua ambição do mando e da notoriedade. Cristina não se consolava de haver deixado o trono, que abdicara provavelmente mais pelo desejo de praticar uma ação rara do que obrigada por um ímpeto religioso, o qual não estava em seu temperamento. Vieira tinha por maior lástima faltar-lhe a graça de um soberano, de quem pensava dirigir os atos como alguma vez, na idade infantil, lhe guiara os pequeninos passos nos jardins de Alcântara ou nas salas da Ribeira. Ambos lamentavam o perdido, e o perdido eram as satisfações da vaidade que uma e outro diziam sem valor.

Pela primeira vez pregou Vieira, especialmente para a rainha, em uma terça-feira de Quaresma, 21 de março de 1673. Sarau religioso que ela oferecia aos convivas de seus festins literários. Estavam muito em voga, durante a Quaresma, os chamados oratórios. À noite ia o público aos templos ouvir, como em teatro, aquela espécie de ópera sacra, a que, para lhe tirar o caráter profano, acompanhava uma prática no púlpito. Chegado o período da penitência, dizia um contemporâneo, cessava a comédia nos teatros e principiava nos templos[124]. Quem tinha capela sua comprazia-se de fazer ouvir a convidados de distinção as mais belas vozes e os notáveis oradores. Foi o caso de Cristina, ufana de exibir a maravilha da cátedra, na suntuosa igreja de S. Pedro *in Lauro*, anexa ao seu palácio. Podia-se dizer que fora um sermão para ela; mas isso não lhe era bastante. Cristina ambicionava ter como adorno da sua corte, e da mesma fazendo parte, o admirado pregador.

Sabe-se que laços prendiam à Companhia de Jesus a rainha de Suécia. Por mão dos jesuítas tinha ela entrado no catolicismo; um padre português, Antônio de Macedo, em disfarce de secretário do enviado José Pinto Pereira, a tinha iniciado na fé nova, inspirando-lhe os pensamentos de que proveio a abdicação. Nunca a milícia de Loyola trouxera à Igreja conquista mais soberba. Desse modo, nada a Sociedade podia recusar a tal aluna; tudo o que lhe ela pedisse revertia em glória sua. Especialmente o de que se tratava agora. Jesuíta e português, Vieira tinha para Cristina essa dupla atração sobre a da fama e do talento. E pois o quis vincular a si com a nomeação de pregador da sua casa.

---

[124] *Diario veridico e spassionato della citá e corte di Roma*, apud Ranke, cit., t. 3, p. 81. Francisco de Sousa Coutinho, quando embaixador em Roma, dava também conta dessa espécie de funções a D. João IV, remetendo-lhe umas músicas: "Vai mais outra que tem seus asomos de comédia, mas se canta aqui em igrejas particulares nas sextas-feiras e domingos da Quaresma; os que a cantam não se vêem, mas fazem-no com tal arte que os que ouvem a conhecem por representação; [...] aqui é ao que mais acode gente, e tantos os cardeais, príncipes, senhores, prelados que entram nas igrejas às punhadas, e quase não fica lugar para o povo". 11 de novembro de 1656. *Corpo dipl. port.*, t. 13, p. 370.

Era na quadra em que a pugna sobre o recurso dos cristãos novos ia com mais fúria em Lisboa. Estavam chamadas as cortes; o populacho bramia; soavam balelas afrontosas acerca de quantos favoreciam a causa dos hebreus, e particularmente de Vieira. Este, tudo lhe devia ser incentivo para aceder ao desejo de Cristina: o sentimento das injúrias atuais e passadas; o amor-próprio ferido pelo menosprezo do regente; a homenagem que a eleição representava. E todavia rejeitou com teima. Foi mistér intervir o Geral com o preceito da obediência, para que o desejo, pode-se dizer o capricho, da rainha tivesse satisfação. Eis como ele exprime o seu estado de alma, em seguida a um fato que tanto lhe devia afagar o orgulho:

> Tenho dito de nós tudo o que sei, agora direi de mim. Escrevem-me nessa mesma posta haver-se espalhado em Lisboa que eu estava aqui preso na Inquisição. E segundo outra versão, ainda pior, que eu tinha fugido de Roma com quarenta mil cruzados dos cristãos novos. Não dizem para onde, mas com tanta liberdade e tanto dinheiro não devem de supor que para me passar à Cartuxa. Isto é o que se diz em Lisboa. O que passa em Roma é que à rainha de Suécia, contra todas minhas repugnâncias, e com obediência expressa do padre geral, me tem nomeado seu pregador, e eu fico com o encargo de fazer na sua capela todas as pregações, duvidando-se qual seja a maior dificuldade, se haver de falar italiano, se haver de satisfazer a um tal juiz, que aqui se reputa sem controvérsia pelo mais ardente e sublime *utriusque sexus*. Costuma achar-se naquele lugar tudo o maior e melhor de Roma, e eu acho-me com os meus anos e com o nosso pouco gosto. Deus me ajude nisto e no demais[125].

Do transcrito se vê que assumia Vieira o encargo contrariado, mas não se deve crer que pelo receio de insuficiência na execução, como alegava. O

---

[125] A Duarte Ribeiro de Macedo. 26 de dezembro de 1673. *Cartas*, t. 2, p. 689.

motivo era outro. Temia que D. Pedro tivesse por infidelidade entrar ele, pregador da sua corte, no serviço de uma estrangeira que, posto sem reino, tinha corte e era rainha. Equivalia isso a excluir-se para sempre da pátria, é por muito que repetisse as detestações de Portugal e dos portugueses, a tanto não se resignava. Transigiu com os desejos de Cristina e do Geral, mas sem tomar o título, nem preencher as formalidades pelas quais se podia considerar pertencente ao séquito da rainha. Assim disse ao marquês de Gouveia, aludindo a comentários desfavoráveis que a seu respeito faziam em Lisboa: "Não aceitei o título nem provisão, nem beijei a mão àquela Majestade, nem fiz ato pelo qual me pudesse obrigar ao reconhecimento do seu serviço o mais especulativo jurisconsulto"[126].

A idéia de ficar perpetuamente em Roma amofinava-o. Já sabemos não tinha predileção pelos italianos; a terra ainda menos o seduzia: "Eu, depois que me fizeram italiano, vivo desgostoso em Itália"[127]. Isto é, depois que o forçaram a pregar em língua estranha, e queria o Geral conservá-lo junto a si. "Sendo Roma para mim uma galé insuportável"[128], dizia de outra vez. O clima parecia desconvir-lhe, sendo-lhe sempre os invernos penosos. Repetidamente acessos de doença, que a idade complicava. Às vezes apenas tomava algum alimento, porque o estômago leso se rebelava, e nos últimos tempos se lhe agravou muito o achaque. Em agosto de 1674, certos sintomas, provavelmente observados sem exação, fizeram-lhe crer achar-se hidrópico. Mas o pior foi cair em casa, alta noite, por uma escada de pedra, ficando ferido na testa e contundido em uma perna, espaço de horas no lugar do acidente sem socorro, até que por acaso alguém passou e o recolheram. Grave contratempo para um velho enfermiço de 65 anos, mas que não teve por fortuna conseqüências. Depois do acidente foi convalescer fora da cidade, em Albano.

---

126 21 de abril de 1674. *Cartas*, t. 3, p. 35.

127 A D. R. Macedo, 13 de dezembro de 1672. *Cartas*, t. 2, p. 536.

128 A D. R. Macedo, 7 de novembro de 1673. *Cartas*, t. 2, p. 673.

Tudo isso ele tinha contra a terra estrangeira. Da pátria e dos compatriotas sobravam-lhe razões de queixa. "Só o esquecimento de Portugal me pode levar a Portugal", dizia nos primeiros tempos[129]. Em outra carta, mais tarde: "Esses padres não são portugueses, e com isso digo que vivo entre eles com mais quietação"[130]. Passados dois anos e meio: "Depois de ter nascido em Portugal, a maior felicidade fora ou não chegar a uso de razão ou tê-la perdido"[131]. Mas o que em cartas dizia não bastava; era-lhe força afirmá-lo onde muitos o ouvissem, e isso quis fazer no sermão de Santo Antônio, que devia pregar em 1672 e não pôde, tendo adoecido três dias antes da festa. Sob a cor do que sucedera ao santo, constrangido a deixar Portugal por agravos, declarava os seus próprio[132]. "De maneira, meu santo, que deixais Portugal, e vos embarcais para África, porque ides buscar o martírio? Antes por isso mesmo vos não deveis sair da vossa pátria." A inveja, de que se via perseguido, fora causa de se exilar Santo Antônio; melhor o aplicava a si o pregador: "O mundo, dizem os gramáticos, que se chama mundo, *quia minime mundus*, e a morte parca, *quia nemini parcit*. E assim como o mundo se chama Mundo porque é imundo, e a morte se chama Parca porque a ninguém perdoa, assim a nossa terra se pode chamar Lusitânia porque a ninguém deixa luzir"[133]. Aqui entra em considerações geográficas.

> A Lusitânia é a terra mais ocidental da Europa, e ocidental não porque lá vivam menos ou morram mais os homens, como da etimologia se pudera inferir,

---

[129] A D. Rodrigo de Menezes, 2 de agosto de 1670. *Cartas*, t. 2, p. 307.

[130] A D. Rodrigo de Menezes, 11 de maio de 1671. *Cartas*, t. 2, p. 344.

[131] A D. R. Macedo, 7 de novembro de 1673. *Cartas*, t. 2, p. 673.

[132] Acerca desse sermão diz em carta de 23 de julho de 1682, ao marquês de Gouveia: "Cuidaram aqui os revisores que fiz ingratidões da pátria do mesmo santo, sem lhe mudar o nome, se podiam aplicar às que eu tinha experimentado". *Cartas*, t. 3, p. 461.

[133] *Sermões*, t. 11, p. 203, 200.

> mas por ser o lugar onde os astros, que iluminam o firmamento e a terra e mares, desaparecem.
>
> Em chegando aos horizontes da Lusitânia, ali se afogam os raios, ali se sepultam os resplandores, ali desaparece e perece toda aquela pompa de luzes. E se isto sucede aos lumes celestes e imortais, que nos lastimamos, senhores, de ler os mesmos exemplos nas nossas histórias? Que foi um Afonso de Albuquerque no Oriente? Que foi um Duarte Pacheco? Que foi um D. João de Castro? Que foi um Nuno da Cunha, e tantos outros heróis famosos, senão uns astros e planetas lucidíssimos, que assim como alumiaram com estupendo resplandor aquele glorioso século, assim escureceram todos os passados? Cada um era na gravidade do aspecto um Saturno, no valor militar um Marte, na prudência e diligência um Mercário, na altiveza e magnanimidade um Júpiter, na fé e na religião, e no zelo de a propagar e estender entre aquelas vastíssimas gentilidades, um Sol. Mas depois de voarem nas asas da fama por todo o mundo esses astros, ou indígetes da nossa nação, onde foram parar quando chegaram a ela? Um vereis privado com infâmia do governo, outro preso e morto em um hospital, outro retirado e mudo em um deserto, e o melhor livrado de todos o que se mandou sepultar nas ondas do oceano, encomendando aos ventos levassem à sua pátria as últimas vozes, com que dela se despedia: *Ingrata patria non possidebis ossa mea!* Vede agora se tinha eu razão para dizer, que é natureza ou má condição da nossa Lusitânia não poder consentir que luzam os que nascem nela[134].

"Ingrata pátria, não possuirás meus ossos", também ele diria, se através de suas indignações não fosse como sempre Lisboa, e a corte de D. Pedro, a meta do seu desejo. Muito havia de beber ainda na taça das decepções antes que por sua conta pronunciasse a sentença do romano.

Queixoso da pátria, Vieira continuava a amá-la com a termura dos amantes maltratados, e por ela movido, outra vez se embrenhava na quimera sebastia-

[134] Ibidem, p. 200.

nista. Já se viu que o Bandarra permanecia sendo para as concepções do futuro a luz de sua razão. Nas horas de desconforto moral a ele recorria; ele, como nos tempos seguintes à morte de D. João IV, lhe oferecia consolo. Engolfado no seu devaneio confessava em êxtase: "Se é sonho eu durmo, e se é loucura eu sou louco; e, em qualquer dessas suposições, quando não haja de ser felicidade para todos, basta que seja alívio e consolação para mim"[135]. Com Duarte Ribeiro de Macedo, clarividente espírito, esperto político, mas que, homem do seu tempo e da sua terra, não enjeitava os oráculos, Vieira discutia suas esperanças. O ano de 1673 era, segundo a interpretação dos textos, decretório. Para ele se esperavam graves acontecimentos, e à falta de outros, de mais largo alcance, a conjuração descoberta contra D. Pedro, e o conflito com os cristãos novos, bem podiam ser os fatos contidos nas predições, antecedentes à declaração do Quinto Império. Isso pois o jesuíta escrevia ao seu amigo.

> No meio de tanto desgosto me consolam somente as esperanças que me dão as nossas profecias, pelas quais eu esperava até o meio deste ano, como há muitos meses escrevi a Vossa Senhoria, e sei que hoje se notam em Portugal, e se me referem por muitas vias, e alguma com que eu aqui as havia comunicado nas noites do inverno passado. *O conto dos trinta e dois anos e meio* se encheu no fim de junho; aos 5 de julho se firmou por Sua Alteza a licença que deu ocasião aos primeiros pasquins; a pesquisa destes descobriu a conjuração. E o perigo em que estava o príncipe e o reino, que ainda não está de todo vencido, é o maior em que jamais se viu Portugal, entrando nessa conta os tempos de el-rei D. João o primeiro. Porque então sabia-se quem estava por uma e outra parte, e agora tudo é confusão; então não havia Inquisição, e agora é aquela, da qual e de rei juntamente, como dizia aquele amigo, não é capaz Portugal. *O segredo deste tribunal, e o dos confessionários, e a imunidade de ambos, com o pretexto da religião, é o que*

[135] A D. R. Macedo, 31 de maio de 1672. *Cartas*, t. 2, p. 452.

mais se deve temer e se teme[136]. Este é o perigo; falta o açoute e o castigo, e sabemos quem é a gente que o autor não nomeia. O tempo nos descobrirá o demais.

Também de outras atualidades parecia fazerem menção as profecias. Para Vieira era caso de grande momento que D. Pedro definitivamente desse o irmão por despojado e tomasse a coroa. D. Afonso no calabouço de Sintra, e em seu mofino estado de decadência mental, era fantasma que o tinha em perpétuo assombro. Enquanto ele estivesse vivo, existia a possibilidade de uma revolução fomentada por Castela. Em defesa contra isso, ao menos o príncipe se declarasse rei, como muitos em Portugal desejavam, e se achava consignado nos vaticínios. "Se Sua Alteza se coroar, entenderemos que nele se cumprirá *o Rei novo é acordado*, como se tem cumprido grande parte daquela profecia."[137] Da mesma sorte que nos anos precedentes à Restauração, havia notícias de casos prodigiosos. Perto do convento de Grijó, em terras dos condes da Feira, tinham-se visto aparecer cruzes negras, em traços, na terra avermelhada. Acudiu gente e, perante a assistência, mão invisível foi repetindo o desenho misterioso. Houve quem pretendesse tirar do fato milagroso a conseqüência usual: sararem enfermos. A terra do sítio das cruzes, diluída em água, restituiu a saúde a várias pessoas que, animadas da fé, tentaram o remédio, Assim em Lisboa diziam, e assim foi referido a Vieira. "Parece-me isto muito para ser fingido" – notava ele – "e, se é verdadeiro, grandes coisas se podem esperar ou temer no nosso reino, sobre a disposição de tais prodígios, confirmados com tantos milagres."[138]

---

136 O itálico sublinhado no original. 14 de novembro de 1673. Carta a Duarte Ribeiro de Macedo. *Cartas*, t. 2, p. 677. Alusão à copla XCVIII de Bandarra:
Um dos três que vão arreio
Demonstra ser grão perigo,
Haverá açoute e castigo
Em gente que não nomeio.

137 A D. R. Macedo, 26 de junho de 1674. *Cartas*, t. 3, p. 67.

138 Ibidem, p. 70.

Em abril de 1674 Vieira comunicava deste modo ao padre Manuel Fernandes seus sentimentos e aspirações: "O que unicamente desejo é ver Sua Alteza coroado, o reino unido, fiel e obediente, os meios da conservação prontos e bem aplicados; e para mim empregar os poucos dias, que me restam de vida, na minha missão"[139]. A preocupação de se aclamar o príncipe era nele permanente, desde que soube do golpe de Estado; não assim o desejo de tornar ao Brasil, que só lhe acudia em conjunções de desgosto. Nesse tempo é evidente o seu desconsolo. A aura de admirado orador não consegue desanuviá-lo. Na véspera de estrear como pregador de Cristina de Suécia, tendo-se levantado de uma enfermidade de vinte dias, escreve ao seu habitual confidente: "Antecipo esta ao correio de amanhã, porque é o primeiro dos cansadíssimos sermões da rainha"[140]. O dia seguinte era primeira terça-feira da Quaresma, o sermão o inicial da série das *Cinco pedras de Davi*, acompanhando o oratório em música, como o proferido em igual época, no ano anterior.

Esses cinco discursos, e o das *Lágrimas de Heráclito*, o último em uma justa acadêmica, presente Cristina e numerosa assembléia de amantes das letras, levaram ao auge a fama do pregador jesuíta. Em réplica a um contendor, também da Companhia, o padre Cataneo, que optava por Demócrito e pelo riso, Vieira fez o elogio das lágrimas. Em 1º de agosto pregou, com ruidoso êxito, na vasta igreja de S. Pedro *ad vincula*. Da admiração que granjeava o orador temos mais testemunho que o dos seus confrades na Ordem. O conde de Castelmelhor, exilado em Turim, escrevia de lá a Duarte Ribeiro de Macedo: "De Roma se avisa o grande aplauso com que o padre Vieira prega em uma língua que não é sua"[141]. Pela última vez os romanos o ouviram em março de 1675, na festa comemorativa de Estanislau Koska, noviço da

---

[139] *Vida*, p. 245.

[140] A D. R. Macedo. 13 de fevereiro de 1674. *Cartas*, t. 3, p. 61.

[141] 31 de março de 1647. Texto comunicado pelo estudioso investigador D. Francisco de Souza Holstein.

Companhia, predestinado, a cuja concepção correspondera aparecer o nome de Jesus em relevo no ventre materno, na qual pregou também o Geral Oliva. Prelado e simples religioso, à porfia em um jogo de conceitos rebuscados, arrebataram o auditório. Oliva fez preito de sua admiração ao estrangeiro, em uma epístola onde abunda o preciosismo[142], e foram as duas orações impressas em um mesmo volume, para maior triunfo de Vieira.

V

Em Lisboa não se aplacava a inquietação dos ânimos, suscitada pelas pretensões dos cristãos novos. Cercear poderes ao Santo Ofício, dar regalias aos hereges judaizantes, a todos parecia derrogação do que à Divindade se devia. Considerava-se o cristianismo em perigo, se contra ele prevalecessem seus inimigos, vencendo em Roma, e os parciais da Inquisição, com ameaças de revolta, diziam estar todo o povo deliberado a morrer pela fé. "De modo que" – advertia Vieira – "é tal a nossa ignorância, que vem a ser pecado contra a fé recorrer ao vigário de Cristo, em uma causa em que ele só privativamente é juiz."[143] O regente, que primeiro autorizara os homens de negócio a mandarem seus requerimentos ao pontífice por intermédio do residente Gaspar de Abreu, em dezembro de 1673 recomendava a este que por todos os modos impedisse qualquer alteração nos regulamentos do Santo Ofício. Isto ele fez, praticando as possíveis diligências, sem embargo do que, em Lisboa o tinham por vendido aos cristãos novos, e até lhe imputavam parte de sangue judaico.

Como os acontecimentos caminhavam, o jesuíta via em muito risco a sua empresa, e já temia que afinal a Inquisição triunfasse. "Ficaremos com

---

[142] Transcrita na *Vida*, p. 250.

[143] A D. R. Macedo. 24 de outubro de 1673. *Cartas*, t. 2, p. 668.

aquela cidadela mais forte e vitoriosa que nunca."[144] Indignava-se contra a autoridade, de que faziam alarde os inquisidores, e lastimava a fraqueza do regente, incapaz de tomar na matéria resoluções peremptórias. "Aqui se diz publicamente que em Portugal é melhor ser inquisidor que rei [...] Porque não faz o príncipe um tal inquisidor que seja seu, e que sejam seus os que ele fizer, e com isto não seja necessário nem recorrer, nem infamar em Roma?"[145] Ainda por mais, os do Conselho supremo evidentemente eram traidores, serventuários de Roma e Castela. "Lembra-me, D. Francisco de Castro" – o inquisidor geral, cúmplice na conspiração de 1641 contra D. João IV – "e Sebastião César e outros."[146] Em carta posterior, mais explícito: "Os ministros daquele tribunal têm feito a esta corte e à de Castela aqueles serviços por que esteve preso D. Francisco de Castro e Sebastião César; e outros seus companheiros mereciam a mesma demonstração"[147].

Não teria razão nos fatos, mas as aparências excusavam a ilação malévola. Em Roma os amigos de Castela trabalhavam contra os cristãos novos, e mal se podia julgar extremo o patriotismo daqueles que tinham por aliados os inimigos naturais da nação. Era o raciocínio que a paixão inspirava; mas para o explicar basta advertir que, conhecida a proposta da Índia, e supondo-lhe vantagens, estava na política da monarquia vizinha suscitar-lhe obstáculos. Assim o residente Gaspar de Abreu ponderava a D. Pedro[148].

Consoante o deliberado em cortes com aprovação do regente, o Episcopado e o Santo Ofício mandaram a Roma representantes, incumbidos de

---

[144] A D. R. Macedo. 12 de setembro de 1673. *Cartas*, t. 2, p. 654.

[145] A D. R. Macedo. 26 de setembro de 1673. *Cartas*, t. 2, p. 659.

[146] A D. R. Macedo. 12 de setembro de 1673. *Cartas*, t. 2, p. 634.

[147] A D. R. Macedo. 10 de outubro de 1673. *Cartas*, t. 2, p. 661.

[148] "Vejo que os castelhanos são os que mais estão por parte do Santo Ofício", e expendia o motivo apontado no texto. Carta ao regente. 7 de abril de 1674. *Corpo dipl. port.*, t. 14, p. 190.

contrariarem as reclamações dos hebreus, sendo pelo tribunal o inquisidor de Évora, Jerônimo Soares, e pelos bispos Gonçalo Borges, promotor que fora em Lisboa, erguido por decoro da embaixada a deputado na Inquisição de Coimbra. Na mesma ocasião os deputados das cidades e vilas dirigiram ao papa uma súplica, para que de nenhum modo fossem as pretensões dos heréticos atendidas. O documento, na linguagem do ódio, chama os judeus de gente de boca mordaz e coração enganador, com figura de homens e ânimo de feras; increpa-os de serem na sociedade inimigo comum, guerra civil, morte doméstica, peste pública; taxa seus erros de abomináveis e indignos da piedade dos católicos. Quanto aos processos assevera que no Santo Ofício todos os testemunhos vêm de hebreus: e se falsos, mostram a maldade dos acusadores; verdadeiros, que são piores os acusados; de qualquer modo péssimos uns e outros[149].

Além da representação, que por seu enviado mandaram ao papa, todos os bispos, excetuados os de Portugal e Algarve, dirigiram ao cardeal Orsino, patrono de Portalegre, cartas em que solicitavam a sua intervenção, e outra foi igualmente endereçada por eles à Congregação do Santo Ofício em Roma, a combater os requerimentos. Também a rainha D. Maria Francisca escreveu ao pontífice, rogando-lhe favorecesse o "justo e santo tribunal da Inquisição", súplica que fazia por assim lho pedir aquele, e na qual capitulava de injusto o requerimento dos cristãos novos, e invocava a necessidade de repressão a seus erros e contumácias[150]. Não tomaria ela semelhante alvitre sem o conselho do padre Ville, seu confessor, que na corte representava os interesses de França, e França estava nesse tempo ligada com Castela. Deviam pois estar na verdade aqueles que asseguravam sustentarem os castelhanos à parte da Inquisição.

---

149 Abril de 1674. Doc. no *Corpo dipl. port.*, t. 14, p. 195.

150 26 de maio de 1674. Doc. no *Corpo dipl. port.*, t.14, p. 207.

Tudo isso complicava a causa de que Vieira se constituira defensor, e dava consistência a boatos correntes em Roma de que em Portugal se preparava, e os bispos pretendiam formar, um sínodo nacional. Em maio, gaspar de Abreu ouvia, não só dos cardeais por quem corria o negócio, senão também do pontífice, que não haveria perdão geral, nem alteração no modo de provar os delitos. Era isso o que o Estado do Povo tinha reclamado no seu violento memorial, e o regente mandado patrocinar pelo seu representante diplomático, que não ocultava haver recebido tais ordens. Quando Vieira teve conhecimento do que dizia o residente, experimentou surpresa, mesclada de indignação. "Ou este homem tem fundamento e ordem para dizer o que diz ou não; se o não tem como o sofrem, e se o tem como enganam em Portugal a quem intentou esse requerimento?"[151]

Pouco antes tinha o marquês das Minas sucumbido em Lisboa a uma apoplexia, pondo fora, na ocasião do acidente, a língua, que nunca mais recolheu. Castigo de haver orado muitas vezes a favor dos judeus, diziam os amigos da Inquisição. Uma apoplexia deu também em D. Rodrigo de Menezes, que algum tempo viveu depois, com a fala perdida. Castigo de Deus igualmente; assim como as mortes do marquês de Fronteira e duque de Cadaval, sendo o marquês e o duque da parcialidade dos cristãos novos. Vendo os acontecimentos por diferente prisma, Vieira não tinha escrúpulo de imputar esses óbitos a causa criminosa, indiciando os inquisidores.

Da nossa terra não há mais que as novas de tantas e tão apressadas mortes, cujo temor se acrescenta com a suspeita de que tem parte nelas alguma malícia, ou comprada ou vingativa, quando não seja animada com o seguro da consciência, na exterminação dos fatores que chamam da heresia, que, como tiranos da fé da pátria, podem ser sacrificados ao bem público. Horrendas coisas são as que se imaginam, e ainda mais horrendas as que se inferem[152].

[151] A D. R. Macedo. 10 de setembro de 1674. *Cartas*, t. 3, p. 97.

[152] A D. R. Macedo. 7 de agosto de 1674. *Cartas*, t. 3, p. 84.

E referindo-se ao marquês das Minas e a D. Rodrigo: "O pior é que Deus tem levado os que faziam as partes da justiça, e ficam os promotores e defensores da contrária, para que triunfem sem oposição, e acabem de nos arruinar"[153].

Entretanto desenganados sobre o contrato da Índia, que após a atitude das cortes se não podia levar a efeito, os homens de negócio renunciavam ao perdão geral. Agora somente queriam a mudança dos estilos, esperando que, condenado pela Santa Sé o modo de processar vigente, seriam postos em liberdade os correligionários, que justamente por essas práticas reprovadas se achavam nos cárceres. Todo o seu esforço tendia pois a obter garantias quanto ao futuro. Não confessavam culpas, nem suplicavam indulto, senão justiça.

A relação dos gravames em nome deles apresentado ao Santo Ofício de Roma pelo procurador Francisco de Azevedo, enumerava extensamente tudo o que urgia reforma. O fisco: encarcerado um indivíduo, eram-lhe sequestrados os bens; declarado inocente, restituíam-lhos; mas como? Ao cabo de uns poucos anos, que geralmente durava a causa, estavam em grande parte dispersos, perdidos ou deteriorados por falta de idônea administração, e ficava o proprietário quase sempre arruinado. O processo: as detenções sem prova legítima prolongavam-se por tempo infinito; e o procurador apresentava uma relação de sujeitos retidos de quatro até quatorze anos sem julgamento. A defesa: esta se tolhia por todas as maneiras, e era por assim dizer impossível, desde que nem ao réu nem ao defensor se mostrava o processo, nem se lhes davam a conhecer os depoimentos nem quem os fazia, bastando, para se julgar a prova suficiente, em cada um dos fatos arguidos um só testemunho, e esse quase sempre de cúmplice. Tinha-se a confissão por incompleta e o réu por diminuto, o que era caso de última pena, quando ele, não declarava o companheiro da culpa, se era parente em próximo grau, como os irmãos entre si, e pai e filho reciprocamente. Haveria exigência mais

[153] A D. R. Macedo. 10 de setembro de 1674. *Cartas*, t. 3, p. 97.

bárbara? As sentenças: se bem pudesse o tribunal parecer dado à clemência, pelo número de pessoas que recobravam a liberdade, não havia dúvida que eram rigorosas as penas. E em suma, vistas as sentenças, no que consistiam realmente as culpas? Em vestir camisa lavada e fato novo aos sábados: rezar o padre-nosso ao Deus do céu; jejuar o jejum grande e o da rainha santa; não comer carne de porco ou coelho nem peixe de pele. Todas as sentenças diziam o mesmo, e dessa uniformidade bem se podia suspeitar que ou nos depoimentos e confissões se não escrevia o proferido de boca, ou o declarante falava por sugestão, seja do que tinha antes ouvido, seja de quem o interrogava[154]. Muitos outros agravos à justiça, contra que reclamavam os cristãos novos, o documento menciona, e a todos o delegado dos inquisidores respondeu com razões jurídicas, e as que a defesa da fé, segundo o critério do Santo Ofício, inspirava[155].

Não foi este o único memorial com que os hebreus buscaram a decisão a seu favor. Mais e melhor mostra a iniqüidade e tirania das praxes o escrito célebre *Notícias recônditas*, por muito tempo atribuído a Vieira. Não tem como aquele a forma de requerimento; é um panfleto destinado a conciliar opiniões, talvez impresso em poucos exemplares para distribuição entre os influentes na Cúria, ou derramado em cópias de mão. De toda a maneira a primeira vez que saiu a público por tipografia foi em 1722, dado à impressão em Londres, no idioma italiano, pelo rabino de origem portuguesa David Neto. Quem fosse o autor não se pode estabelecer ao certo; mas, pelos pormenores sobre as formalidades do processo e regime interior da Inquisição, é evidente que só pessoa bem instruída das particularidades, e por conseqüência da casa, poderia ter dado as informações. Tudo leva a crer fosse o antecedentemente notário Pedro Lupina Freire. Recorde-se o que disse Vieira

---

[154] Extrato no *Corpo dipl. port.*, t. 14, p. 238 e ss.

[155] Cópia na Torre do Tombo, Inquisição, cód. 1591 e 1592.

quando ele chegou a Roma: que podia ser de grande serviço pelo muito que sabia das coisas interiores da Inquisição, como secretário dela por tantos anos. E de aqui se pode entender também que o escrito se faria sob indicação e porventura com a colaboração do jesuíta.

Se tanto porém não é permitido asseverar, pode-se ter por certo que foi da pena de Vieira outro escrito, aparecido em Lisboa, não se sabe se impresso ou divulgado em folhas manuscritas, com o título de *Desengano católico sobre a causa da gente da nação hebréia*[156]. Dele se vê que os cristãos novos tinham com efeito renunciado ao perdão geral. Ostentando inocência injustamente arguida, repeliam com sobranceria a idéia dele, e só reclamavam o que era na verdade seu direito. O tom do escrito é de quem, superior às acusações, não tem a exprobrar-se, a mínima falta. Mas era Vieira o que falava segundo seu temperamento, e não aqueles de quem se declarava paladino. O papel desde as linhas iniciais patenteia a energia de quem litiga senhor de si, e certo de ganhar a lide.

É certo que os cristãos descendentes de sangue hebreu não pedem nem pretendem perdão geral, porque o perdão é remédio para culpados, e eles querem só remédio para inocentes; e assim suplicam, e só querem, que o sumo pontífice ouça as claríssimas razões dos gravames que apresentaram, e os mande examinar juntamente com todas as razões em contrário, papéis e requerimentos do Santo Ofício de Portugal, e que, depois de ouvidas ambas as partes, julgue Sua Santidade o que for mais conveniente à fé e à justiça, e aplique remédio eficaz, para que em Portugal padeçam os culpados sem gravame dos inocentes; sejam queimados os judeus e os hereges, mas estejam seguros os católicos; castigue-se o crime do judaísmo, mas não se faça crime de sangue; escolha-se o trigo e abrase-se a cizânia. E quem negará ser tal requerimento piíssimo?

[156] *Obras inéditas*, t. 1, p. 211.

É certo que nessa causa e razões de gravames não são nem podem ser juízes os bispos nem os inquisidores de Portugal, assim porque em Portugal todos têm a boca fechada com mil temores e respeito da Inquisição, como porque os inquisidores não dão ouvido a nenhum requerimento ou proposta, e se fecham com a sua soberania e potência, sem admitirem alguma razão, nem de cristãos velhos, nem de cristãos novos.

Prosseguindo nesse mesmo som de guerra, insiste em que o conhecimento do conflito pertence exclusivamente ao pontífice, o qual alumiado pelo Espírito Santo não pode errar; e se o príncipe, os inquisidores ou qualquer pessoa resistir aos Breves apostólicos, incorre na excomunhão maior, cominada na bula da Ceia àqueles que embaraçarem a jurisdição da Santa Sé. Por último rompe apontando intuitos contra a pátria nos opositores dos hebreus.

É certo que todos os contrários de Portugal e parciais de Castela contradizem e impugnam os interesses da gente de nação, persuadindo-se que só assim tratam da sua conveniência e da ruína de Portugal. Oh! quem pudera retumbar em Portugal com uma voz de trovão, para despertar os portugueses adormecidos com o ditame seguinte: "Ou Castela e França procuram o seu proveito com dano de Portugal ou não. Dizer que não é loucura muito grande conceder que sim, e procurar o mesmo que os inimigos procuram, é delírio que se acha unicamente na política portuguesa"[157].

Aparecendo o escrito em Lisboa, não houve quem deixasse de o atribuir a Antônio Vieira. Eram as suas mesmas idéias, de todos conhecidas, e arrogância usual na discussão. Não tardou a réplica, em outro papel, que passa como de Mendo de Foios Pereira, aquele fogoso secretário do Estado dos Povos, que já se fizera notar na contenda por sua acrimônia contra os judeus. Sob o título, ressumante de malícia, de *Enganojudaico contra a desengano católico de um réu enganoso e enganado*, que abrangia no injurioso o escrito

---

157 *Obras inéditas*, t. 1, p. 211.

e o autor, e excedendo ainda a este na forma agressiva, logo às primeiras palavras mostra onde para os golpes tinha posto a mira. A qualidade de quem se cria ter composto o *Desengano*: "querer com a breve sombra de uma capa preta cobrir a grandeza da terra", alusão ao vestuário de jesuíta; o nome, na menção do vocábulo em seu sentido natural: "impossível coisa a um anjo, com uma pequena vieira esgotar o mar em uma cova"; referências ao processo de Coimbra, à prisão e ao indulto; tudo vinha em um período mordaz, de que o público saboreava com gáudio a malignidade. Pela expressão "É certo" abria cada um dos parágrafos do *Desengano*; do mesmo modo começavam os da contradita, refutando os argumentos expendidos. A pecha de traição era transferida, posto sem alegar fatos, aos defensores dos cristãos novos, e a intervenção de Castela e França considerada fantástico receio, de que fazia burla o autor[158].

Em breve, respondendo a este, surgiu na batalha outro escrito, rotulado de *Verdades católicas*. "Saiu pouco tempo há nesta cidade um papel de um autor sem nome, porque o não merece"; assim desfazia no anônimo. "Arquiva-se entre os papéis dos jesuítas e provavelmente algum deles o compôs";[159] mas se rebatia argumentos, nem por isso mais que o de Vieira, com suas afirmações terminantes, conseguiu alterar o sentimento público, decididamente adverso à gente de nação.

Antes disto – e era o que tornava mais veemente a controvérsia, dando aos cristãos novos grandes esperanças e insuflando ardor, movido de despeito e cólera, nos partidários da Inquisição – os acontecimentos pareciam encaminhados a uma solução favorável aos primeiros. Em maio de 1674 Vieira exultava com a promessa de que iam ser os inquisidores processados, depostos

---

158 Ms. *Maquinações de Antônio Vieira*, cit., t. 3, p. 553.

159 Verdades católicas contra apoftegmas errôneos de um autor sem autoridade por muito ignorante. Torre do Tombo, caixa 2, nº 68.

do ofício e punidos como cismáticos e impedientes da obediência às ordens da Santa Sé; e assegurava que o papa somente esperava acabassem as cortes, e se fizesse a prova dos fatos no tribunal da Nunciatura em Lisboa, para chamar a Roma os culpados e decretar a mudança dos estilos requerida[160]. O fato é que os cristãos novos, seja pelas diligências de seus procuradores, seja pelo procedimento contraditório do regente, que ao princípio condescendia nas pretensões deles, em seguida lhas hostilizava, tinham na Cúria grande partido. O residente informava ter-lhe dito certo cardeal que aqueles vassalos de Sua Alteza não eram como tais tratados, senão como escravos dos inquisidores. Outro cardeal queixava-se da pouca obediência que estes mostravam à Santa Sé. A condenação e suplício das freiras de Évora tinha causado geral indignação. E todos os rigores sem efeito, mostrando a experiência que cada vez eram mais os delinquentes[161].

O cardeal Altieri, que na invalidez de Clemente X regia todos os negócios da Igreja[162], mandara em 3 de outubro de 1674 suspender até nova disposição os autos-de-fé, julgamentos, penas por cumprir e continuação dos processos; o mesmo Breve, dirigido, aos inquisidores, admitia o recurso dos cristãos novos, e avocava todas as causas pendentes à Santa Sé. Os termos pelos quais as letras pontifícias começavam, chamando aos odiados cristãos novos diletos filhos, posto que do formulário, certo haviam de causar um arrepio de indignação nos zelotes[163]. Mas isso, e o que o Breve dispunha, não era tudo. Daí a pouco, e quer por fazer retrogradar D. Pedro à sua primeira atitude,

---

[160] Carta ao padre Manuel Fernandes, 5 de maio de 1674. *Cartas*, t. 3, p. 39.

[161] Carta ao príncipe regente, 7 de abril de 1674. *Corpo dipl. port.*, t. 14, p. 189.

[162] Em concordância com Vieira que dizia – "o Cardeal reina" – referia o enviado veneziano Mocenigo: "In Roma si dice che benedicere e sanctificare sia del pontifice, reggere e gubernare sia de l'Altieri". Ranke, op. cit. t. 3, p. 200.

[163] "Cum dilecti filii Christiani novi nuncupati, sive ab Hebraeis descendentes in Portugalliae et Algarbiorum Regnis degentes etc."

benévola aos requerentes, quer com simpleza e ignorando ter ele mudado de sentimento, o cardeal enviava-lhe outro Breve em que Clemente X o louvava por ter aprovado, contra o voto das cortes, o recurso à Santa Sé[164].

Nessa missiva pontifical punha Antônio Vieira excelentes esperanças para o resultado do pleito. "Com carta de Sua Santidade que já foi, e a que agora irá, creio que ficará Sua Alteza mui animado e confirmado, e que será um fortíssimo escudo com que se possam rebater todas as lanças."[165] Como se vê o jesuíta tinha notícia de segundo Breve ao regente, esse não expedido ainda, pois foi posterior a essa carta, o qual, destinado a sossegar-lhe os escrúpulos, o aconselhava a desprezar o que divulgavam os protetores dos hebreus, jactando-se de possuir a benevolência do papa, e lhe assegurava seria o negócio do Santo Ofício decidido segundo a justiça[166]. Enganavam-se, porém, ele e os que favoreciam a causa dos cristãos novos, quanto ao efeito que em D. Pedro haviam de ter os louvores e protestações da Santa Sé. Além de não concordar com a suspensão da atividade do tribunal, de nenhum modo antevista, o príncipe molestou-se de haver o Núncio intimado aos inquisidores a ordem do pontífice sem a vênia da coroa. O segundo Breve era resposta à carta em que ele dera a conhecer seu descontentamento à Cúria. No mesmo tempo, todos os bispos escreveram ao papa, manifestando-se contra o perdão geral e reformas pedidas pelos cristãos novos, e assim também fizeram a Inquisição e a rainha. Respondeu aquele a cada um, como ao regente, certificando sua inteireza, e prometendo que justiça seria feita, e castigada a perfídia dos heréticos, segundo desejavam[167].

Quando por esse modo a Santa Sé como que pretendia desculpar-se, a Inquisição, para mostrar o ânimo em que estava, sem contrariar no mais grave, que eram as execuções capitais, os mandados de Roma, no restante

---

[164] Breve *Quae nostra*, 20 de outubro de 1674. *Corpo dipl. port.*, t. 14, p. 225.

[165] Ao padre Manuel Fernandes. 15 de dezembro de 1674. *Cartas*, t. 3, p. 132.

[166] Breve *Etsi pro*, 12 de janeiro de 1675. *Corpo dipl. port.*, t. 14, p. 262.

[167] Em 25 e 26 de janeiro de 1675. *Corpo dipl. port.*, t. 14, p. 265 e ss.

abertamente lhe desobedeceu. Estava disposto em Coimbra um auto-de-fé para 18 de novembro. Após alguma hesitação, tendo primeiramente ordenado que se suspendesse, o Conselho Geral mandou proceder na celebração, ficando nas prisões os réus que deviam padecer pena última. Saíram penitenciadas 120 pessoas; dez foram queimadas em estátua. A gentalha, que prometera amotinar-se e assaltar a inquisição, para queimar por suas mãos todos os presos, se o espetáculo anunciado faltasse, contentou-se com ver em chamas os manequins de palha, ignorando que outras vítimas, de que haveriam de contemplar a agonia, ficavam esperadas para mais tarde, quando o Santo Ofício vencesse, como afinal sucedeu.

Em Lisboa temia-se que, no caso de se não opor o governo às ordens de Roma, o povo se revoltasse. Dizia-se haver feito grandes diligências para acomodar os ânimos, talvez por instâncias aos inquisidores, o padre Ville, confessor da rainha. A ocasião era de certo perigosa, e qualquer movimento popular poderia servir aos parciais do rei destronado, que transferido para Sintra, onde se achava desde 20 de setembro, estava ali muito a ponto para uma tentativa de restauração. Vieira, todavia, imputava o receio meramente a intrigas do confessor, como agente de França. Assim escrevia ao ministro em Paris, sobre duas cartas a isso referentes.

> Em ambas leio com igual sentimento as ponderações que Vossa Senhoria faz sobre os avisos do padre Ville, relação da história do Núncio, e Breve do Sumo pontífice, de cuja execução, diz o dito autor, se seguiria a alteração do sossego público, que ele atalhou por ordem da rainha que Deus guarde. Eu não duvido que, estando Sintra tão perto de Lisboa, a memória do Estado passado e a consideração do presente pudessem ocasionar qualquer receio no sexo, ainda que de ânimo tão varonil; mas também sei quanto são poderosos os conselhos dos confessores, e da mesma nação, com as almas que governam [...] De uma rainha de Portugal claro está se não pode duvidar ama sobre todas as coisas do mundo o bem e aumentos do reino seu, de seu marido e de sua descendência; mas de um

ministro em Roma francês, e de um confessor em Portugal francês, não posso deixar de me persuadir facilmente que estimarão e procurarão sobretudo os interesses do seu rei e da sua nação[168].

Os interesses de França, a que aludia Vieira, consistiriam em impedir o socorro da Índia, e vantagens que da projetada companhia se esperavam para o comércio nacional. E da maliciosa suposição, ele nestes termos se desculpava: "Se presumo mal, é porque sou tão mau, que creio farão os outros em serviço do seu rei o que eu fizera em serviço do meu".

Mas desconfiança de intrigas e remoques à rainha estrangeira não destruíam a possibilidade dos distúrbios. Não faltava igualmente quem receasse algum levante da plebe contra a população de origem judaica. Estimulando a aversão popular, pregadores fanáticos, em discursos inflamados, mantinham a efervescência hostil. Outros, coibindo-se de aludir aos heréticos, viam nos fatos, que perturbavam o sossego dos espíritos, efeitos da punição divina, e admoestavam o povo católico a remir pelas penitências os pecados da nação. Entre eles, certo religioso, militar que deixara a vida de licença pelo burel franciscano; poeta festejado no século e anelante por lançar ao fogo suas obras.

Dissoluto de nota, agora os objetos que lhe tocavam no hábito eram relíquias veneradas. Um novo Jonas a pregar nas ruas de Lisboa, tal o qualificava Antônio Vieira[169]. Era o fanático frei Antônio das Chagas, capaz, na opinião do jesuíta de incitar o povo à chacina dos hebreus. Disso dá parte a Duarte Ribeiro de Macedo.

---

[168] *Cartas*, t. 3, p. 153. 22 de fevereiro de 1675.

[169] A D. R. Macedo, 1º de janeiro de 1675. Algum tempo depois escrevia Vieira sobre o mesmo assunto: "A este propósito me referem um caso galantíssimo, e é que um novo ermitão, por evitar desserviços de Deus, tomou por sua conta fazer um oratório debaixo dos arcos do Rossio, concorrendo a essa piedade muitas esmolas que ele despendia com os presos e outros pobres. Mas como esse fervor se fosse esfriando comprou quantidade de velórios,

Este homem (que pode ser seja conhecido de Vossa Senhoria) é um capitão grão poeta vulgar, chamado antigamente Antônio da Fonseca, o qual se meteu frade de S. Francisco haverá oito ou dez anos, e hoje se chama frei Antônio das Chagas. Haverá dois ou três anos começou a pregar apostolicamente, exortando à penitência, mas com cerimônias não usadas dos apóstolos, como mostrar do púlpito uma caveira, tocar uma campainha, tirar muitas vezes um Cristo, dar-se bofetadas, e outras demonstrações semelhantes, com as quais, e com a opinião de santo, leva após si toda Lisboa. Prega principalmente na igreja do hospital, concorrem fidalgos e senhoras em grande número, e uma vez lançou do púlpito entre elas o crucifixo, a que se seguiram grandes clamores; e com isso se entende que o dito pregador tem na mão os corações de todos, e os poderá mover a quanto quiser, temendo-se que se seguir a opinião ou apreensão vulgar, e se meter no ponto da fé, poderá ocasionar algum alvoroto semelhante ao do tempo de el-rei D. Manuel, não longe do mesmo lugar onde prega. E verdadeiramente que a consideração do lugar, a circunstância do tempo, a disposição dos ouvintes, e *ser o Jonas soldado, poeta e frade*[170], e não acudirem a essas extravagâncias os que costumam fazê-lo com menores fundamentos, prenúncios podem ser de alguma tempestade, que se não se levantar nos primeiros dias, pode ser que se vá armando para o fim dos quarenta, que tantos são os sermões que tem prometido, e vai sucessivamente continuando todos os dias. Algum ou alguns dos mesmos que me fazem esse aviso propuseram o seu temor a quem o devera remediar, mas sem efeito. Assim costumam ser os das fatalidades, e a minha melancolia é mais pronta a ver desgraças que felicidades[171].

---

que despende como relíquias, dizendo que são tocadas no padre frei Antônio das Chagas, com que grandemente tem ressuscitado a devoção, concurso e esmolas. Assim resgatávamos antigamente o ouro na Cafraria e imos qualificando o nome que não sem razão nos chamam de cafres da Europa". 17 de abril de 1675, *Cartas*, t. 3, p. 139, 171.

[170] O itálico sublinhado no original.

[171] 1º de janeiro de 1675. *Cartas*, t. 3, p. 179.

Por mais pois que confiasse Vieira no triunfo, o ano de 1675 abria incerto para a causa que ele queria vitoriosa.

VI

Ao chegarem os delegados da Inquisição e dos bispos a Roma, foram os eclesiásticos portugueses lá residentes render-lhes obediência. Antônio Vieira não faltou. Em carta amistosa tinha-lhe recomendado isso o conde da Ericeira, a quem respondeu dando notícia de se ter antecipado à recomendação e exprimindo seu conhecido parecer sobre o negócio a que vinham, sem dúvida em réplica a alguma exortação do conde, que lhe dizia favorecerem os jesuítas em Lisboa indebitamente os cristãos novos. O que fez porém foi excusar-se de toda a participação na contenda. "Quanto à causa de que tratam, além de eu não ser figura para representar papel em um tão grande teatro, nem por uma nem por outra parte me tenho metido ou meterei."[172] E referia ter o Geral severissimamente ordenado que nenhum dos padres portugueses interferisse. A exclusão que fazia de sua pessoa sabemos em que relação se achava com a verdade. Havia pouco, dez diaz antes do Natal, tinha ele avisado ao confessor de D. Pedro: "Passada a festa entraremos em batalha"[173]. Era o período culminante do conflito, por isso que a Inquisição tinha representantes seus, aos quais amparava o crédito da coroa. Quanto ao preceito do Geral, relativo à intervenção, nem ele podia ignorar que Vieira o desatendia, nem naqueles termos se achavam inibidos de tomar parte os padres de outras nacionalidades. O caso é que, tanto em Roma como em Lisboa, os jesuítas consideravam a questão sua. Quando se tinham enviado

[172] 12 de janeiro de 1675. *Cartas*, t. 3, p. 142.

[173] 15 de dezembro de 1674. *Cartas*, t. 3, p. 132.

os breves que tamanho escândalo produziram no reino, o cardeal Altieri foi pessoalmente significar ao Geral quanto lhe fora grato o concurso prestado então por seus subordinados[174]. Se pois o que de si dizia Vieira era a inversão da verdade, tão pouco se pode ter por infalível o demais, que na carta exprimia, referente ao Geral.

Essa diligência que ele punha em ocultar a sua participação nas intrigas romanas, tão cauteloso que nem a Duarte Ribeiro de Macedo, a quem tantos pensamentos íntimos confiava, se descobria; essa diligência não o defendia de ser em Lisboa reconhecido como o mais zeloso e principal antagonista da Inquisição. Bastaria como prova terem-lhe atribuído os contemporâneos todos os escritos contrários àquela, que, durante o período da controvérsia, e ainda em seguida, saíram a público, alguns com tanta evidência não seus, que só pelo assentimento nascido da convicção prévia por tais se podem julgar. Desse juízo, que na corte com fundamento bastante se formava da ação do jesuíta, seguramente proveio mandar-lhe D. Pedro ordem de regressar a Lisboa. Deu-se-lhe a cor de ser desagradável ao príncipe estar ele ao serviço da rainha da Suécia. Talvez assim fosse, mas decerto quem incutiu essa idéia a D. Pedro pensava diversamente. Tudo aconselhava os parciais da Inquisição a fazer retirar do sítio onde andava a batalha aquele perigoso inimigo, e a mesma relutância dele justifica o propósito. Vieira via as coisas de outro modo, e já não acreditava, como em outro tempo, que fossem seus oponentes os que o queriam em Lisboa. Agora imputava o chamamento a zelo de algum oficioso.

> Algum dia espero comunicar a Vossa Senhoria os motivos dessa deliberação de Sua Alteza, que não se pode chamar deliberação nem sua, senão diligência de algum amigo, que com um memorial suposto me quis livrar de uma calúnia,

---

174 Cf. Carta do cardeal Barberino ao Núncio Marcello Durazzo, na *Dedução Cronológica*, divisão 13, § 707.

> pouco menos que de infidelidade, por servir de pregador à rainha de Suécia, mandado por meus prelados. O padre geral replicou a Sua Alteza, e nesse correio tive aviso de ser chegada a carta, que foi acompanhada de outra minha; veremos o que se responde. Tenho por certo que não há pessoa de nenhum estado, nem ainda do meu, que lá me deseje: e posto que não tenha razão para cuidar que Sua Alteza me queira desterrado, tenho muitas para crer que ainda que desejasse o contrário, não lhe consentiriam os intérpretes de seus deveres que este lhe saísse do peito. Enfim veremos o que se responde, e eu avisarei de tudo a Vossa Senhoria[175].

Duas semanas depois, no dia de Natal, escrevia: "A [vontade] de Sua Alteza continua em me mandar significar que me parta depressa"[176]. Era a ocasião em que ele tão alegremente se preparava para entrar em batalha. Como havia de abandonar com presteza o campo? Em abril mandava o regente estranhar ao Geral não ter Vieira cumprido ainda suas ordens. Parece certo que ele afinal já duvidava, e depois duvidou sempre, da fidelidade do jesuíta. Em fevereiro tinha-se este ausentado de Roma, para convalescer dos usuais achaques do inverno em mais sadia estância: Sucessivamente experimentou Neptuno, à beira-mar e Albano em região de colinas – "sendo aquele sítio quentíssimo e este friíssimo", explicava ele ao seu amigo[177] – sem em nenhuma parte melhorar; agora só os ares pátrios lhe pareciam convenientes. Em Lisboa deram aviso ao príncipe de que nesse tempo o enfermo tinha ido ocultamente a Madri; Roma era lugar propício a entendimentos de traição, por isso insistia em lá se conservar. Assim falavam os êmulos.

---

[175] A D. R. de Macedo, 11 de dezembro de 1674. *Cartas*, t. 3, p. 129.

[176] A D. R. de Macedo. 25 de dezembro de 1674. *Cartas*, t. 3, p. 136.

[177] A D. R. de Macedo. 1º de fevereiro de 1675. *Cartas*, t. 3, p. 154.

O certo é que ele outra vez hesita entre o desejo ardente de tornar à pátria e o receio de não ter nela o acolhimento que pedia o seu orgulho. Ora bendiz as enfermidades que lhe dão pretexto para não ficar em Roma: "Pode ser como eu espero que seja providência divina para que assim cessem os impedimentos, e se componham os que me detêm aqui com me quererem antes vivo em Portugal que morto em Roma"[178]. Ora cogita desalentado que sua presença não logrará modificar a direção funesta em que o país corre e se perde. "Por isso me não alvoroça a viagem da pátria, antes a faço como ao mais temeroso degredo."[179] Como quer que seja, as instâncias do príncipe impõem-lhe a partida. Somente essa dependia do seguro da Inquisição, concedido pelo papa, sem o qual não lhe permitia o padre Oliva, nem ele provavelmente quereria, passar a Portugal. Algumas pessoas lhe insinuavam se não fiasse do salvo-conduto. Cristina de Suécia fazia força por convencê-lo a ficar. Mas já por fim resoluto arrostava as consequências: "Serei ingrato para ir sofrer ingratidões, e deixarei muitos príncipes que me amam, para ir servir a um de cujo amor posso duvidar"[180].

Quando saiu da prisão de Coimbra para o Noviciado em Lisboa, a idéia predominante de Vieira era a revisão do processo. A todo custo, e por maiores que fossem as dificuldades e perigos, entendia obter o público reconhecimento de que fora vítima de uma odiosa perseguição. Partindo para Roma, o intuito que o conduziu não foi o de alcançar a canonização dos mártires, cometido pela Sociedade, mas trabalhar na sua própria causa. É de crer já então levasse consigo os memoriais ao Geral e ao pontífice com as razões que lhe assistiam; ao primeiro para lhe permitir o recurso, ao segundo para lho deferir. Sabemos que o Geral, por não exacerbar as relações escassamente

---

[178] A D. R. Macedo, 22 de janeiro de 1675. *Cartas*, t. 3, p. 138.

[179] A D. R. Macedo, 13 de março de 1675. *Cartas*, t. 3, p. 161.

[180] A D. R. Macedo, 19 de março de 1675. *Cartas*, t. 3, p. 163.

cordeais da Companhia com o Santo Ofício em Portugal, não consentira no requerimento ao papa. Mas não queria também ele por outra parte deixar o súdito exposto a novas perseguições; e, quando foi decidido que regressaria, cuidou de lhe alcançar a imunidade do tribunal. Para isso devia servir a mesma exposição dos fatos que justificava a súplica relativa ao processo. Representar os abusos anteriores era mostrar a justiça com que se pedia a isenção futura.

Não se pode assegurar que seja o documento apresentado ao pontífice algum dos dois de que temos cópia entre os escritos coligidos como de Vieira. Ambos incompletos. Um em vernáculo, que tanto pode ser tradução, como o original de que se verteu para latim o memorial definitivo. O outro em língua latina, diferente na forma, contendo, porém, todos os fatos essenciais, posto que em diversa ordem. Também pode ser que aquele e este não passassem de projetos, deixados de parte antes de concluídos, e outro fosse o texto da representação. De qualquer maneira não podia esta divergir dos documentos conservados mais que no modo de expor.

O escrito em português enumera em seções diversas os defeitos de que achacava a causa: defeitos dos juízes, suspeitos como êmulos da Companhia e por inimizade pessoal ao réu; defeitos dos qualificadores, incursos na mesma suspeição dos juízes; defeitos do processo, em que não foram observadas as regras substanciais da defesa; defeitos da sentença, traçada de modo a exagerar as aparências de culpa, e a calar o que, explicando aquelas, redundaria em absolvição. Juntamente referia o trato violento que padecera: treze meses de detenção antes de ser pela primeira vez interrogado; não se lhe consentir dizer missa, o que muitas vezes pedira, nem confessar-se e comungar, senão uma vez pela Quaresma; extorquirem-lhe os papéis em que preparava a defesa, e recusarem-lhe livros, sendo-lhe até negada uma Bíblia que pediu para na discussão verbal mostrar certos pontos ao inquisidor; não lhe permitirem defender-se largamente, como desejava, chegando ao extremo de mandar o Conselho Geral cortar duas folhas dos autos para abreviar o arrazoado; e em uma alegação final lhe imporem dizer somente o que coubesse em seis linhas de escrita: tudo a demonstrar o propósito de o vexar e lhe tolher os meios de se ilibar das acusações[181].

O papel em latim contém substancialmente o mesmo, e mais a relação dos fatos que tinham sido a origem remota e a causa imediata da perseguição. O memorial a favor dos cristãos novos, entregue em 1643 a Sebastião César; a criação, a esforços seus, da companhia de comércio, de que resultou ser depois da morte excomungado D. João IV, e todos aqueles que tomaram parte no conselho onde se resolveu a instituição, por Breve obtido sub-repticiamente do santo padre, sem a declaração das pessoas atingidas; o ter-se ele interessado, perante o mesmo rei, pelo padre Francisco Pinheiro, quando preso no Santo Ofício; por ocasião do conflito do mercado de Évora; estas as verdadeiras causas do processo. Aqui conta como, ventilando-se no conselho do soberano o caso de Évora, ele Vieira tinha feito a observação audaz, que os inquisidores viviam da fé e os jesuítas morriam por ela, o que, divulgado fora, dera lugar a que um do Conselho Geral advertisse: "Tome tento o padre Vieira não caia nas mãos dos inquisidores." Para isso fora pretexto a carta ao bispo do Japão, em que afirmava a crença na ressurreição de D. João IV e nos vaticínios do Bandarra. O escrito apresenta razões pelas quais pode ser tido por inspirado de Deus aquele a quem tantos atribuíam o dom de profetizar; menciona os fatos prodigiosos da aclamação de D. João IV por todos verificados; cita o livro *Restauração de Portugal prodigiosa*, e o memorial *Vox turturis*, oferecido pelo bispo do Porto, Nicolau Monteiro, ao papa Urbano VIII, no qual as profecias do Bandarra são invocadas como argumento. Da mesma sorte que o documento português, mostra este outro que chasqueavam da sentença os mesmos inquisidores,

[181] Defeitos do juízo, processo e sentença na causa do padre Antônio Vieira, estando recluso na Inquisição, representados à santidade de Clemente X e ao padre geral da Companhia de Jesus. Ms. *Maquinações*, t. 3, p. 333, e em outras coleções.

e se refere à morte do presidente do tribunal, como evidente castigo da sua iniquidade nessa causa[182].

No ponto em que se achava o negócio dos cristãos novos, os fatos apontados por Vieira não favoreciam a parte da Inquisição; paralelamente, o que aqueles por si representavam concorria, pela concordância das queixas, para justificar a imunidade requerida. Assim que, por Breve de 17 de abril de 1675, foi isento Vieira para sempre da jurisdição dos inquisidores de Portugal e seus representantes e sujeito unicamente à Congregação do Santo Ofício de Roma; conjuntamente absolvido de quaisquer censuras, interditos ou penas eclesiásticas em que se achasse incurso até então. Era portanto cabal a vitória do jesuíta. Mais que a revisão do processo, a concessão naqueles termos e com a absolvição do passado lhe proclamava a inocência. Faltava a desforra; e no estado em que deixava na Cúria a questão dos hebreus quase a tinha por segura. "Neste mesmo ano e muito antes do fim dele se pode concluir", dizia na proximidade da viagem[183]. Dessa sorte, já satisfeito no que era caso de amor-próprio, via também perto da execução a vingança que ambicionara.

Vieira saiu, por fim, a 22 de maio da capital dos papas. Tencionava ir por Florença e Liorne a Marselha, e de lá a Bordeus ou Rochela, onde houvesse embarcação para Lisboa. Sem pena deixava a cidade ruidosa, onde fora durante seis anos festejado hóspede. Lugar de exibição magnífico, mas onde, apesar dos triunfos, preciosos para outros, lhe coubera somente um papel mesquinho. O que ele cobiçava não eram os louros de orador, nem o nome de original teólogo; tão pouco o favor meramente decorativo de uma rainha sem trono. Quão diversa a sua posição quando, da primeira vez que esteve em Roma, urdia por parte do rei a negociação tenebrosa da revolta de Ná-

---

182 Informationes pro causa P. Antonii Vieira Summo Pontifici Roma ab ipso presentatae. Ms. *Maquinações*, t. 3, p. 393.

183 A D. R. Macedo. *Cartas*, t. 3, p. 165.

poles e do casamento castelhano! Incógnito religioso jogava a partida dos soberanos. Agora também se intrometera em um pleito de remontado interesse para a nação; mas não era pelo príncipe que trabalhava, senão, como em seguida verificou, contra ele, e isso despojava de grande parte do encanto a empresa.

Atrás deixava a cidade das históricas ruínas, às quais decerto não pagou o tributo das longas meditações. Em seu espírito a Roma dos mártires sobrepunha-se à dos Césares, e nisto não diferia do geral dos contemporâneos, mormente os religiosos. Desta última, e do seu lugar no quadro da história, só lhe importava o referente à sucessão dos impérios, dos quais era o quarto, segundo a explicação dos comentadores ao livro de Daniel. Por isso não nos admiremos de achar suas obras escassas de alusões ao que tanto hoje fascina quem visita Roma.

Depois de alguns dias passados com o grão-duque em Florença, durante os quais adiantou o projeto político com que pensava entrar triunfante em Lisboa, chegou aos 8 de junho a Liorne, onde mudou o plano da viagem. As notícias que aqui o alcançaram aluíram a confiança em que estava do êxito vitorioso da questão dos cristãos novos. Por elas adquiriu a certeza de ser a parte contrária favorecida pelo regente. "Sua Alteza, na prometida indiferença, nega os impulsos públicos a uma das partes e dá os secretos à outra", escrevia queixoso a Macedo[184]. No que se enganava, porquanto, depois das cortes, não secreta mas ostensivamente, buscava D. Pedro que a Inquisição vencesse.

Já nesse tempo se cuidava em Lisboa de mandar um embaixador ao papa. O jesuíta sabia isso, e desejava caísse a eleição no ministro em Paris, comparte de suas idéias, em vez de ser este transferido, como diziam, para Madri. A fim de o conseguir, usava da influência que supunha ter, insistindo pela nomeação. Vieram, porém, desconcertá-lo as novas recebidas, não só quanto

[184] 9 de junho de 1675. *Cartas*. t. 3, p. 180.

à embaixada, como ao negócio em geral. "Se não estivera posto a caminho, quase me resolvera a desistir de tudo; importa porém que vá, e quanto mais depressa, para provar se a presença persuade o que não puderam até agora tantas e tão repetidas cartas"[185]. Quis por tal fazer a viagem toda por mar, por ser mais rápida, e saiu no dia seguinte, 10 de junho, para Gênova, no intento de alcançar um navio inglês, prestes a fazer-se de vela. Ali chegou no dia 15.

Nesta cidade o encontraram cartas de Roma com aviso de que, segundo o residente dizia, estava nomeado embaixador o bispo D. Luís de Sousa. Supunha ele que o capelão-mor, grande adicto da Inquisição, como se dizia; depois soube ser o bispo de Lamego, do mesmo nome e também de opiniões conhecidas de oposição aos cristãos novos, como manifestara em dois escritos, um contra o perdão geral, outro, um tratado da prova das testemunhas singulares, que fizera sendo lente em Coimbra.

Com isso recrescia a urgência da viagem; e o navio em que se propunha embarcar ia fazer sete ou oito escalas, que o deteriam pelo menos três meses em caminho. Outra nau inglesa partia dentro de dez dias também para Lisboa, tocando somente em Cadiz. Para essa quis passar; mas o barco um mês depois não estava pronto ainda, e tinham de Madri avisado o viajante que aportando em Espanha corria risco de ser incomodado pelo Santo Ofício. Razões pelas quais tornou ao plano primitivo do itinerário por França. Disso e de um caso sucedido em Évora, que lhe demonstrava não ter abatido a sanha de seus inimigos, dá conta escrevendo a Macedo. Eis a carta na íntegra:

> Senhor meu. Já me envergonho de que Vossa Senhoria haja de ter tantas variedades nesta mininteligível viagem. Estando embarcado por mar, finalmente vou a Marselha para daí passar por terra a Bordéus ou a Rochela, onde a fortuna me deparar navio competente. O motivo desta última resolução não é um só, nem do mesmo gênero, e chegaram à minha notícia juntos no correio desta

---

[185] A D. R. Macedo, 9 de junho de 1675. *Cartas*, t. 3, p. 180.

semana. O primeiro é avisarem-me de Liorne que a nau com que estava concertado aqui tornava ao mesmo Liorne, e daí havia de fazer outras três ou quatro escalas antes de chegar a Lisboa. O segundo e principal avisarem-me de Madri que por nenhum caso tocasse terras de Castela, certificando-se-me que nelas me tinham armado laços, que estes são os termos por onde se explica aquele amigo correspondente de Vossa Senhoria; e que *estas diligências eram maquinadas pelos inquisidores da nossa terra, que as têm com os castelhanos tão intrínsecas como Vossa Senhoria estará informado.* O mesmo me diz que por via de Vossa Senhoria me tinha já feito o mesmo aviso, mas esta carta não me chegou até agora à mão. Eu vou totalmente isento da jurisdição de Portugal, e imediato ao papa por um Breve seu honradíssimo. Mas não é bem ir pleitear isto a Castela, onde me consta se presume mal de eu ser chamado do príncipe em ocasião tão suspeitosa; e só pelo que em Roma se tinha ouvido a pessoas desta nação me aconselharam alguns amigos que de nenhum modo tocasse aqueles países. O meu sentimento maior é ir à França sem me avistar com Vossa Senhoria, mas para isto ser brevemente em Lisboa importa que eu não perca momentos, *e também para ver se a nossa cegueira com as minhas informações oculares abre os olhos cada dia mais pertinazmente cerrados.* As últimas novas que de lá vieram, ou sem virem resultaram em Roma (que tão impenetrável é o secreto) são escrever Sua Alteza ao pontífice que sobre o negócio da Inquisição se não tome resolução alguma antes de ele mandar a isto um embaixador extraordinário, que dizem é o bispo de Lamego. Com isto se porá uma pedra sobre o pleito, que é o que lá se procura, entendendo os enviados que o não tinham bom. Tenho fundamento para cuidar que este alvitre foi de Roma, não só quanto à embaixada senão quanto à pessoa, porque me disse lá um cardeal que o residente lhe tinha dito excessivos encômios do dito bispo, e me perguntou se eram verdadeiros. Estes são os ministros zelosos da nossa pátria, esta a nossa fé, estes os nossos requerimentos. Vão comigo outros quatro religiosos, missionários da Índia, em cujo merecimento espero me leve a Deus a salvamento. Dia de S. Pedro Mártir se fez contra mim o sermão de Évora, condenando a S. Pedro de haver ferido tão levemente a Malcho, e deixá-lo com vida e mãos para ir dar a bofetada a Cristo no átrio do pontífice. Para ir a esta terra deixo Roma. Vossa Senhoria se sirva escrever-me a Tolosa onde é a primeira viagem em direitura, incerto com as notícias que aí tiver se me encaminharei a Bordéus ou a Rochela. Deus guarde a Vossa Senhoria muitos anos como desejo e havemos mister. Gênova, 9 de julho de 1675.

Capelão e criado de Vossa Senhoria

ANTÔNIO VIEIRA[186]

Falta a carta de Marselha, mencionada na seguinte, mas de Rochela escreveu a Macedo em 12 de agosto, dando pormenores da viagem e referindo como a ia continuar em companhia nobilíssima: o embaixador de França M. de Guénégaud que se esperava, e a terceira mulher do duque de Cadaval, Mlle d'Armagnac, desposada por procuração em Paris.

Sabendo que Vieira passaria por França, a rainha D. Catarina mandara-lhe significar por Macedo que o desejava ver em Londres. Muito que o cativasse o convite, o padre fingiu ignorá-lo. Seu fim era acudir com brevidade ao negócio dos cristãos novos; e assim não obedeceu ao chamado.

Da narrativa da viagem sabemos que então pela primeira vez pôs óculos; estava além dos 66 anos, sinal felicíssimo em um organismo que a repetição dos achaques devia ter enfraquecido, são todavia no âmago, como a longevidade mostrou. E para começar com os óculos interveio um acidente do caminho.

Partido de Marselha cheguei a toda a diligência a Tolosa, e de ali me embarquei pelo Garona, cujos vapores, porque foi forçoso dormir duas noites ao sereno, me trataram tão mal a vista, que quase perdi subitamente a do olho esquerdo; e posto que em Bordéus me sangrei outras duas vezes, com outras preparações de purga nos caniculares, recebendo aviso que na Rochela havia nau inglesa que

[186] *Cartas*, t. 3, p. 184. O itálico sublinhado no original.

> esperava a duquesa, por não perder essa ocasião me tornei a embarcar, com que aquele acidente não melhorou, e faço esta com óculos, e me contentarei de que o mal não passe ao olho direito, dando graças a Deus de haver vivido 66 anos, sem este auxílio com que muito mal me acomodo[187].

Saiu de Rochela a 15, desembarcando em Lisboa a 23 de agosto. No segundo dia depois de sua chegada apresentou-se a beijar a mão ao regente. "O lugar da audiência foi em público, com o conde de Vilar Maior, para o qual olhava mais Sua Alteza que para mim."[188] Acolhimento frio, a gelar-lhe as esperanças que até esse instante pudera guardar. A Santo Antão acorreram as visitas, na curiosidade de lhe ouvirem o passado em Roma, e principalmente os conceitos mordazes. Muitos cortesãos; quase todos, exceto Vilar Maior, e o secretário de Estado Francisco Correia de Lacerda, "que são os que tudo podem", referia ele, e os que tinham dependência com os inquisidores. O capelão-mor, D. Luís de Sousa, agora arcebispo de Lisboa, convidou-o a pregar na capela real e na Sé; escusou-se com a idade e a falta de dentes.

Logo pôde reconhecer quão dificultoso lhe seria recuperar a influência nos negócios públicos. Além do mais tinham os êmulos a invocar em seu desfavor a atitude hostil aos intentos da coroa na demanda dos hebreus. Fez-se uma junta para tratar do estabelecimento do bispado do Maranhão; ninguém mais idôneo que Vieira para nela participar. O conde de Vilar Maior opôs-se: não era decente servir-se dele *hoje* Sua Alteza. *Hoje*, depois do que em Roma tinha praticado contra o Santo Ofício. "De maneira que" – o jesuíta advertia – "depois de os inquisidores me condenarem estive capaz de entrar em muitas juntas, como entrei por ordem de Sua Alteza, e agora

---

[187] A D. R. Macedo, 12 de agosto de 1675. *Cartas*, t. 3, p. 187.

[188] A D. R. Macedo, 23 de setembro de l675. *Cartas*, t. 3, p.196.

que a minha doutrina está aprovada e louvada pelo sumo pontífice, fiquei incapaz e sem voz passiva para essas ridículas eleições."[189]

Tinha passado um mês desde que chegara, sem o regente o mandar ir a palácio. Em torno dele havia-se criado uma atmosfera de desconfiança, por causa das sabidas relações com os que pleiteavam contra o Santo Ofício; dizia-se que ia de noite a ocultas falar com os hebreus; e mais tarde persuadiram a D. Pedro, que também clandestinamente estivera algumas vezes com o enviado de Castela. "Onde eu sou o traidor, julgue Vossa Senhoria quem são os fiéis", escrevia a Macedo. E então parecia temer que a calúnia produzisse efeito: "Provavelmente me sairei de Lisboa antes que me mandem sair"[190].

Entretanto não desanimava de captar para seus projetos o regente. Em outubro pôde ter com ele duas largas conferências, ao que de suas palavras se infere, de grande cordialidade, mas de efeito nulo quanto ao que pretendia incutir-lhe. "Amores e mais amores, mas sem o fruto que eu desejava, que é a sua conservação e aumento da coroa."[191]

No assunto dos cristãos novos nada podia esperar. O embaixador tinha partido em 17 de setembro, já nomeado arcebispo primaz, eleição porém somente publicada quando ele estava em Itália; levava séquito numeroso, que depois de estar em Roma acrescentou até cem pessoas, das quais onze gentis-homens, dez pagens, três capelães[192]. Queria-se talvez com a magnificência do embaixador coagir a Santa Sé, pelo assombro, a uma decisão pronta e favorável; mas o cardeal Altieri, quiçá percebendo o intento, fez-lhe

[189] Ibidem, p. 197.

[190] 30 de junho de 1676. *Cartas*, t. 3, p. 223.

[191] 29 de outubro de 1675. *Cartas*, p. 199.

[192] Cf. Diário da jornada que fez o ilustríssimo bispo de Lamego D. Luís de Sousa, embaixador extraordinário do príncipe D. Pedro, à santidade do papa Clemente Décimo na era de 1675. Ms., Bibl. Nac., cód. 408.

advertir que não cabia tamanha ostentação em um pastor da Igreja[193]. Com ele ia o residente José de Sousa Pereira, a fim de substitui-lo terminada a missão especial. Enganaram-se governo e arcebispo; este teve de permanecer em Roma seis anos.

Vieira sabia ter levado o embaixador instruções para impedir o perdão e a mudança dos estilos, e que era propósito do governo, se aquilo fosse concedido, desobedecer. E isso foi o que o arcebispo sempre manifestou à Cúria. O jesuíta confiava que podia ainda mudar de opinião o regente, se mudasse de secretário de Estado, e queria fosse duarte Ribeiro de Macedo investido no ofício. "A presença de Vossa Senhoria é a última amarra da minha esperança, e dela fiarei tudo se vir a Vossa Senhoria no lugar que convêm e desejo"[194], comunica-lhe. Para isso procura a interferência do duque de Cadaval; mais tarde vai diretamente a D. Pedro e à rainha, dessa vez porém sob a aparência de que pelo muito serviço era bem que houvesse dois secretários de Estado. Mas não surtiu efeito a astúcia; D. Pedro tinha outro posto em perspectiva para Macedo e para este ele foi.

Acaso para conseguir o intento se fiava o jesuíta do crédito que lhe traria a combinação política traçada em Florença. Tinha completado seis anos a princesa D. Isabel, fruto único do matrimônio incestuoso, e já se perdera a esperança de herdeiro varão para o trono. Em várias cortes da Europa os dinastas consideravam a possibilidade de colher para suas casas um reino, seja com aumento dos próprios domínios, seja como dote a descendentes ou colaterais sem direito à sucessão. Da Alemanha o eleitor da Baviera e o duque de Neuburgo ofereciam os filhos segundos; de Itália a duquesa de Sabóia, o duque de Parma e Cosme III os primogênitos; foi também pretendente

[193] "Tão extraordinário era o séquito do embaixador que lho estranhou o cardeal Altieri." D. José Barbosa, *Memórias do Colégio Real de S. Paulo*, p. 190.

[194] 11 de novembro de 1675. *Cartas*, t. 3, p. 206.

Carlos II de Espanha; em França o príncipe de Conti, o duque de Bourbon, e parece que se pensou também em propor o Delfim.

De tantos candidatos dois mereceram a preferência para as negociações: o de Sabóia e o de Médicis. Deste se fizera procurador Antônio Vieira, preconizando a união das duas coroas. Quando seis anos antes, viajando com o herdeiro de Toscana, lhe tinha ocorrido a idéia do consórcio, uma das razões apresentadas para justificá-lo foi a que exprimiu nestes termos: que se o porto de Lisboa se ajuntasse ao de Liorne, seria o melhor casamento do mar e da terra[195]. Estimulada assim a ambição do príncipe não deixou mais o projeto, mantendo com aquele, logo em seguida reinante, assídua correspondência, e buscando-lhe considerações da corte portuguesa[196]. Tornando ao reino deteve-se em Florença alguns dias, e então se informou de tudo que podia fazer aceitável a proposição em Lisboa. Tinha o indicado esposo onze anos, idade acomodada a uma noiva de seis.

Foi provavelmente nas conferências de outubro que Vieira expôs seu plano ao regente. Este não aceitou nem repeliu. Bom diplomático apontou ao embaixador certas dúvidas que a execução do negócio oferecia, encarregando-lhe propô-las ao grão-duque como suas; uma sobre a irrevogável e perpétua união das duas coroas, tendo ele além do noivo outros filhos, que poderiam alguma vez reclamar a herança paterna; a outra se concordariam na união os vassalos toscanos; respectivamente a cada um desses pontos importava fixarem-se as garantias. Vieira, que tinha uma cifra para corresponder com Florença, cumpriu a ordem em duas cartas de 5 de novembro, aprovadas pelo príncipe, uma das quais, de fingida confidência, noticiava

---

[195] Papel em resposta ao príncipe D. Pedro. *Obras várias*, t. 1, p. 193.

[196] Na carta de 2 de agosto de 1670 para D. Rodrigo de Menezes (*Cartas*, t. 2, p. 307) faz referência a outra, não conhecida, em que insinuava o tratamento que a corte portuguesa devia dar ao novo grão-duque, e censurava que por ordem de Lisboa não usasse o embaixador português em Roma com o de Toscana a mesma pragmática que com o enviado de Sabóia.

acharem-se em Lisboa, além do enviado de Castela, comissários de França e Sabóia, que suspeitava terem vindo ao negócio do casamento. O fim da comunicação era estimular a ofertas cabais o grão-duque, pelo receio de que o suplantassem os competidores. Mas foi debalde a finura, porque o Médicis, ou por serem as dávidas insuperáveis, ou pela razão que apresentou de temer se ofendessem França e Espanha da interferência em suas pretensões, mandou interromper a negociação até se saber quais realmente fossem os intentos das duas coroas. Isso era o mesmo que renunciar ao casamento.

Vieira porém não o entendia assim, e levando a resposta ao regente quis persuadir-lhe que se devia tomar à letra; que o desinteresse pela pretensão era afetado, e, dissipadas as apreensões quanto às duas potências, Cosme III estaria pronto a satisfazer as objeções propostas. No correr da conversação o regente abriu-se com ele, dando-lhe conhecimento dos diferentes projetos que havia para considerar; e, como era de prever, solicitado ou não, o jesuíta disse o que pensava de cada um. Em seguida mandou-lhe aquele que pusesse em escrito e lhe trouxesse as notícias e razões que acabava de manifestar.

Não se conhece do relatório senão a parte referente ao candidato florentino. Tendo narrado os fatos precedentes à sua volta a Portugal, o padre expõe as vantagens do consórcio com o Médicis: a importância da casa ducal a que já tinham dado em matrimônio irmãs suas dois imperadores; a opulência e indústria do país, e a conveniência do porto de Liorne para o comércio do Levante; a vizinhança do Estado pontifício e número de sujeitos de nação toscana com lugares na Cúria, do que derivaria ganhar a coroa portuguesa grande influência na Santa Sé. Adverte porém que, faltando a segurança do prometido pelo grão-duque, isto é a indefectível união dos Estados, tais vantagens deixam de existir e nesse caso convirá outra combinação; "enxertar-se a coroa em tronco de mais altas raízes quanto for possível"[197]. Dizendo isto o

---

[197] Papel em resposta, cit. *Obras várias*, t. 1, p. 200.

fito é já recomendar, na inoportunidade desse seu projeto, um pretendente novo, o de Baviera.

Até aqui a primeira parte. A segunda, em que explanava as razões pelas quais se podia duvidar da firmeza dos prometimentos do grão-duque Cosme, e favorecia o outro candidato, não é o que como tal recolheram os compiladores e se imprimiu incompleto[198]. O parecer conclui recomendando o pretendente de Parma: isso, e o que diz sobre as propostas de Toscana, está em contradição absoluta com a opinião de Vieira. Este evidentemente, quaisquer que fossem as objeções sobre o modo de realizar o ajustado, desejava o casamento em Toscana, que afinal era invento seu. Quando reconheceu a justeza das dúvidas que lhe apresentou D. Pedro, lembrou-se de certa carta em que um padre da Companhia, parente da casa ducal de Baviera, lhe pedia o patrocínio para esta. Então, e porque mais tarde Cosme III rompeu toda a correspondência com ele, teve esse candidato pelo mais merecedor. "O casamento que eu mais aprovava era o de Baviera", animava-se ele a dizer anos depois[199], aludindo ao parecer escrito. Aprovava este, quando, inexequível por força das cláusulas, o anterior.

O que ele na ocasião e sempre depois combateu foi o de Sabóia. Mas a rainha, sem descendência, havia disposto que seria rei de Portugal o filho de sua irmã, Vítor Manuel, ainda em tutela; Luís XIV instigava o plano; o marido submisso fazia-o seu. Convênio de parentes, que abortou no ridículo, quando o principal interessado o enjeitou, e volveu sem o rei futuro a esquadra que tinha ido a Niza buscá-lo para o noivado.

---

[198] Parecer do padre Antônio Vieira sobre o casamento da princesa D. Isabel. *Obras várias*, t. 1, p. 201. Pode-se ver inteiro nas coleções manuscritas: *Maquinações*, t. 4, 117; Torre do Tombo, cód. 1098, fol. 112 etc.

[199] Ao marquês de Gouveia. 21 de junho de 1683. *Cartas*, t. 3, p. 466.

VII

O casamento pactuado pela rainha francesa tinha poucos partidários em Lisboa e não mais em Turim. Detestavam-no os compatriotas do noivo, e a nação portuguesa não o queria. Quando se concluíram os ajustes, na capital de Sabóia faziam-se preces votivas para que o príncipe não deixasse a sua terra; em Lisboa cantava o povo modinhas injuriosas a Vítor Manuel. Vieira não aprovou jamais tal consórcio; disse-o na memória encomendada por D. Pedro, e o repetiu em conselho, para que foi convidado; é de crer que exprimindo-se uma e outra vez com a paixão usual. Assim, cada dia mais indispunha contra si a rainha e, pelo que ela podia influir, o regente que tento estimaria propiciar.

Também os inimigos não deixariam de explorar, para mais o desconceituarem na corte, opiniões que ele expendia com mais liberdade que a conveniente a sujeito tão carregado de suspeições. Continuavam a imputar-lhe encontros secretos com o enviado de Castela, dizendo-se que com o fim de alcançar a intervenção do seu governo em Roma a favor dos cristãos novos. Isso porque a sua infidelidade à coroa era crime difícil de provar, advertia ele, e por isso assim explicavam aquelas clandestinas relações[200]. No paço, porém, como pela renúncia de Cosme de Médicis ele abandonara o projeto florentino, obra sua, no qual se abstinha, com tal motivo, de falar, atribuíram-lhe entendimentos para favorecer a união da princesa com Carlos II, então de onze anos, por certos políticos recomendada em Madri. Era o meio de consumar a absorção pacífica de Portugal, projeto tantas vezes posto em ensaio e todas as vezes baldado. Em fevereiro de 1676 alguém da corte, a pretexto de conselho amigável, lhe intimou a "ordem ou quase ordem", diz ele, de não falar com o enviado de Espanha[201]. O fato é que as visitas, a que

---

[200] 3 de fevereiro de 1676. *Cartas*, t. 3, p. 214.

[201] Idem.

assistia por vezes o enviado de Holanda, tinham suscitado a desconfiança do embaixador francês Guénégaud, o qual, com seus avisos e insinuações à rainha, alimentava as prevenções desta e do regente contra o padre. Escrevendo a Luís XIV, ele o descrevia como um dos homens mais perigosos do mundo, capaz de negras cavilações por se desforçar de lhe ter D. Pedro negado o favor, que no tempo de D. João IV fruía[202]. Fazia-o vigiar por espias, e imputava-lhe combinações com os partidários do rei preso em Sintra. Suposto o crédito que o embaixador teria com D. Maria Francisca, sua patrícia, não se estranhará que cada vez mais se acirrasse a hostilidade do régio casal para com Antônio Vieira.

Há um lapso na correspondência com Duarte Ribeiro de Macedo, cartas provavelmente hoje perdidas, de junho seguinte a fevereiro de 1677, e nessa época encontramos o padre na quinta que tinha em Carcavelos a Companhia. "O motivo do retiro foi a satisfação que fui obrigado a dar a Sua Alteza da calúnia que a Vossa Senhoria é presente."[203] A calúnia não podia ser outra que a das relações com o castelhano.

Em certa ocasião constou-lhe que se achavam em Lisboa emissários de Parma para o negócio do casamento. Menciona isso em uma carta na qual os enviados de Sabóia eram designados por "os que vinham de junto aos Alpes", e, equivocando-se no rio, a corte de Baviera como "os vizinhos do Pó". Desta que supunha projetada união escrevia: "Se ali havia de ser e queriam

---

[202] 31 de dezembro de 1765. "L'envoyé d'Espagne, celuy d'Hollande et le Père Vieyra jesuite sont d'une intelligence depuis un mois qui a toutes les apparences extérieures d'une caballe contre l'État [...] Le Père Vieyra est connu en Portugal et par la Reyne pour un homme aussi dangereux qu' abile, qui après avoir eu nu très grand crédit dans les affaires de sous le feu Roy, il n'a pu cacher le chagrin qu' il a d'en estre absolument exclus sous ce ministère [...] Il es revenu iey raportant avec luy une inquietude fortifiée par beaucoup de chagrin et d'ambition qui tout ensemble ont fait un des plus dangereux hommes da monde". Arq. dos Negócios Estrangeiros, Paris, vol. 13 da correspondência de Portugal, fol. 307.

[203] 9 de fevereiro de 1677. *Cartas*, t. 3, p. 225.

que fosse, bem puderam escusar de urdir e ter uma teia tão diversa à custa do meu crédito"[204]. Eis tudo o que pode elucidar sobre as razões porque o afastaram ou ele se afastou de Lisboa, com a desconfiança do príncipe.

Duarte Ribeiro de Macedo tinha regressado a Portugal, passando à embaixada de Madri algum tempo depois. As esperanças com que mais de uma vez se tinha iludido Vieira de o alçar a secretário de Estado eram destituídas de fundamento. Tendo perto o amigo sente a urgência de deixar o retiro. "O meu maior estudo é buscar razão ou excusa decente para me recolher ao colégio."[205] Lembra-se de lhe ter dito D. Pedro que quando estivesse o primeiro tomo dos sermões capaz de se imprimir, lho levasse a fim de por sua autoridade evitar delongas na aprovação, e põe-se ao trabalho para apressar o pretexto de tornar à cidade. Em 20 de junho não tinha concluído ainda. Carteava-se com o embaixador, de Carcavelos a Lisboa, discorrendo com veia maliciosa sobre os sucessos do dia, como quando um em Roma e o outro em Paris. Ao modo de sempre lhe escapavam gritos de mágoa: "Não tenho a quem a minha presença faça falta nem a minha ausência saudades". E acentuando a confissão da amargura: "Agora me parece que começo a viver, porque vivo com privilégios de morto"[206]. A existência obscura, sem lutas, sem algum papel na cena do mundo, era-lhe o maior dos infortúnios.

Em seguida a essa carta parece ter regressado a Lisboa, onde se achava em setembro e fez a aprovação da *História de S. Domingos* por frei Luís de Sousa, a quem louva pela propriedade com que fala em todas as matérias, notando que, nas das cortes e paço, "como cortesão e desenganado". Nesse juízo exprimia o crítico a dor que trouxera da experiência.

---

[204] 8 de fevereiro de 1678. *Cartas*, t. 3, p. 247. O equívoco, apontado por Macedo, está declarado na carta de 21 de fevereiro, t. 3, p. 254.

[205] 9 de fevereiro de 1677. *Cartas*, t. 3, p. 225.

[206] 20 de junho de 1677. *Cartas*, t. 3, p. 234.

Macedo partiu para Madri em princípio de novembro; Vieira voltou para Carcavelos. Devia estar então grandemente queixoso do confessor Manuel Fernandes, para que se resolvesse ao ato de clara hostilidade de que dá parte ao amigo. Por manifestar àquele sua permanente confiança, porventura como indemnidade por tê-lo abandonado no caso dos cristãos novos, D. Pedro nomeou o padre para fazer parte da Junta dos Três Estados. Cargo propriamente político, dos que a letra dos estatutos vedava ao eleito, não porém mais ofensivo deles que a quotidiana intervenção por opiniões expendidas, por mercês apostiladas, por sugestões de confessor a penitente, nas deliberações do reinante; Vieira impregnado de política, e que, como dizia pouco antes, vivia "com privilégios de morto" só porque o não chamavam para ela, teve o caso por injúria aos princípios porque a Sociedade se regia, e não hesitou em o denunciar ao Geral. Pouco precedeu Macedo em Madri a carta em que esses fatos lhe eram noticiados, a primeira que lá recebeu do seu amigo jesuíta.

> Eu também me passo amanhã para o meu deserto de Carcavelos, porque ausente Vossa Senhoria não tenho que fazer, nem com quem falar em Lisboa. E quando essa minha solidão não bastara para deixar a corte, bastaria para fugir muito longe dela um favor afrontoso que Sua Alteza fez anteontem a toda a Companhia, metendo ao padre seu confessor na Junta dos Três Estados, em o lugar que estava vago por D. José de Meneses, entrando juntamente no do marquês de Fontes o da Fronteira. Não tivemos essa notícia antes de o padre ter aceitado, e essa aceitação é a que detestamos abominavelmente todos os que amamos e zelamos o crédito da religião, e é Deus servido que sem exceção de pessoa conspiremos todos nesse mesmo sentimento. O remédio pronto e eficaz peço e proponho a Roma neste correio, com uma carta furiosa ao padre-geral, a que espero defira sem nenhum respeito humano, com a demonstração que requere tamanha monstruosidade, e tão alheia do nosso instituto. Cá se poderá também fazer o que fizeram todas as províncias de Espanha, pela promoção do padre Salazar, confessor de conde duque, sendo mais eclesiástica, e assim o tinha proposto e aconselhado ao nosso

padre provincial; mas temo que em um corpo tão pequeno como o do padre Luís Álvares, não haja peito para tanto[207].

Cabe aqui ponderar se não falaria em Vieira o despeito pela voz do zelo. Nomeado confessor do príncipe quando chegou da América, perdera o cargo para o qual passara o consócio; com ele havia tido disputas de influência, e para ele eram agora as graças, quando para si recolhia somente afrontas e o desdém. Indiferente se mostrava o padre valido aos assaltos do seu êmulo, e parece que o provincial o apoiava. O outro em fúria insistia no protesto.

O padre confessor continua no ofício, e em julgar que não se encontra nele o nosso instituto, com que me confirmo no mesmo pensamento com que Vossa Senhoria crê que teve notícia do caso quem antes o pudera desviar. Os avisos já hoje serão chegados a Roma e cuido que se não descuidarão lá do remédio, sem reparar em nenhum respeito. Ao menos eu me não tenho descuidado sem o inculcar repetidamente[208].

Em Roma fizeram a vontade a Vieira, e o Geral ordenou que Manuel Fernandes abandonasse as funções políticas de que tanto aquele se melindrava; não sem resistência de D. Pedro, que pelo Núncio tinha reclamado a intervenção do papa. Para convencer o príncipe tinha o padre Oliva ordenado fosse o provincial sem demora lançar-se-lhe aos pés, acompanhado dos padres mais graduados, reitores de S. Antão, do seminário dos irlandeses e do Noviciado, procuradores das quatro províncias, Portugal, Índia, China e Japão, e dos quatro consultores – destes em nenhum caso devia faltar Antônio Vieira, o mais antigo e considerado – e lhe representasse que era contra as constituições da Ordem e interesse da religião o que havia determinado. Mas

207 10 de novembro de 1677. *Cartas*, t. 3, p. 237.

208 A D. R. Macedo, 27 de dezembro de 1677. *Cartas*, t. 3, p. 241.

não houve necessidade da demonstração. A tempo o confessor renunciou, declarando ao Geral que a todas as dignidades do século preferia dentro da Sociedade o posto do mais humilde coadjutor[209].

Essa decisão de que o rival saía ferido, e seguramente o príncipe molestado, era para o jesuíta um triunfo efêmero, e todas as suas razões de descontentamento permaneciam. Um dos modos por que o manifestou foi a ausência do púlpito. Nunca mais Lisboa ouviu o seu orador preferido. A demora que teve o Santo Ofício em lhe aprovar o tomo dos *Sermões* punha-o em desconfiança de que sobre ele haveria contenda. Então outra vez lhe ocorreu o pensamento de se exilar. "Pode ser que se motive com esse desengano algum que eu possa tomar com a pátria de acabar a vida fora dela."[210] Uma semana depois: "O meu livro, com todas as recomendações de Sua Alteza, ainda não saiu da Inquisição, havendo perto de seis semanas que lá está; já me contentarei que me o restituam, e com esse desengano me resolverei, como já signifiquei a Vossa Senhoria, *onde me será melhor buscar a sepultura*"[211]. Afinal lhe entregou o regente o manuscrito em mão própria, com todas as licenças. "Não se reparou nem na mínima letra."[212] E o inquisidor geral, a quem Vieira foi visitar e agradecer a benevolência patenteou-lhe a melhor vontade de aprovar os tomos seguintes, e pediu desculpa da tardança havida com o primeiro.

Em dezembro estava este no prelo, e do segundo adiantava-se o manuscrito. "Sem gosto", dizia o padre, e a propósito do primeiro: "O que mais se aperta na prensa é o coração"[213]. O desconsolo explica-se pelo golpe que

[209] Trasladou os documentos Crétineau Jolly em *Histoire des Jésuites*, t. 4, p. 89 e ss. Talvez por inadvertência esse autor dá como provincial o padre Antônio Barradas, quando era o padre Luís Álvares. Mais pormenores em *Rev. de Hist.*, v. 11, p. 101 e 102.

[210] 21 de junho de 1678. *Cartas*, t. 3, p. 286.

[211] 28 de junho de 1678. *Cartas*, t. 3, p. 289.

[212] 19 de julho de 1678. *Cartas*, t. 3, p. 296.

[213] 5 de dezembro de 1678. *Cartas*, t. 3, p. 334.

na ocasião experimentou seu amo-próprio. Tinham do paço encomendado à Companhia o epitáfio para o túmulo de D. João IV em S. Vicente, e foi a composição incumbida a Vieira. É de conceber como aceitaria álacre o encargo. Pôs nele o melhor de seu estro e da sua latinidade, mas quando entregou a obra... "não pareceu bem aos juízes de palácio que tudo entendem o melhor"[214]. Quão funda devia ser a ferida em sua vaidade! Após tão remontados vôos baixara a esse ponto, que até como epigrafista outros engenhos o preteriam. Acaso na rejeição se ocultava a vingança do confessor; mas se assim foi e ele o percebeu ninguém sabe[215].

Tudo testemunhava a Vieira a persistência do mesmo ambiente hostil, carregado de suspeições. Porque foi dar graças ao Núncio de o visitar três vezes durante uma enfermidade, inventaram os malévolos que andavam os dois a

---

[214] Ibidem, p. 333.

[215] Eis as inscrições propostas por Vieira:
Em uma das faces do túmulo:
Post assertam atque firmatam Patriae libertatem
(maiori feliciati an fortitudine incertum)
Avito sceptro liberis relicto
JOANNES QUARTUS
hic victor quiescit.
Vixit in imperio annos XVI
sibi satis, hostibus nimis, nobis parum.
Na face oposta, aludindo à tentativa de regicídio na procissão de Corpus Christi:
Impia sacrilegi peteret cum dextra Joannem
In niveo custos adfuit orbe Deus.
Ergo vel in tumulo Rex hanc se sistit ad aram,
Custodem ut custos excubet ante suum.
Na lápide sobre o coração do marquês de Marialva:
Hic ubi Lusiadum jacet instaurator in urna,
Pignus habet positum cor Marialva suum.
Corde suum sequitur Regem Marialva sepultus,
Ut vita credas non periisse fidem.
Da carta de 1º de novembro de 1678, a Duarte Ribeiro de Macedo. *Cartas*, t. 3, p. 322 e 323.

maquinar contra o Santo Ofício. Do paço e pelo provincial mandaram-lhe advertências. Agastado deliberou retirar-se de novo para Carcavelos. "E tomara fazê-lo para mais longe, porque isto não está aturável", comunicava a Macedo[216]. Nessa resolução, como ultimamente entre seus achaques tivesse a ciática, e lhe recomendassem as Caldas, em meio de junho partiu para lá, "porque Carcavelos ainda está perto dos ares de Lisboa"[217]. Era sair do foco das intrigas, mas nem assim evitava a maledicência. Diziam agora que ele ia em fuga, receando ser vítima de algum motim, por causa da Inquisição. "As novas que achei nas Caldas é correr que eu me retirara de Lisboa para esperar de fora o estouro das ordens de Roma, temendo que as façam rebentar contra mim."[218]

Sobre isso vinha a tristeza por lhe não adotarem os arbítrios com que buscava o bem da pátria. Aquele da Companhia da Índia onde formara tantas esperanças tinha caducado. Em Carcavelos, olhando o mar ermo, caminho que seria das naus do Oriente com as cargas opimas, mais o afligia a idéia. "Porque se não vê entrar nem sair um navio", dizia com dor[219]. Outras vezes, quando algum passava era de estranhos: dos ingleses, esses "arrieiros do mar", como lhes chamava, de Holanda ou de Itália: "nenhum com as nossas bandeiras". E então a branca afloração da barra lhe desperta esta consideração: "Vemos rebentar os cachopos sem medo, porque já em lugar das naus da Índia não temos mais que barcos de pescadores, que andam por cima deles"[220]. Sarcasmo em que lhe sangrava o coração.

Para os desalentos do patriotismo seu refrigério eram as profecias, segundo as quais estava destinado à pátria um futuro magnífico; prognósticos

---

[216] 4 de abril de 1679. *Cartas,* t. 3, p. 372.

[217] 10 de abril de 1679. *Cartas,* t. 3, p. 374.

[218] A D. R. de Macedo, 28 de julho de 1679. *Cartas,* t. 3, p. 411.

[219] A D. R. de Macedo, 3 de junho de 1678. *Cartas,* t. 3, p. 380.

[220] Ao Padre Gaspar Ribeiro. 8 de julho de 1680. *Cartas,* t. 3, p. 440.

avulsos ou estrofes do Bandarra, estas que fixavam prazos, de cada vez transferidos, ao soar da hora, para uma esperança nova. A ressurreição de D. João IV a que fora algum tempo infiel, tornara a cativar-lhe o pensamento. Ainda de Paris Duarte Ribeiro de Macedo lhe tinha enviado uns oráculos que então corriam, versos de Nostradamus, de cuja decifração resultava a promessa da paz universal, destruição do Turco e idade de ouro, tudo realizado por um príncipe encoberto, que haveria de ressuscitar. Não acertara melhor o intérprete se houvesse lido a profecia de S. Frei Gil[221]. Vieira fazia notar a concordância somente faltando, para ser total, possuir o comentador algum conhecimento da história portuguesa.

Coincidiu com isto um prodígio ocorrido havia pouco em Santarém, no convento de S. Domingos, de que fora habitante o mesmo S. Frei Gil. Cortando-se para o fogo o tronco de um loureiro vetusto, encontraram-lhe – contavam – no âmago vários sinais e letras, embutidas em cor negra, obra da natureza: um coração, a maiúscula M, a letra N em um H, um I incluso em um D, letras do tamanho de três a quatro dedos, em linha na direção vertical. Vieira rejeita as explicações, tentadas por vários curiosos, e oferece a sua, que lhe parece decisiva: M *mors*, N com H *non habet*, D com I *Dominum*

---

[221] Lusitania sanguini orbata regio diu ingemiscet,
Sed propitius tibi Deus
Insperate ab insperato redimeris,
Anglia convertetur,
Imperium ottomanum ruet,
Domus Dei recuperabitur,
Pax ubique erit.
Aetas aurea reviviscet.
Felices qui viderint.
Transcrição na carta a Duarte Ribeiro de Macedo, 26 de fevereiro de 1678. (*Cartas*, t. 3, p. 250). No sermão dos Bons Anos em 1642, vem a profecia mencionada, mas como se não pensava então que viria a ser rainha de Inglaterra a infanta D. Catarina, o prenúncio *Anglia converteretur* é substituído por *Africa debellabitur,* mais consentâneo às probabilidades da ocasião. *Sermões*, t. 10, p. 13.

Ioanem; ou na ordem inversa, em português, *D. João não é morto.* O coração no alto podia significar o princípio da vida, ou representar o do marquês de Marialva, sepultado em S. Vicente, junto ao túmulo do soberano. Depois do que, faz o confronto com outros videntes:

> Aqui vem os dois tempos desejados do Bandarra. Um em que diz:
> "O Rei novo é levantado."
> Outro:
> "O Rei novo é acordado."
> E que, quando acordar destruirá o Turco, a quem chama Porco:
> "Já o Leão é desperto
> Mui alerto,
> Já acordou, anda caminho.
> Tirará cedo do ninho
> O Porco, e é muito certo."
> Também promete a paz universal dizendo:
> "Será paz em todo o mundo."
> Mas isto e o mais que diz conformemente o mesmo autor pedia conferência em presença.
> Concorda Santo Isidoro:
> "*Erit Rex bis pie datus.*"
> E Rocacelsa nas coplas que referi a Vossa Senhoria, de que tanta parte está cumprida e começam:
> "Mis soños occultos son,
> Nadie los entendera
> Pero veniendo vera
> Quien lo viere, un gran Leon
> Muerto resuscitará", etc.[222]

[222] A D. R. Macedo, 26 de fevereiro de 1678. *Cartas*, t. 3, p. 252.

Esses pensamentos dão o significado de uma frase obscura, em outra sua carta, acerca do soberano de Espanha, a quem alguns também atribuíam o império universal. "Eu cuido que aquele para quem a monarquia está reservada nem é segundo nem Carlos."[223] Macedo mandava-lhe de Madri os vaticínios com que igualmente por lá se entretinham os visionários, e que ele aceitava como confirmação de suas idéias, aplicando tudo a D. João IV com a sanção do Bandarra. O excerto de carta abaixo, na sua nebulosidade, elucida de forma precisa o estado de alma dos dois, a quem as matérias aludidas ocupavam.

O prognóstico do árabe vi já impresso em oitavo, e também em quarto no livro, segundo minha lembrança, que escreve um frade bento com o título de *Política espanhola*. Por *la D.* e *la B.* entendia eu quase no mesmo sentido *Dux Brigantinus*, e me parece mais conforme a minha esperança e os outros textos, porque não só determina a casa e família senão também a pessoa. No Sagitário e fim do Ocidente bem se concorda o céu com a terra, e posto que a *Efemeris* de André Argolis lança as mudanças dos domínios para o ano de 1683, eu mais me acomodo com quem as promete para o ano em que se cerram os setenta, que vem a ser no fim do que vem, e começam os segundos quarenta sobre os já passados, fazendo-se expressa menção de uns e outros, e de que a jornada do Turco não havia de ser dos primeiros[224]. Mas tudo se pode conciliar falcilmente em matéria que começando neste ano não pode ter completo efeito senão em alguns dos seguintes[225].

---

[223] 26 de abril de 1678. *Cartas*, t. 3, p. 269.

[224] Alusão ao Bandarra. Copla XCIX:
Já se passam os quarenta.
E copla XC:
Não tem o Turco não
Nesta sezão
Nem o seu grande maurismo etc.

[225] 10 de maio de 1678. *Cartas*, t. 3, p. 270.

Em julho de 1678 chegou notícia de estar o Turco preparando uma armada, e se supunha que contra a Itália. "Se os nossos vaticínios merecem algum crédito, bem podia ser o princípio de se cumprirem."[226] Seguindo daí a destruição de Roma, preliminar anunciado da quinta monarquia. O que não tinha sido em 1675 sucederia no último ano da casa dos setenta. Não era somente Vieira o que aplicava os textos do Bandarra aos acontecimentos do dia. Os sebastianistas, que esperavam o Encoberto, continuavam a ter nele o seu evangelho; outros os interpretavam segundo melhor as Trovas podiam convir à realidade.

No ano anterior, as notícias de Inglaterra acerca da perseguição à rainha, em conseqüência da suposta conspiração papista, tinham alvorotado a capital. Temia-se que matassem a D. Catarina, e o populacho ameaçava, se tal sucedesse, não deixar com vida um só inglês em Portugal. Muitas pessoas viam iminente a guerra, e o caso como sempre nas predições do Bandarra. Sabemos isso por uma carta de Vieira[227].

---

[226] 5 de julho de 1678. *Cartas*, t. 3, p. 292.

[227] "Por fim digo a V. Sª uma nova interpretação que agora sei da célebre trova daquele autor:

Trinta e dois anos e meio
Haverá sinais na terra,
A Escritura não erra
Que aqui faz o conto cheio.
Um dos três que vão arreio
Demostra ser grão perigo,
Haverá açoute e castigo
Em gente que não nomeio.

O perigo dizem que é o presente (com Inglaterra) e o computo dos anos trinta e dois, que fazem sessenta, e meio trinta, que faz quinze, os quais juntos com os *três que vem arreio* vem fazer setenta e oito". A D. R. Macedo, 23 de janeiro de 1679. *Cartas*, t. 3, p. 346. Trecho já antes invocado a propósito da conjuração contra D. Pedro e distúrbios em Lisboa.

Para esses intérpretes oportunistas, uma copla que fala em Roma significava a solução do pleito dos cristãos novos[228]. O jesuíta contestava; aquelas palavras para ele designavam expressa e declaradamente as dez tribos de Israel perdidas, que aparecendo haviam de reconhecer a autoridade da Igreja. O tempo corria sem nenhum indício de se realizar a transcendente expectativa; mas o crente não se despedia dela. "Enfim, posto que em princípios de junho, o ano tem dias para grandes novidades antes que cerrem os setenta."[229]

Cerraram todavia sem outra que os desposórios da princesa com o duque de Sabóia, caso que não cabia nas predições que o profeta anunciava. Vieira regressando das Caldas a 10 de setembro, depois de ter passado em Alcanede alguns dias, achou-se no estrondo das festas. Houve para mais esplendor procissão com danças e figuras, e a presença dos ofícios como por Corpus Christi, não faltando também S. Jorge. O santo, ao entrar no Rocio caiu do cavalo. Ruim presságio, com que os descontentes do consórcio, e eram a maioria dos lisboetas, justificaram suas apreensões.

O jesuíta, foi, como lhe cumpria, dar os parabéns ao regente, o qual "torceu o rosto e os olhos", como quem tinha por afetado aquele júbilo. "A causa dessa incredulidade não é só o natural suspeitosíssimo do príncipe, senão cuidar ele que estava eu empenhado por aquela parte." Terminando com esta observação: "E queira Deus que os que tem junto a si lhe não digam que comprado"[230]. Era a suspeita da Espanha nesse tempo mais perigosa, desde

[228] A copla CXXX de que Vieira dá a variante:

Porque de partir a vir
Ao que a minha conta soma,
O texto se há de cumprir
Primeiro, senhor em Roma.

[229] 5 de junho de 1679. *Cartas*, t. 3, p. 395.

[230] 16 de setembro de 1679. *Cartas*, t. 3, p. 421.

que D. João de Áustria, chamado ao poder, quisera por todos os meios, até pela força, impor Carlos II como noivo, chegando para o fim a concentrar tropas na fronteira.

A rainha, que o detestava, não foi o padre felicitar. Poucos dias depois da visita ao paço, adoeceu de uma febre fortíssima. "Eu me tinha retirado para a quinta de Xabregas, esperando poder lá descansar e ter alguma quietação, mas como me levo comigo, como me posso achar bem em nenhuma parte?"[231] Tristeza sem remédio e que era agora o seu estado permanente. Sem contudo perder a fé nas profecias. Até findar o ano esperou, como na era fatal de 1666, o sucesso extraordinário, anúncio do novo ciclo em que entraria a história. Tão embebido da esperança que dela afirmava: "Só pode ser falsa no caso em que o texto o seja". O texto venerado do Bandarra. "Mas como pode mentir nisto quem em tudo o mais nos consta tem falado com tanta certeza e verdade?"[232] Como em 1666 saiu do sonho com a dor da ilusão desfeita, mas não incrédulo.

VIII

Só podia trazer consolo ao desenganado o êxito vitorioso no litígio com a Inquisição. Por enquanto os prospectos prometiam-lhe tal. Pessoalmente podia julgar-se vencedor. Liberto pelo indulto do pontífice da alçada dos inquisidores, tinha podido imprimir dois tomos de sermões, sem a mais insignificante objeção da censura. O inquisidor-geral, tendo-o por inimigo, não lhe regateava cortesias, como quando ele foi agradecer a aprovação do primeiro livro lhe havia mostrado. De perseguido passara a contendor

---

[231] 25 de setembro de 1679. *Cartas*, t. 3, p. 423.

[232] Ibidem, p. 425.

respeitado, e isento de golpes podia lançar os seus sem temor da represália. É certo que ausente de Roma ficara inibido de ação pessoal no conflito. A insistência para que voltasse ao reino tinha sido o meio de o retirarem de onde a sua presença incomodava. Em todo o caso, longe do campo principal não deixara a batalha: por cartas, por advertências pessoais, e buscando adesões, continuava a intervir como de antes. Seu empenho em que fosse Duarte Ribeiro de Macedo secretário de Estado não tinha outro fim. Entre os cuidados pelos negócios do mundo, pelos da pátria e pelos seus individualmente, os deste assunto o não deixavam jamais. São os que a todos sobrelevam na correspondência com aquele confidente, a quem descobre suas penas e esperanças, tanto na intimidade que não quer se suspeite no Colégio que existe entre os dois a permuta epistolar. Em público sabe-se que ele perseverava na disputa e atribui-se-lhe mais do que faz. Quanto escrito anônimo aparece, contrário ao Santo Ofício, é por força obra sua[233]. Para o povo ele é o mais temível campeão dos cristãos novos, a alma da conjuração contra a fé.

Se bem tudo parecesse desfavorável aos inquisidores, de Roma o embaixador D. Luís de Sousa assegurava o triunfo final. Clemente X falecera em julho de 1676, precedido no túmulo por alguns vinte cardeais, daqueles que ao elegê-lo seis anos antes o haviam considerado *Papa em depósito*[234]. Substituíra-o Inocêncio XI, cardeal Odescalchi, ainda vigoroso, austero de procedimento e particularmente cioso das prerrogativas da Santa Sé. A mu-

---

[233] Tais os seguintes coligidos nas suas obras: Papel a favor dos cristãos novos etc., o qual papel seu deu ao Príncipe sem nome em 1671 (*Obras inéditas*, t. 2, p. 78). Memorial a favor da gente de nação hebréia (Ibidem, p. 5). Memorial proclamatório ao sumo pontífice Inocêncio XI (Ibidem, t. 3 p. 89). Carta a um religioso português (Ibidem, p. 137). E além das *Notícias recônditas* (*Obras inéditas*, t. 1, p. 5), as *Reflexões sobre o papel intitulado Notícias recônditas* (Ibidem, p. 179). Todos estes escritos os compiladores coevos tinham por autênticos.

[234] A esse respeito dizia Vieira, ainda em Roma: "O papa, que se cuidava morreria dentro de seis meses, tem já morto dezoito cardeais, e se acha em disposição de levar diante de si muitos outros". A Duarte Ribeiro de Macedo, 25 de dezembro de 1674. *Cartas*, t. 3, p. 137.

dança de pontificado facilitava as negociações do arcebispo de Braga. Em vez do cardeal Altieri, que se lhe mostrara pessoalmente hostil, tratava agora com um papa benevolente e um secretário de Estado, o cardeal Cibo, que ele próprio dizia incorrupto e inclinado à razão[235]. Não obstante isso, surgiu o conflito que deu grandes esperanças aos cristãos novos e quase pôs em risco a existência da Inquisição em Portugal.

Em uma das primeiras audiências ao arcebispo, o pontífice falou nas testemunhas singulares. Disse que por parte da Inquisição se alegava ser a pena de morte aplicada somente quando havia testemunhas numerosas, e essas de bom crédito, de sorte que pelos depoimentos ficasse estabelecida a certeza moral do delito. Os cristãos novos, por seu turno asseguravam que com duas ou três testemunhas, ainda pouco dignas de fé, se julgava o crime provado e morria o réu. Portanto conviria mandar o Santo Ofício dois ou três processos para serem examinados, com o que, verificando-se a asserção dos Inquisidores, se facilitaria consideravelmente a causa. Logo o embaixador lhe tornou que jamais tal coisa se havia feito, nem provavelmente se faria; que devia Sua Santidade crer no que o congresso dos bispos e o reino todo lhe assegurava, e o Príncipe, chefe do Estado, lhe referia[236]. Sobre esse ponto daí por diante versou a polêmica; insistente a Cúria em pedir os processos, pertinazes o Santo Ofício e o governo português em lhos negarem.

Desde o começo tentou o embaixador vencer a renitência do papa, dando a entender que, por amor da quietação pública, não seriam obedecidos quaisquer Breves que alterassem as praxes do tribunal da Fé; mas a insinuação não produziu efeito. Por sua parte, o delegado da Inquisição Jerônimo Soares pensou iludir a exigência mandando buscar extratos de vários processos, em forma de certidões; também sem resultado, porque o pontífice continuou

---

235 Carta ao secretário de Estado, 26 de dezembro de 1676. *Corpo dipl. port.*, t. 14, p. 317.

236 Carta ao secretário de Estado, 11 de dezembro de 1676. *Corpo dipl. port.*, t. 14, p. 311, 313.

a insistir pelos originais. A rainha associava-se às diligências, incumbindo o cardeal d'Estrées, que ia ser nomeado protetor de Portugal, de patrocinar a causa dos inquisidores, e fazendo ao cardeal Cibo, em carta muito para o lisonjear, idêntico pedido. Esforços todos eles baldados, porque os advogados dos cristãos novos continuavam ativos, acumulando representações e razões, e o papa não afrouxava na resolução de fazer justiça mediante o que visse.

Vieira estava pelos agentes dos hebreus informado do que ocorria em Roma. Certos particulares vinham em caracteres e língua gregos, para não serem facilmente penetrados no trânsito. Em uma dessas ocasiões dá parte a Macedo de lhe haverem chegado as cartas de Roma: "Do que toca ao negócio não posso ainda dizer, porque vem em grego". Depois, nas últimas linhas: "Diz o princípio da versão grega se entende por bons fundamentos vem neste mesmo correio ordem para os inquisidores entregarem dentro em tantos dias os processos, sob pena de suspensão dos ofícios"[237]. Foi aqui que assumiu o conflito feição agudíssima. Não por esse correio, mas com a data de 24 de dezembro, o que mostra como os agentes dos cristãos novos possuíam de antemão conhecimento dos fatos, Inocêncio XI dirigiu ao inquisidor geral um Breve, com a intimação de entregar dentro de dez dias ao Núncio quatro ou cinco processos originais, de réus condenados à morte, sob a cominação de ficar interdito o tribunal, passando as causas por julgar aos prelados, nas respectivas dioceses, com toda a jurisdição do Santo Ofício. Na mesma data foi a deliberação comunicada ao regente, e este admoestado a obedecer sem falta os mandados de Sé Apostólica.

Ambos os documentos, remetidos pela nunciatura, só em 13 de fevereiro foram por ela entregues. Na tarde seguinte mandou o Núncio intimar o prazo aos inquisidores. Na corte, da mesma sorte que no Santo Ofício, a decisão inesperada do pontífice causou alvoroço. Fora, ao ser conhecida, ameaçava o povo sublevar-se, se o governo e a Inquisição aceitassem a ordem.

---

[237] 11 de outubro de 1678. *Cartas*, t. 1, p. 316.

O regente, surpreso e irado, convocou para darem parecer sobre o procedimento que convinha o Conselho de Estado e uma junta de teólogos, destes um padre da Companhia, que não foi, como se pudera esperar, o padre Manuel Fernandes. Daí se vê qual o sentido em que D. Pedro queria a consulta. Ao cabo de várias reuniões, a assembléia decidiu que se não obedecesse ao papa. Logo se passou mandado ao inquisidor geral para não entregar nenhum processo, com pena de ser desnaturalizado. Depois foi um emissário do paço à Inquisição, e mandando fechar a casa do secreto, onde se achavam os processos, trouxe consigo as chaves. Igual procedimento houve em Évora e Coimbra. Dessa sorte o governo tornava para si a responsabilidade da desobediência, e, dispostos que estivessem à submissão os inquisidores, não poderia o Breve ser cumprido.

No mesmo tempo se tomavam providências contra os adictos conhecidos dos hebreus. Nem o padre Manuel Fernandes escapou: por ordem do príncipe foi intimado a não visitar o Núncio, até nova resolução. Quanto a Vieira, "de mim não posso negar quase o mesmo", informava ele, dando para Madri a notícia relativa ao confessor[238].

Findo o prazo e suspensa por tal a Inquisição, o Núncio deu aviso aos bispos para avocarem a si os processos que lhes competiam, chegando-lhes pouco tempo depois a ordem diretamente do papa[239]. O efeito não foi o que se esperava em Roma. Procedendo com energia, aliás supérflua porque todos os bispos estavam pelo Santo Ofício, o governo tinha-lhes mandado a norma para as respostas, que foi sem discrepância seguida, fazendo alguns ainda considerações adicionais. Todos, protestando seu acatamento ao papa, se excusavam de assumir a jurisdição com as obrigações pastorais, que lhes tomavam o tempo todo, e outras razões indeclináveis: desconhecimento das

[238] 23 de abril de 1679. *Cartas*, t. 3, p. 378.

[239] Breve. 27 de maio de 1679. Torre do Tombo, papéis dos jesuítas. Caixa 1, nº 76.

causas, por se acharem os processos no secreto dos tribunais: inexperiência de assuntos jurídicos, e de lidar com réus cavilosos, quais os heréticos; falta de prisões adequadas e de meios pecuniários para a manutenção dos presos; por último a impossibilidade de se guardar nos auditórios eclesiásticos o segredo usual e necessário nos processos do Santo Ofício. O bispo do Porto insinuava que, cessando a Inquisição, o povo exasperado se podia levantar contra os cristãos novos, como no tempo de D. Manuel, excesso que convinha evitar[240].

Também a nação pela voz dos seus representantes, se manifestou. Ajustado o casamento da herdeira da coroa, seguiu-se a reunião das cortes, para votarem o subsídio de um milhão de cruzados, em que se computava o dote e os gastos da boda. Despachado esse assunto urgente, os três Estados se ocuparam do negócio que mais dava cuidados à nação, o do Santo Ofício. Sem discordância os representantes do clero, nobreza e povo tinham por indispensável o restabelecimento imediato da Inquisição. Diziam os cristãos novos que para esse fim tinha o Santo Ofício feito eleger procuradores dos povos a seus familiares, e assim representavam ao pontífice, pode ser que sem transtornarem a verdade[241]. Cada um dos braços das cortes dirigiu seu apelo à Santa Sé. A súmula era que, não podendo o judaísmo quebrantar no reino a firmeza dos inquisidores, buscava denegri-los com acusações caluniosas em Roma; não era possível continuarem sem castigo os hereges e em detenção os inocentes por falta de funcionar o tribunal. O braço da nobreza clamava: "Desate Sua Santidade esse nó mais complicado que o gordiano pela indústria dos judeus; corte as cabeças dessa hidra que tantas vezes renascem, e que escassamente se extinguem com o fogo que se lhes aplica"[242]. As representações do Povo e Eclesiástico não se conhecem, mas é de crer

---

240 Cartas do bispo do Porto e outras. Torre do Tombo, cód. 1072, fol. 40 v. e ss.

241 Memorial ao papa. *Corpo dipl. port.*, t. 14, p. 236.

242 Cópia no *Corpo dipl. port.*, t. 14, p. 186. Com a indicação infundada de pertencer a 1674.

tivessem, como esta, mais o caráter de exortação que o de súplica. Os termos desses escritos exprimiam a indignação geral.

Assim, pois, o Pontífice não colhia do seu sistema violento o resultado previsto. Todos em Portugal queriam a Inquisição feroz e intangível. Por toda a parte lavrava o descontentamento. Príncipe, inquisidores, bispos, ninguém prestava obediência a quem presidia a Igreja. O inquisidor geral fora suspenso de funções, mas continuava a residir no palácio do tribunal porque, dizia ele, o edifício era da coroa, a qual o podia dar a quem lhe aprouvesse. Na festa de S. Pedro Mártir, padroeiro do Santo Ofício, compareceram em S. Domingos encorporados os inquisidores, como quando em exercício, e no sermão fez o pregador a apologia da resistência, bradando contra a venalidade pela qual se quebravam as leis por dinheiro, e dando a entender a corrupção da Cúria pelos cristãos novos[243]. Não funcionava o tribunal, mas os prejudicados eram os infelizes réus que pejavam as prisões, retidos nelas com os processos parados havia cinco anos. Senão por outra razão, pelo interesse dos inocentes devia ceder a Santa Sé.

Ainda por mais, do caminho que as coisas levavam parecia esboçar-se um cisma. Da desobediência em matéria puramente eclesiástica, qual a de que se tratava, facilmente passaria o Estado à emancipação. Isso dava a entender em Roma D. Luís de Sousa, ao mesmo tempo que aconselhava o governo a perseverar. As queixas de Inocêncio XI eram principalmente do inquisidor-geral, pela resistência quando foram pedidos os processos da primeira vez. Oferecendo ele resignar o cargo para dar fim à contenda, o embaixador opôs-se: "Este é o único caso em que me não será lícito obedecer a Vossa Ilustríssima", retorquiu à insinuação do inquisidor[244]. Ultimamente

---

[243] Informação de Vieira, 1º de maio de 1679. *Cartas*, t. 3, p. 382.

[244] Carta ao inquisidor-geral. 21 de maio de 1680. Torre do Tombo, cód. 442. Acham-se os copiadores da correspondência de D. Luís de Sousa disseminados: um na Torre do Tombo, outro na Bibl. de Évora, outro ainda na Bibl. da Ajuda.

às suas instâncias pela solução breve do negócio juntaram-se as do enviado de Sabóia, e parece que também as dos embaixadores de França e Castela. O tempo e a necessidade foram abalando a firmeza do papa, e acabou por ganhar a partida o arcebispo, que não quis jamais transigir.

Em dezembro de 1680 comunicava Inocêncio XI ao enviado de Sabóia estar o litígio para ser decidido muito a contento do prelado bracarense. Não imediatamente, ainda assim com presteza, supostas as delongas usuais da Cúria. Em setembro tinha falecido o amigo de Vieira, Manuel da Gama de Pádua, um dos mais influentes hebreus e o principal na proposta da Índia e promoção dos requerimentos em Roma. Talvez por isso, e faltando os fundos para estimular o zelo dos patronos da causa, afrouxassem as diligências na Cúria. O certo é que se encontrou a fórmula de conciliação. Os do Santo Ofício cederiam, mandando a exame dois processos, certamente escolhidos entre aqueles que menos podiam contradizer as suas alegações de reto procedimento; o papa, que antes afetava grande irritação pela desobediência, prometendo nada menos que destituir o inquisidor-geral, remover os outros e excomungar a todos, deferiu ao que se lhe representava desejo comum da nação, restituindo a suas funções o tribunal, por um Breve de reforma, na medula inofensivo às praxes pelas quais litigavam os inquisidores[245].

O rescrito pontifício tinha de fato a aparência de alterar os regulamentos e dar satisfação à parte mais clamorosa do que pediam os cristãos novos. Isto, porém, somente em pontos secundários, onde a casuística dos inquisidores depois na prática facilmente iludiu o disposto. O essencial, aquilo por que realmente batalhavam os mofinos que careciam de justiça, mantinha-se imutável. Nem a declaração das testemunhas, nem a rejeição dos depoimentos únicos, a respeito dos lugares e do tempo do delito, como elemento de prova.

---

[245] Agosto de 1681. Torre do Tombo. Papéis dos jesuítas. Caixa 2, nº 85. Enumeradas as disposições do Breve nas "Reflexões sobre o papel intitulado Notícias recônditas", escrito atribuído a Vieira. *Obras inéditas,* t. 1, p. 195.

Essa última praxe permanecia como singularidade da Inquisição portuguesa. Desse modo, não teve a larga campanha outro resultado para os perseguidos que o de ficarem sete anos nos cárceres muitos que poderiam ter saído no intervalo absoltos, ou com penitências leves, para a vida comum. Dos ricos negociantes, por amor dos quais, quando presos em 1672, se tentara o perdão geral, três haviam morrido durante a controvérsia, outros saíram condenados por heresia após dez anos de cárcere[246].

Vieira não assistiu em Lisboa a esse epílogo. Desde muito ele via cada vez menos realizável a esperança de recuperar ao lado do regente e na corte a situação de preponderância que tinha por devida a seus serviços. Desenganado executou afinal o propósito, anunciado tantas vezes, de se recolher à sua província do Brasil. Já lá se achava quando o papa decidiu a demorada questão.

Tinham decorrido mais de cinco anos quando, chamado pelo príncipe, tornara a Portugal. Em todo esse período somente uma vez pudera intervir de modo efetivo em negócios públicos. Foi quando em janeiro de 1680 o convocaram a participar na junta de conselheiros de Estado e Ultramarinos, e outros altos funcionários, encarregados de proporem um plano de administração temporal e espiritual do Maranhão; junta em que se tomaram certas providências sobre as missões, e se resolveu introduzir na colônia os negros de África. Só como conhecedor dos negócios da região, e especialista da questão dos índios, havia sido convocado o jesuíta; não pela ascendência que tivesse o seu voto nas decisões do governo, como nos tempos de que tanto o pungia recordar-se. Mas nessa mesma especialidade teve contraditores, prevalecendo suas opiniões porque a elas se encostou o presidente, duque de Cadaval. Da mesma sorte que em vida de D. João IV e sempre, pedia ele

[246] Antônio Rodrigues Mogadouro, Diogo Chaves e Simão Rodrigues Chaves tinham morrido na prisão, sendo a inocência dos dois últimos declarada no auto-de-fé de 10 de maio de 1682. Francisco Carlos e Fernão Rodrigues Penso tiveram a pena de cárcere, a arbítrio dos inquisidores. Nesse auto foram três réus queimados vivos, um garrotado, e mais 67 pessoas de ambos os sexos condenadas a penas diversas por judaísmo.

que as entradas ao sertão se proibissem; que o governo e a distribuição dos índios pertencessem à Companhia de Jesus; que sobre a ocasião e lugar das missões e resgates decidissem os missionários, isto é, a mesma Companhia; e, finalmente, que para conservar no estado os indígenas se substituíssem no serviço comum pelos africanos. Este seu parecer, não diferente do que havia proposto em 1653 quando chegou ao Maranhão, mandou Vieira ao duque por escrito, a pedido dele, depois de ventilado na junta, propondo-lhe como complemento um projeto, exumado de antigos papéis do tempo de D. João IV, sobre o regime a seguir no governo dos selvícolas, nas entradas aos resgates, e na repartição dos serviçais[247].

Antes disso tinha o padre, segundo refere, trabalhado sob a direção do secretário de Estado Francisco Correia de Lacerda em certo negócio, "que aqui se insinua de dois anos a essa parte"[248]; e essa subordinação lhe era ensejo a lastimar-se, mostrando a diferente confiança que dele faziam os pais do reinante atual, e com a agravante da desafeição conhecida que lhe tinha o secretário. "Serviu o padre Antônio Vieira a Vossa Alteza de oficial da secretaria de Francisco Correia."[249] Essas palavras vertem lágrimas. Qual tinha sido o negócio em que assim o humilhavam? Os dois importantes, que se trataram de 1676 a 1678, um era o da Inquisição, mas esse vinha de mais longe, e dele estava naturalmente o jesuíta excluído; o outro o casamento da infanta, sobre o qual fizera o relatório. É de crer seja ao último a referência.

Isso no tocante a suas aspirações baldadas. Quanto a prêmios por serviços pessoais, Vieira, que para si nada podia requerer, clamorosamente se queixava de os não darem ao principal membro da família, Bernardo Vieira Ravasco,

[247] Carta sem data, do Colégio de Santo Antão em quinta-feira. *Cartas*, t. 3, p. 127. "Resposta a uma consulta". *Obras várias*, t. 1, p. 177. "Modo como se há de governar o gentio que há nas aldeias do Maranhão e Grão-Pará no temporal". Ibidem, p. 183.

[248] Memorial ao príncipe regente. *Obras inéditas*, t. 3, p. 86.

[249] Idem.

seu irmão. A ele pertencia o ofício de escrivão da Câmara da Bahia, dote de sua irmã Catarina falecida; a ele o de provedor da fazenda de Pernambuco, que fora de seu cunhado Simão Álvares de Lapenha. O mesmo Bernardo Ravasco se achava defraudado nos emolumentos de secretário do Estado do Brasil, pela separação dos governos de Pernambuco e Rio de Janeiro, e restabelecimento da Relação na Bahia; e prejudicado com lhe tomar a Fazenda pública, por empréstimo à força, vinte mil cruzados que para negócio tinha em Lisboa, sem se lhe fazer por isso qualquer mercê, como era de praxe, nem a-pesar das reclamações sucessivas se lhe restituir a quantia.

Desde Coimbra e Roma Vieira instava sobre esses casos. Em 1678 proporcionou-lhe um despacho do regente motivo para os relembrar. Tinha vindo a Lisboa seu sobrinho Gonçalo Ravasco Cavalcante, filho reconhecido de Bernardo Ravasco, solicitar as mercês a que no antigo Estado se sentia com direito quem quer que uma vez houvesse tido na família uma dignidade ou cargo remunerado. O parentesco de Vieira era razão para se interporem nas secretarias informações em contrário. Despachou-se que juntasse o requerente à súplica certidão das mercês já feitas a seu pai. Aqui saiu a campo o padre com um memorial, que assaz mostra a sua irritação pelos agravos recebidos, e define o seu desprezo das contemplações quando lhe feriam o orgulho.

Aquele despacho no requerimento, pelo qual certamente se empenhava, teve-o ele logo por ofensa; mas sua cólera subiu de ponto quando viu uma das certidões. Era o alvará, que facultava a Bernardo Ravasco passar o cargo de secretário da Bahia ao filho por sua morte. Como justificação da mercê se alegavam no documento os serviços do mesmo Bernardo Ravasco, os de outro seu filho falecido, os do cunhado Simão Álvares de Lapenha e pai deste, e em último lugar os de Antônio Vieira[250].

---

[250] Alvará de 13 de abril de 1673, assinado pelo presidente do Conselho Ultramarino, conde de Val de Reis, e secretário Manuel Barreto de Sampaio. Em seguida a enumerar os serviços

É impossível não ter havido, no sujeito que fez ou mandou fazer nessa forma o alvará, propósito certo de molestar o jesuíta. O documento é, se pode dizer, insultuoso, e acaso por o julgarem tal nunca os parentes lho teriam comunicado até então. Demais, no tempo em que foi passado achava-se aquele em Roma. Tanto que teve conhecimento do modo por que o deprimiam, protestou. E o fez com a costumada audácia, e empregando ironias que sabem ao travo da sua dor.

A mercê a Bernardo Ravasco fundava-se em serviços dele, Antônio Vieira; serviços tão baixamente avaliados, advertia, "que só se alegam por parte do merecimento, para se dar a um filho do proprietário o ofício de seu pai, que nenhum rei de Portugal negou". Parte mínima, por certo, segundo o famoso alvará. Pelo que ele os tinha por não premiados, e, reclamando para o interessado a retribuição condigna, apresentava por sua parte duas certidões. Uma das *mercês que se não fizeram a Bernardo Vieira Ravasco*: nela especificava seus serviços desde 1640, as missões de que o havia encarregado D. João IV, os trabalhos e perigos das viagens, a ameaça de morte pelo duque do Infantado; e também os sacrifícios por D. Pedro, o exílio no Porto, a vida em risco quando ali foi para o assassinar um emissário do rei D. Afonso; sendo que disso houvera em pagamento não lhe conceder o príncipe uma carta de recomendação ao embaixador, sobre o seu pleito em Roma, e achar-se ele, das pessoas escolhidas para o serviço de Sua Alteza quando lhe estabelece-

de Bernardo Vieira Ravasco, continua: "E tendo também consideração ao bom procedimento de Manuel Alves Deusdará, que com tanto zelo e dispêndio de sua fazenda serviu nas guerras de Pernambuco, e aos serviços do doutor Simão Alvares de Lapenha, e de Cristóvão Vieira Ravasco, filho do dito Bernardo Vieira, que faleceu em meu serviço sendo capitão de infantaria, e juntamente aos do padre Antônio Vieira que passou a França, Holanda e a Roma a negócios de muita importância tocantes a meu serviço, e visto tudo o que fica referido [...] e seu filho Gonçalo Ravasco Cavalcante haver também servido na praça da Bahia, de soldado e capitão de infantaria [...]". Doc. dos livros ms. da Tesouraria da Bahia, *Rev. do Inst. Hist. e Geogr. do Brasil*, t. 52, p. 492.

ram casa, a única de que não teve a nomeação efeito nem depois memória. Fora confessor nomeado, mas nunca chamado a exercício. A outra certidão é a das *mercês que se desfizeram a Bernardo Vieira Ravasco*, e consta das queixas que ele tinha do governo: a diminuição da dignidade e percalços no seu ofício atual; os cargos que pretendia herdar e se lhe não tinham dado; a retenção dos vinte mil cruzados do empréstimo a que fora violentado. "Estas são, senhor, as duas certidões que o padre Antônio Vieira oferece por parte de seu irmão, para que mandando-as Vossa Alteza pôr na balança de sua razão e justiça se veja o que cada uma delas pesa."[251]

Por esse modo Vieira se desafrontava da injúria que seus desafetos intencionalmente lhe haviam infligido e que D. Pedro, talvez por descuido, ratificou. Seria o memorial de fato apresentado ao regente, ou não passaria de um desafogo de momentânea ira, que a prudência abafou? Se aquele o viu não lhe incutiria isso inclinação a ser mais benigno com quem tal escrevia do que se mostrara até aí.

Acaso sabendo que ele tinha definitivamente perdido a graça do príncipe, Cristina de Suécia reincidiu no capricho de prender ao seu séquito o orador insigne, o político de quem se referiam as secretas missões pelas capitais da Europa. Seria um ato de rainha magnânima e lição ao soberano ingrato e de curta vista para o mérito dos súditos.

É de presumir que o Geral Oliva estivesse ao corrente por seus informantes das decepções de Vieira; que aplaudisse a tenção de Cristina; e foi assim que, em janeiro de 1679, fez chegar a este a proposta de voltar a Roma para ser confessor da rainha. No caso de recusa dava-lhe o preceito de se desculpar com o impedimento dos anos e enfermidades, com que seria expor-se a perder a vida ao empreender a viagem.

---

[251] Memorial, cit. *Obras inéditas*, t. 3, p. 81 e ss.

Vieira não conhecia tão imperfeitamente a volúvel Cristina que a lisonja do convite o seduzisse a ir para junto dela. Deleitou-se com a honra como compensação dos desaires domésticos; mas rejeitou-a. Respondeu, como o Geral lhe encomendara, excusando-se com a idade e doença, mas nos perigos do mar não insistiu muito, porque na mesma ocasião declarava o intento de passar ao Brasil. Por enquanto hesitava entre optar pelo Maranhão, regressando à lida das missões, ou pela Bahia, onde com mais sossego podia continuar seus trabalhos literários. Aqui a alternativa manifesta que se não sentia tão desprovido de forças quanto publicava, pois de experiência sabia o que tinha de duro e de riscos a faina de missionário. Rematava por depor a causa nas mãos do Geral, para ele a decidir. Já antes tinha declinado o ofício de Propósito da casa de S. Roque, que Oliva lhe tinha destinado. Agora afirma, e dessa vez com alguma sinceridade, o desígnio de se afastar para sempre da Europa.

E para que Vossa Paternidade tenha notícia individual, não só do meu espírito (que pela minha muita negligência sempre vai para trás) mas do estado da minha saúde e forças corporais, estas se acham ao presente em muito pior estado do que aquele pelo qual Vossa Paternidade se dignou excusar-me do governo da casa professa. A idade passa já de setenta anos, a vista totalmente perdida da parte esquerda, e da parte direita assaz diminuída, o ouvir muito obtuso que apenas posso ouvir confissões, as outras potências, principalmente a memória, com grande falta, e há dois meses a esta parte uma perna tão impedida, que neste mesmo dia, tendo licença do padre provincial para montar em uma mula e ir assistir a uma consulta, não pude. Na consideração de todas essas enfermidades, causadas pelo frio e pela umidade desse clima (ainda que mais moderado que o de Roma) me tenho desenganado neste ano não poder passar outro inverno em Portugal. E já eu tinha comunicado com o padre procurador do Brasil partir no fim desse verão para a minha província; duvidando somente se deveria ir ao Maranhão para continuar a antiga missão, ou se deveria ir à Bahia, onde comodamente se pode continuar o trabalho dos meus escritos, esperando unicamente para isso a

> ordem de Vossa Paternidade acerca da determinação do lugar [...] A experiência me representa muitos maiores trabalhos e perigos na viagem de Roma que na do Brasil; mas o que mais me atemoriza é ver claramente que Sua Majestade não poderá ser servida por mim com aquela satisfação que Vossa Paternidade deseja e a Companhia deve [...] Desta sorte fico esperando o parecer de Vossa Paternidade, posto como moribundo nas mãos de Deus, incerto somente se a sepultura me será assinada em Roma ou no Brasil [...][252]

Para os estranhos era a inclemência dos invernos que afugentava da pátria o jesuíta; mas dois anos passaram, um inverno e outro inverno, até finalmente partir. O motivo da dilação, qual o deu na carta de despedida ao Geral, era afetado. Tinha ficado, dizia-lhe, à espera da sua determinação última sobre o convite da rainha da Suécia. "Não sem alguma confiança que pelas forças naturais do desejo, ou pelas superiores da obediência, me fizesse Deus mercê de que as de corpo se restaurassem", acrescentava[253]. Metera-se de permeio a junta sobre os negócios do Maranhão, e bem pudera ser que o período tão largo do desapreço do príncipe estivesse findo. Ilusão como os fatos a seguir mostraram. Ele continuava a ser o importuno credor de serviços, revoltado às vezes, perpetuamente em lástimas. Sem se agastar das recriminações, D. Pedro respondia-lhe com a indiferença, que o molestava mais que uma irada repulsa. O golpe mais vivamente sentido foi quando, ao pedir licença de se retirar para o Brasil, aquele secamente, sem uma insistência das que se fazem sempre, ao menos por cortesia, lhe disse que podia ir. Até esse instante o jesuíta podia crer seu ressentimento nascido da desconfiança própria de quem muito ama, e que uma blandícia sossega. Depois não lhe era lícita a incerteza. Partiu a 27 de janeiro de 1681, sem expressa autorização do Geral, mas com o consentimento

---

[252] 30 de janeiro de 1679. *Cartas*, t. 3, p. 348.

[253] 21 de janeiro de 1681. *Cartas*, t. 3, p. 442.

do Propósito e dos consultores da Província. Iam com ele para a Bahia alguns missionários e o fiel José Soares, que desde Coimbra o não deixava.

Escrevendo ao Geral a despedir-se, Vieira alega os conselhos dos médicos, e o perigo de vida, se permanecesse mais outro inverno; mas que o motivo da resolução foram as queixas do amor-próprio, sem nenhuma dúvida se infere do que, na primeira carta da Bahia ao duque de Cadaval, lhe comunicou.

> Muito antes da minha partida para o Brasil, por não faltar às obrigações de criado de Vossa Excelência, dei conta a Vossa Excelência dessa minha resolução, sem exprimir as causas, como tão interiormente notórias a Vossa Excelência. Sua Alteza que Deus guarde foi servido de as confirmar com a grata licença que logo me deu, a que se seguiram outras demonstrações, que não podia esperar quem tanto tinha servido e padecido, como a Vossa Excelência é presente [...][254]

Aqui se interrompe o período, amputado no texto impresso, faltando o original ou cópia completa que elucide sobre os fatos supervenientes que tanto magoaram o exilado. Nem temos para substituição a instrutiva correspondência com Duarte Ribeiro de Macedo. Este havia falecido em Alicante, a 10 de julho de 1680, quando se encaminhava a Itália, para ultimar os ajustes de casamento com o duque de Sabóia e acompanhá-lo a Lisboa. A morte exonerou-o da contrariedade de ter ido a uma missão baldada.

Ao embarcar-se sob a melancolia do adeus definitivo, oprimido dela contemplaria o jesuíta a cidade atraente, cenário de sua vanglória, chão sáfaro em que lhe haviam fenecido as ilusões. Singrando rio abaixo deixava atrás a Sé, e perto a casa humilde em que a mãe lhe ensinara as rezas e o abecedário; os paços da Ribeira, aonde correra tantas vezes, chamado por D. João IV e D. Luísa; e o da Corte Real, residência do efebo, hoje sem memória, que ele tra-

---

[254] 23 de maio de 1682. *Cartas*, t. 3, p. 451.

balhara por colocar em um trono usurpado. No alto, S. Roque, a recordar-lhe triunfos oratórios, mais acima a Cotovia, que fora sua prisão. Depois, longe, banhando-se no Tejo, Carcavelos, de onde olhava os cachopos, na tristeza de ver o mar ermo das naves portuguesas. Por fim as sentinelas da barra, S. Gião e Bugio, por entre as quais de antes passava ao serviço do rei, e agora outro soberano o deixava sair por não querer ser servido.

Em seguida o largo oceano, que cada hora punha uma distância maior entre ele e a pátria, entre o amargo presente e o passado saudoso. Dias e dias pela imensidão do Atlântico, léguas e léguas, até por fim descortinar em cerros verdejantes a terra remota. A mesma jornada haviam de fazer após ele as novas do país natal. As primeiras, as de uma afrontosa comédia em Coimbra. Um simulacro de auto-de-fé, em que estudantes ébrios, algum frade crapuloso e a ralé da cidade, queimavam uma figura de eclesiástico, com a negra capa dos jesuítas. Os gritos nomeavam o padre Vieira, vendido aos judeus, e quiçá judeu também ele. Devia ser o sucesso ao publicar-se o Breve que mandou restabelecer a Inquisição. Esse episódio burlesco e trágico foi o último da luta de Antônio Vieira em prol dos cristãos novos.

Último período

O vencido

1681-1697

I. Impressões da chegada à Bahia. Inicia a correspondência para a Europa. O governador Antônio de Sousa de Meneses. Assassínio do alcalde-mor da Bahia. Vieira implicado no crime, assim como o irmão e o sobrinho. Disputa com o governador. O governador Antônio de Sousa substituído pelo marquês das Minas. Cessam as perseguições pelo homicídio. Vieira visitador provincial. II. Ocupa-se da correspondência e de ordenar os sermões para o prelo. Morre a rainha D. Maria Francisca. Oração nas exéquias da rainha. Epidemia da *bicha*. Reconciliação com o conde de Castelmelhor. Juízo das profecias de S. Frei Gil. III. Segundas núpcias de D. Pedro. Nascimento e morte de um príncipe. Sermão da Palavra do pregador empenhada e defendida. Acolhimento frio do discurso na corte. Despeito do autor. D. Pedro estátua da ingratidão. IV. Panfleto contra Vieira publicado em Espanha. Réplica ao mesmo. Conceitos do *Portugal restaurado*. Resposta ao conde de Ericeira. Incoerências desta. Êxito triunfal dos sermões publicados. Carta circular de despedida. V. Atividade durante as funções de visitador. Nova legislação sobre os índios. Revolta no Maranhão. Promulga-se o *Regimento das missões*. Práticas do visitador aos noviços da Companhia. Os Palmares. Conflito com o bispo de Pernambuco. O cometa de 1689. Estado econômico da colônia. Alteração das moedas. VI. A tarefa dos Sermões. Sermões do *Rosário*. A escravatura e os engenhos. Pretos e mestiços. Parecer relativo aos índios de S. Paulo. A *Clavis Prophetarum*. Outros escritos. VII. Queda desastrosa. Interrupção da correspondência. O propósito de cessar com esta abandonado. Segunda e mais grave queda. Desavença com o provincial. Padre Antônio Maria Bonucci ajudante de Vieira no trabalho da *Clavis*. Cometa de 1695 e interpretação de Vieira. Encomenda de epitáfios pela rainha D. Catarina. Agravam-se os padecimentos de Vieira. Recolhe da quinta do Tanque ao Colégio. Morte. Exumação em 1720. Morte do padre José Soares.

ERAM PASSADOS QUARENTA ANOS, quase se pode dizer dia a dia, desde que Vieira tinha deixado pela pátria do nascimento a pátria do seu intelecto, aquela em que o homem interior se havia formado, para ser no seu século a figura culminante da nacionalidade. Repetindo no sentido inverso a travessia do Atlântico, no intervalo tinham consideravelmente mudado as condições da viagem. Saíra da Bahia aos trinta anos, no zênite da vida humana, com direito a todas a esperanças, sentindo-se capaz de querer grandes coisas e de poder ainda mais: voltava acabrunhado pela idade e pelas doenças, desenganado de muitas vaidades, descontente do mundo e dos homens. Em 1641 partira no deslumbramento da pátria remida, do rei novo, da corte novamente reinstalada e em que decerto aspirava a ter seu lugar: regressando agora vinha com a morte na alma, e sem que o chamasse mais que a necessidade de se afastar de Lisboa e da régia morada, onde lhe ficava o pensamento e a implacável saudade.

Nessa disposição de ânimo escasso alvoroço devia ter experimentado ao rever a natureza tropical, monótona na sua opulência de luz ardente e de verduras, depois a cidade, posto que "muito acrescentada e enobrecida de casas"[1]. A terra não o interessava; a povoação tinha se alargado, conquistan-

[1] Carta a Francisco de Brito Freire, 24 de junho de 1691. *Cartas*, t. 3, p. 609.

do as alturas circundantes; no porto havia mais barcos, mas não repararia nisso. Olhava o Colégio e o palácio do Governador, e pensava em outro colégio e em outro paço, entre os quais tantas vezes caminhara ruminando as idéias, que convertia em fatos a vontade do príncipe. Da gente conhecia só algum companheiro de hábito, e a família restringida pela morte. O pai falecera quase centenário em 1667; a mãe em 1664. Nesse mesmo ano perecera no mar em naufrágio sua irmã Leonarda, com o marido Simão Álvares de Lapenha, quatro filhas e o filho varão único, quando iam para o reino. Caterina, mulher do sargento-mor Rui Carvalho Pereira finara-se em 1662 sem descendência. Talvez ainda vivesse a irmã Inácia, que em 1661 estava viúva de Fernão Vaz da Costa Dória; e a última, Maria de Azevedo, que depois dos quarenta anos casara com Jerônimo Sodré Pereira, e em 1679 se achava em vida ainda[2]. Ao certo sabemos só que existia o irmão Bernardo Vieira Ravasco, com filhos ilegítimos, um destes em que Vieira fala muitas vezes, o mesmo cuja pretensão fora causa do seu desgosto e protesto sobre o prêmio de seus serviços, três anos atrás[3]. Como a terra, que nada lhe dizia ao coração, Vieira, é lícito presumir, viu sem júbilo excessivo a gente do seu

[2] Para esse cunhado pretendeu Vieira em 1671 o posto de mestre de campo em um dos terços da Bahia, pedindo para isso a intervenção de D. Rodrigo de Menezes (*Cartas*, t. 2, p. 360), o que ele só alcançou em 1698, depois de ter o padre falecido.

[3] Segundo André de Barros (*Vida*, p. 414) e frei Antônio de Santa Maria Jaboatão (Catálogo genealógico das principais famílias que procederam dos Albuquerques e Cavalcantes em Pernambuco. *Rev. do Inst. Hist. Bras.*, t. 52, parte 1, p. 266), Fernão Vaz da Costa Dória teve um filho, que casou, e por cuja descendência continuou a família. Sendo assim parece singular que diga Vieira a propósito do casamento de Maria de Azevedo: "A cabana em que nasci não tem outra esperança de ter sucessor legítimo senão esta" (A D. Rodrigo de Menezes, 1º de agosto de 1671. *Cartas*, t. 2, p. 360). Ou ignoraria ele a existência deste sobrinho? Em contrário do que diz o padre André de Barros, Manuel de Sá Dória Ravasco foi, segundo Jaboatão, neto e não filho de Fernão Vaz da Costa Dória, e uma neta, D. Inácia, tomou estado e teve filhos. Por sua vez Jaboatão não menciona entre os filhos de Cristóvão Vieira Ravasco a mulher de Jerônimo Sodré Pereira, Maria de Azevedo.

sangue. Não era tão insignificante o móvel de suas penas que delas o pudesse distrair um sentimento havia muito suprimido, ou quase, pela disciplina monástica.

Se nele falhava o impulso para renovar impressões do passado, em volta da sua pessoa pairava a curiosidade do público, desejoso de olhar o homem notável e de lhe ouvir as impressões sobre a terra, que ao cabo de tão larga ausência revia. A ocasião não era de aparatos, mas para o retiro, e a presença de visitantes molestava o recém-chegado. Cerca de meia légua da cidade, saindo pela porta do Carmo, entre morros, em sítio onde está hoje o hospital dos Lázaros, possuíam os jesuítas uma quinta denominada o Tanque, designação que lhe provinha de um vasto açude ou presa, para as águas acorridas das alturas em torno, povoado de peixes, rodeado de arvoredos. Para ali, onde tinha a par dos encantos da natureza a solidão que pedia seu ânimo, obtida licença dos superiores, se retirou Vieira com o fiel padre José Soares. "Tanto que cheguei a esta" – diz ele – "me meti logo em um deserto, tratando-me em tudo como morto e sepultado"[4]. Tão morto e sepultado que, voltando a frota ao reino, não quis escrever a ninguém. O propósito era cortar toda a comunicação com aquele além-mar, onde tanto o tinham maltratado; consagrar-se à ascese e à conclusão das suas obras literárias, os sermões, que ia reconstruindo de fragmentos e notas e da memória, e aquele trabalho, começado em Roma, com que dignamente coroaria a sua carreira de teólogo e cultor das sagradas letras, a *Clavis prophetarum*.

Mas essa intenção de recolhimento e vida silenciosa carecia do indispensável para se conservar, que era o ser natural. Nada mais contrário à compleição de Vieira que alhear-se do mundo e das ações dos homens para viver a sós com as suas próprias. Ele era no teatro desse mundo, de que afetava fugir, espectador apaixonado, e verdadeiramente só ditoso quando também

[4] Ao Núncio, arcebispo de Calcedônia, 23 de maio de 1682. *Cartas*, t. 3, p. 455.

figurante. Namorado dele doía-se das ofensas, tornava-lhe os desdéns, protestava afastar-se para sempre, mas ao menor apelo voltava no encantamento da reconciliação desejada.

Dessa vez chamaram-no primeiro as finezas do governador ou capitão general Roque da Costa Barreto, que em 1682 terminava o triênio "mais pobre de fazenda e mais rico de opinião que muitos de seus antecessores"[5]. Esse juízo do padre mostra quanto de tais finezas se achava cativo um homem tão queixoso de desconsiderações. Afinal o mundo, por malíssimo que fosse, continha ainda parcelas de bondade, e valia a pena conservar a ligação com ele, por meio de suas mais nobres criaturas. Assim pensando, sobrevieram outros incentivos. Da Europa escreviam-lhe. Certos afeiçoados seus na cortes pediam novas do ausente aos confrades jesuítas. Aquele que, por tantos anos, irradiando talento, fazendo-se notar por ações singulares, tivera em permanente alvoroço e atentas em sua pessoa a corte e a cidade, não desapareceu como estrela rápida e sem que a curiosidade o seguisse. Morto, qual se quisera julgar, vivia ainda na memória dos homens. Com isso renasceu.

Barreto regressou à metrópole na frota do seguinte ano (1682), e com ele iam cartas de Vieira para o Núncio, duque de Cadaval, marquês de Gouveia, arcebispo nomeado da Bahia frei João da Madre de Deus, cônego Francisco Barreto, irmão do governador, e infalivelmente outras de que se perdeu a notícia. O sepultado ressuscitava, reatando a comunicação com os vivos. Nas cartas aos fidalgos é patente a amargura de quem padece a injustiça da sociedade, mas a transição dera-se, e, se o coração permanecia magoado, aquele horror do mundo, que se compraz em esquecer e sentir-se esquecido, cessara de vez.

Escrevendo ao marquês de Gouveia, de quem se apartara em desavença por motivo ignoto, quiçá qualquer imprudência de linguagem de que se

---

[5] Ibidem, p. 456.

agastou o magnate, Vieira deixa ver como lhe não era ainda indiferente estar de mal com os grandes da terra. Da carta se pode inferir que também o marquês usou de algum descomedimento, que o padre se deu por ofendido, e o provincial ou outro superior lhe aprovou a resolução de o não buscar nem lhe escrever nunca mais. Todavia não se tire do que sobre isso diz a ilação de que foi essa a causa do seu retiro na Bahia, e do silêncio do primeiro ano. Podemos crer a Vieira sincero no sentimento: na expressão veja-se a traça do artista, em cata do efeito literário.

Senhor marquês. Apartando-se Antônio Vieira dos pés do senhor marquês mordomo-mor, caído de sua graça, como se havia ou devia tratar daí por diante senão como morto? Assim o fiz em um caso tão sem remédio, depois de aprovado e confirmado por quem só o podia impedir, não me deixando a sua ausência lugar para o remédio, nem a sua resolução liberdade para a emenda. Alongar-me tanto da presença e favor de Vossa Excelência é certo foi para com Deus o maior sacrifício, não tendo eu na vida outra coisa que lhe sacrificar, mas não me persuadi que para com Vossa Excelência fosse tão grande culpa. Contudo a confessei na última hora a quem podia manifestar a Vossa Excelência a minha tão grande como justa dor, não sem bastantes sinais de arrependimento. Duvidoso do perdão, pelo que tinha experimentado, nem a pedi-lo a Vossa Excelência me atrevi. Esta foi a causa do meu silêncio, tomando por castigo a perpétua sepultura.

Agora me referem tais demonstrações da clemência de Vossa Excelência, e da antiga mercê e afeto com que Vossa Excelência se dignava honrar-me, que não posso duvidar me tem Vossa Excelência restituído ou ressuscitado à sua graça. E como poderei eu declarar o excesso de alegria ou estimação com que recebi essa nova, senão com dizer prostrado aos pés de Vossa Excelência que já vivo, e que já Deus me tem pagado o mesmo sacrifício, com que desejei deixar tudo e a mim mesmo, por seu amor? Pague o mesmo Senhor, que só pode, a Vossa Excelência esta tão mal merecida caridade, que não tem outro nome, e seja em conservar e aumentar a Vossa Excelência por muitos anos a inteira saúde e vida, como eu

> nunca cesso de rogar a sua divina majestade em todos os meus sacrifícios e orações, que nesse deserto, a que estou retirado, se não são mais fervorosas são mais contínuas, e sempre com tanta suspensão e cuidado que, não me dando nenhumas novas do mundo, só as de Vossa Excelência procuro e solicito em todos os navios que vem desse reino[6].

Com os navios tinha chegado a nova do desacato em Coimbra. O golpe feriu a Vieira profundamente, e muito mais por julgar que só com a complacência dos governantes tal podia ter acontecido. Ainda no ano seguinte falava nisso. Na ocasião dizia ao marquês: "Não merecia Antônio Vieira aos portugueses, depois de ter padecido tanto por amor da pátria, e arriscado tantas vezes a vida por ela, que lhe antecipassem as cinzas, e lhe fizessem tão honradas exéquias"[7]. Os parentes, e algum padre do Colégio, aconselhavam-lhe que por desforço parasse a impressão dos sermões, e a mandasse fazer em língua estranha. O alvitre, se satisfazia o despeito, era nocivo à glória do orador, que só os naturais podiam apreciar como cumpria. Pela segunda turma da frota daquele ano, saída em julho, remeteu o terceiro tomo.

Sucedeu a Roque da Costa Barreto no governo da Bahia Antônio de Sousa de Meneses, apelidado o *Braço de prata* por causa de um que usava em substituição do natural, estrafegado em campanha por tiro de bala; sujeito ao que parece exaltado, presunçoso e arbitrário, contra quem logo de princípio se manifestaram descontentamentos. Assim que chegou, uma de suas providências de polícia foi a proibição dos embuçados. Os homens tiveram de andar em corpo, disposição adequada ao clima, mas que ia de encontro ao uso inveterado; os amigos da capa murmuraram, e os poetas da terra disseram "mil lindezas", refere Antônio Vieira, sobre a novidade. Nem sempre, porém, falaram nesse tom. Em breve

---

[6] 23 de maio de 1682. *Cartas*, t. 3, p. 452.

[7] Ibidem, p. 453.

Gregório de Matos o expunha no pelourinho da sátira, infamado de veniagas[8]. O jesuíta exprime-se acerca dele em tom agridoce: "Eu não posso presumir mal de Antônio de Meneses, porque a madureza dos seus anos promete grandes acertos, e o não ter herdeiros igual desinteresse". E logo em seguida:

> O que só digo a Vossa Excelência é que, se ao Conselho de Estado subir uma representação do secretário deste, estimarei muito que se não saiba que é meu irmão, porque bastará essa notícia para que lá se não emendem as injustiças que cá se lhe fazem só por essa causa, porque não há outra[9].

Tinha estalado o conflito. Do caso iam brotar conseqüências de suma gravidade para os Ravascos e para o parente jesuíta.

Essa discórdia do governador com o secretário foi acompanhada de outras, com a nobreza da terra, movidas por indivíduos de situação preponderante no Estado, e que, adquirindo a confiança de Antônio de Sousa, usaram dela para satisfazer antigos rancores, prejudicando e perseguindo a seus êmulos. Desses familiares fora o primeiro e mais íntimo Francisco Teles de Meneses, alcaide-mor da cidade, ainda aparentado com o governador. Dois desembargadores da Relação participaram nos ódios e perseguições do alcaide. Informações

---

[8] Quem dissera, quem pensara,
Quem cuidara e quem diria
Que um braço de prata valha
Pouca prata e muita liga?
. . . .
O povo era quem comprava,
O general quem vendia...

Quadras *Ao Braço Forte*, "regatão de despachos" havido por intermediário das peitas ao governador.

[9] Ao marquês de Gouveia, 23 de julho de 1682. *Cartas*, t. 3, p. 461.

falsas ao governador, e afetadas culpas de que resultaram detenções, devassas, processos, sem contar os verdadeiros delitos a que o regime feudal dos engenhos segurava a impunidade, em pouco tempo puseram contra aquele e seus conselheiros toda a gente qualificada da colônia. Francisco Teles de Meneses era o mais descomedido e violento; sobre ele recaiu a vindita dos agravados.

Sexta-feira, 4 de junho de 1683, vindo o alcaide-mor, entre as dez e onze horas do dia, para sua casa, perto do Colégio lhe saíram ao encontro oito mascarados, que o atacaram disparando-lhe bacamartes. Dos tiros caíram dois negros, de três que acompanhavam o alcaide; neste não acertaram os pelouros, mas os assassinos deram-lhe a morte, a cutiladas e um golpe de chuço. Cometido o crime refugiaram-se na casa dos jesuítas. É de crer penetrassem na igreja, que estaria aberta, e de lá passassem à estância dos padres. O homizio em recinto eclesiástico era fato de todos os dias, e não repugna supor que este o outorgassem os jesuítas com satisfação. Para isso não era força que alguém de dentro tivesse parte no homicídio; entretanto serviu a circunslância para persuadir real ou fingidamente que assim acontecera.

No Colégio achava-se de hóspede, também homiziado, o provedor da alfândega André de Brito, incluído em uma devassa pelo crime de morte, praticado em dois negros do assassinado alcaide, e de que tinham sido os executores punidos, um com a forca, outro com degredo. Estava igualmente acoutado com os jesuítas o sobrinho de Vieira, Gonçalo Ravasco, que por ter acutilado um meirinho fora sentenciado a degredo para a África. Daqui nasceu dizer-se que o homicídio do alcaide fora planjeado na cela onde vivia o provedor, em conciliábulo a que tinham assistido o secretário do Estado, o filho, e o irmão Antônio Vieira. Era o que publicavam os da facção do alcaide, e os inimigos dos jesuítas, como sempre numerosos, aceitavam.

Antônio de Sousa, ao ter notícia do crime, perdeu de todo a serenidade. Correu à secretaria, e increpando a Bernardo Ravasco de matador, mandou-o prender e encerrar na cadeia comum. Em seguida ordenou com grande aparato o cerco ao Colégio para a captura dos que ali se homiziavam. Sem efeito, porque não ousou invadir o recinto privilegiado, e ao primeiro protesto do governador eclesiástico recolheu os soldados.

Enquanto o secretário de Estado ficava na enxovia, Gonçalo Ravasco pôde escapar-se para as naus, sair com a frota, e ir defender-se em Lisboa. Com ele fez viagem um dos queixosos do atrabiliário governador, Manuel de Barros da França, homem nobre, vereador da cidade, arbitrariamente excluído da Câmara, preso e degredado, pelo qual Vieira com muito encarecimento rogou ao marquês de Gouveia, presidente do paço, a quem também recomendava seu sobrinho[10].

Na Bahia iniciara a devassa um dos amigos do alcaide e familiares do governador, o ouvidor geral Manuel da Costa Palma. Com afã em que o desejo de ferir desafetos sobrelevava à justiça, inquiriu testemunhas, decretou prisões, e já o processo prometia abranger quantos inimigos tivera em vida o assassinado, que eram infinitos, quando arguido de suspeição o substituíram, passando a função ao desembargador João da Rocha Pita, tio do futuro historiador do Brasil. O novo inquiridor mandou pôr em liberdade a Bernardo Ravasco, o que era o implícito reconhecimento de sua inocência; mas não se conformou o governador, e impedido de o perseguir judicialmente fez uso da própria autoridade, impondo-lhe sair imediatamente do estado. Em vista disso, e não podendo ou não lhe convindo ausentar-se, acolheu-se o irmão de Vieira ao convento de Santa Teresa, de carmelitas descalços, na cidade.

Não se pode hoje averiguar se tiveram realmente parte os Ravascos no crime que lhes imputavam. A verdade é que pai e filho saíram ilibados da culpa: em Lisboa uma só testemunha jurou contra eles; o secretário de Estado foi restituído ao seu posto; o governador que, ou de impulso próprio ou instigado de ilhargas más, os quis implicar no homicídio, retirou-se do

---

[10] 4 de julho de 1683. *Cartas*, t. 3, p. 485.

Brasil antes de preencher o prazo do governo, com aplauso dos habitantes e carregado de acusações na sindicância a seus atos. Que o crime fosse, como ele sustentava, preparado no Colégio é mais que provável: lá se achava o Provedor da Alfândega, inimigo do alcaide; Antônio de Brito e Castro, irmão dele, ali também depois refugiado, capitaneara os sicários. Tais vinganças são episódios não raros da vida colonial. Sem participar na aventura, podiam os dois Ravascos ter dela conhecimento anterior e aprová-la. Quanto a Antônio Vieira nada permite supor que a imputação tivesse fundamento aceitável.

Mais plausível parece originar ela do ódio que tinha o governador, e o cegava, ao jesuíta e seu irmão. A desavença vinha dos primeiros descontentamentos entre ele e o secretário, do qual fora também inimigo o alcaide-mor. Bernardo Ravasco, que desconfiava ser este o instigador, vira suas atribuições diminuídas por um regulamento novo, posto em vigor por Antônio de Sousa, ao mesmo passo que lhe eram cortados os emolumentos por determinações estranhas à praxe do Estado. Refere Vieira que os outros padres o aconselharam a intervir em favor do irmão, representando àquele a irregularidade das suas disposições perante a lei e os usos. O incitamento não era necessário, porque em lances dessa classe sempre nele despertava o sentimento de solidariedade com os seus, menos talvez pelo afeto, que por orgulho pessoal molestado. Fosse como fosse tentou a intervenção.

Entrando onde estava o sátrapa, disse ter a pedir-lhe uma mercê: era caso que tocava a consciência e de obrigação para com Deus. Mau princípio para o negócio a que ia. O outro não o deixou propor o requerimento: cortou-lhe o discurso, bradando que sem ser padre da Companhia tinha melhor consciência que ele, e também melhor do que ele o conhecimento de Deus. Aqui entendeu Vieira que era um modo de significar que o tinha o governador por judeu. Replicou, e seguiu-se um diálogo em que, se o fidalgo se excedeu no tom da voz e furor das palavras, o padre nas respostas nada menos mostrou que mansidão. Isto se pode inferir do que disse D. Pedro a Gonçalo Ravasco, quando este, chegando a Lisboa, teve dele uma audiência: "Estou muito mal com seu tio Antônio Vieira, porque descompôs o meu governador"[11]. Vieira conta por forma diversa o sucedido, na relação que mandou ao governador exonerado, Roque da Costa Barreto, e assegura que, embora picado dos termos e modos do interlocutor, conservou a serenidade. Respondendo à letra, como cumpria, não lhe faltou à consideração mais que em se esquecer, na continuação da disputa, de o tratar por Senhoria, o que não era insolência desmarcada, quando o adversário também se excusara de lhe dar Paternidade. No final fora intimado a não tornar ao palácio; pouco importava isso, tinha dito, a quem com tão diferente respeito entrara nos paços de todos os reis e príncipes da Europa. É possível que o governador, queixando-se para a corte, exagerasse os pormenores da rixa verbal; mas não há negar que bem quadrava a informação do regente à têmpera do outro contendor[12]. Passou o caso dois dias antes do Natal de 1682; em junho seguinte morreu o alcaide-mor.

Afastado da causa um juiz suspeito aos indigitados na culpa, sucedeu-lhe outro contra quem por seu turno invocaram suspeição os acusadores. Este, com efeito, longe de satisfazer os intuitos de perseguição, manifestados pelo governador, antes parecia inclinado a desculpar o homicídio. A impaciência e desesperação por inúmeros agravos tinham instigado ao ato criminoso; os parentes do assassinado tentavam agora, por despique final, envolver na devassa a todos os seus inimigos; o governador, que devia ser o fiel da justiça, patrocinava esse propósito maléfico e ele mesmo concorrera por seus procedimentos para o sucedido. Nesses termos expôs o desembargador Pita o caso ao Conselho Ultramarino.

---

[11] Cf. Cartas ao duque de Cadaval e marquês de Gouveia, 2 e 5 de agosto de 1684. *Cartas*, t. 3, p. 496 e 500.

[12] Cf. a carta de 25 de junho de 1683. *Cartas*, t.3, p. 477.

Seqüência disso, e das diligências que Gonçalo Ravasco fazia em Lisboa, já por amigos que ainda tinha Antônio Vieira, já pelas recomendações de pessoas hostis ao governador, foi a destituição deste e nomeação de um sindicante para lhe tirar a residência, e proceder conjuntamente a novo inquérito sobre a morte do alcaide. O capitão general nomeado era o marquês das Minas, filho do embaixador que fora em Roma, o qual chegou à Bahia em julho de 1684. Alojou-se no Colégio dos Jesuítas, e logo foi visitar à cela Antônio Vieira, doente de cama: princípio de governo auspicioso para os jesuítas, de quem não era amigo o antecedente governador, e para o padre, que esperava pela proteção do marquês ver finalmente desembaraçados de seus perseguidores o irmão e o sobrinho.

A princípio pareceu assim. Declarado inocente pelo inquérito, tomando posse o marquês das Minas, pôde Bernardo Ravasco deixar o homizio, e reassumir o seu posto de secretário: o filho trouxera carta de livramento passada pelo rei, o que lhe permitia defender-se solto. Mas, se Gonçalo Ravasco movera influências para sua proteção, outro tanto fizera com o fito na vingança um irmão do alcaide, que também tinha ido ao reino. Por outra parte sucedeu que, se o novo governador era amigo de Antônio Vieira, o sindicante, sem favorecer as partes de Antônio de Sousa, prestava ouvido ao que os parciais do assassinado diziam. E assim foi que anulou a devassa anterior, pronunciou novamente a Bernardo Ravasco e, desprezando a carta de livramento, passou ordem de prisão contra Gonçalo, que dessa vez se refugiou no mosteiro de São Bento, juntamente com o pai. Por fim também Antônio Vieira se achou no rol dos culpados, sendo advertidos os superiores para lhe darem castigo, visto possuir imunidade do foro secular. Exigiam os do bardo contrário que ele fosse desterrado para o colégio do Espírito Santo, mas nem isso nem outra qualquer satisfação conseguiram, porque a inocência do padre continuou impoluta para os da sua comunidade.

Pela frota de 1685 regressou o sindicante à metrópole. Chegara com fama de reto à Bahia, mas, segundo Vieira, levava consigo as devassas carregadas de testemunhos falsos[13]. Pouco temendo por si, a perseguição aos parentes afligia-o. O sentimento da família, entorpecido para as demonstrações afetivas, despertava como solidariedade, quando havia questões de interesse ou decoro a vindicar. Por isso, expondo ao duque de Cadaval o sucedido, rogava-lhe interferisse com o governador, como aquele que na colônia tudo podia. Até aí tinham sido vãs as recomendações.

> Meu irmão, como recomendado ao sindicante, fica com a fazenda sequestrada, e retirado há dois anos a um convento. Meu sobrinho, trazendo carta de Sua Majestade para que se lhe desse livramento, não o conseguiu. Eu mandado castigar por meus superiores, que, como testemunhas de minha inocência e da dos meus parentes, não lhes permitiu a consciência serem executores do que não permite a justiça, e só Deus, que é superior a todos os da terra, me conserva ainda vivo, e tão amante do meu rei que por ele lhe ofereço todas as minhas orações e sacrifícios. E porque neste mundo só tenho a Vossa Excelência, e os governadores do Brasil podem neste Estado tudo, e sei que Vossa Excelência escreve ao senhor marquês das Minas, estimarei, e peço muito a Vossa Excelência, que na primeira ocasião em que lhe escrever se sirva Vossa Excelência de lhe significar que meu irmão e sobrinho e eu somos antigos criados de Vossa Excelência, para que este foro nos conserve no favor e mercê que até agora nos faz, e se confirme na vontade de no-lo fazer sempre[14].

Chegando à corte, passara o processo ao tribunal do paço, onde foi distribuído ao desembargador Diogo Marchão Temudo, amigo de Vieira, que com ele se correspondia, e, como o finado Duarte Ribeiro de Macedo, a quem sucedera na confidência do jesuíta, dado a prognósticos, bem assim a deduzir das oposições e conjunções astrais a marcha da história. Afortunada foi a circunstância para os implicados na devassa recente: "Foi o mesmo que passar das mãos da

[13] A D. Cristóvão de Almada, 27 de junho de 1685. *Cartas*, t. 3, p. 522.

[14] 20 de julho de 1685. *Cartas*, t. 3, p. 524.

calúnia para as da justiça", escrevia o padre ao julgador seu amigo[15]. De fato saiu essa intervenção favorável aos perseguidos, porque, seguindo o voto do relator, decidiram os desembargadores do paço que os autos baixassem à Relação do Brasil, e como estivesse ali a facção do governador Antônio de Sousa em minoria, caiu à míngua de provas a acusação aos Ravascos. Durou esse período de proscrição dos parentes de Vieira até 1687, quando foram despronunciados, e o secretário de Estado regressou definitivamente a suas funções. Coincidiu a reabilitação com o fim do governo do marquês das Minas.

Até então o padre, quase sempre no Tanque, dividia o tempo entre as devoções, os trabalhos literários e, na ocasião das frotas, a correspondência, em que juízos não benévolos sobre os negócios da República acompanhavam os queixumes de cortesão despedido. Tinha falecido entretanto o Geral Oliva. Não menos admirador seu, o sucessor, Tyrso Gonzales mandou-lhe em 1688 o diploma de visitador da província do Brasil, cargo certamente pesado para quem ia completar os oitenta anos. Era o melhor desforço dos que o tinham culpado de mandador de um homicídio. Em maio, para tomar o ofício, de que, em atenção à idade, lhe era dispensada a parte mais penosa, as viagens, deixou o retiro campestre pela cidade.

II

A monção para a viagem da Bahia era de dezembro a março: nesse tempo saía do Tejo a frota, que um ou mais barcos armados comboiavam. A volta de maio a julho, segundo a demora dos carregamentos de açúcar e tabaco, de que vinham pejadas as naus; as vezes algum navio, detido por fabrico ou carga atrasada, ficava até agosto. Fora desse período só casualmente, e por embarcações de menos porte, havia comunicação com a Metrópole.

---

[15] 2 de maio de 1686. *Cartas*, t. 3, p. 526.

Depois que, reconciliado com o mundo, enviou à Europa as primeiras cartas, nunca mais, até o ano derradeiro da sua vida, faltou Vieira com esse tributo ao passado, de que a memória lhe era a consolação única e o tormento perpétuo. Por esse modo se salvava ele também do esquecimento, que temia superiormente à dor das repulsas e dos pungentes agravos. Essas cartas, das quais sem dúvida se perderam muitas, são os anais da sua existência nesse período final, em que vemos a gigante figura, a passos contados, caminhar para a decrepidez e para o túmulo. Ano após ano, por meio delas o exilado imerge naquele passado fascinante, de onde ao partir de Lisboa quisera que o largo oceano para sempre o separasse. Agora só dele e para ele, voltado vivia. Meio ano no alvoroço das novas esperadas, do comércio epistolar com os grandes, em que por momentos teria a ilusão de que com eles, como em outro tempo, discreteava e discutia. Isto era reconstituir no presente o passado. O restante dos meses ocupado em o recordar na coordenação dos sermões para a imprensa. Sermões triunfais, sermões malsinados, sermões de combate, sermões de queixas, sermões de moral, sermões ascéticos, em cada um páginas da sua vida, desde os púlpitos modestos em que na América pregara aos negros humildes, aos índios lerdos, até a pomposa cátedra da real capela ou das basílicas romanas, ouvido por grandes fidalgos, príncipes, reis e pelo papa. Ali se lhe espelhavam as peripécias da sua acidentada carreira: religioso sem aspirações mundanas; cortesão valido, estadista e embaixador; apóstolo e pai dos selvagens; místico librado ao profetismo e perseguido. Os sermões coligidos não pela ordem do tempo ou assuntos, mas sem interdependência de discurso a discurso, e segundo o capricho da ocasião, o fortuito do encontro, a comodidade no ordenar as notas. "Irão saindo diante e à desfilada os que estiverem mais prontos", diz ele no prólogo do primeiro tomo. E daí derivou ser cada um dos tomos como que a sua vida em esquema, porque de todas as partes dela existe ali um reflexo.

Às vezes havia uma intenção de acomodar à atualidade as manifestações de outrora. Assim, ao mandar o manuscrito do terceiro tomo, dizia ao marquês de Gouveia acerca de um dos sermões: "O da quarta dominga de Quaresma" – proferido em 1655 quando da segunda vez partia para o Maranhão – "por ser alegoria mui natural dessa minha última ausência, me deu ocasião para falar com Vossa Excelência algumas vezes, e dar a Vossa Excelência as tácitas desculpas dela"[16]. Desculpas de ter rompido com a corte no intuito, já por ele então deplorado, de se sumir na distância e no olvido. A outro correspondente, sobre os do quarto tomo: "O das minas vem agora a propósito do sucesso" – faziam os paulistas as primeiras descobertas no sertão aurífero – "e o do amor dos inimigos dos reis em todo o tempo terá propósito"[17]. Ainda longe e desatendido não renunciava à crítica dos costumes da corte, repetindo por escrito aquilo que de palavra proferira. A censura de então cabia da mesma sorte aos casos de agora; mas o efeito, ele o reconhecia, não era igual: "Essa desgraça tem o falar a propósito do tempo, que, sendo dito em um o que se imprime em outro, as receitas que convinham às enfermidades passadas, aplicadas às presentes, têm, menos energia"[18].

O segundo tomo trouxera-o Vieira quase concluído para a Bahia; teve licença do provincial para a impressão em junho, e voltou a Lisboa na mesma frota. Saiu a público em novembro de 1682. Os outros tomos seguiram a princípio em anos consecutivos – chamava-lhes o autor o seu foro anual –; depois interpondo-se à tarefa trabalhos de ocasião, achaques e cuidados, alternava um ano de produção com um estéril. Em 1688 é o mesmo Vieira que como visitador autoriza a publicação, e também no ano seguinte. Até aí só houvera falta em 1685, coincidindo o período com a fase mais aguda da perseguição pelo caso do homicídio. "Fica em muito maior miséria a Bahia depois das devassas do sindicante, que quando a governava Antônio de Sousa", escrevia ele

---

[16] 23 de julho de 1682. *Cartas*, t. 3, p. 460.

[17] Ao cônego Francisco Barreto, 23 de junho de 1683. *Cartas*, t. 3, p. 471.

[18] Ibidem, p. 90. Referia-se ao sermão da terceira quarta-feira de Quaresma (*Sermões*, t. 4, p. 356) que pregara na presença de D. Afonso VI em 1661, erradamente impresso como sendo de 1651.

ao desembargador que havia de o ilibar[19]. Não admira que sob a preocupação de acontecimentos que tão particularmente o afetavam deixasse de parte os trabalhos literários. De 1686 a 1689 lançou um tomo a cada ano; depois até o último, em 1697, publicou um tomo de dois em dois anos.

Ainda nisto, o homem que, queixoso dos outros homens, proclamava desinteressar-se do mundo, não podia dispensar o aplauso dos poderosos. Instigado por eles, e para merecer esse aplauso, aceitava de melhor grado a obediência, pela qual lhe era força desleixar o trabalho criador, em que só se comprazia, para reverter ao passado morto. No terceiro tomo devia ser incluído o sermão de Santo Antônio, das ingratidões, que por doença não pudera pregar em Roma, e no qual, sob color de vindicar afrontas do famoso homônimo, era por si que falava. Notou-lhe o marquês de Gouveia no tom geral do discurso agravo à nação portuguesa. Tanto bastou para que o mandasse Vieira substituir por outro, provavelmente o sermão do mesmo santo, composto em 1657 no Maranhão[20]. Aquele que desagradou ao censor cortesão, e a mais alguns, de patriotismo igualmente sensível, desagradaria, ficou para a parte duodécima[21], a última coordenada pelo autor. Cerca de dez anos antes tinha falecido o marquês. Também os padres da Bahia lhe haviam feito a advertência. "Cuidam aqui os revisores que as ingratidões da pátria do mesmo santo, sem lhe mudar o nome, se podiam aplicar às que eu tenho experimentado." A esses respondeu com o exemplo de Manuel de Faria e Sousa, que no prólogo da sua *Europa* verdades de igual dureza dizia dos compatriotas. "O que se não proibiu a um cronista por história, menos se pode censurar em um pregador por doutrina."[22] Mas o mordomo-mor não lhe admitiu a razão, e fez o aceno de repulsa, que foi obedecido sem réplica.

---

[19] A Diogo Marchão Temudo, 1º de julho de 1685. *Cartas*, t. 3, p. 523.

[20] Reimpresso na edição de 1854, t. 3, p. 185.

[21] Reimpresso na edição de 1854, t. 11, p. 196.

[22] Ao marquês de Gouveia, 23 de julho de 1682. *Cartas*, t. 3. p. 461.

O ano de 1683, que trouxe ao padre os dissabores originados da morte do alcaide, foi em compensação assinalado por dois acontecimentos, os quais, por mais que achemos isso contrário ao seu caráter de religioso, certamente lhe deram regozijo, como afortunados para a nação: o falecimento do rei D. Afonso em setembro, o da rainha D. Maria Francisca de Sabóia três meses depois. Muito tinha o jesuíta desejado e aconselhado que se proclamasse rei D. Pedro, em vida do irmão. Ultimamente não cabia no fato a mesma importância, desde que o soberano legítimo caíra em hebetismo; em todo o caso, vivo ele, era sempre um fantasma de que devia temer-se o usurpador. A morte da rainha permitia a esperança de herdeiro varão para a coroa por novo matrimônio. Assim passava à classe de secundário problema na política nacional o casamento da princesa, e se representava menos incerto o futuro da pátria e da dinastia. Quando pôde manifestar-se em público, Vieira deixou ver sem nenhum pejo o seu júbilo.

Outro fato que também sem dúvida lhe mitigou as aflições daquele ano foi chegar-lhe às mãos o exemplar de umas conclusões de teologia, que lhe dedicou a Universidade do México. Até lá chegara a sua fama e a douta comunidade lhe consignava as máximas honras. No rosto do volume o seu retrato cercado dos emblemas triunfadores: palmas, trombetas e a fênix imortal. Tudo "vento e fumo", dizia ele, posto aproveitasse o caso para confronto com o que lhe sucedera em Portugal: "Não posso deixar de me magoar muito que no mesmo tempo em uma universidade de portugueses se afronte a minha estátua, e em outra universidade de castelhanos se estampe a minha imagem". Depois referindo-se à perseguição do governador: "E para que não pareça que são isto influências da América, quando no que é sujeito a Castela me honram desse modo, no que é sujeito a Portugal me fazem as afrontas de que Vossa Excelência será informado por outras vias"[23]. Entretanto também na Bahia alguma homenagem, decerto para ele mui grata, lhe era prestada.

[23] Ao marquês de Gouveia, 24 de julho de 1683. *Cartas*, t. 3, p. 476.

A nova do falecimento da rainha foi levada ao estado pela frota que conduzia o novo capitão general marquês das Minas. Este, tomando posse, logo deu ordem para as exéquias, incumbindo a Vieira o sermão, e a Bernardo Ravasco, perito decorador, o catafalco. Foi a cerimônia a 11 de setembro, no templo da Misericórdia. Vieira, enfermo desde antes de chegar o governador, e cinco vezes sangrado na semana da solenidade; ausente do púlpito havia dez anos, por desconsolação, por achaques, por decadência dos predicados físicos necessários ao orador: a voz, a fascinação do olhar, a figura dominadora, a vivacidade; pronunciou o discurso, primeiro do díptico *Palavra de Deus empenhada e desempenhada.* Palavra empenhada na promessa de sucessão masculina, por outras núpcias, que aquela morte significava; palavra desempenhada quando a promessa apontada então se realizou. Singular modelo de comemoração fúnebre! Nada no discurso corresponde ao que usualmente soa em tais orações; a dor apenas fala, e assim mesmo se conhece o forçado; o tom prevalecente é o do ditirambo.

Era dote de Vieira, como impulsivo, a sinceridade, quando na sua eloqüência exprimia afetos íntimos. O sentimento, que lhe inspirava a rainha, de nenhum modo era de simpatia; antes parece que de um para outro havia recíproca aversão. Para se escusar da frieza do panegírico na oração fúnebre, dizia ao duque de Cadaval faltarem-lhe notícias das "singulares virtudes", ao marquês de Gouveia das "soberanas virtudes", daquela cuja desaparição deplorava. "Mas ainda por dizer o que todos sabem é desigual à minha compreensão a imensidade da matéria."[24] Palavras de dúbio sentido, e em que a qualquer, sabidos os antecedentes, era fácil discernir uma ponta de ironia. Inversamente tudo nele é segurança quando exala o seu júbilo.

> Agora quisera eu que em todo este teatro se voltara a cena: que os lutos trocassem as cores, que as caveiras se revestissem de vida, que os ciprestes se repro-

---

[24] 5 de agosto de 1684. *Cartas*, t. 3, p. 504.

duzissem em palmas, que os epitáfios se convertessem em panegíricos, e que as luzes funestas dessa pirâmide se mudassem em luminárias de ação de graças; porque os que até aqui foram estragos e despojos, agora serão trofeus e triunfos, não de outra causa, senão da mesma morte[25].

Aqui entra a justificar a mudança.

Corramos a cortina aos secretos da providência divina, descubra-se o que estava encoberto, e vejamos no que vimos o que não vimos. Desde o dia em que a rainha nossa senhora entrou em Portugal até o dia em que partiu para o céu, as coisas de maior vulto, que sucederam em todo aquele tempo, foram três matrimônios notáveis. Um matrimônio declarado por nulo, um matrimônio contratado, um matrimônio consumado. O matrimônio nulo foi o do senhor rei D. Afonso, que está em glória; o matrimônio contratado foi o da Alteza Real de Sabóia, que não teve efeito; o matrimônio consumado foi o de el-rei nosso senhor, que muitos anos viva. No primeiro esteve o reino enganado, no segundo esteve arriscado, no terceiro esteve desconfiado. E Deus, que tanto ama a Portugal, como desfez esse engano, como acudiu a esse perigo, e como confiou essa desconfiança? Bendita seja para sempre sua bondade! Assim como os matrimônios foram três, assim os remediou com três divórcios. O primeiro divórcio, no matrimônio nulo, fê-lo o desengano; o segundo divórcio, no matrimônio contratado, fê-lo a enfermidade; o terceiro divórcio, no matrimônio consumado, fê-lo a morte. E que bens ou utilidades para Portugal tirou a providência divina desses três divórcios? Os três maiores bens e as três maiores utilidades que podíamos desejar, e as que mais havíamos mister e agora se conhecem. O primeiro divórcio deu-nos uma princesa herdeira do reino, o segundo divórcio livrou-nos de príncipes estrangeiros, o terceiro divórcio habilitou-nos para ter príncipes naturais na varonia dos reis

[25] *Sermões*, t. 12, p. 24.

portugueses. Vejam agora a nossa dor e as nossas lágrimas se tem grande motivo para se enxugarem[26].

Não era sem crueldade que aludia o orador ao malogrado casamento em Sabóia, obra e aspiração da defunta. Mais dureza mostrava ainda em dizer que redundara a morte em motivo de consolação para Portugal. Como sempre, com exemplos da Escritura justificava tudo. Nos tempos antigos, sendo a poligamia lícita, nela tinha seu remédio a infecundidade. Houve Abraão filhos em Agar vivendo Sara, houve-os Jacó de Lia em vida de Raquel. No regime da Igreja de Cristo semelhante recurso é impossível, e só com a morte, que permite outras bodas, cessa o mal. Quem, ouvindo isso, podia lastimar o sucedido?

Por último, mais uma vez, e em sentido novo, era interpretada aquela revelação divina em Ourique, ao primeiro rei: que na décima sexta geração lhe seria a prole atenuada, a qual então Deus olharia e veria. Nestas palavras misteriosas apoiavam os sebastianistas a sua crença: para eles a décima sexta geração estava no soberano, apelidado pelo épico *maravilha fatal da sua idade*. Em D. Sebastião estava, e nele atenuada, para Vieira, quando no famoso sermão do Ano Bom de 1642, proclamou D. João IV o *Encoberto* das profecias. Agora decifrava de outro modo a promessa do Onipotente: décima sexta geração, D. João IV; atenuada em D. Pedro "porque nele está a prole em um só filho e um só fio"; Deus olhará e verá, isto é, lhe derá descendência em um e muitos filhos do sexo masculino. Uma analogia de palavras da Bíblia lhe fornecia a explicação. Ana que foi mãe de Samuel, quando ainda sem filho pedira a Deus olhasse e visse a sua aflitiva esterilidade. "E que fez Deus? Olhou e viu como lhe pedia Ana: é, porque olhou e viu, não só lhe deu um filho varão

---

[26] *Sermões*, t. 12, p. 24.

senão muitos." De onde concluía o teólogo: "De sorte que o olhar e ver de Deus é dar não só um, senão muitos filhos varões"[27].

Subjugado por sua paixão Vieira não enxergava o odioso de tais manifestações na presença, posto que somente simulada, de um cadáver. É possível que a si mesmo se enganasse, tomando por exultação do patriotismo aquilo que no âmago não passava de satisfação de um mísero rancor. Além disso pensava, com o afortunado oráculo, aplacar a irritação de D. Pedro. Segundo asseverava, somente por lhe ter dito o marquês das Minas que nisso daria gosto ao soberano se resolvera a pregar, quando se julgava incapacitado pelos anos e enfermidades. As febres de que caíra em cama à chegada dos navios da Europa eram por ele atribuídas à dor pelo agastamento do soberano, ao saber o que tinha ocorrido com o governador Antônio de Sousa. Lamentava-se de que, havendo-se recolhido a um deserto a fim de melhor se aparelhar para a morte, ali mesmo o não deixassem viver nem morrer. E era causa de acabar seus dias em tal desconsolo um filho daqueles reis por quem tantas vezes os tinha arriscado, e o soberano por que tanto trabalhara para que viesse a sê-lo![28]

Um ano depois não tinha sarado a ferida, nem as causas que a faziam sangrar desaparecido. Na colônia continuava a perseguição judicial; o rei permanecia indiferente a súplicas e lisonjas, cada vez mais surdo às invocações do faccionário importuno, que lhe exigia gratidão como quem cobra uma dívida. Pelos primeiros navios saídos para o reino em 1685, Vieira, remetendo o sermão das exéquias ao duque de Cadaval, repetia os queixumes, no intento de que pelo duque chegassem aos ouvidos de D. Pedro. O mesmo

---

[27] *Sermões*, t. 12, p. 33. Texto bíblico: "Si respiciens videris affictionem famulae tuae, dederisque servae tuae sexum virilem" (I, Reg. IV, II). Revelação de Ourique: "Et in ipsa (generatione) attenuata ego respiciam et videbo".

[28] Ao marquês de Gouveia, 5 de agosto de 1684. *Cartas*, t. 3, p. 501. Idênticas reflexões em carta ao duque de Cadaval, 2 de agosto de 1684. *Cartas*, t. 3, p. 397.

lhe faria ver o discurso, onde mais uma vez se patenteava a devoção daquele desprezado servidor. Talvez nesse tempo se apercebesse o padre de que fora deficiente nos louvores da finada, e excessivo nas considerações políticas, e seja por isso a primeira parte da carta em tom apologético, insistindo na falta de adequada informação.

> Mais por obedecer a Vossa Excelência com a brevidade que Vossa Excelência me ordena, que por satisfação que entenda do papel incluso, remeto nele e nestes primeiros navios o sermão das exéquias da rainha, que está em glória. Por me faltarem as notícias que só Vossa Excelência me podia dar, observando-as em tantos anos de tão interior assistência, vai ele tão pobre e pouco ordenado dos singulares exemplos de suas heróicas virtudes. Do pouco que cá chegou nas relações de sua doença, testamento e morte, e dos extraordinários sentimentos de el-rei e de todo o reino, não deixei nada de fora. Nem também me pareceu calar tudo o que no tempo do seu reinado foi público ao mundo, para que a dissimulação ou silêncio das mesmas coisas não parecesse que aprovara as erradas opiniões com que os inimigos as interpretavam, mas ficassem refutadas e desmentidas neste que tanto se pode chamar panegírico, como manifesto. Falo em todos os sucessos e em todos os interessados com o decoro e veneração que é devido a tão soberanas pessoas, entre as quais, se Vossa Excelência não ler o seu nome, lerá Vossa Excelência o zelo e valor português, que será eterno, com que Vossa Excelência encontrou o impedimento das futuras felicidades, para que hoje estamos habilitados.
>
> Não ofereço a Sua Majestade este papel, porque presentes são a Vossa Excelência as continuadas experiências que me tiram essa confiança, as quais ainda cá são maiores do que lá se conhecem. Duas cartas escrevi a Sua Majestade em que lhe dava a verdadeira informação de algumas falsas queixas contra mim, em que eu era o agravado e devia ser o queixoso. E não se dignou Sua Majestade de me mandar responder nem por um moço da sua cavalariça. Cheios estão os copiadores da secretaria das muitas cartas com que este mesmo Antônio Vieira foi louvado por el-rei que está no céu; e não só em resposta das minhas, mas em

outras ocasiões de mero favor e agrado, como a de me dar notícia, estando em Holanda, do nascimento do mesmo príncipe que hoje logra a sua coroa. Não cuidei então que assim me pagasse o filho os serviços que fazia ao pai, e depois fiz a ambos.

Perdoe-me Vossa Excelência essas memórias que não podem deixar de magoar muito as minhas cãs. Mas não bastaram esses desenganos para que eu me excusasse ao serviço de Sua Majestade nessa ocasião de sua dor, havendo tantos anos que em Roma me tinha despedido do púlpito, e não só sobre 77 anos de idade, mas muito mal convalescido de uma doença mortal. Ainda hoje padeço os efeitos de ir pregar, sangrado cinco vezes na mesma semana, para que a solenidade daquele dia não ficasse muda.

Excelentíssimo senhor, Deus guarde a Vossa Excelência como Portugal e os criados de Vossa Excelência havemos mister[29].

O efeito que produziria o sermão no governador, e na opinião do público acerca de Vieira, não se sabe. Sobre o processo criminal em curso não teve nenhum. Pouco tempo depois Bernardo Ravasco era forçado a deixar a secretaria do Estado e homiziar-se, novamente pronunciado na devassa do sindicante, e com os bens sequestrados. O pregador, e o sobrinho Gonçalo, um e outro sob as conseqüências da acusação. Por enquanto prevaleciam os inimigos dos Ravascos, e o marquês das Minas ou era impotente para proteger a estes ou carecia de ardor na amizade que lhes dispensava.

Em Lisboa é crível não fosse o discurso acolhido como esperava o autor. D. Pedro não deu a conhecer a diminuição do seu ressentimento. Dos cortesãos amigos pode-se supor que, pelo menos o duque de Cadaval, muito confidente da rainha falecida, não aprovou as coarctadas de Vieira. A carta em que este devia ter mandado o seu juízo, na frota de 1686, não foi do agrado do padre, que por isso a deixou sem resposta, e tornou a escrever somente em 1687,

[29] 10 de maio de 1685. *Cartas*, t. 3, p. 511.

depois de lhe ter o duque insinuado que compreendera a razão da falta. A nenhum outro assunto podem referir-se as palavras de Vieira, posto que falhas de clareza. "Não poder saber mais não é culpa; a minha desgraça foi não acertar a satisfazer e servir a Vossa Excelência, como desejei com todo o empenho, depois de haver entendido o tinha Vossa Excelência no que, só por esse respeito, tomei à minha conta." E acrescentava que, se tivesse de começar de novo, ainda o não saberia fazer de outra forma[30]. O que se não pode averiguar é se a desaprovação do duque caía sobre a tibieza do compungimento ou sobre a indiscrição do júbilo, qualquer dos quais muito capazes de o indignarem.

O ano de 1685 foi notável para a colônia pela aparição de um flagelo que durante seis anos semeou por toda a parte o luto e o terror: uma epidemia mortífera, que chamaram a *bicha*, importada de São Tomé, e que se crê ter sido a primeira invasão da febre amarela no litoral brasílico. Invadindo a costa, atacava mais perigosamente a gente do mar e recém-chegados. As tripulações das frotas viam-se dizimadas; mas o que infundia espanto eram os numerosos óbitos entre os funcionários europeus, casos que pela notoriedade das pessoas afetavam consideravelmente as imaginações. No primeiro ano sucumbiram cinco desembargadores, o arcebispo D. Frei João da Madre de Deus e o tenente general das forças militares. Os mosteiros pagaram largamente o seu tributo. Naquele mesmo período faleceram nos colégios da Bahia e Pernambuco doze jesuítas. No primeiro, de cem religiosos que havia, só quatro não tiveram a moléstia, desse número Vieira e o padre José Soares, o que eles atribuíram à proteção do Rosário, achando-se nesse tempo ocupados em coligir os sermões, oferecidos à Virgem nos dois volumes com aquele título. Mais de uma vez, no ano seguinte, diz Vieira ter sido acometido da *bicha*; mas a enfermidade consistia em fortíssimas

[30] 10 de agosto de 1687. *Cartas*, t. 3, p. 546.

erisipelas, com a febre natural da doença, o que absolutamente exclui a suposição da epidemia reinante[31].

Esta tinha levado no primeiro ano dois que o padre considerava seus encarniçados inimigos, os desembargadores Palma e João de Góis, sucesso que, como em casos semelhantes, considerava manifestação da justiça do céu, substituindo a que na devassa lhe não fizera o sindicante. Lá iriam dar contas a Deus da perseguição aos Ravascos[32]. Palma fora o magistrado da primeira devassa. A peste que poupara os perseguidos destruía os perseguidores.

O jesuíta persuadira-se de que, mandando a Lisboa o sermão das exéquias, ele seria para o rei como que a voz do povo a exortá-lo a novas núpcias e sossegar com uma breve resolução os receios, que a falta de príncipe natural a todos inspirava. Estava a sucessão da coroa provisoriamente assegurada na pessoa da princesa D. Isabel, herdeira reconhecida pelas cortes desde 1674. Quem porém viria a ser rei? A repulsa do noivado pelo duque de Sabóia, que não quis aceder ao projeto assentado entre a mãe e a tia, tivera-se por providencial. Durante algum tempo reinara a esperança de que o matrimônio do regente fosse abençoado com filho varão, pretexto e desculpa do divórcio e precipitado casamento. Mas Deus tinha lhe recusado essa graça, e não faltaria quem tal interpretasse por castigo da usurpação dupla, do trono e do tálamo, a um irmão. Quando se verificou ser definitiva a esterilidade de D. Maria Francisca, muitos por sentimento patriótico lhe desejariam a morte, ao ocorrer a qual deviam soltar um suspiro de alívio. Era essa parte da opinião decerto a mais numerosa do país, a que Vieira no seu discurso

---

31 A Roque da Costa Barreto: "Escrevo da cama em que três vezes me derribou a bicha, que quer Deus me morda só dos joelhos abaixo, posto que com uma terrível erisipela, acompanhada de tão ardente febre que totalmente me priva do juízo; assim o fez já o ano passado [...]", 12 de julho de 1689. *Cartas*, t. 3, p. 577.

32 Cf. cartas ao conde da Castanheira, D. Cristóvão de Almada e Roque da Costa Barreto I, 14 de julho de 1686. *Cartas*, t. 3, p. 527, 531, 532.

exprimia. O defeito dele estava em dar primazia à razão política na hora que as aparências do mundo haviam destinado à dor.

Chocado por isso, ou porque efetivamente a mágoa, pela perda da mulher amada com violência na sua ardente juventude, lhe não consentia ver a realidade da situação, D. Pedro nem se quis dar por entendido do que dissera o orador da Bahia, nem significou de modo algum ter por demonstração de afeto e fidelidade os votos por ele formados. O que Vieira de longe insinuava outros o expunham em sua presença e era o desejo geral da nação. Parece porém que ele a princípio se não mostrou pressuroso em cumpri-lo.

Isto dava lugar a murmurações. Vieira despeitado pelo silêncio de D. Pedro, e observador pouco complacente dos atos dos governantes, não ocultava as suas. O estado em que se achava a colônia era desconsolador. Sem fortalezas, sem armas, sem munições, sem presídio, e devastada pela epidemia; os soldados velhos do Brasil desaparecidos; corsários, principalmente franceses, a correrem a costa indefensa; qualquer poderia em um lance de audácia apossar-se da capital. "Já me não queixo nem lastimo de não quererem ter herdeiros, pois ainda que os haja não terão o que herdar."[33] Do sarcasmo se vê como tinha a viuvez do rei por teimosia.

Se o Brasil periclitava, da Índia não era o prospecto mais risonho. À Bahia iam com freqüência refrescar as naus de torna viagem. Em 1687 achava-se lá a que transportava o conde de Alvor, vice-rei que deixara o posto. "Promete pouca duração aquele Estado se não se lhe aplicarem prontamente alguns remédios", advertia o padre; e aqui mais uma vez lembrava aquele, várias vezes proposto e, por ser dele, sempre rejeitado, a criação da Companhia[34].

Retirava-se então o marquês das Minas, muito diminuí, do ao que parece na admiração do jesuíta. "Este é o estado em que aqui se vive, cada três anos

---

[33] Ao conde da Castanheira. 1º de julho de 1686. *Cartas*, t. 3, p. 529.

[34] A Diogo Marchão Temudo. 1º de julho de 1687. *Cartas,* t. 3, p. 542.

com novo senhor, e a maior fortuna dos que lhe procuram ganhar a vontade é conservar-se nela até o fim, o que sucede a poucos." De tais poucos não seria ele, como deixam entender essas palavras, e o desconsolo das seguintes ao desembargador Marchão Temudo: "E contudo me diz Vossa Mercê que fiz muito bem em vir para o Brasil!"[35]. De fato não lhe era menos contristador o ambiente ali que na corte.

Conhecida a disposição de espírito em que nesse tempo se encontrava o jesuíta, menos estranheza causará o fato de escrever ele então afetuosamente a um seu inimigo de outrora. E que inimigo! Castelmelhor que o tinha degredado para o Porto, e o perseguira depois. Talvez o mandador do sicário ido lá para o assassinar, se o caso é verídico; e sendo outro pelo menos estaria informado do intento. A semelhança de sorte conduziu a permutarem gentilezas dois homens que mutuamente se tinham agravado, por causa daquele mesmo de quem ambos agora experimentavam o mal-querer. Não era a primeira vez. Quando Antônio Vieira já não duvidava do abandono a que o votava aquele que em horas de esperança nomeava por Santelmo, escrevera de Roma ao conde, então em Turim. Não aparece a carta, e por isso impossível é fixar quem encetou a correspondência. É de crer fosse o jesuíta, em agradecimento a certa referência daquele, em carta a Duarte Ribeiro de Macedo. Poucas palavras, mas que, pelo inesperado do caso, de certo acordaram doce desvanecimento no sujeito, sôfrego de admirações, que as inspirava: "De Roma se avisa o grande aplauso com que o padre Vieira prega em uma língua que não é sua."[36] Bastaria isso, e a comunhão de origem nas queixas de cada um, para induzir o padre a escrever. O fato é que em 1686 foi o conde o que se dirigiu a ele, a dar-lhe parte de que se achava finalmente

[35] Ibidem, p. 543.

[36] Turim, 31 de março de 1673. Ined. De cópia obsequiosamente comunicada por D. Francisco de Sousa Holstein.

regressado à pátria, e no seu retiro de Pombal. Duas mortes, a de D. Afonso VI e a da rainha, haviam pôsto termo ao seu exílio.

Vieira respondeu à comunicação, na falta de generoso interesse, em empolado estilo: "Quando cessarem os movimentos dos orbes celestes, não sabemos em que lugar há de parar o sol, mas sabemos que há de resplandecer então com luz sete vezes maior que agora; e tal considero a Vossa Excelência no lugar que Vossa Excelência escolheu para seu solstício"[37]. Uma só frase dessa carta basta para que se avalie o quilate da sua sinceridade: "Lembra-me que quando Vossa Excelência com tanta felicidade governava a nossa monarquia [...]". Referia-se ao tempo em que ele e seus amigos tinham por aspiração mais viva a ruína do valido, para, ao que diziam, se evitar a da mesma monarquia. Quatro anos depois assegurava ao conde a imortalidade por suas obras, e a lembrança das próprias obrigações na vida e depois da morte[38]. Quanto a mudança dos tempos lhe havia mudado o sentimento!

Neste ano de 1686, certas novas, que à Bahia levou a frota, impeliram a atenção de Vieira para as profecias, das quais parecia ultimamente afastado. Tinha falecido Carlos II de Inglaterra, que nos momentos derradeiros, persuadido, ao que se cria em Portugal, da rainha, abraçara o catolicismo[39]. Católico declarado era seu irmão e sucessor Jaime II, e já entre os correligionários de fácil credulidade se agourava o retorno próximo da nação inglesa à Igreja de Roma. Sucesso constante da predição do beato São Frei Gil: *A*

---

[37] 15 de julho de 1686. *Cartas*, t. 3, p. 536.

[38] 15 de julho de 1690. *Cartas*, t. 3, p. 593.

[39] A suposição deu assunto ao poema heróico "Carlos reduzido, Inglaterra ilustrada", de Pedro de Azevedo Tojal, de quem diz Southey, o poeta laureado, ter ele desperdiçado nesta obra dotes de linguagem e imaginação que, bem dirigidos, o colocariam entre os primeiros poetas da Europa (*Letters written during a short residence in Spain and Portugal*, 1797). Este é o mesmo juiz que considera Camões poeta de segunda ordem, e a tradução de Mickle dos *Lusíadas* superior ao original (*Letters*, p. 123).

Inglaterra convertida; queda do império otomano; depois a idade de ouro. Ditosos os que tal virem! "Vossa Mercê lograrará estas felicidades", dizia ele ao Desembargador Temudo, transcrevendo as profecias[40]. Para si pessoalmente nada esperava já. Os anos eram muitos, e em torno dele pairava a morte nos furores da *bicha*, então no auge. Acaso também a experiência ganha das desilusões sucessivas o impedia de se embrenhar em uma esperança nova. Entretanto viveu ainda o suficiente, para o desenganar da primeira parte do vaticínio a revolução, que deu o trono a Guilherme de Orange.

III

Em 1687 Vieira teve conhecimento de se achar ajustado o consórcio de D. Pedro II com a princesa Maria Sofia de Neuburgo, filha do eleitor palatino do Reno, Filipe Guilherme, e irmã da imperatriz, mulher de Leopoldo I, e da que foi depois rainha de Espanha desposando a Carlos II. O enlace não agradava ao jesuíta, que chamando-lhe "casamento austríaco" cria, por informações recebidas, fosse negociação de Castela. Glosando a notícia, recordava o infante D. Duarte, vítima dos entendimentos dos soberanos da família contra D. João IV. "O certo é que nem os ossos de Milão nem os de São Vicente de Fora foram consultados para essa liga."[41] Em breve, porém, realizado o casamento, se reconciliava com ele, sabendo quanto a nova rainha prezava a Companhia de Jesus.

Além disso, dentro do primeiro ano seus prognósticos de sucessão começaram a verificar-se, motivo assaz justificado para as prevenções anteriores se desvanecerem. A 10 de dezembro de 1688 chegou à Bahia por uma embarcação, ida dos Açores, a nova do nascimento do herdeiro varão desejado. Cinco dias

---

[40] 2 de maio de 1686. *Cartas*, t. 3, p. 527.

[41] A D. M. Temudo. 1º de junho de 1687. *Cartas*, t. 3, p. 513.

depois Vieira subiu ao púlpito, pela segunda vez desde que chegara, e celebrou em pomposo discurso seu júbilo e o da nação. "O assunto foi desempenhar a palavra de Deus empenhada no sermão das exéquias da rainha D. Maria de Sabóia", escrevia ele ao confessor da rainha nova[42]. E advertia que a morte da outra fora necessária para se cumprirem as felicidades prometidas por Deus ao primeiro rei de Portugal. No discurso exclamava em arrebatamento: "Levou-nos Deus uma rainha para nos poder dar outra; levou-nos a sereníssima de Sabóia para nos poder dar a augustíssima de Áustria; levou-nos a estéril para nos poder dar a fecunda". E referindo-se mais uma vez ao detestado casamento em Turim: "Levou-nos a que, depois de tantos anos de esperança e desengano, nos obrigou a ir buscar fora da pátria a sujeição e vassalagem de príncipe estrangeiro, para nos poder trazer de mais longe a que, dentro do primeiro ano, nos restituiu a baronia dos reis naturais"[43].

Alguns poderiam explicar essa linguagem pelo ressentimento pessoal. Vieira cuidava exprimir uma desinteressada opinião de patriotismo. Agora nesse nascimento "prodigioso e fatal" – assim o qualificava – via preencher verdadeiramente o prometido por Cristo ao fundador da monarquia. "Quero em ti e no teu sangue estabelecer um império para mim!" E que império será este, perguntava? Não o de Alemanha nem qualquer dos outros, de que até então rezava a história; senão um império novo, e maior que todos os passados; não limitado a uma fração de povos ou da terra, senão império universal. Este será o tempo do império de Cristo, representado na terra por dois vigários: o Sumo Pontífice, com o poder e coroa espiritual; o novo imperador com a jurisdição e coroa temporal. Império e dupla representação do supremo senhor dele, de que se encontrava o anúncio na visão de Zacarias, da Bíblia, convenientemente decifrada. Quantidade de autores, sagrados e profanos,

[42] Ao padre Fuess, 19 de julho de 1689. *Cartas*, t. 3, p. 583.

[43] *Sermões*, t. 12, p. 37.

coincidiam no prognóstico desse império universal terreno, uns por espírito de profecia, outros por interpretação dos textos bíblicos ou por ilações da história. Alguns dos quais assentavam em ser a cabeça desse império Portugal: "Assim como o sólio e trono pontifical está em Roma, assim o sólio e trono imperial há de estar em Lisboa". Daí pela combinação da profecia de Ourique com passos da Bíblia, ao seu modo interpretados, concluía que o futuro imperador não podia ser outro que o príncipe recém-nascido. Nele estava pois o desempenho da palavra divina, empenhada na morte da rainha infecunda.

Fora todavia inscrito no livro dos fados que a Vieira tocava assistir sempre ao desmentido de seus vaticínios. Dessa vez imediatamente. Poucos dias eram passados, e achavam-se ainda em preparativo os festejos, quando à Bahia chegou comunicação de haver falecido com dezoito dias de presença no mundo o futuro imperador dele. Tão afeito estava a semelhantes descalabros o profeta, que não perdeu a segurança. O sermão a que o destino tão depressa dera o desengano fora a *Palavra de Deus desempenhada*, após a *Palavra empenhada* no discurso anterior. Seguiu-se-lhe a *Palavra do pregador empenhada e defendida*, outro discurso em que o vidente buscava, como o título indica, restabelecer o crédito, que poucos já lhe concederiam. E o em que a defesa consistia explicava ele em carta ao confessor da rainha:

> Preguei que o mesmo príncipe primogênito de el-rei D. Pedro nosso senhor não só havia de ser imperador, senão imperador de todo o mundo; e agora digo que tão fora esteve a sua morte de desfazer o cumprimento dessa promessa, que antes serviu de o apressar: não lhe tirou a vida para lhe tirar o império; levou-o tão apressadamente para que fosse logo tomar a posse dele[44].

Aqui é lícita a dúvida sobre se o frouxo artifício convenceria aquele mesmo que o empregava; dos estranhos poucos lhe achariam persuasão.

[44] *Sermões*, t. 12, p. 62.

Era a segunda vez que a morte lhe anulava os prognósticos do quinto império próximo: da primeira em D. João IV, dessa outra em uma criança de quem, por menos que o autor dos vaticínios neles cresse, dificilmente podia esperar em vida a contradita. Como do antecedente desastre de suas predições, tentou o profeta também neste escondê-lo, afogando o fato positivo em quimeras novas e finuras verbais. Nas duas ocasiões se quis justificar por uma apologia secreta, destinada a consolar a parte mais acessível à sugestão, e que a catástrofe mais feria. Por morte de D. João IV a rainha viúva; pela do fadado imperador universal, a mãe, órfã de uma esperança resplandecente. Não ousou todavia neste lance, como da outra vez, prognosticar a ressurreição. Contentou-se com transferir a um segundo gênito o anunciado império, sem que a desaparição do primeiro lhe desmanchasse a profecia. Este tinha ido receber no céu a investidura, que de fato havia de ser dada ao irmão. O mesmo sucedera com a coroa de Judá, e os filhos do fundador da casa, Fares e Zara.

> Ao tempo de nascer, um deles lançou fora o braço, no qual atou a parteira um fio de púrpura, dizendo: *Este há de ser o primogênito*. Mas que fez o mesmo menino, que é o que se chamou Zara? Recolheu outra vez o braço, e dando lugar ao irmão, que era o segundo, e se chamou Fares, este foi o que herdou a primogenitura. Em efeito que Zara, saindo adiante, só tomou a posse da púrpura, e Fares, que nasceu depois, foi o que a vestia e logrou. Este foi o caso maravilhoso com que Deus lançou os primeiros fundamentos à sucessão do reino de Judá, de que ele era o rei: e tal é o que temos presente ou começado nos fundamentos, também primeiros, do império de Portugal, de que o mesmo Deus é o imperador. O príncipe nascido, e que logo se retirou para o céu, foi como Zara, que só tomou a posse da púrpura e recolheu o braço: o príncipe que há de nascer será como Fares, que sucedeu no lugar que lhe deixou o irmão, e logrará a mesma posse, e se vestirá da majestade da púrpura, e estenderá o braço a empunhar o cetro[45].

---

[45] *Sermões*, t. 12, p. 62.

Entretanto, e como segundo a decifração do livro de Daniel, não podia o império turco existir além do ano de 1700[46], dificilmente se veria o autor de sua destruição, e primeiro imperador do universo, em um príncipe ainda por nascer. Essa objeção já os ouvintes do discurso precedente lhe tinham apresentado. Vieira não se perturbava com ela. D. Pedro, como herdeiro do filho, guardava em depósito o império, e ele mesmo subjugaria o Turco. Para isso todos os predicados possuía.

> Que se pode desejar ao conquistador do Turco e dominador do mundo? Idade? E que idade como a de quarenta anos cabais, a própria e consumada de varão perfeito? Forças? E que braços e pulsos tão fortes e robustos como os que, esperando no corro a fúria dos brutos mais bravos, com as mãos nuas e desarmadas lhes põe as duras cervices e as agudas pontas aos pés? Valor? E que ânimo mais intrépido, mais senhor dos perigos, e mais desprezador dos temores que o seu, não só quando conhecido mas disfarçado; nem só na luz do dia, mas no mais escuro da noite, onde os homens todos são da mesma cor, nem distinguem ou valem aos reis os salvo-condutos da majestade? Guerreiro? E que espírito mais filho de Marte que aquele que de idade de três anos o acalentavam para o sono com a sua espada, e nunca puderam acabar com ele que dormisse senão com ela ao lado; criado entre o estrondo das caixas e das trombetas, e crescido entre os repiques e vivas das vitórias? Experiências? Não só a das observações de toda a vida, mas de 21 anos de governo, em tantos acidentes prósperos e adversos, que são os que melhor ensinam, sendo mais dificultoso na paz repartir os prêmios entre os soldados vencedores

[46] "No capítulo sétimo, tantas vezes alegado, de Daniel, se diz que ao império otomano tinha Deus prometido: "*Tempus, et tempora, et dimidium temporis*: nas quais palavras *tempus*, significa um século, *tempora* dois séculos *et dimidium temporis* parte de outro século, que vem a fazer trezentos e cinqüenta anos precisamente, ou alguns mais, dentro porém no quarto século. De onde se segue que havendo começado aquele império no ano de Cristo de mil e trezentos, não pode chegar ao de setecentos". *Sermões*, t. 12, p. 94.

que vencer com eles os inimigos na guerra. Juízo e compreensão dos negócios? Digam-no os embaixadores e ministros estrangeiros [...][47]

Posto isto, o autor do discurso passa à demonstração de que, feito o mundo um só império, pertence o senhorio dele a Portugal. Outras nações se jactam de mais antiguidade, possuem mais território, dispõem de superior poder militar; mas haverá entre as mesmas alguma, a cujo fundador prometesse Cristo estabelecer nele e na sua descendência o seu império? A lição da história, observações de matemáticos, previsões de políticos, vozes inspiradas do céu, concordam em que há de ser o pequeno. Portugal o que destrua o poder maometano e institua o império universal. Em seguida aos argumentos históricos, que são próprios, Vieira alega os prognósticos de Kepler e Manuel Bocarro, trechos de Justo Lípsio, predições de Bartolomeu de Salúcio, monge italiano, e do nativo Santo Egídio ou frei Gil de Santarém; as do santo frei Zacarias, fundador do Convento de Alenquer; e o juízo de certo astrólogo mouro, que no ano de 1200 tinha anunciado a ruína da seita de Mafoma por um soberano nascido no Ocidente.

O sistema era o mesmo de 1656, nas *Esperanças de Portugal*, substituído o Bandarra, profeta falível como tinha demonstrado a experiência, por outros videntes e autores. Como por ocasião da morte de João VI, o jesuíta mandava, para consolação da rainha, a apologia em sigilo e por intermédio do confessor, a quem, referindo-se às promessas do sermão antecedente, explicava: "Nem é meu intento que saia a público essa segunda esperança, mas como fé da primeira a ofereço em segredo aos olhos unicamente da rainha nossa senhora para alívio de suas saudades"[48]. Ao secretário do duque de Cadaval, dizia sobre a obra, aludindo à outra, em iguais circunstâncias,

---

[47] *Sermões*, t. 12, p. 95.

[48] 19 de julho de 1689. *Cartas*, t. 3, p. 584.

relativa a D. João IV: "Não foi meu intento ressuscitar mortos, mas só consolar os vivos"[49]. Palinódia do escrito condenado, no qual como que pretende escusar-se do mister de anunciador de futuros, em que decididamente não era afortunado.

Como da outra vez o silêncio em que Vieira pretendia conservar suas lucubrações era afetado. Nada mais contrário a seu temperamento que reservar para si só, ou para poucos, uma idéia. Pela frota de 1689 a várias pessoas dava notícia do escrito, e do recato a que era destinado, meio seguro de lhe preparar um ambiente de curiosidade. Assim por exemplo a Marchão Temudo: "Não dará o tribunal de Vossa Mercê revisor a essa obra, porque só terá por revisores uns olhos, cujas lágrimas pretende enxugar nas saudades de tanto bem, apenas começado a gozar quando perdido"[50]. O exemplar enviado à rainha suspeitava ele que andaria de mão em mão. É o que parece significar certa referência ao duque de Cadaval, em carta ao secretário[51]. De mais disso não pôde consigo que não enviasse uma cópia ao cônego Francisco Barreto, irmão do governador do Brasil, que fora, Roque da Costa Barreto, o qual por seu turno se não conteve que não mandasse imprimir o escrito, cuidando fazer serviço ao autor. Se bem falte a prova material do fato, pois os exemplares desapareceram e não há qualquer notícia da impressão, a carta de 15 de julho de 1690 àquele eclesiástico[52] exclui toda dúvida.

---

[49] A Sebastião de Matos e Sousa, 11 de julho de 1589. *Cartas*, t. 3, p. 576.

[50] 13 de julho de 1689. *Cartas*, t. 3, p. 581.

[51] "O nascimento do nosso príncipe me obrigou a subir ao púlpito, e a fatalidade da sua tão arrebatada morte a dar um vôo mais alto, em que me atrevi a querer penetrar os arcanos da Providência divina que, como são secretos, não poderão sair [...] Se o duque, meu amo e senhor, tiver destes mistérios alguma revelação, ela chegará aos olhos de Vossa Mercê, que estou muito certo lhos porá com toda a benignidade." A Sebastião de Matos e Sousa, 11 de julho de 1689. *Cartas*, t. 3, p. 576.

[52] "Quando no papel que chegou às mãos de Vossa Mercê eu houvera mister o favor, que no secreto dele não pretendi, bastou que ele tivesse o nome de meu para que Vossa Mercê, como

Quando saiu "à luz do mundo" como diz Vieira[53], o discurso profético, tinha-se cumprido a primeira parte dos vaticínios com o nascimento, em outubro de 1689, do segundo príncipe, que havia de ser D. João V. O efeito em nada correspondeu ao que esperava o amigo do autor e plausivelmente este também. O vidente achava-se desacreditado, e a impressão no público incrédulo variou da piedade à indignação. Uns, os benévolos, objetavam que não prometia as grandezas profetizadas o estado atual da nação. Assim Sebastião de Matos e Sousa, a quem aquele redarguiu que "a maior fúria da tempestade é o mais certo sinal, que os marinheiros têm, de se querer mudar o vento"[54]. Outros desprovidos de indulgência chacoteavam, notando que aquilo não passava de uma segunda forma do escrito sobre a ressurreição de D. João IV, acomodado às circunstâncias: "Dizem, por me condenar duas vezes, que será este papel como o de el-rei; e eu, por me consolar de uma vez, imagino que pode ser o de el-rei como este"[55]. Querendo nas últimas palavras significar que bem poderia ainda a ressurreição verificar-se. Porventura no fundo da sua alma não estava ainda morta de todo a cara ilusão de outrora.

Da corte só o duque de Cadaval, ao que parece, mostrou alguma indulgência em julgar o escrito, de que mofavam os maliciosos como de uma aberração senil. Vieira agradecia-lhe em termos que bem denotam quanto o feria o desdém geral: "Pagou o meu amor ao neto antes de nascido o que devia ao avô depois de morto; e Vossa Excelência, como quem mais participa de um e outro, quis que achasse eu na grandeza de Vossa Excelência o que não podia

meu amo e senhor, o quisesse tirar das trevas do mesmo segredo, e passar à luz do mundo [...] Saiba Vossa Mercê para sua satisfação que, assim como não faltou quem sentisse mal desta impressão, teve também muitos e muito grandes, que não só a aprovaram mas se dignaram de querer ter parte nela." 15 de julho de 1689. *Cartas*, t. 3, p. 596.

[53] Idem.

[54] 14 de julho de 1690. *Cartas*, t. 3, p. 588.

[55] Ao duque de Cadaval, 14 de julho de 1690. *Cartas*, t. 3, p. 586.

esperar de um, porque já não pode, nem do outro, porque ainda não". A carta principiava assim: "Não é novidade lograr os frutos, na liberalidade do ramo, quem os não achou na dureza do tronco; com tanta diferença reparte a natureza o seu humor, ou os seus espíritos, sendo as raízes as mesmas"[56]. Ramo da dinastia o duque, o tronco duro D. Pedro. Na trivialidade das metáforas transparece a dor viva de quem esmerando-se em finezas se sente desprezado. Com efeito o soberano não se dignara sequer de mandar-lhe significar que chegara a seu conhecimento a predição magnífica.

Nem esta, nem os anteriores sermões, das exéquias e do nascimento do primeiro filho, já então impressos. A propósito do que, se queixava Vieira ao secretário do duque, responsável de se ter divulgado a apologia: "Bem fazia eu em querer que as cegueiras do meu amor estivessem em segredo; mas o secreto, que ele procurou à obra o achou no agradecimento, não merecendo três escrituras, que não foram só palavras, uma só palavra"[57]. Lembrava-lhe a história de Daniel, a quem, quando anunciou a Baltasar sua ruína, este retribuiu o funesto oráculo, pondo-lhe aos ombros a púrpura real. "Assim pagavam os reis antigamente as profecias da morte e império acabado; e assim se pagam hoje as do nascimento e dos impérios futuros."[58]

Ao cônego Barreto, que cometera a inconfidência, certamente por ele desejada, de publicar a apologia, de igual modo se queixava: "Não bastou a ventura fatal, com que a profecia se leu antes, e o profetizado apareceu tão pouco depois, para que tantos discursos, e tão sucessivos, que não foram só

---

[56] Ibidem, p. 585.

[57] Ibidem, p. 587.

[58] Ibidem. Semelhante reflexão encontramos feita 27 anos antes, quando, por ter anunciado a ressurreição de D. João IV, o processava a Inquisição, entrando no símile o mesmo Daniel, adorado por Nabucodonosor, após a decifração do seu sonho: "Naquele tempo pagava-se a interpretação de uma profecia infeliz com adorações e sacrifícios, hoje pagam-se as interpretações felicissimas com opróbrios e calúnias". (*História do futuro*, fragmentos publicados no *Boletim da Segunda Classe* da Acad. das Ciências, vol. XII.)

palavras, se gratificassem com uma só palavra". E dizendo que nas experiências da ingratidão era ele autor clássico, recordava o sermão de Santo Antônio, excluído do terceiro tomo por condescendência de que então se arrependia: "Se hoje fora vivo o senhor marquês de Gouveia, pode ser que não impedisse o sermão das ingratidões portuguesas"[59]. Ao conde de Castanheira, em seguida a repetir os queixumes, assim declarava o seu ânimo: "Servir aos futuros, pagar aos passados e não dever nada aos presentes é a maior felicidade de quem fugiu dos homens, para só procurar de Deus o que eles não podem dar nem tirar"[60].

Contra o que se podia conjecturar, o Santo Ofício não fez reparo naqueles pontos, em que o discurso apologético mostrava reincidir o autor nas proposições, condenadas quando o objeto delas fora D. João IV. Mais ainda, o inquisidor geral, D. Veríssimo de Lencastre, foi das poucas pessoas que tiveram palavras de louvor para a obra. Também a esse, Vieira, manifestando o seu reconhecimento, não esconde a mágoa que o oprime; alude a D. Pedro como "estátua da ingratidão" e, no final da carta, repete as palavras com que ao conde de Castanheira expunha o programa de vida, que era a síntese de suas desilusões.

> Se o amor da pátria, com que os meus anos se animaram a escrever aqueles discursos, foi merecedor de algum prêmio, na aprovação de Vossa Eminência recebi o que me não atrevia a pretender nem ainda a desejar. Eu os dediquei à sepultura do segredo, e Vossa Eminência, mandando-os sair à luz do mundo, ressuscitou em mim a confiança morta, a que por tantos outros esquecimentos há muito tinha feito as exéquias no templo do desengano. Nele, porém, vendo-me tão favorecido de Vossa Eminência, adoro hoje a imagem, que nunca vi, do agra-

[59] 15 de julho de 1690. *Cartas*, t. 3, p. 595.

[60] 14 de julho de 1690. *Cartas*, t. 3, p. 590.

decimento, nem por isso arrependido de ter idolatrado as estátuas da ingratidão, não só com os fumos do incenso, mas com os sacrifícios do sangue; e será a maior glória do meu amor à pátria, como é a maior fineza, servir aos futuros, pagar aos passados, e não dever nada aos presentes[61].

Os passados: D. João IV. Os presentes: D. Pedro. Os futuros: o príncipe, havia pouco nascido, a quem destinava o império do mundo.

IV

Os homens de ação, que a má fortuna subitamente esbulha de uma posição de evidência, raro se resignam à obscuridade. Menos que outro qualquer, Vieira, a quem temos visto, por vinte anos, no esforço inútil de recuperar a influência de conselheiro político, definitivamente perdida. Para os que fortemente apaixonaram, como ele, a opinião do seu tempo, semelhante desgraça é como a antecipação do túmulo, e eles assistem em vida ao julgamento da posteridade. Então não lhes consente o ânimo sofrerem as injustiças, reais ou supostas, da crítica impiedosa, e buscam restabelecer a verdade, qual a entendem, para a história. Nada mais triste que essas apologias. São vozes de outra era, que abafa o burburinho dos interesses novos: ninguém as ouve, e, quando ouvidas, a ninguém dissuadiriam de opiniões ditadas no fervor das contendas, aceitas depois pela indiferença. Só mais tarde, à distância dos anos, soa para tais juízos, formulados sem preocupação da eqüidade, a hora da isenção.

Para a maior parte dos contemporâneos Vieira era já realmente da geração passada. Recolhido da cena vistosa das cortes ao seu retiro longínquo, podia

---

[61] 14 de julho de 1690. *Cartas*, t. 3, p. 584.

para os pouco informados passar por morto. Foi o que sucedeu em Espanha, onde muitas pessoas criam tê-lo queimado o Santo Ofício. Deu porventura causa a essa crença alguma notícia desfigurada do fingido auto-de-fé de Coimbra, em que o populacho e os partidários da Inquisição lhe deitaram a imagem às chamas. Como quer que fosse, o caso facultou oportunidade aos dominicanos para deprimirem os seus rivais jesuítas. Diziam os noveleiros que o bispo de Málaga tivera conhecimento da execução por cartas idas de Lisboa, no tempo em que se tratava a paz com Portugal. Depois, quando se verificou ser falsa a nova, que o ofendido tinha escrito por desforço ao mesmo bispo uma carta de injúrias, abrangendo estas a Ordem de São Domingos, a que ele pertencia. Aqui saiu à liça, com o pretexto de defender o prelado, um membro da sua religião, atacando a Vieira em certo escrito publicado sob o pseudônimo de Scoto Patavino. Certo o campeão esgrimia com um fantasma, e é de crer que o não ignorasse. A carta de Vieira ao bispo existia tanto quanto as outras, em que fora comunicada a sua morte, e é de toda a probabilidade achar-se também o prelado inocente da divulgação da notícia, que lhe atribuíam. De qualquer modo é evidente que o agressor tinha por propósito não vindicar o decoro do bispo e da Ordem, supostamente ofendido, mas pôr em descrédito a um jesuíta notável, em detrimento de toda a comunidade.

O escrito fingia ser em resposta à imaginária carta injuriosa[62], de cujo autor, em justa represália, mostrava a indignidade. Afinal ele era um sujeito que tinha estado quatro anos preso no Santo Ofício; réu de heresia, como tal condenado; padre que, desprezando o seu hábito, viera do Brasil vestido de grã, como se fora um fidalgo; e, adicionando ao nome de Vieira o título de *Monopanto*[63], queria provavelmente o autor significar que por esse jesuíta

---

[62] Respuesta a una carta que Antonio Vieyra Monopanto escrivió a un Obispo de la Orden de los pregadores.

[63] Alcunha dada aos jesuítas, para exprimir a solidariedade usual entre eles: um por todos todos por um.

se aquilatassem todos os demais. Se tal era o homem, menos recomendável ainda a sua doutrina. Para o provar citava algumas das proposições condenadas, evidentemente colhidas na sentença, de que se tinham divulgado cópias. Entre elas as referentes ao Bandarra, quinto império, destruição de Roma pelo Turco, fim do império da Alemanha, e aquela de não dever condenar os judeus a Inquisição por esperarem o Messias, para os libertar, que vinha a ser o mesmo que esperarem muitos portugueses por D. Sebastião; de todas as quais mostrava o erro e a futilidade.

Ao ter conhecimento do escrito, o provincial de Andaluzia, zeloso dos créditos da Sociedade, quis obter informações, a fim de justificar, sendo possível, perante a opinião pública, o confrade. Para isso enviou um exemplar ao reitor de Coimbra, que, residindo na sede do tribunal, onde correra o processo, estaria de tudo instruído, e esse por sua vez o mandou para a Bahia, ao principal interessado.

Passou-se isto em 1685. Vieira, recebendo o panfleto pela frota do ano seguinte, logo deixou de mão todos os trabalhos, para dar a réplica ao ofensor no seu mesmo idioma, que manejava com a segurança do próprio[64].

Ponto por ponto Vieira rebate as asserções com que o pretendem infamar, defende as proposições arguidas, e argue ele próprio de má-fé o antagonista. Como proêmio refere a desavença antiga com os domínicos, que principiou no sermão da Sexagésima em 1655 e, aplacada então, surgiu de novo em 1669, a propósito do panegírico do fundador da sua Ordem. Daí nasceu a inimizade que lhe votavam os dominicanos, à qual imputava a agressão. Passa em seguida a considerar as acusações tocantes à fé, dando-lhe isso ensejo de repetir as razões com que se defendera no Santo Ofício. O Bandarra verda-

[64] Carta apologética ao padre Jacome Iquazafigo, 30 de abril de 1686. Impressa no *Eco das vozes saudosas*, publicado em 1757, que a Mesa Censória, por edital de 10 de junho de 1768, mandou recolher e queimar por mão do carrasco, como livro falso, sedicioso, temerário e infame, pelas referências ao Bandarra. Reproduzida em *Cartas*, t. 3, p. 737 a 792.

deiramente possuíra o dom da profecia: assim o tinham entendido pessoas de tão insuspeito catolicismo como o bispo do Porto Nicolau Monteiro, e o primeiro inquisidor Pantaleão Rodrigues Pacheco, ambos os quais alegaram perante o papa suas predições a favor de D. João IV.

Com respeito à ressurreição, tendo citado vários trechos bíblicos e de padres da Igreja, sobre os meios pelos quais se pode conhecer o verdadeiro profeta, o jesuíta aduz um motivo de convicção, que não invocara ainda:

> Depois que aquilo escreveu Bandarra (que foi antes dos anos de 1546) fazendo-se moderada diligência na História Eclesiástica, se acham ressuscitados 97 mortos. E assim como Deus para fins tão particulares ressuscitou 97 mortos, que muito seria que, para um fim tão universal como a destruição do Turco, chegasse a ressuscitar 98? Os templos de Nossa Senhora de Loreto, de Guadalupe, da Anunciada de Florença e outros, estão colgados de grilhões e cadeias de muitos cristãos resgatados de infiéis. Pois se faz Deus tantos milagres para livrar do cativeiro a alguns, porque parecerá incrível que fizesse outro para livrar de uma vez a todos? A Terra Santa é aquela mesma na qual, sendo dos Cananeus, introduziu Deus aos judeus, que lhe foram tão ingratos, com tantos e tão estupendos milagres. Pois se Deus fez tantos prodígios para dar aquela terra, quando era dos bárbaros aos judeus desagradecidos, que grande coisa seria se, para dar a mesma terra, depois de regada com o sangue de Cristo, aos cristãos, fizesse um milagre? Desta maneira discorria o padre Vieira antes de estar proibido o Bandarra, para que não lhe parecesse coisa incrível, nem ainda demasiadamente maravilhosa, a resurreição que o mesmo Bandarra promete ao príncipe de que se fala[65].

Argumentar por esse modo era infringir o compromisso tomado, por efeito do processo, por isso dizia Vieira que assim discorrera antes de ser proibido o Bandarra; e pelo equívoco se defendia da infração. A cada uma

---

[65] *Cartas*, t. 3, p. 759.

das proposições contestadas acudia com as razões conhecidas, já expostas ao Santo Ofício[66]. Os fatos pessoais também eram, um após outro, rebatidos. Recordava o panfletário, para o deprimir, ter ele estado preso quatro anos. Isto era uma falsidade: preso nunca; somente "retraído no que chamam custódia, que é outro gênero de retiro, de mui diferente liberdade e respeito"[67]. Também o tempo não fora quatro anos, senão dois – o polemista não incluía o restante, passado no Colégio, sem poder ausentar-se, à ordem do tribunal: – e isso por lhe ter parecido escrever, naquele mesmo retiro e sem livros, um grande volume em que disputou 44 questões nunca tratadas, e que teria dado à estampa, se por satisfazer a pedidos se não tivesse antecipado a publicar os sermões. De onde se podia coligir que o tempo de cárcere fora um recolhimento voluntário, para comodidade de seus estudos, tanto mais que lhe escapou dizer serem aquelas questões a defesa na causa pela qual se achava em detenção.

O uso do trajo secular, que não fora quando veio do Brasil à Europa, como contava o adversário, explicava do modo seguinte, e dessa vez com verdade:

> Se algum religioso passa de Portugal a Inglaterra ou Holanda, em navios de hereges, é disfarçado com vestido secular; e assim andam naquelas terras, cada um segundo a figura que faz. E como o padre Vieira fosse enviado à Haia, corte de Holanda, no ano de 1648, e os cavaleiros naquele tempo, quando faziam viagem, usavam de roupas interiores de grã, cobertas por fora com um que chamam furta-cores, que chega abaixo do joelho, de pano pardo, com capa do mesmo pano e cor, embarcando-se ele para Portugal teve de vir da mesma sorte, segundo a pessoa que representava[68].

---

[66] "[...] aun que mi opinion, antes de prohibida el lo que dixe, fuera singular, no se podia reprehender como temeraria, o arrojada." *Cartas*, t. 3, p. 752.

[67] Ibidem, p. 791.

[68] Ibidem, p. 790.

A essa contestação, com que ocorria Vieira por sua fama pessoal, enxovalhada por odientos rivais, seguiu-se dois anos depois a apologia de seus atos políticos. Da primeira vez, atacado por inimigos, ilibava-se ante os contemporâneos; dessa outra litigava pelo juízo favorável dos vindouros. Em 1679, antes de ele ter deixado a Europa, saíra à luz a obra do conde da Ericeira, D. Luís de Meneses, o *Portugal restaurado*, história do período entre a revolução libertadora de 1640 e a paz final com Castela, período de sua atividade de político, algumas vezes caracterizada por fatos não comuns. Nessa pormenorizada narrativa, em que passam ante o leitor todos os nomes distintos na guerra, na diplomacia e nos conselhos, podia-se esperar, teria esperado Vieira, que fosse o seu mencionado, como o de um dos mais diligentes colaboradores na tarefa de assegurar à nação a independência conquistada. De fato nele fala o historiador, mas não de modo a satisfazer quem tanto ambicionava a glória: uma vez só, acidentalmente, em poucas linhas e por termos de que, sem demasiada suscetibilidade, se poderia molestar[69].

Advertido do que a seu respeito contava o livro, Antônio Vieira não o quis ver; ou antes é crível lesse o passo, por alguém lho apontar, e tendo-o por desprimoroso lançasse de si, sem mais folhear, o volume. O trecho, em que há um toque escarninho, pois é mais que malícia, devia magoar em extremo o amor-próprio do padre. Por espaço de anos ele se encerrou no seu orgulho e calou o ressentimento: ou, tomado de outros cuidados, desprezou mais essa prova da injustiça dos homens. Já por fim, da Bahia, quando perseguido ali, maltratado em Lisboa, talvez rememorava as dores da sua velhice afron-

[69] "E para que os negócios pudessem tomar melhor forma, depois de várias conferências que houve entre os maiores Ministros, mandou (Sua Majestade) à França o padre Antônio Vieira, da Companhia de Jesus, sujeito em quem concorriam todas as partes necessárias para ser contado pelo maior pregador do seu tempo; porém como o seu juízo era superior e não igual aos negócios, muitas vezes se lhe desvaneceram por querer tratá-los mais sutilmente do que os compreendiam os príncipes e ministros com quem comunicou, muitos de grande importância". *História de Portugal restaurado*, 1670, t. 1, p. 633.

tada, queixou-se. O conde de Alvor, o marquês das Minas fizeram saber o desgosto do menosprezado confidente de D. João IV a D. Luís de Meneses, que se desculpou com a austeridade da história, e para a justificação citou aquele a lhe mostrar os pontos em que o tinha agravado. Fosse propósito, ou impedido de enfermidade como alegou depois, Vieira não respondeu a essa carta; mas quando no ano seguinte o conde lhe ofereceu um exemplar da *História de Castrioto*, que então publicara, não pôde excusar-se de agradecer a atenção. Na carta, o sobranceiro da frase não corresponde ao desprendimento que afeta, antes revela o prurir da chaga não cicatrizada ainda.

> Tão desobrigados estão os doentes de escrever como os mortos de falar; e este foi o impedimento por que na frota passada faltei com resposta à carta de que Vossa Excelência me fez mercê, a qual, quando eu estivera ou me dera por ofendido, não só bastava, mas excedia a satisfação dos maiores agravos. Por relações alheias ouvi que a história de Vossa Excelência me louvava com descrédito ou desacreditava com louvores; e porque eu, depois que fugi do mundo, tão pouco estimo uns como sinto os outros, contentei-me com que essas notícias me entrassem por um só sentido, e este foi o motivo do que o senhor marquês das Minas e o senhor conde de Alvor referiram a Vossa Excelência. Não me apliquei a ler a dita história, porque a parte dela que pertence ao Brasil vi-a com os olhos, e a outra parte das embaixadas passou-me pelas mãos[70].

Com a coarctada final o padre pagava em desdém pela história a injustiça do historiador. Depois diz como, movido do obséquio que este lhe fazia, deixara a resolução, em que ainda perseverava, de não ler o *Portuual restaurado*. Em seguida aos cumprimentos pelo bem acabado da obra, aponta-lhe um defeito gravíssimo: muitos dos que assistiram aos fatos os encontrariam narrados com pouca exatidão. "E assim me sucedeu no primeiro sucesso

---

[70] 18 de agosto de 1688. *Cartas*, t. 3, p. 552.

do Brasil, que é a restauração da Bahia, em que não concorda com muitas circunstâncias o que Vossa Excelência refere com o que vimos os que agora vivemos." Talvez, fazia notar, e o próprio autor no prólogo observava, pela mesma razão por que cada um conta das batalhas conforme o que do seu posto presenciou. De si acha igualmente que o aspecto de seus atos foi falseado por essa visão restrita, e sente o impulso de o restabelecer na verdade do conjunto. É o que as últimas linhas da carta significam.

> No que pode tocar-me, me assegura Vossa Excelência que nada escreveria contra ação minha, se não fora obrigado do preceito da história. Se o tempo e a saúde me der lugar, poderá ser que pretenda de Vossa Excelência saber sobre uma só proposição, para que eu, já que não posso emendar essa culpa, faça penitência dela.

O intento, vagamente formado então, foi cumprido no ano seguinte. "Como religioso, e também sem esse respeito, antes quero padecer com silêncio que defender-me com apologia."[71] Assim começa a réplica ao Portugal restaurado. Como porém o autor o interrogasse sobre a razão de se dizer ele queixoso, declarava estranhar as palavras acerca de sua viagem a França, referindo-se à qual afirmava o historiador terem-se muitas vezes desvanecido negócios de importância por ele os tratar com sutileza demasiada, de que se desgostavam os príncipes e ministros a quem tinha de os propor.

É evidente que aqui aludia D. Luís de Meneses à infeliz negociação do casamento com Mlle de Montpensier, tentado na segunda viagem, em 1647. Vieira evita a dificuldade de se explicar sobre o fato, tomando a referência como sendo à primeira, no ano anterior, e alega que o mandara o rei à França e à Holanda para ter informações seguras dos acontecimentos, as quais lhe não davam os embaixadores marquês de Niza e Francisco de Sousa

[71] 23 de maio de 1689. *Cartas*, t. 3, p. 556.

Coutinho; "querendo antes agradar que entristecer", explicava ele. A incumbência que o jesuíta teve nesse ano sabemos que não era a de sobre-rolda aos diplomatas acreditados, como inculcava, embora, pelo mesmo caráter de sua missão, lhe tocasse completar as notícias em que fossem aqueles deficientes. Mas não se referia o juízo do conde da Ericeira a essa viagem, e tanto assim que, segundo palavras do próprio Vieira, ele a coloca "entre os três navios do Varejão mandados a França e a partida do Guisa para Nápoles" que são fatos de 1647. Não havia pois razão para o equívoco, e nessa parte desmorona-se, à míngua de base, a contestação.

Triunfando assim facilmente na confusão das datas, preguntava o jesuíta quais dos negócios que havia proposto eram os desvanecidos, passando em seguida a enumerar os alvitres por ele sugeridos a D. João IV, e o efeito de cada um. O primeiro, e quiçá o mais importante, o das companhias de comércio: uma delas criada contra todas as oposições, e que além de grandes vantagens para o Estado fornecera os meios de se restaurar Pernambuco; outra, de fato não constituída, a Oriental, mas que se o fora "não chegara a Índia ao estado em que hoje a temos", asseverava. Depois o empréstimo de trezentos mil cruzados, agenciado com os cristãos novos; a supressão das caravelas, de que resultara, como reconheciam todos, ser mais segura a navegação; a transplantação das árvores de especiaria da Índia para o Brasil, indo já em grande aumento a cultura por várias partes.

Havia um assunto em que sobre todos Vieira tinha a peito defender-se, e a que ele suspeitava quisesse aludir no citado passo D. Luís de Meneses: o do *Papel forte*, e negociações com Holanda. Aí sai ele mesmo ao encontro da acusação.

> Já estou vendo que Vossa Senhoria[72], com a voz popular, me há de perfilhar a entrega de Pernambuco, que também achei na boca e conceito de Sua Majes-

[72] Vossa Excelência e Excelentíssimo Senhor na carta de 18 de agosto do ano anterior, segundo o texto impresso.

tade, que Deus guarde, quando me falou nisso. Respondo a Vossa Senhoria o que respondi então a Sua Majestade, e é que esse arbítrio ou meio de concertar a paz com os holandeses não foi meu senão do senhor D. João IV, que está no céu, e do seu Conselho de Estado [...] Foi o caso da maneira seguinte. Mandou-me Sua Majestade, que Deus haja, a Munster, para dar a D. Luís de Portugal, eleito embaixador daquele congresso, as notícias que lhe podiam faltar das coisas do reino, e ele consultar e deliberar comigo as resoluções. Estava eu embarcado em uma nau inglesa, em Paço de Arcos, onde ela se deteve esperando vento seis ou sete dias; nesse tempo chegou navio de Holanda com cartas do embaixador, em que dizia estarem tenazmente resolutos os holandeses a não concluírem a paz sem as três condições seguintes: que se lhes havia de entregar Pernambuco, isto é a campanha, porque eles tinham os portos e fortalezas; que pelos gastos das armadas, que os rebeldes lhes tinham obrigado a fazer, se lhes pagasse uma grande quantidade de tonéis de ouro, que é a frase do país; que para caução de outra vez se não rebelarem se lhes desse uma cidadela na Bahia, presidiada por eles. Fez-se conselho de Estado, e resolveu este: que Pernambuco se entregaria; que para os gastos se lhes dariam trezentos mil cruzados de contado; que a cidadela se lhes entregaria também, mas não na Bahia, senão em São João da Foz, da cidade do Porto. Esta ordem se despachou logo ao Embaixador, a qual chegou a Holanda muito antes que eu lá chegasse por Inglaterra. Assim que, neste negócio, nem eu tive parte em Lisboa nem em Holanda, ou detido em Paços de Arcos ou navegando na mesma nau inglesa[73].

Até aqui coincidem os fatos com a narração de Vieira, menos talvez onde ele diz não ter conhecido em Lisboa as deliberações tomadas. Tudo leva a crer que, se as não votou em conselho, algum mensageiro iria informá-lo a bordo. Logo porém o encontramos em total oposição à verdade, quando explica o modo como findou aquela sua missão diplomática, mandando o

[73] *Cartas*, t. 3, p. 564.

rei voltar o embaixador, e que tomasse ele o posto, o que por lhe parecer inconveniente, e em desobediência a ordens expressas, se não realizou[74].

Isto basta para turvar o crédito de todo o restante conteúdo da apologia. Por mais que o tempo decorrido houvesse apagado da memória de Vieira as circunstâncias acessórias, nesse ponto relevante não era possível a incerteza. Fora de toda a dúvida, a verdade foi aqui intencionalmente deformada.

Adiante faz menção Vieira da viagem a Roma, em 1650, e de seiscentos mil cruzados, postos à sua ordem, para promover a rebelião de Nápoles. Viu-se no lugar próprio quanto ele exagerava a soma[75]. Não diz porém que foi efetivamente esse negócio desvanecido, como foi o do casamento de D. Teodósio com a filha de Filipe IV, que era o principal objeto encarregado naquela ocasião à sua perícia de diplomata.

Feita a enumeração de seus serviços políticos, saía Vieira com esse argumento, a seu juízo irrespondível: se os príncipes e ministros lhe não percebiam as sutilezas com que tratava os negócios, como lhe encomendava os seus D. João IV, que era príncipe, e como o mandavam ele e seus ministros, que o não percebiam em português, a tratar em Holanda e Munster os negócios de todas as nações? "À vista disto" – concluía – "não era bem que Vossa Senhoria escrevesse na sua história que muitas vezes se desvaneceram, por querer tratá-los mais sutilmente do que os compreendiam os príncipes e ministros, com quem comuniquei muitos de grande importância"[76].

O que D. Luís de Meneses escrevera de Vieira era naquela brevidade como que o epitáfio da sua vida de político. Semelhantes formas de juízo empregam-se em geral somente com os desaparecidos. Muitos tê-lo-iam já pelo veredito póstumo da história. Por outra parte os louvores que acolhiam

[74] Veja-se o texto no v. 1, p. 179.

[75] Volume 1, p. 205.

[76] *Cartas*, t. 3, p. 571.

os sermões, a cada volume publicado, eram já uma antecipação da glória do porvir. Os censores, no Tribunal do Paço e no Santo Ofício, concordes no elogio, prorrompiam em hipérboles das que raramente se tributam aos vivos. "Obras que merecem eternizadas em caracteres de ouro", dizia um[77]. Outro acerca do autor: "Príncipe da eloqüência sagrada, mais aplaudido em todo o mundo do que o foi Demóstenes, o príncipe da eloqüência gregra"[78]. Agora da mesma Inquisição, que o tinha perseguido e sentenciado, lhe vinham altos encômios. A ausência para sempre, como a morte, fazia esquecer o ódio corporativo e propendia à justiça. Censores e correspondentes pediam a continuação prometida dos *Sermões* em doze tomos; e aquela obra capital em preparação, de que os poucos a conhecê-la diziam maravilhas, e que o autor considerava a culminante afirmação do seu gênio, a desde muito famosa *Clavis prophetarum*; e uns e outros não ocultavam receios de que o final de uma existência já longa se antecipasse ao labor.

Com tantas razões que o tinham descontente do mundo, essa apoteose do homem de letras consolava um pouco de suas decepções o cortesão e o político. O que ainda assim lhe inspirava pensamentos magoados. "Que dirá o mundo vendo-me tão aprovado na Mesa do Paço, quando do paço, de que ela se denomina, só mereço repreensões?"[79] Era no tempo em que D. Pedro se mostrara irritado contra ele pela altercação com o governador Antônio de Sousa. O censor nomeado pelo tribunal para o tomo 4 chamava-lhe "o Salomão deste nosso século".

A cada tomo publicado repetiam-se as homenagens. À proporção do curso dos anos dissipava-se a memória das irritantes pugnas e mais esplendia o nome do orador. Era o antegosto da imortalidade ambicionada, no

---

[77] Frei Tomé da Conceição, carmelita, qualificador do Santo Ofício, no tomo 4.

[78] Padre Manuel de Sousa, da Congregação do Oratório, pelo Desembargo do Paço, no tomo 5.

[79] Ao marquês de Gouveia, 5 de agosto de 1684. *Cartas*, t. 3, p. 505.

embevecimento da qual, quando veio a decrepidez, se foi pouco a pouco aconchegando no túmulo. Já então, pela embriaguez dessas lisonjas, de pazes feitas com os homens.

Nessa hora é ele próprio o que aceita a sentença do mundo, onde já figura como antepassado, e pela segunda vez projeta dar fim à comunicação com ele. Pela frota de 1694 manda em muitas cópias uma circular às pessoas com quem corresponde, despedindo-se para sempre de todos, e rogando não lhe escrevessem mais. Daí por diante, em vez de se fazer lembrar uma vez por ano em cartas, recordar-se-á deles continuamente em preces diárias. Entrara nos 86 anos, minguavam-lhe as forças e medravam as enfermidades. Tudo portanto lhe justificava o propósito, se ele coubesse em um temperamento ávido de expansões, qual o seu. E assim ver-se-á que teve de o abandonar, se não totalmente, ao menos para aqueles que por sua qualidade podiam prestar desculpa à derrogação.

V

Antes disso tinham passado anos operosos e de relativa satisfação. Desfeita a nuvem do processo pela morte do alcaide, os Ravascos restituídos a seus cargos e à posse dos bens, ele próprio investido na superintendência das missões e estabelecimentos da Companhia pela iniciativa do Geral, recuperava a confiança em si, sentia-se ufano naquela que era para outros adiantada velhice, desmentir a suposição prematura da invalidez, que o acabrunhava.

Em maio de 1688, tendo-lhe chegado a patente de Roma, deixou, como vimos, o retiro do Tanque para residir no Colégio. Com pouca felicidade, é certo, porque ao cabo de algum tempo adoeceu, faltando por isso com as cartas à frota desse ano, pela qual escreveu somente, e não de sua letra, a Diogo Marchão Temudo. Pôde todavia mandar o manuscrito de um volume dos *Sermões*, o oitavo pela ordem da impressão, sexto na série dos discursos vários. Antecedendo a este tinha publicado a coleção do Rosário em dois tomos, numerados depois oitavo e nono.

A nomeação de visitador, tendo porém a cláusula de se não mover da Bahia, visto os achaques da idade lhe tolherem as viagens, o que afinal punha em contradição o título com a realidade das funções, foi certamente motivo de júbilo para Vieira, posto que, como convinha, manifestasse aceitá-la violentado. Ao assistente em Roma, que o felicitou, escrevia em resposta, usando de um trocadilho, que na pronúncia explícita de hoje perde o sabor: "Diz Vossa Reverência, para me animar, que as minhas patentes se assinaram dia de Santo Antão; e não faltará quem diga, e eu sou o primeiro, que se deveram desassinar em dia de Santo Agora"[80]. Modéstia simulada. Após tantos agravos de fora, deviam ser-lhe agradável compensação as honras tributadas por aqueles que melhor o podiam conhecer e apreciar, os membros da sua comunidade. Além disso as obrigações do cargo satisfaziam-lhe o gosto da atividade e do mando, davam-lhe ensejo a pedidos e reclamações ao governo local e ao de Lisboa, mais uma vez o colocando em contato com a máquina administrativa, o que sempre fora seu gosto supremo.

Recordou então o antigo zelo de missionário de que, 27 anos havia, desde a forçosa saída do Maranhão, só acidentalmente sentira na consciência o chamado, logo esquecido por outros mais instantes. Agora nele se afervorava, considerando o labor utilíssimo a que presidia, a vastidão da obra, a parcidade dos meios. O mesmo problema de quanto fora missionário, complicado pelo âmbito maior da ação requerida. Ao longo da costa quatrocentas léguas, onde havia residências da Sociedade, além de várias missões, no interior. Ao norte, no Grão-Pará, aquele mundo insondável de populações selvagens, que um dia ele mesmo elegera para oficina de seus trabalhos, e sua morada definitiva e final. Como então a tarefa era de muito esforço, e

---

80 *Vida*, p. 280. *Então e agora.*

exigia obreiros, de que nem a quantidade nem a qualidade correspondiam ao necessário. Para compreender a situação vale a pena uma resenha breve dos acontecimentos, desde a retirada de Vieira em 1661.

Em seguida à expulsão dos missionários, caído o governo da rainha D. Luísa, desterrado o Superior para o Porto e Coimbra, voltaram aqueles à colônia na condição de vencidos. Pela provisão de 12 de setembro de 1663, a mesma que vedou a Vieira o tornar ao Maranhão, os insurretos alcançavam o seu fim, que era a derrogação da lei de 1655, posta em execução por André Vidal de Negreiros. Os jesuítas perdiam o monopólio das missões, a iniciativa dos resgates, a jurisdição temporal sobre os índios. Passavam ao estado de párocos, sem mais privilégios que quaisquer outros religiosos, e dividindo com eles o múnus espiritual. As câmaras requeriam, quando entendessem necessário, as entradas, e o governador nomeava alternadamente um religioso de cada hábito para as acompanhar. Mas o sistema dessa legislação era o incessante oscilar entre a condescendência com a vontade dos colonos e as proibições. Entregues ao arbítrio da autoridade secular as entradas, voltou o regime das violências sem freio, contra as quais, também, como de uso, protestaram os jesuítas. Deu isto ocasião às juntas de 1680, a que foi convocado Vieira, das quais, segundo o seu voto, procedeu o alvará de 1º de abril desse ano, que proibiu em absoluto os cativeiros, mais cabal que a lei de 1655, na qual em certos casos especificados eram aqueles permitidos[81].

Como compensação, e para substituir o trabalho forçado dos índios, tinha-se prometido a introdução de negros de África e, para facilitar, dado o encargo a uma companhia que, em prêmio de por esse modo concorrer para a prosperidade da terra, fruía o privilégio da navegação e o estanco dos principais gêneros. Tentame falhado, porque os negros, em escassa quantidade e caros, não satisfaziam as necessidades, e as extorsões do mono-

---

[81] Alv. transcrito na lei pombalina de 6 de junho de 1755.

pólio provocaram a indignação geral. Em 1684, segundo ano da instituição, revoltou-se o povo em São Luís, com veleidades de autonomia, declarando o estanco abolido, reclamando índios e expulsando pela segunda vez os jesuítas, que, tendo obtido isenção do estanco para seus pertences, e satisfeitos pela melhor situação dos nativos, favoreciam a companhia. Pedro Álvares Caldas, um dos cristãos novos que haviam proposto em 1672 o acordo sobre a Índia, era nela o principal capitalista.

A revolta custou a vida a um dos mais ardentes inimigos de Antônio Vieira e dos missionários, Jorge de Sampaio, aquele procurador da Câmara que no motim de 1653 bradava os lançassem ao mar em uma canoa rôta; autor dos capítulos de 1661 contra os padres, e agora, aos setenta anos de idade, cabeça do levantamento, com Manuel Bequimão, seu companheiro na aventura e no patíbulo. Vieira que atribuía o sucedido à impunidade daqueles que no mesmo lugar o tinham atrozmente vilipendiado. – "Agora nos tornaram a lançar de lá pelas mesmas causas, que assim acontece quando falta o castigo"–, e que para os delinqüentes atuais aconselhava punição exemplar[82], apenas lastimaria a sorte do seu velho adversário.

Vinte e sete padres expulsaram os rebeldes em duas embarcações, das quais arribou uma ao Ceará, e outra pôde chegar a Pernambuco, de onde foi o Superior João Filipe Betendorff expor ao governo de Lisboa o acontecido. Redundou essa nova provação em vantagem dos missionários, porque sufocada a revolta, e como que em castigo, foi promulgado o *Regimento das missões* (21 de dezembro de 1686) que os reintegrava na preponderância anterior à primeira expulsão. A única limitação consistia em que, sendo-lhes restituído o governo das povoações dos índios, da mesma regalia participavam os capuchos de Santo Antônio, nas que já administravam. No mais prevalecia em tudo a autoridade dos jesuítas, e era o Superior da Companhia

[82] Ao marquês de Gouveia, 5 de agosto de 1684. *Cartas*, t. 3, p. 505.

realmente o Superior das Missões. A ele competia indicar os indivíduos aptos para os cargos de procuradores dos índios, novamente criados nas duas capitais do Estado, ele guardava o duplicado do arrolamento dos serviçais, de que o outro livro ficava com o escrivão da Fazenda do Estado; ele dispunha e governava as expedições ao sertão, quando, revogada a lei de 1680, se restabeleceram os resgates e cativeiros.

Essa referida lei, tão humana que, contra a jurisprudência até então seguida, mandava proceder com os selvagens tomados em justa guerra como com os prisioneiros nas guerras da Europa, considerando-os com direito à vida e liberdade, e como tais os mandando internar nas aldeias de índios forros; essa lei tinha, ao que parece, produzido efeitos muito ao contrário da expectativa. Cuidara-se evitar as guerras, que entre si faziam as cabildas a fim de venderem os cativos, e essas continuavam como antes, sendo os prisioneiros sacrificados em festins bárbaros, quando não podiam ser levados para fora do estado e vendidos aos vizinhos castelhanos. Além do que, nas guerras feitas pelos portugueses, estes, sem o interesse de venderem os selvícolas apreendidos, trucidavam a todos, fazendo assim maior destruição. Seja por isso, seja porque se julgou o pretexto aceitável para regressar à prática tradicional, e por esse modo contentar as exigências dos colonos, a lei de 28 de abril de 1688, invocando as razões acima, revogou a de 1680, e determinou que todos os anos e em diversos tempos se fizessem entradas ao sertão para os resgates, às ordens dos prelados da Companhia no Maranhão e no Pará. Isso além das missões ordinárias dos párocos em seus distritos, para as conversões.

No decurso de quase três décadas, desde que Vieira entre homens armados e os impropérios da gentalha fora no Pará conduzido à praia, desterrado para sempre das brenhas que lhe eram então paraíso, a caça ao escravo e a catequese tinham alongado as linhas de penetração no continente, e multiplicado os pontos de contato da civilização com o esquivo selvagem. Das ilhas do delta aos tributários dos afluentes remotos; ao sul da Equinocial remontando as correntes, ao norte transportando-se à outra costa, fronteira aos Nheengahibas; os missionários tinham uma ação marcada, que as leis lhes determinavam. Como executá-la se careciam de trabalhadores idôneos? Além de poucos, faltava-lhes a ciência das línguas, indispensável para persuadir os selvagens. Era força que viessem à Companhia mais adeptos, que estes buscassem a tarefa e para ela se preparassem por estudo apropositado. Este é o sentido de duas práticas, feitas pelo visitador, logo no início de sua prelatura, por festas do Espírito Santo e da Visitação, as quais incluiu no tomo dos sermões desse ano, para que o efeito produzido alcançasse mais longe que o contorno de onde a sua voz soou. Aos noviços explicava que o fim com que vinham à Companhia tinha de ser a pregação: "Esta é, irmãos caríssimos, a nossa vocação, a qual muitos não conhecem quando pedem ser admitidos a ela". Iam os padres à portaria e acudiam em número os candidatos. "Porque quereis entrar?", perguntavam-lhes. "Para salvar nossas almas." "Não sabeis o que pedis; se só isso quereis, buscai-o em outras religiões igualmente santas." "O espírito da Companhia não é só ir ao céu, mas levar e meter no céu todos os que por falta de fé ou de graça andam longe dele."[83] E, para os que ali vinham, mormente os bárbaros a quem, sujeitos a mil privações e riscos e vida, iriam levar a palavra divina.

Aos que pretendiam graduar-se nas ciências dizia-lhes que deixassem isso: os estudos são o mundano da religião. "Quando eu estava no mundo, não deixei o mundo do mundo por salvar a minha alma? Pois agora, que sou religioso, por que não deixarei o mundo da religião por salvar muitas almas?" E explicava o que esse mundo era: "São as retóricas, são as filosofias, são as teologias, são as cadeiras, são os graus que na mesma religião reputa o mundo por mais autorizados"[84]. Estudassem sim as línguas em que tinham

---

[83] *Sermões*, t. 9. p. 256.

[84] Ibidem, p. 248.

de instruir os neófitos, de antes naquele Colégio da Bahia tão familiares, agora tão baixamente estimadas. "É já tão pouco geral a língua chamada geral do Brasil, que são mui contados aqueles em que se acha."[85] E referia como, em outro tempo, humanistas, filósofos e teólogos deixavam as universidades e os estudos delas para aprender somente o que a evangelização exigia. A prática terminava por uma exortação aos estudantes, para que se despedissem das aulas e fossem às missões.

Estimulando por esse modo a juventude à catequese, seguia Vieira sua inclinação própria, mas juntamente executava instruções do Geral Tirso Gonzales, que, tendo sido missionário, compreendia como ele a necessidade de se aplicarem os novos da Companhia às línguas da terra, e por isso ordenou que nenhum passasse aos estudos superiores antes de se achar hábil na fala brasílica ou geral. "Mas" – observava o exortador – "quando se começarão a lograr os efeitos desse acertado decreto? As enfermidades presentes não se curam bem com remédios futuros."[86] Faltavam padres sabedores dos idiomas selvagens, mas havia os coadjutores não sacerdotes, parte dos quais, índios de origem, supririam a necessidade. "Se entre os padres não achamos línguas, entre os irmãos temos os que bastam; e de um padre acompanhado de um irmão bem se pode formar um perfeito missionário."[87]

No tempo em que Vieira missionava no Amazonas, todos os padres aprendiam com amor os dialetos bárbaros, não bastando a língua geral, o tupi das cabildas da costa, de que o grande apóstolo Anchieta fizera a primeira gramática, melhorada e completada por outro apóstolo, o mártir Luís Figueira. Na língua dos Tupinambaranas, dos Jurunas, dos Nhuanas, dos Tapajós, dos Mamaianás dos Nheengahibas, de que fazia menção Vieira, ensinavam àqueles bárbaros que havia um só Deus.

[85] Ibidem, p. 241.

[86] Ibidem. p. 242.

[87] Ibidem, p. 243.

> À vissa e na admiração dessa novidade pasmavam todos. Pasmavam os gentios de ver as suas línguas na boca dos nossos missionários, e eles também pasmavam de ver os grandes progressos que tinham feito em tão pouco tempo, e davam infinitas graças a Deus por tê-los escolhido de entre seus condiscípulos, e de os ter passado dos estudos da Europa a essa escola do céu, tão superior, tão alta, tão útil e tão descansada. Torno a dizer, tão descansada: porque ali não se quebram os peitos com escrituras, nem se afogam os dias e as vidas com o penso das lições de manhã e tarde, nem se embaraçam os entendimentos com o labirinto de opiniões e dificuldades sem saída, nem dão cuidado argumentos, nem disputas, nem conclusões que se hão de defender ou impugnar; nem se passa por um, e por dois, e por sete exames em sete anos; e sobre tudo, depois de tanto tempo e trabalho, não resta ainda o temor ou contingência de ser ou não ser aprovado, porque os examinadores, que são Deus e Santo Inácio e os anjos da guarda daquelas almas, tudo o que se aprende e se ensina aprovam e louvam[88].

Destarte, afagando o sentimento dos escolares remissos, buscava o visitador engrossar as filas dos apóstolos. Agora a dificuldade era maior que no tempo a que aludia, havendo na cidade e em toda a costa muitos milhares de africanos, que tinham de ser instruídos em suas línguas[89]. A preocupação dessa necessidade foi nele constante até o termo de suas funções, como de duas cartas de 1691 se vê, uma ao rei D. Pedro, outra a certa personagem da corte, desconhecida, provavelmente Roque Monteiro Paim. Dando conta ao soberano do estudo das missões, lastimava-se da morte de oito companheiros em dois meses, "um que tinha vinte anos das missões, com ciência de muitas línguas bárbaras, e outro já bastante prático nelas, como perda

---

[88] Ibidem, p. 249.

[89] "[...] Sendo muito maior sem comparação o número dos negros que o dos índios." (*Cartas*, t. 3, p. 604).

irreparável". E a propósito da dificuldade de aprendizagem observava: "Esses sujeitos fazem-se muito devagar, e só na menor idade são aptos para o que mais ensina a natureza que a arte, principalmente onde a não há"[90]. Na carta ao homem da corte repete o parecer: "A utilidade e ainda a necessidade de que sejam moços para poderem aprender as línguas bárbaras, é a que na carta a Sua Majestade digo; os velhos não nascem mas fazem-se em muitos anos, e já haviam de estar feitos quando começam as novas empresas"[91].

Desse mesmo documento sabemos que houvera o intento de mandar missionários aos Palmares. Primeiro o tinha proposto um padre da província, não alcançando o assentimento da comunidade; ultimamente um religioso italiano se tinha oferecido em Lisboa ao governo para a empresa. Vieira tinha por desarrazoado o projeto. "Muito me admiro (mas tal é o sumo zelo de Sua Majestade de salvar a todos) que sem outra informação dos superiores dessa província houvesse por bem a oferta feita por um padre particular de ir aos Palmares."[92]

Desde cerca de sessenta anos antes dessa época, quando os holandeses ocuparam Pernambuco, que na região do rio São Francisco, em sítio a que deram mais tarde o nome grandes plantações de palmeiras, se formara um núcleo de população negra, constituído por escravos fugidos das fazendas do distrito, engrossado pela afluência incessante de novos foragidos, organizado em república bárbara com suas leis, seus chefes, ao estilo da pátria africana, temido dos habitantes dos arredores, com os quais negociava, e assaz forte para resistir às expedições sucessivas enviadas para o submeter. No fim, computava-se o número em vinte mil almas. Só em 1697, com o emprego de forças relativamente consideráveis, e tendo vindo em socorro do governo local

---

90 1º de junho de 1691. *Cartas*, t. 3, p. 608.

91 1º de julho de 1691. *Cartas*, t. 3, p. 619.

92 Ibidem, p. 620.

vários grupos de belicosos paulistas, foi pela chacina domada a rebelião. No ano de 1691, em que estamos, aprovada pela metrópole a missão, podemos crer se achava o governo inclinado a pactuar com os refugiados. Vieira descobria nisso inconveniências. Primeiramente para ser a missão frutuosa tinham de a fazer os padres naturais de Angola, que havia no Colégio, falando aos negros na sua mesma língua; depois havia a temer serem os missionários suspeitos de espionagem e assassinados, segundo o natural daqueles bárbaros; por último – "razão fortíssima e total", dizia ele – os negros, sendo cativos e rebeldes, estavam e perseveravam em pecado contínuo, de que só podiam ser absolvidos quando tornados à obediência dos senhores, e isso de nenhum modo aceitariam. Ele, Vieira, via um só meio de reduzir os rebeldes: conceder-lhes a liberdade, para ficarem vivendo na povoação como os índios em suas aldeias. Mas isso importava na ruína definitiva do Brasil, porque, seguindo o exemplo, todos os demais escravos formariam outros Palmares. Assim, no mesmo espírito, cabia a concepção do direito do índio a ser livre, e da sujeição do negro à perpétua e cruel escravidão. Adiante veremos com que sofismas ele a si mesmo se enganava, justificando a iniquidade.

O incidente devia ser causa de regozijo para o visitador, porque o governo de Lisboa se conformou com o parecer dele, e voltou aos meios mais eficazes do fogo e do ferro para subjugar a rebeldia dos negros. Assim o soube por carta do rei que, louvando-lhe os serviços, prometia favorecer o seu desejo de aumentar na província o número dos missionários. Quando porém chegou a carta[93], já tinha findado o período em que ele exercitou a prelazia.

Este pouco, e a intervenção em um conflito do reitor do Colégio em Pernambuco com o bispo ao tempo governador, conflito a que o visitador acudiu em defesa das imunidades da Ordem, é quanto sabemos de algum interesse, com respeito ao triênio de suas funções. A pendência versava sobre a prisão

---

[93] De 6 de fevereiro de 1692. *Vida*, p. 295.

de um criminoso, refugiado no Colégio, que o bispo, exercendo o poder civil, mandara buscar pelos meirinhos, juntamente com o reitor, que se tinha oposto à violação do recinto privilegiado. O prelado, ardendo em cólera pela resistência dos que eram duplamente seus subordinados, como habitantes da colônia e como religiosos, ordenara lhe levassem presos com o delinqüente "aqueles padrezinhos". As palavras, referidas ao visitador, ofenderam-no talvez mais que o ato de prepotência, pelo que mandou a Pernambuco um comissário para investigar o caso e, segundo as circunstâncias exigir pública reparação ou dar satisfações ao bispo. A este no mesmo tempo escrevia, aludindo ao diminutivo, que era o seu representante um homem tão grande que já por tal o reputavam em Roma muitos anos antes, quando ele ali o havia conhecido. Era o comissionado o padre João Antônio Andreoni, autor futuro do livro célebre *Cultura e opulência do Brasil por suas drogas e minas*, publicado sob o pseudônimo de André João Antonil, a qual obra o governo de D. João V mandou recolher, para não terem por ela conhecimento os estrangeiros dos métodos empregados na produção colonial. Apesar do epigrama essa carta foi a "cítara de David", que aplacou a ira do Diocesano, conta o jesuíta[94], e fez se acomodasse a contenda, não sabemos se com a desafronta que pedia Vieira. É possível que a este bastasse o desafogo epistolar e a restauração dos padres na confiança do bispo governador; tão reconciliado com ele que, dois anos passados, o propunha ao duque de Cadaval como o mais idôneo prelado para a sede arquiepiscopal na Bahia.

Os cuidados da regência da província, dos quais dizia: "Isto não é para quem entisica e passa as noites inteiras sem dormir e dando tratos ao entendimento"[95]; esses mortificantes cuidados não o privavam de exercitar a atividade desse mesmo entendimento em variados objetos: a copiosa cor-

---

[94] *Vida*, p. 293.

[95] Ibidem, p. 294.

respondência para a Europa, composições literárias, assuntos do governo do estado, e os usuais devaneios e perscrutações do futuro. À frota de 1689 faltou com o tomo anual dos sermões, não pelos trabalhos de visitador, mas porque aplicou as horas livres a escrever o discurso apologético da *Palavra do pregador* então remetido. Nesse mesmo ano, em 6 de dezembro, data da aclamação de D. Pedro, em coincidência com a da coroação de D. João IV, foi visto na Bahia um cometa. "A figura era de palma, na qual e na cor, que era de ouro, creram todos prognosticava felicidades."[96] Vieira fez, como já anteriormente sobre outros, o juízo a respeito do astro pressago, e o remeteu ao duque de Cadaval. A crise intensa, que afetava a vida econômica da Bahia e de todo o Brasil, ocupava-lhe os pensamentos, do mesmo modo que a decadência, cada vez mais evidente, dos domínios da Índia. Para esse octogenário, combalido de enfermidades, não havia tarefa superior à sua capacidade de dispersão mental; seu espírito inquieto pairava escutando os rumores do mundo, na busca incessante de matéria para cogitações.

Nessa época a prosperidade comercial da colônia periclitava. O açúcar, produto mais importante, carregado de impostos e despesas, baixara a preço ínfimo; o tabaco era indústria em grande parte abandonada, por falta de mercado; e por cúmulo, e conseqüência de haver diminuído a exportação, a moeda desaparecia. Os comissários, que nas frotas vinham a negociar, levavam consigo em dinheiro o que produziam as vendas dos gêneros da Europa, ficando a apodrecer os da terra nos armazéns e engenhos.

Em 1688, a disposição da Metrópole, pela qual mais uma vez se alterou o valor das moedas, aumentou as dificuldades da situação. Executando-se a lei no Estado, a pataca, que circulava com pesos diversos, de quatro e meio a quase sete oitavas de prata, perdia trinta por cento do valor nominal. As autoridades hesitaram em promulgar a lei, o povo opôs-se e protestou, e,

---

[96] Ao duque de Cadaval, 14 de julho de 1690. *Cartas*, t. 3, p. 586.

reunidos em junta na Câmara os moradores principais, votaram resolução exatamente inversa, decidindo que às patacas de menos peso se conservasse o valor antigo, e o das mais pesadas se alçasse por graus até dois cruzados. Em Pernambuco já antes se tinha feito o mesmo. O arcebispo D. Frei Manuel da Ressurreição, governador interino, não se atreveu a contrariar o assento da junta, do que proveio animar-se momentaneamente o mercado dos gêneros da terra, saindo a frota carregada, e ficando o numerário, que não convinha em tais condições exportar[97].

A decisão do governo colonial não foi aprovada pelo de Lisboa, e este ordenou no ano seguinte que os valores fossem repostos na conformidade do antecedente decreto. Assim se cumpriu, não porém antes de partir a frota de 1691, prudente alvitre com que o governador, já então efetivo, o almotacé-mor Câmara Coutinho, ainda nesse ano favoreceu a venda do açúcar e mais gêneros, e impedia a saída da moeda.

À notícia declarou-se o pânico, e prorromperam clamores de toda a parte, pois que a deliberação tumultária de Pernambuco e Bahia fora imitada nas demais comarcas do Brasil, e em cada uma se tinha julgado aumentar a riqueza existente com a elevação do seu índice. Agora pela diminuição forçada, até que no decurso do tempo se restabelecesse o equilíbrio, todos se sentiam empobrecidos. Vieira dava conta a Diogo Marchão Temudo, ao duque de Cadaval, aos demais com quem se carteava, das lástimas da situação. Ao primeiro: "No Rio de Janeiro se abaixou a moeda com tal diminuição que em um dia, computado o que se tinha com o que se perdeu, quem tinha nove se achou somente com cinco". E sobre a Bahia: "Dizem os mais práticos da praça que perderá esta na dita baixa mais de quinhentos mil cruzados".

[97] Particulares tomados do artigo "Paulística" de Capistrano de Abreu na *Revista do Brasil*, de São Paulo, vol. 5, p. 3 e ss. Muito instrutivo para o assunto o Ms. *Papel de Antônio Luís Coutinho Almotacel mor e Governador da Bahia sobre a falta de moeda naquele Estado*, do Museu Britânico, Add., cód. 15170, fol. 201.

Descrevia como na transição os colonos padeciam prejuízos juntamente na qualidade de produtores e na de consumidores: "Para se fazer a mesma baixa nessa Bahia se espera pela partida da frota, e entretanto não se pode crer a confusão que há em tudo, não se contentando os que vendem as drogas do reino com o mais que vale a moeda presente, e perdendo os que vendem as do Brasil o que há de valer de menos"[98].

No ano seguinte escoava-se novamente o numerário, e sugeria o governador para remédio a criação de moeda provincial, que Vieira também recomendava aos seus amigos da corte. Entre estes o marquês das Minas, com quem desabafava a sua irritação com os reinóis adventícios, que extraíam do Estado o metálico.

> Esses navios, de que hoje temos no porto da Bahia 31, antigamente eram frotas de mercadores, que vinham comerciar, hoje são armadas de inimigos e piratas, que vêm saquear o Brasil; porque antigamente traziam dinheiro e levavam drogas, e de muitos anos a essa parte levam as drogas e mais o dinheiro, achando mais conta a levar dois cruzados de prata, que não pagam fretes nem direitos, e logo se podem empregar, que mil-réis em açúcar ou tabaco, que sobre tantos tributos hão de esperar as dilações das descargas, vendas, arrecadações etc.; e por essa causa, como todos os prudentes sempre temeram, se tem acabado e extinguido totalmente a moeda, restando somente alguns poucos tostões, duas e três vezes marcados, que valem doze vinténs, os quais forçosamente há de deixar ao hortelão quem vai comprar uma couve, por falta de todo o gênero de trocos, o que não se achará em república alguma da Cafraria. Por causa dessa miséria, em que os pobres são os mais danificados, se propõe a Sua Majestade o remédio da moeda provincial [...][99].

---

[98] 29 de junho de 1691. *Cartas*, t. 3, p. 611.

[99] 5 de julho de 1692. *Cartas*, t.3, p. 639.

Também ao conde de Castelmelhor dizia serem as frotas armadas de piratas, contra os quais clamava: "E havendo leis e forcas para os outros ladrões e homicidas, só para estes que roubam e matam um Estado tão benemérito não há castigo".

A esse correspondente, sócio seu nos agravos de D. Pedro, desde o ano anterior denunciava o descontentamento em que o pouco acerto dos governantes punha os moradores da colônia: "E como *ubi est thesaurus ubi et cor tuum*, a maior e mais considerável perda, posto que se não considera, é a dos corações"[100]. Nessa mesma carta um trecho em que, dando soltas ao despeito próprio, acariciava o do conde. Tinha chegado nau da Índia, com a notícia de ser morto em Goa o governador D. Rodrigo da Costa, e a seguir, não dentro de um mês, como escrevia, mas com pouco espaço, o substituto[101]. "Tira Deus os homens quando quer tirar o demais", advertia ele. Decerto, castigo infligido à nação ou, melhor dito, ao soberano. Mas a providência usava ainda tirar por outro meio os homens bons. "É conservá-los vivos porque não merecem a morte, e tê-los ociosos porque os desmerecem os que se deveriam aproveitar deles."[102] O conde, cético pela longa experiência dos exílios, lendo isto perguntou porventura em qual dos dois teria o jesuíta o pensamento, nele ou em si, quando a lisonja foi escrita.

VI

Em 1691 terminava o triênio a que o preceito introduzido por Clemente VIII, depois abolido, limitava na Companhia as funções dos superiores,

---

[100] 5 de julho de 1691. *Cartas*, t. 3, p. 628.

[101] D. Rodrigo faleceu a 23 de junho de 1690, o sucessor D. Miguel de Almeida a 9 de janeiro de 1661.

[102] *Cartas*, t. 3, p. 628.

exceto o Geral, e Vieira recolheu outra vez com o padre José Soares, seu companheiro imutável, ao sossego do Tanque. Não porém antes de mandar o tomo sétimo dos *Sermões*, já com a licença do novo provincial Diogo Machado. Era tempo, porque da parte na venda dos livros fazia os gastos de sua manutenção e do padre seu amanuense – "este tributo era o que sustentava a mim e a meu companheiro"[103] –; e o restante empregava em socorrer as necessidades dos índios nas missões – "do trabalho dos três dedos com que escrevo esta, e dos lucros da impressão, que aplico quase todos a este comércio"[104]; isso, segundo informava ao rei por carecer o Colégio dos meios suficientes. Era o mesmo impulso de desinteresse de si, e interesse pela obra comum da Sociedade, com que, em 1652, partindo para o Maranhão, pusera os seus ordenados de pregador régio entre as rendas das missões.

Agora, desimpedido das obrigações de prelado, podia outra vez consagrar-se aturadamente à sua tarefa de escritor. Os anos corriam breves, e ela estava ainda assaz longe do fim. Em 1679, ao sair o primeiro tomo dos sermões, prometera doze, dos quais havia publicado sete. O trabalho exigia grande aplicação, porque a maior parte dos discursos se achava em apontamentos informes. Com sua imaginação brilhante, e a facilidade do verbo, Vieira lavrava com meticuloso cuidado o estilo, buscava intencionalmente a cadência e os efeitos da frase. Seus originais eram cheios de palavras e linhas cortadas ou substituídas, de outras acrescentadas, de transposições de vocábulos e orações inteiras, e não raro a alteração atinge a mesma idéia. Em cada página do manuscrito, ao lado, a larga margem espera as emendas maiores e as adições[105]. Preparando-se para o púlpito, pregador aplaudido,

---

[103] Sebastião de Matos e Sousa. 17 de julho de 1690. *Cartas*, t. 3, p. 602.

[104] 1º de junho de 1691. *Cartas*, t. 3, p. 607.

[105] Vejam-se os fragmentos da *História do futuro* e outros, nos apensos ao processo do Santo Ofício.

não poupava diligência para que saísse a oração digna do assunto e do autor. Do sermão nas exéquias do infante D. Duarte encontraram-se dois borrões; em um deles tantas as emendas, as chamadas, as entrelinhas que – diz quem viu[106] – só poderia desembaraçar-se do labirinto aquele que o fez. Parte dos sermões não seria dita tal qual apareceu na estampa; mas o âmago, o sentimento expresso, é o mesmo, e pode sem receio aceitar-se como a expressão das idéias do orador, na época a que corresponde.

Em 1684 interromperam a série dos doze os dois volumes de sermões sobre o Rosário, intitulados *Maria rosa mística*. Publicação, diz o autor, em cumprimento de um voto feito e repetido por ocasião de grandes perigos: entre eles o acidente da viagem de 1654, quando voltava do Maranhão à Europa. A coleção consta de sermões pregados em diferentes épocas, na Bahia, recentemente e antes de 1640, no Pará e Maranhão, e durante as travessias marítimas; alguns compostos para guardar, esperando oportunidade, ou como entretenimento literário, e nunca pronunciados em público.

Vários desses discursos versam sobre a situação dos escravos africanos, sobre a qual não podia deixar de pousar a atenção de um filósofo e pensador, e isso era Vieira. Mas quão destoante o seu parecer do que poderia esperar-se daquele estrênuo defensor dos índios perseguidos! Um dos sermões abre com a descrição de espantoso transplantar de uma raça, em multidões sucessivas, do nativo continente para a terra do seu martírio secular.

> Uma das grandes coisas que se vê hoje no mundo, e nós pelo costume de cada dia não admiramos, é a transmigração imensa de gentes e nações etíopes, que da África continuamente estão passando a esta América. A armada de Enéias, disse o príncipe dos poetas que levava Tróia a Itália: *Illium in Italiam portans*; e das naus, que dos portos do mar Atlântico estão sucessivamente entrando nos nossos, com

[106] André de Barros nas *Vozes saudosas*, t. 2, prólogo.

com maior razão podemos dizer que trazem, a Etiópia ao Brasil. Entra por essa barra um cardume monstruoso de baleias, salvando com tiros e fumos de água as nossas fortalezas, e cada uma para um baleato: entra uma nau de Angola, e desova no mesmo dia quinhentos, seiscentos e talvez mil escravos. Os israelitas atravessaram o mar Vermelho, e passaram da África à Ásia, fugindo do cativeiro; estes atravessam o mar Oceano, na sua maior largura, e passam da mesma África à América para viver e morrer cativos. *Infelix genus hominum* (disse bem deles Moffeo) *et ad servitutem natum.* Os outros nascem para viver, estes para servir. Nas outras terras, do que aram os homens e do que fiam e tecem as mulheres, se fazem os comércios: naquela o que geram os pais, e o que criam a seus peitos as mães, é o que se vende e se compra. Oh! trato desumano em que a mercancia são homens! Oh! mercancia diabólica em que os interesses se tiram das almas alheias e os riscos são das próprias![107]

Também nesse dia se lembra dos seus índios, e tem por isso raptos de indignação contra a prática abominável, que a justiça de Deus castiga sem misericórdia.

Ouvi um pregão da mesma justiça divina, por boca do evangelista São João: "Quem tem ouvidos e não é surdo aos ouvidos de Deus ouça!". E que há de ouvir? Poucas palavras mas tremendas: "Todo aquele que cativar será cativo". Olhai para os dois pólos do Brasil, o do Norte e o do Sul, e vêde se houve jamais Babilônia nem Egito no mundo, em que tantos milhares de cativeiros se fizessem, cativando-se os que fez livres a natureza, sem mais direito que a violência nem mais causas que a cobiça, e vendendo-se por escravos. Um só homem livre cativaram os irmãos de José, quando o venderam aos ismaelitas para o Egito: e em pena deste único cativeiro cativou Deus no mesmo Egito a toda a geração e descendentes dos que o cativaram, em número de seiscentos mil, e por espaço

---

[107] *Sermões*, t. 15, p. 352.

de quatrocentos anos. Mas para quê ir buscar exemplos fora de casa e tão longe, se os temos em todas as nossas conquistas? Pelos cativeiros da África cativou Deus a Mina, São Tomé, Angola e Benguela; pelos cativeiros da Ásia cativou Deus Málaca, Ceilão, Ormuz, Mascate e Cochim; pelos cativeiros da América cativou a Bahia, o Maranhão e, debaixo do nome de Pernambuco, quatrocentas léguas de costa por 24 anos. E porque os nossos cativeiros começaram onde começa a África, ali permitiu Deus a perda de el-rei D. Sebastião, a que se seguiu o cativeiro de sessenta anos no mesmo reino[108].

Prosseguindo, relata os castigos bárbaros, os martírios, a que estão sujeitos os miseráveis, *pingados, lacrados, retalhados, salmourados*, e outras operações de nefanda crueldade, que por decoro calava. E para isto que defesa propunha aos infelizes? Resignação! Palavras de São Pedro: "Escravos, estai sujeitos e obedientes em tudo a vossos senhores, não só aos bons e modestos senão também aos maus e injustos"[109]. Preceito do próprio orador: "Quando servis a vossos senhores, não os sirvais como quem serve a homens, senão como quem serve a Deus; porque então, não servis como cativos, senão como livres, nem obedeceis como escravos, senão como filhos"[110]. Ditames de mansidão com que perante os senhores resgatava as altissonantes invectivas. A estes ameaçava com cativeiros como o de Babilônia, ou temendo que para eles fosse o Brasil como o Egito, suas casas como as de Faraó, o Oceano como o mar Vermelho[111]. Desgraças cuja eventualidade a nenhum amedrontava.

Em um sermão dos primeiros tempos de pregador, quando ainda se ensaiava nas capelas extra-urbanas, antes de abordar os auditórios mais cultos

---

108 *Sermões*, t. 15, p. 383.

109 Ibidem, p. 375.

110 Ibidem, p. 374.

111 Ibidem, p. 385.

da capital do Brasil – o 14º do Rosário, que, disse o orador de suas exéquias em Lisboa, foi a sua estreia no púlpito – nesse sermão em que carinhosamente se dirige aos ouvintes tratando-os por "irmãos pretos", compara o trabalho nos engenhos e o engenho aos padecimentos de Cristo e à cruz; parábola que não renegou por exorbitante quando, tantos anos passados, deu o discurso à impressão.

> Em um engenho sois imitadores de Cristo crucificado, porque padeceis em um modo muito semelhante o que o mesmo Senhor padeceu na sua cruz, e em toda a sua paixão. A sua cruz foi composta de dois madeiros, e a vossa em um engenho é de três. Também ali não faltaram as canas, porque duas vezes entraram na paixão: uma vez servindo para o cetro de escárnio, e outra vez para a esponja em que lhe deram o fel. A paixão de Cristo parte foi de noite sem dormir, parte de dia sem descansar, e tais são as vossas noites e os vossos dias. Cristo despido e vós despidos; Cristo sem comer e vós famintos; Cristo em tudo maltratado e vós maltratados em tudo. Os ferros, as prisões, os açoites, as chagas, os nomes afrontosos, de tudo isso se compõe a vossa imitação, que se for acompanhada de paciência também terá merecimento de martírio. Só lhe faltava à cruz, para a inteira e perfeita semelhança, o nome de engenho; mas este mesmo lhe deu Cristo, não com outro senão com o próprio vocábulo. *Torcular* se chama o vosso engenho ou a vossa cruz, e a de Cristo por boca do mesmo Cristo se chamou também *Torcular*: *Torcular calcavi solus*[112].

Depois, com alguma incongruência, o engenho era o inferno da fábula, os negros os habitantes do mesmo.

> E que coisa há na confusão desse mundo mais semelhante ao inferno que qualquer desses vossos engenhos, e tanto mais quanto de maior fábrica? Por isso foi tão

[112] *Sermões*, t. 14, p. 434.

> bem recebida aquela breve e discreta afirmação de quem chamou a um engenho de açúcar *doce inferno*. E verdadeiramente quem vir na escuridade da noite aquelas fornalhas tremendas perpetuamente ardentes; as labaredas, que estão saindo a borbotões de cada uma pelas duas bocas ou ventas, por onde respiram o incêndio; os etíopes ou cíclopes banhados em suor, tão negros como robustos, que subministram a grossa e dura matéria ao fogo, e os forcados com que o revolvem e atiçam; as caldeiras ou lagos ferventes, com que os cachões sempre batidos e rebatidos, já vomitando espumas, já exalando nuvens de vapor, mais de calor que de fumo, e tornando-os a chover para outra vez os exalar; o ruído das rodas, das cadeias, da gente toda da cor da mesma noite, trabalhando vivamente e gemendo, tudo ao mesmo tempo sem momento de tréguas nem de descanso; quem vir enfim toda a máquina e aparato confuso e estrondoso daquela Babilônia não poderá duvidar, ainda que tenha visto Etnas e Vesúvios, que é uma semelhança de inferno[113].

Dessa fábula, dessa pomposa retórica, que entenderiam os rudes africanos? Pouco isso importava ao orador, que, então novato, pela fama de eloqüente compunha aqueles trechos, e mais tarde, por deleite de letrado, os reproduzia na estampa. O ponto essencial, que eles tinham de compreender ouvindo, e de que não discordava ainda, era o seguinte: "Deveis dar infinitas graças a Deus, por vos ter dado conhecimento de si, e por vos ter tirado de vossas terras, onde vossos pais e vós vivíeis como gentios; e vos ter trazido a esta, onde instruídos na fé vivais como cristãos e vos salveis"[114]. Razão cristã, por isso para ele verídica, e que o reconciliava com a parte hedionda do fato; ao mesmo tempo, modo de assegurar aos que aproveitavam do martírio, se porventura escutavam, não terem objeto positivo as declamações a favor dos martirizados.

---

113 *Sermões*, t. 14, p. 440.

114 Ibidem, p. 428.

A inclusão do assunto nos sermões desta série explica-se pela devoção particular dos negros à Virgem do Rosário. Em toda a parte no Brasil eles lhe dedicavam culto seu próprio e festividades, em separado dos brancos, tendo confrarias exclusivamente de gente de cor, e por fim igrejas construídas a expensas dos indivíduos da raça, quando o abrandamento dos costumes lhes permitiu o pecúlio. Os excertos que precedem eram ditos a escravos, nessas festividades. De um dos discursos ficamos sabendo que os mulatos da Bahia, por prurido de superioridade, se extremavam dos congêneres mais escuros, desprezando o Rosário, e tomando para padroeira a Virgem de Guadalupe.

Repreendendo a presunção dos mestiços, Vieira consola os devotos, fiéis ao Rosário, da humilhação da cor e do estado.

A Virgem, como mãe comum, abraça com seu amor igualmente a brancos, pardos e pretos; e, comparada no livro dos *Cantares* à aurora, à lua, ao sol, alumia "como sol aos brancos que são o dia, como lua aos pretos que são a noite, como aurora aos pardos que são os crepúsculos"[115].

Os pardos, no conceito de Vieira, bem se podem agregar aos brancos, "porque entre duas partes iguais o nome e a preferência deve ser da mais nobres"[116]; mas, separados eles, e postos em concorrência brancos e pretos, ver-se-á que as mais causas porque são estes desprezados lhe constituem primazia. Três delas os senhores invocavam para a distinção que de si faziam com os escravos: o nome, a cor e a fortuna. E, contudo, o nome tinha-o tomado a Virgem, quando disse: *Eu sou a escrava do Senhor*; a condição a tomou Cristo, vendido, preso, vilipendiado e crucificado, como se escravo fora. A cor se tinha visto em grandes figuras: preta era Etiopiza, primeira mulher de Moisés; preta a pastora dos *Cantares*, que representava a mãe de Deus, e, desta mesmo, dizem certos padres e o atesta uma pintura de São Lu-

[115] *Sermões*, t. 15, p. 139.

[116] Idem.

cas existente em Roma, "entre as duas cores extremas propendia mais para a preta"[117]; preta a rainha de Sabá, de quem Salomão teve um filho, que fez ungir soberano da Etiópia; "de sorte que, quando o filho de Deus fazendo-se homem tomou o sangue da geração de Davi, já havia mil anos que tinha dado o mesmo sangue aos pretos da Etiópia no seu primeiro rei ou imperador"[118]. Quanto à fortuna, assaz significativa era a história do rico e Lázaro: a morte que chega, e eis Lázaro no seio de Abraão, o rico ardendo no inferno. "Digam-me os ricos quem foi este rico e os pobres quem foi esse Lázaro? O rico foi o que são hoje os que se chamam senhores, e Lázaro foi o que são hoje os pobres escravos"[119]. Ou então a dos egípcios e Faraó: os senhores afogados no mar Vermelho, enquanto os israelitas, escravos perseguidos, passavam a pé enxuto à margem fronteira.

Destarte, verberando as tiranias, lastimando a situação triste dos oprimidos, quando assim os consolava da desigualdade de sua condição, o fim do orador era incutir-lhes conformidade. Nem ele podia condenar a escravidão. A isso o forçava a coerência, desde que sempre advogara se trouxessem escravos de África, para libertar os índios do obrigatório serviço. "O Brasil tem o corpo na América e a alma na África", escrevera ele na biografia do padre João de Almeida[120]. Sem negros não haveria trabalho: era o argumento da necessidade. O de que por esse meio se salvavam tantas almas ignorantes de Deus escondia-lhe o horror do ato injusto. O mesmo raciocínio podia convir aos índios, mas esse não o admitia.

Em 1694 teve de pronunciar-se sobre um requerimento dos moradores de São Paulo, acerca dos indígenas. Aparecera nos ribeiros de Itaberaba o pri-

---

117 *Sermões*, t. 15, p. 158.

118 Ibidem, p. 155.

119 Ibidem, p. 162.

120 No v. 1 dessa obra, p. 464.

meiro ouro; os paulistas anteviam grandes jazidas e necessitavam do lavor forçado para as explorar. Para isso propunham meios que lhes permitiam legalizar as violências, modo habitual de suas relações com os selvagens. O sistema pretendia ser o mesmo seguido nos domínios de Castela: darem-se os índios em administração a pessoas determinadas, como livres, este era o título; o fato em si, sem nenhuma atenuante, a própria escravidão.

O projeto foi enviado aos padres da província brasílica para dizerem sobre ele; Vieira, ao que parece, devia dar o voto em separado. Fez-se congregação, e a maioria declarou-se a favor do que pretendiam os paulistas, Vieira, fundado em sua experiência, e insistindo na doutrina, sempre defendida, de que os índios eram livres de condição natural, e como tais deviam ser tratados, sustentou em largo voto a opinião contrária[121]. O que era o sistema proposto se vê da análise, que em termos indignados o jesuíta faz da chamada administração.

> [...] Todo o oneroso dela cai sobre os índios e todo o útil se concede aos Paulistas; todas as conveniências a estes, e aos índios, sempre miseráveis, todas as violências. Não é violência que, se o índio, senhor da sua liberdade, fugir, o possam licitamente ir buscar e prender e castigar por isso? Não é violência que, sem fugir, haja de estar preso e atado, não só a tal terra senão a tal família? Não é violência que, morrendo o administrador ou pai de família, hajam de herdar os filhos a mesma administração e repartirem-se por eles os índios? Não é violência que se possam dar em dote nos casamentos dos filhos? Não é violência que, não tendo o defunto herdeiros, possa testar da sua administração, ou entre vivos fazer trespasse dela a outro, e que experimentem e padeçam os índios em ambos os casos o que sucede na diferença dos senhores aos escravos? Não é violência que,

[121] "[...] Havendo de declarar o meu parecer, como Sua Majestade, que Deus guarde, foi servido de me mandar ordenar [...]" (Voto sobre as dúvidas dos moradores de São Paulo acerca da administração dos índios. *Obras várias*, t. 1, p. 239).

vendendo-se a fazenda do administrador, se venda também a administração, e que os índios com ela, posto que se não chamem vendidos, se avaliem a tal e tal preço por cada cabeça? Não é violência enfim que, importando a um índio, para bem de sua consciência, casar-se com índia de outro morador, o não possa fazer sem este dar outro índio por ele?[122]

Protesto justo, porém baldado, porque os padres de Lisboa aprovaram, como os da Bahia, o projeto dos paulistas, e o mesmo na íntegra, ou com alterações de pouco vulto, se pôs em prática, autorizado pela Metrópole[123]. Em carta ao padre Manuel Luís, lente no Colégio de Santo Antão, manifestou Vieira quanto a atitude dos seus consócios nas duas casas lhe era intolerável. Na corte fora patrocinada a proposta por conselheiros que inculcavam a descoberta recente de minas de prata em São Paulo. "Tão fantásticas e sem fundamento como os seus cativeiros", dizia Vieira. E, no auge da indignação, considerando inimigos públicos esses seus antagonistas: "Não me temo de Castela, temo-me desta canalha"[124]. Foi a última vez que interveio no assunto da liberdade dos índios, tanto do seu coração como o das franquias da gente hebraica, pelos quais ambos batalhou com afinco, e suportou dos contemporâneos inimizades e perseguições; e um inimigo póstumo, mais encarniçado que nenhum dos outros, nascido dois anos depois da sua morte, Pombal, havia de os resolver no mesmo sentido de suas idéias, mas caluniando-lhe o intento e deformando-lhe as ações.

Agora, mais que a fadiga dos anos, o exílio moral a que o votara a casta governante lhe impunha o afastamento das matérias de interesse prático, que o

---

[122] *Obras várias*, t. 1, p. 241.

[123] Cartas régias de 26 de janeiro, 19 de fevereiro de 1696. Varnhagen, *Hist. geral do Brasil*, 2ª ed., p. 791.

[124] 21 de julho de 1695. *Cartas*, t. 3, p. 670.

seduziam, e o incitava a permanecer mais constantemente na região serena das idéias. Nela lhe era menos insofrido o eco da ingratidão do soberano e das ofensas dos áulicos.

Chegando ao estádio derradeiro da sua vida intelectual, o caminho fechava uma circunferência, e a meta era o mesmo ponto de partida. Na sua obra final, o homem que tanto de si fizera falar como político, voltava a ser o místico dos primeiros dias de religioso, e reaparecia, teólogo consumado, aquele escolar que, desprezando os compêndios, por estudo próprio versara as matérias da ciência divina. Diferente dos trabalhos literários que havia empreendido antes – sermões em que muitos interesses do mundo reverberavam, *História do futuro* onde a política se enlaçava com o misticismo – o objeto de suas lucubrações atuais eram a pura mística e a teologia.

Quando ao publicar o primeiro tomo dos *Sermões*, Vieira, anunciou o plano de dar à estampa a coleção completa em doze, igualmente prometeu trazer a lume a sua grande obra em latim sobre a inteligência dos profetas, *De regno Christi in terris consummato*, ou por outro nome *Clavis prophetarum*, em quatro livros, a qual tinha sido, dizia, o maior emprego de seus estudos. Desde muito a notícia dessa produção tinha posto em alvoroço a curiosidade dos contemporâneos. Ele próprio nela pensou quase metade da vida. Meditada no silêncio das selvas amazônicas, começada ao sair da Inquisição, continuada em Roma e Lisboa, ultimamente diversão gostosa do labor menos transcendental dos sermões, a *Clavis* era a pedra de fecho do edifício da sua glória, o legado às gerações por vir das riquezas mentais, que uma longa existência lhe permitira acumular. Por mais de trinta anos ele tinha ponderado textos, destrinçado dúvidas, engenhado hipóteses, inferido afirmações. Agora, perto de nonagenário, fisicamente inválido, possuía ainda a prontidão da idéia, a pujança do verbo. Nada que lhe afetasse a validez do espírito. Cingido à tarefa, trabalhava como quem, medindo o tempo, temia se antecipasse a morte à conclusão da obra. E contudo não havia de acabá-la.

Por cima disso, derradeira afronta do destino a um homem dele tão batido, esse livro fundamental, em que punha o seu orgulho de sábio e de escritor, e de que a publicidade devia ser a sua apoteose, sumiu-se incompleto e mutilado, e só algumas cópias jazem no sepulcro dos arquivos, folheadas de raros curiosos. E essas impuras, porque uma devoção indiscreta, ou a audácia de um falsário, coordenou, dando-lhe o jeito de acabado, aquilo que em fragmentos deixara o autor. Todos os azares tinha de padecer essa produção anunciada de um engenho insigne, tanto exaltada na longa gestação, e tão depressa afundada no lôbrego esquecimento.

Refere um contemporâneo que foi o manuscrito subtraído, e tentaram passá-lo ao estrangeiro; mas logrou reavê-lo, intervindo a justiça, o padre Baltasar Duarte, procurador da província do Brasil, que igualmente o era de Vieira[125]. Esta última circunstância faria crer o caso passado em vida do autor, se não fosse argumento em contrário o silêncio que ele, e os confrades, que em seguida à sua morte dão notícia da obra, guardam acerca do atentado. À míngua de pormenores, e admitindo o ato, é lícito atribuí-lo a algum padre estrangeiro que estivesse na Bahia, e, regressando à Europa antes ou logo depois do falecimento, quisesse a glória de revelar ao mundo o tesouro, desaparecido o maravilhoso artífice. E esse poderia ser também o falsificador do texto. Entretanto cumpre ter em vista que nenhum outro testemunho confirma o acontecimento, a não ser que tenhamos por tal uma frase vaga, escrita pelo reitor da Bahia quando arrolou o espólio[126].

---

125 "Seus naufrágios têm tido essa obra, [*Clavis prophetarum*] primeiro que tenha aparecido na luz da estampa. Um no furto que se lhe intentou fazer, e sem dúvida se efetuara se V. M. com a sua real atenção não fizera restituir ao padre Baltasar Duarte, como procurador do padre Antônio Vieira, o tesouro que nos roubavam de Portugal [...]", Arcebispo de Cranganor na censura ao tomo 12 dos *Sermões*.

126 Na carta em que dá conta ao Geral da morte de Antônio Vieira, e a propósito da composição da *Clavis*: "Sperabatque [Vieira] e "aliis manuscriptis, si Deo dante recuperentur, magis fore juvendum". A referência se pode entender tanto de papéis furtados, como dos apontamentos retidos desde 1665 no Santo Ofício, dos quais muitos pertenciam à obra.

De toda a maneira é certo que, por morte de Vieira, se encontrou na Bahia a obra incompleta[127]. Outras não passaram do período da concepção à realização. No acervo dos cadernos, prontuários, páginas de obras em feitura ou deixadas de mão, ficou o delineamento de um livro em português, *Política do demônio para perverter o mundo*, do qual unicamente se sabe, por notícia de quem arrecadou os manuscritos, ser composição engenhosíssima.

Além dos sermões antigos, de que ia sucessivamente mandando os volumes, preparou Vieira entre 1691 e 1693, um tomo de sermões de São Francisco Xavier, por encargo da rainha D. Sofia de Neuburgo, particularmente devota do apóstolo da Índia: doze compostos então a formarem a série *Xavier acordado*, três *Xavier dormindo*, que datavam de quarenta anos atrás, destinados a um tríduo, e que não puderam ser recitados por doença do pregador. Constituíram estes a oitava parte da coleção geral, décimo tomo, publicado em 1694. Dois anos depois saía da imprensa o undécimo, oferecido à rainha D. Catarina; e em 1697 foi acabado o duodécimo, que ele como tal chamava o "seu Benjamin". A mesma nau em que viajou o manuscrito trouxe a Lisboa a nova de ter falecido o autor.

---

127 "Não ficou essa obra perfeitamente coordenada e muito menos completa." *Vida*, p. 388. Segundo a informação mais fundada o que existia era o seguinte: o Livro 1 completo; do Livro 2 o primeiro capítulo e matéria avulsa, faltando um caderno do original; do Livro 3. somente o título na folha de rosto, e as seções especiais ou tratados da Paz do Messias, da Pregação universal do Evangelho, e outros que poderiam caber neste Livro ou no 2 (Veja-se no Apêndice a notícia pelo padre Casnedi). Depois apareceu a obra como um todo, e regularmente dividida em capítulos, ainda que não uniforme essa divisão em todas as cópias. Na lição mais corrente tem o Livro 1 doze capítulos, o 2 quatorze, o 3 nove, achando-se os tratados acima mencionados arbitrariamente inseridos nos Livros 2 e 3. Assim o exemplar do arquivo da Companhia em Loyola. Em Portugal encontram-se cópias no Arq. Nac., Bibl. da Ajuda, e provavelmente haverá outras em coleções particulares e cartórios das antigas casas religiosas.

VII

Fica dito em seu lugar que Vieira, em 1694, deliberou pôr termo à correspondência com seus admiradores. No ano antecedente não fora pago à devoção, que eles lhe manifestavam, o costumado tributo epistolar. A frota levou uma única carta sua, e de punho estranho, ao padre Baltasar Duarte, com o rol das pessoas a quem devia informar da causa do seu silêncio. Não tinha, dizia assim, mão com que escrever[128]. Repetira-se o desastre de 1673 em Roma; o trôpego ancião, caindo de noite, por um lance de escada de pedra, batera-se fortemente; e além de ficar molestado em todos os membros, por muito tempo não pôde segurar a pena. Gravíssimo acidente para quem tinha feito 85 anos. O tolhimento perdurou, pois que, no ano seguinte, escrevendo ao duque de Cadaval, ainda tentava debalde ajudar com a mão esquerda o outro punho vacilante, e tinha de renunciar, entregando a pena ao amanuense. Isto em complicação dos achaques, que, prostrando-o febricitante, com freqüência lhe embaraçavam o esforço da atenção, para responder às cartas, ou pelo menos lhe tiravam o gosto dessa conversação à distância.

Aqui experimentou Vieira um dos raros assaltos do desânimo em sua vida. Acaso persuadido de que era definitiva a lesão, e lhe afetava esta as faculdades do intelecto, decidiu despedir-se da correspondência com a Europa. Ditou uma carta circular aos fidalgos e pessoas da corte, a quem usualmente escrevia, expondo seus motivos, e incumbiu ao padre Baltasar Duarte a distribuição das cópias. Quase todos os que na frota antecedente não haviam recebido a costumada missiva indagaram sobre a falta. A resposta foi comum, menos para o duque de Cadaval e seu secretário. Na circular, de forma rebuscada, falta porventura aquela espontaneidade que em geral faz

[128] Cf. carta de 1º de agosto de 1694. *Cartas*, t. 3, p. 663.

o encanto das cartas de Vieira, e vê-se que foi composta sob a preocupação do efeito literário.

Meu senhor. É coisa tão natural o responder que até os penhascos duros respondem e para as vozes têm ecos. Pelo contrário é tão grande violência não responder que, aos que nasceram mudos, fez a natureza também surdos, porque se ouvissem e não pudessem responder rebentariam de dor. Esta é a obrigação e a pena, em que a carta que recebi nessa frota de Vossa Excelência me tem posto, devendo eu só esperar reciprocamente que a resposta do meu silêncio fosse tão muda como ele; mas quis a benignidade de Vossa Excelência que, nesse excesso de favor, se verificasse o pensamento, dos que dizem que, para se conhecerem os amigos, haviam os homens de morrer primeiro, e daí a algum tempo (sem ser necessário muito) ressuscitar. E porque eu em não escrever fui mudo, como morto, agora com o espaço de um ano e meio é força que fale como ressuscitado. O que só posso dizer a Vossa Excelência é que ainda vivo, crendo com fé muito firme não será desagradável a Vossa Excelência essa certidão. Não posso contudo calar que, no mesmo dia 6 de fevereiro em que entrei nos 87 anos, foi tão crítico para a minha saúde esse seteno que apenas por mão alheia me permite ditar estas regras, as quais só multiplicadas em cópias, sendo as mesmas, podem satisfazer a tantas obrigações quantas devo à pátria na sua mais ilustre nobreza. Sendo porém tão singular e não usada essa indulgência, ainda reconheço por maior a que de novo peço a todos: e é que a pena de não responder às cartas se me comute na graça de as não receber de aqui por diante; assim como é graça e piedade da natureza não ouvir quem não pode falar. E, para que o despacho desse forçado memorial não pareça gênero de ingratidão da minha parte, senão contrato útil de ambas, e muito digno de aceitação, sirva-se Vossa Excelência de considerar que, se me falta uma mão para escrever, me ficam duas livres para levantar ao céu e encomendar a Deus os mesmos a quem não escrevo, com muito maior correspondência do meu agradecimento; porque uma carta em cada frota é memória de uma vez cada ano, e as da oração de todas as horas são lembranças de muitas vezes cada dia.

Estas ofereço a Vossa Excelência sem nome de despedida; e, posto que em carta circular e comum, nem por isso esquecido das obrigações tão particulares que a Vossa Excelência devo e me ficam impressas no coração. Deus guarde a Vossa Excelência muitos anos como desejo, com todas as felicidades dessa vida e muito mais da que não tem fim.

Bahia, dia de Santo Inácio, 31 de julho de 1694[129].

Não obstante a despedida, os principais amigos, e alguns que se não resignavam a perder o contato de tão peregrino espírito, tiveram por nula a intimação, e escreveram no ano seguinte. Entre esses o Conde de Castanheira, Diogo Marchão Temudo e alguns padres. O marquês das Minas e Roque da Costa Barreto, tendo conhecido o padre José Soares na Bahia, a este se dirigiram pedindo notícias. Outro governador, o último, o almotacé-mor Luís Gonçalves da Câmara Coutinho, instava por elas diretamente. Como podia Vieira esquivar-se ao estímulo, que lhe deviam ser esses preitos, para quebrar o propósito? Nisto sobreveio um sucesso, pelo qual parecia falar a voz divina, e foi a primeira tenção a que venceu. "Outra queda de noite, pela mesma escada fatal, muito mais perigosa que a primeira, com uma ferida na cabeça e ambas as mãos estropeadas." Dias depois caía em cama sem esperanças de cura o padre José Soares, que escrevia por ele. "Com estes avisos do céu me resolvi a estreitar mais o retiro do meu deserto." E o padre Baltasar Duarte foi encarregado de apresentar desculpas às pessoas que haviam escrito, e confirmar-lhes o propósito do silêncio[130].

Se Vieira não cumpriu à risca o decreto do altíssimo, é certo se absteve da maior parte da correspondência que só consistia em cumprimentos, novidades e um tanto de murmurações. Da que nos conservou a devoção dos compiladores restam cartas à rainha D. Catarina, ao confessor desta padre

---

[129] *Vida*, p. 298.

[130] 22 de julho de 1695. *Cartas*, t. 3, p. 670.

Manuel Pires, da Companhia, ao duque de Cadaval e seu secretário Sebastião de Matos e Sousa. Este último era um clérigo dado às letras, que, investido no cargo de confiança do duque, se apressara a comunicar o fato a Vieira, jubiloso do pretexto para travar relações com o homem notável, cuja fama o deslumbrava. Desde 1687 os dois trocavam finezas no estilo guindado então moda. O secretário adoecia, dizia ele, de não ver logo estampados os escritos de Vieira; o jesuíta desmaiava de que os daquele ficassem ao descuido[131], e, quando um dia soube que era o correspondente um eclesiástico, espantou-se de ainda lhe não terem dado uma mitra[132]. O encarecimento da parte do último era sem dúvida forçado, mas as lisonjas recebidas excitavam a confidências, e com ele continuou a cartear-se até o fim. Oito dias antes de morrer ainda lhe escrevia discorrendo sobre seus negócios e os do Brasil.

Entretanto achara-se Vieira em um conflito, que foi o último da sua vida, quiçá por não ter durado esta muito mais, depois dele. Os anos, os achaques físicos, o enfraquecimento que dizia ter das potências do espírito, não lhe vedavam a pugnacidade, e ele era o mesmo de sempre, disposto às querelas e pertinaz na defesa. Também como sempre impaciente das opiniões alheias, e querendo que a sua predominasse. Em maio de 1694 houvera capítulo da província, para eleger procurador à congregação geral em Roma. Vieira tinha seu candidato, para o qual ele e outro padre solicitaram sufrágios. O ato, posto que em contravenção da Regra, que o proíbe e castiga, não seria talvez descomum, nem se compreende uma acertada escolha sem prévio entendimento dos votos; mas seja porque Vieira com o ardor costumado insistisse mais que de razão, seja porque os superiores, tendo em mente outro nome, se molestassem da tentativa, foram invocados os estatutos, e declarados os aliciadores incursos na pena, que era a privação da voz ativa e passiva, isto é, do direito de votarem e serem votados.

---

[131] 4 de julho de 1691. *Cartas*, t. 3, p. 626.

[132] *Cartas*, t. 3, p. 673.

Vieira não pretendia nenhum cargo, nem a faculdade de concorrer às deliberações, naquele período da sua vida, lhe importaria grandemente. O sossego do retiro no Tanque era o que mais convinha ao estado de sua saúde e espírito. Mas privarem-no de algum direito era o que não sofria. Além disso a ofensa excedia o suportável: castigado disciplinarmente, aos oitenta e seis anos de idade, um religioso com setenta de Companhia, e ornamento dela, mimoso de dois Gerais, favorecido de dois papas! O provincial e o reitor podiam-lhe impedir o voto, não, porém, o recurso a Roma. Vieira apelou para o Geral.

O acontecimento fez estrépito, e não faltou quem notasse de acintoso o proceder do provincial, padre Alexandre de Gusmão. Da parte deste houvera sempre um sentimento de hostilidade para com Vieira, desde o tempo de visitador; hostilidade em que também participava o reitor do colégio, padre Andreoni. Um e outro tinham escrito ao Geral, a denunciar atos que reputavam arbitrários, e nocivos à comunidade. E abriam-se aos confidentes dizendo que o visitador merecia ser deposto, pois já se achava caduco e como que moribundo pelo adiantado da velhice[133]. Na ocasião do atual conflito levantavam-se partidos: uns eram chamados vieiristas, outros alexandristas. A contenda transportou-se a Lisboa, onde tudo que se referia ao jesuíta célebre acirrava paixões. Ali certo fidalgo se jactava de que pelo seu patrocínio haviam prevalecido na corte os alexandristas. Quem ele fosse não sabemos; só, porém, que, no dizer do que dava o nome à parcialidade suplantada, "nem o pai, nem o avô, nem o bisavô, nem outro parente maior, não nomeado, do sobredito grão-senhor, segundo a muita mercê que todos sempre fizeram a Antônio Vieira, se haviam de pôr contra ele, mas muito da sua parte"[134]. O litígio acabou pela anulação da sentença, mas, nas delongas

[133] Cf. os trechos de cartas em *Rev. de Hist.*, t. 11, p. 105 e 106.

[134] A Sebastião de Matos e Sousa, 27 de junho de 1696. *Cartas*, t. 3, p. 681.

de três anos esgotou-se a vida do principal interessado. A decisão do Geral chegou à Bahia já tarde, para que ainda pudesse aquele saborear essa derradeira satisfação do amor-próprio[135].

Aos íntimos Vieira não queria confessar que o tivesse a injúria magoado. Alguns amigos lhe escreveram de Lisboa manifestando-se pesarosos: ele não convinha em que o lastimassem, e se regozijava de que Sebastião de Matos, muito pelo contrário, mofasse do sucedido. "Só Vossa Mercê soube conjugar a voz ativa e passiva, de que outros me deram o pêsame, pelo verbo *rideo*."[136] Aquele dizia-lhe também: "Cuidei que depois de Vossa Paternidade dar por suspeitos os Domínicos" – referia-se ao memorial de sua defesa no Santo Ofício – "ficava livre *ipso fato* dos Gusmões, mas o apelido, ou seja descendência, ou religião, ou só nome, para Vossa Paternidade é *omen*"[137]. Foi respondendo a essa carta que o julgou o jesuíta idôneo para o bispado.

Em 1695, partida a frota, logo que recobrou forças, Vieira pôs-se de novo ao trabalho da *Clavis prophetarum*. Inválido o dedicadíssimo José Soares, os superiores deram-lhe por auxiliar o padre Antônio Maria Bonucci, italiano, que depois verteu à sua língua os sermões de São Francisco Xavier[138]. Não era este o colaborador de sua escolha, e antes havia convidado o padre Valentim Estancel para vir de Pernambuco trabalhar com ele, convite que foi recusado. Entretanto, e como sempre, ia repartindo por mais tarefas a sua atividade.

---

[135] Cópia da decisão do Geral em um cód. intitulado *Notícias históricas*, mencionado por Sommervogel. "Judicium R. mi P. Thyrsi Gonzales Generalis Societatis Jesu circa valorem sententiae de ambitu, latae contra Patres Antonium Vieyra et Ignatium Faya in congregatione Provinciae Brasiliae, mense Mayo 1694."

[136] 22 de julho de 1695. *Cartas*, t. 3, p. 672.

[137] Carta no cód. 1724 da Bibl. Nac., p. 615.

[138] Il Saverio addormentato e il Saverio vegliante, Veneza, 1712. Escreveu em português Epitome cronológico, genealógico e histórico. Lisboa, 1706.

Neste mesmo ano, a propósito do nascimento do infante D. Antônio, compôs dois discursos gratulatórios, dos quais um particularmente lisonjeava a predileção da rainha pelo milagroso Xavier. Ao primeiro pertence aquele trecho em que reconta a missão secreta a Roma, sobre o casamento de D. Teodósio com a filha de Filipe IV. Nesse tempo já os sucessivos desenganos lhe tinham incutido o ceticismo acerca das profecias, não sendo as dos livros sacros. "Anda na boca das gentes, e também na estampa dos livros, que quando reinar um rei de certo nome lhe há de suceder na coroa um infante de Portugal."[139] Profecia sobre Carlos V, que os crédulos agora pretendiam aplicar a Carlos II. Vieira, ultimamente mais sóbrio nos vôos da imaginação, sorria do prognóstico. "Fiquem esses contos para as fadas que os contem ao nosso infante, quando lhe embalarem o berço e animarem o sono"[140]. Mas de toda a maneira a invenção de tal esperança, em favor do recém-nascido, era carícia agradável à ternura da mãe.

No mês de outubro foi visto na Bahia um cometa, que como de costume foi tido por anunciador de sucessos fora do ordinário. Para Vieira o fenômeno, na generalidade, representava o meio pelo qual, extintos os profetas, fazia Deus saber ao mundo as suas vontades. Até certo tempo não davam as histórias notícia de cometas. Por inadvertência? De modo nenhum. O mais antigo de que há memória apareceu no primeiro ano da Olimpíada 77, 480 antes de Cristo; e no ano de 520 profetizou Malaquias, o último dos profetas. Vieira explica a correlação.

> No princípio falava Deus aos homens por si mesmo, como a Adão, Caim, Noé, Abraão, Moisés e outros patriarcas. Depois que se introduziram no mundo os reis, que foi mil e oitocentos anos depois da criação, falava Deus aos mesmos reis

---

[139] *Sermões*, t. 10, p. 343.

[140] Ibidem.

> por visões e figuras, ou em sonhos ou acordados, como Faraó, Abimelech, Nabucodonosor e Baltasar. Mais adiante falava pelos profetas, que duraram alguns séculos, e por meio de seus oráculos mandava anunciar, ou de palavra aos reis e reinos de Israel, ou por escrito, aos de Tiro, Babilônia, Egito e Assíria e outros, as calamidades impendentes com que os havia de castigar, e de que estão cheios os livros dos mesmos profetas. Finalmente depois que os profetas cessaram, começou Deus a falar pelos cometas, que é a linguagem universal de maior majestade e horror, de que usa extraordinariamente a seus tempos e em casos graves[141].

Certo disso, Vieira busca interpretar o fenômeno atual, que é a *voz de Deus ao mundo, a Portugal e à Bahia*, como assevera, intitulando assim o escrito por ele inspirado. Era costume seu, a cada aparição idêntica, inquirir-lhe o significado, e não deixava de encontrar a convergência da reprovação divina e da sua própria em respeito a fatos de interesse público. No juízo do cometa último, de 1681, alguns conceitos, que evidentemente tocavam na política, sendo divulgados, tinham de tal modo escandalizado a corte, que se dizia fora o autor pronunciado no tribunal da Inconfidência, e só por se ausentar para o Brasil evitara o castigo[142].

Ele era pois o intérprete do supremo julgador. "Ouça primeiro o mundo o que lhe dizem as suas vozes, depois as ouvirá Portugal e ultimamente a Bahia."[143] Dessa vez porém mais cauteloso, acaso por se lembrar do que com o juízo sobre o anterior cometa acontecera, mantinha-se no vago. Este agora era em forma de espada, e como tal anunciava golpes. Para o mundo em geral podia significar calamidades: esterilidade e fomes, como as do ano de 538, 945, 1347; inundações, como as de 400 antes de Cristo, 983 e 1530 da

---

[141] Voz de Deus ao mundo, a Portugal e à Bahia. *Obras várias*, t. 2, p. 20.

[142] Veja-se a carta a Antônio Pais de Sande, 22 de julho de 1684. *Cartas*, t. 3, p. 490.

[143] Voz. *Obras várias*, t. 2, p. 490.

era atual; tempestades, como as de 1254 e 1268; terremotos, como as de 64 e 1298; pestes, como as de 603, 626 e outras, a principal das quais, anunciada em 1347, durou um triênio e matou a terça parte de todo o gênero humano. Ou então guerras, a principiar no de 480 antes da nossa era, que precedeu a marcha de Xerxes contra a Grécia; convulsões políticas, como o de 44 antes de Cristo, a que seguiu a queda da República romana; mortes de príncipes, como no 14, em que faleceu Augusto; fatos que, com muitos outros, o autor citava por demonstração. Assim a voz de Deus tinha através dos séculos avisado ao mundo das alterações que nele determinava.

Especialmente em Portugal, o cometa de 1577 foi prognóstico da morte de D. Sebastião, o de 1580 da perda da independência. Ao de 1680 nenhum funesto acontecimento se seguira ainda; mas faziam mal os incrédulos em zombar das suas considerações de quinze anos atrás. "Outros quinze anos antes se representaram, a Faraó as visões das vacas e das espigas, em que se seguiram aos sete anos de fartura os outros sete de fome, e no fim dele não foi intempestivo nem inútil o conselho de José a Faraó."[144]

Quanto à Bahia tinha nos seus anais o cometa de 1618. Esse coincidira com o fim da trégua entre Espanha e Holanda, de que se originou no correr do tempo o assalto e a tomada da cidade pelos hereges, e a ocupação por trinta anos de grande parte do Estado, com tantos estragos, ruínas e perdas de vidas. Agora diziam os irrefletidos que o cometa, claro e diáfano, só podia trazer auspícios de felicidade. Não acreditasse tal a Bahia. A voz do céu, naquela forma de espada de fogo, o que prometia eram castigos; esses se podiam afastar pela oração e penitências, como pelos mesmos meios Nínive, de que tinha profetizado Jônatas a punição, escapou de ser subvertida. Desse modo, incitando à contrição e à prece, o tratado astrológico passava a homilia, e assim terminava.

---

[144] Voz. *Obras várias*, t. 2, p. 40.

Não parece que os temores de Vieira se comunicassem ao público, nem que tivessem algum efeito as exortações. A Bahia continuava impenitente, e adversa a ouvir a voz profética. Todavia, mais lhe dava apreensões o descalabro do governo político, de que informava a Sebastião de Matos: "Das coisas públicas não digo a Vossa Mercê mais que ser o Brasil hoje um retrato e espelho de Portugal". Nada podia ser pior em seu juízo de patriota, queixoso das desatenções do poder. "De cá escrevem-se mentiras e de lá responde-se com lisonjas, e nesse voluntário engano está fundada toda a nossa conservação."[145] Era isto oito dias antes da sua morte. Até o derradeiro instante, a amargura do cortesão em desfavor, para quem, tolhido de participar nos negócios do Estado, são estes a obsessão de toda a hora.

Até o fim igualmente a mesma dor pela ingratidão de D. Pedro; e assim escrevia à rainha D. Catarina: "Enfim não achando em Portugal, em el-rei que Deus guarde, a correspondência do afeto que sempre experimentei em seus pais e irmão [...] me condenei ao desterro deste Brasil"[146]. Nisso contudo de algum consolo lhe seria o haver reconquistado a afeição de D. Catarina. A nobre alma, que não ocultara seu horror pelo atentado do irmão contra D. Afonso VI, só tarde perdoara a esse urdidor primário das intrigas, para a usurpação da coroa. Quando Vieira lhe escreveu de Roma em 1669, queixando-se do abandono do regente, mandara-lhe responder pelo confessor com algumas frases secas, que o desanimaram de repetir a tentativa. Depois, abrandada pelo tempo, já se prestava a receber-lhe a visita, no regresso a Portugal. Agora, reconciliada com o usurpador, e após a experiência de tantos maus dias em Inglaterra, a rainha esquecera de todo as suas cóleras. Quantas protérvias ela tinha presenciado, que lhe esgotaram a capacidade de se indignar! Vieira afinal era um amigo da sua

[145] 10 de julho de 1697. *Cartas*, t. 3, p. 693.

[146] 25 de setembro de 1695. *Cartas*, t. 3, p. 676.

infância, submisso e queixoso como ela do destino. Revivera os tempos antigos, conversando dele com o padre Baltasar Duarte, e até recordara certa ocasião em que o jesuíta valido, com D. Afonso infante nos braços, lhe propusera o casamento com Luís XIV, do que ela se mostrou desinclinada. "Pouco mais ou menos o que depois veio a ser, com um canal no meio somente", confirmava Vieira, substituindo pelo enigma a direta menção do caso a que se referia[147].

Embebido em júbilo, oferecia-lhe um tomo dos sermões, o undécimo, e na dedicatória recordava as figuras alegóricas e divisas de sua invenção, postas em duas colunas, que adornavam o passadiço do cais para a nau, quando como noiva a rainha embarcou para Inglaterra, prognosticando os motes, com outras felicidades, a conversão de Carlos II[148].

Foi talvez por essa recordação que acudiu a D. Catarina o pensamento de fazer compor pelo mesmo epigrafista as inscrições para os túmulos do pai, do irmão D. Teodósio, do tio D. Duarte e do seu próprio. Incumbência decerto grata ao padre, pois por uma parte lhe lisonjeava a vaidade literária, achaque seu muito justificado, por outra lhe proporcionava o desforço daquela desfeita que padecera, quando lhe haviam rejeitado o epitáfio para a sepultura real; se é que o não tinha já no fato de permanecer a lápide muda até então. Entretanto propôs dificuldades. Primeiro

---

[147] Ibidem, p. 677.

[148] Um dos dísticos:
Desine jam toto divisos orbe Britannos
Dicere: sic toti Britannia jungitur Orbi
significava que a Grã Bretanha, até aí como ilha separada do mando, ligada pelo casamento a Portugal, com território em quatro continentes, se unia a todo ele. O outro:
Bis centum Imperil CC duplex auguror annos,
Eternos faciet si se converterit unum,
aludindo às iniciais dos nubentes, inscritas na empresa, anunciava a duração do reinado e previa a conversão. Veja-se *Sermoens*, 11º, ed. de 1696.

a ignorância das ações que havia de celebrar. Os sermões pregados nas exéquias de D. Duarte em Lisboa, e nas do rei e D. Teodósio no Maranhão pertenciam, assim explicava, ao tempo em que "tudo estava escuro e cego". Depois disso, o que havia escrito desses príncipes, e que ele conhecia, era um panegírico de D. João IV por João Nunes da Cunha. Ao afirmar isto, intencionalmente esquecia o *Portugal restaurado*, a que poderia recorrer, faltando-lhe a memória dos fatos de que foi testemunha presencial. A outra dificuldade, e essa mais verdadeira, era a que resultava da decadência das faculdades, por ele mesmo confessada. "Ainda que o juízo não está totalmente perdido, a vivacidade antiga do entendimento está totalmente perdida e quase morta."[149] Apesar disso, não declinava o encargo: "Cá procuraremos fazer o que for possível." Ao dizer tal, confiava demasiadamente em suasforças, as quais, perdidas na caducidade crescente nunca mais recuperou.

Três dias depois da promessa, deixava para sempre o retiro campestre onde excetuado o triênio de visitador, passara a maior parte do tempo desde o regresso à Bahia. Ali lhe tinham decorrido no estudo e meditação os mais agradáveis dias desse último exílio; horas de amargura também, ao rememorar os desenganos experimentados. No seu passado tão longo quantos projetos vãos, quantas esperanças falidas! Não tinha sido um ambicioso, mas um sonhador. Quisera realizar coisas magníficas, e que dissessem dele: "Foi grande Antônio Vieira"; e, de tanto por que se havia esforçado, e que ardentemente buscara, nada ou mui pouco permanecia. Refletindo bem, nas suas missões diplomáticas não tivera ventura, e podia ser ficasse aquela frase do conde da Ericeira, que tanto o tinha molestado, como a sentença definitiva da história. Os empreendimentos, a que não havia regateado zelo, nem risco pessoal, todos tinham abortado. Por mais

---

[149] Ao padre Manuel Pires. 30 de junho de 1696. *Cartas*, t. 3, p. 683.

e muitas que fossem as leis repressivas, os índios que quisera emancipar continuavam oprimidos. Na luta com o Santo Ofício perdera a partida, e nada conseguira em benefício dos cristãos novos, cada vez mais perseguidos. Das companhias de comércio, que deviam fazer a nação próspera e poderosa, uma nunca se tinha formado, pela oposição dos êmulos, a outra extinguira-se impotente na indiferença geral. Agora nem lhe era lícito esperar a compensação da sorte na fama de escritor, porque já se lhe antolhava irrealizável completar aquela *Clavis prophetarum*, para a magnitude da qual não chegava a curta vida, que poderia ainda esperar. E mais o pungia tal pensamento quando lhe insinuavam que, para concluir o trabalho, haveria mister confiá-lo a mão estranha, o que fortemente lhe repugnava[150].

O ano de 1696 ia caminhando pouco auspicioso para a empresa. Dos primeiros seis meses, três passou-os o autor na cama, em alternativas de doença e passageiras melhoras, erisipelas, febres, defluxos, e, o que desde muito o enfraquecia, perpétuo fastio. Por fim, já convencido de que na quinta, por faltarem os socorros indispensáveis a um doente grave, não poderia esperar alívios, deliberou recolher-se ao Colégio: "ou para sarar como homem, com os remédios da medicina, ou para morrer como religioso, entre as orações e os braços dos meus padres e irmãos"[151].

No dia 3 de julho deixou, com a certeza de que não mais veria aquelas estâncias familiares, o retiro por tanto tempo salutar à sua velhice esperta,

---

[150] "[...] Libens igni refiqua omnia dare non dubitaret, si hunc: librum adhuc imperfectum consummare, et lento ad metam gradu perducere, rigidissimus in eo examinando judex valeret: quod ao Alii nunc: effecturi sint ad ejus votum, valde utique incertum est, etinmsi peritissimis tradatur; ut saepe dicere idem solitus cret, cum alienam manum operi admovendam audiret." Carta do Padre reitor do Colégio da Bahia em que dá conta ao padre geral da morte do padre Antônio Vieira. *Sermões*, 14º ed. de 1710, p. 294.

[151] Ao padre Baltasar Duarte. 3 de julho de 1696. *Cartas*, t. 3, p. 687.

parco, porém, de confortos, por demais, para um inválido. A resolução veio-lhe súbita, porque na carta de três dias antes, ao confessor da rainha de Inglaterra, nada deixa entrever. E não foi sem confessada tristeza que a tomou. Às onze horas da manhã, momentos antes de partir, inseria em uma carta ao padre Baltasar Duarte esta despedida: "Adeus, Tanque, não vou buscar saúde nem vida, senão um gênero de morte mais sossegado e quieto"[152]. Palavras em que como se desculpa do forçado abandono, às solidões amigas.

Daí por diante a decadência progride. Doença e decrepidez o conduzem a passo largo à destruição final. Continuavam as erisipelas e sobrevinham achaques novos: impigens, cujo prurido era um tormento, e a tumidez prostática, doença da velhice, com os seus impertinentes chamados. A cada instante um sinal doloroso da desagregação em caminho. Em semelhantes condições não há maior lenitivo que a fé. Vieira que, vindo para a cidade, passava muitas horas em prece na capela interior do Colégio, teve de renunciar a essa consolação porque, mal ajoelhado, lhe era força ausentar-se, para os imperiosos mandos da doença. Não lhe prolongou essa existência a medicina, antes pelo contrário, com a brutalidade das sangrias. Em seguida a uma delas, a fraqueza foi tal que, dentro de oito dias, o ancião perdeu quase totalmente a vista: "Nenhuma letra por grande que seja, nem a dos títulos, posso ver". A surdez acompanhava o debilitamento do outro sentido, de modo que "apenas posso entender o que os outros lêem"[153]; assim referia poucos dias antes de lhe faltar a vida.

Apesar de tudo, o espírito conservara a faculdade de se interessar pelos negócios do mundo, ao qual já tão pouco pertencia. Pela frota de 1697, em que foi à Metrópole a nova do seu falecimento, seguiram ainda cartas suas;

---

[152] Idem.

[153] A Sebastião de Matos e Sousa. 10 de julho de 1697. *Cartas*, t. 3, p. 692.

entre outras uma de 6 de julho ao duque de Cadaval, onde alude à morte de Carlos II de Espanha, que pela sua débil saúde se temia, e à contingência de que, nas perturbações subseqüentes, não pudesse Portugal manter-se em neutralidade; outra de 10 ao secretário do duque, na qual, além de tocar nos mesmos assuntos, inclui reflexões sobre a situação econômica da colônia. Até os últimos dias assíduo no trabalho dos *Sermões*, de que foi o tomo duodécimo aprovado em junho pelo provincial, e em ditar ao Padre Bonucci a continuação da *Clavis*. No fim, o trabalho desse religioso não era só o de escrevente: o ajudante tinha de suprir nas buscas e exame dos textos aquilo que o autor, com a vista enfraquecida, não podia, e acaso foi esse o que, familiarizado com as idéias e o método da obra, perpetrou a fraude, ordenando os capítulos dispersos e preenchendo as lacunas.

Aos 12 de junho ainda Vieira ditou uma missiva para o Geral, que foi a última de suas cartas. No dia seguinte achando-se levantado e a conversar com outros padres, sentiu-se subitamente incomodado e recolheu à cama com violentas dores na região doente. Dessa vez os médicos não se atreveram a sangrá-lo: receitaram poções refrigerantes. Recuperando algumas forças tomou o sacramento: depois foi decaindo novamente, até que, no quinto dia, pela uma hora da noite, expirou.

Nesse momento uma grande estrela, ou facho luminoso, se acendeu no céu[154]. Presumivelmente a alma do apóstolo, que se librava ao empíreo. Também, três dias antes e três depois da morte, uma estrela nova brilhou sobre o Colégio; informou disso os ouvintes o orador das exéquias em Lisboa. Não deram por tal os padres que rodeavam o leito mortuário, nem um nem outro fato se acham mencionados no relatório do reitor João Antônio Andreoni ao Geral, sobre a vida e derradeiros dias do falecido. Era o tributo da lenda doméstica a esse membro insigne da família.

---

[154] *Vida*, p. 305.

Antes do funeral foi o defunto retratado. Ignora-se quem o pintou e que sorte teve o quadro; mas pode-se crer que este direta ou indiretamente serviu de modelo ao gravador Arnoldo van Westerhout, para a estampa feita em Roma, que é o único documento iconográfico, com visos de autenticidade, acerca do grande jesuíta.

Os manuscritos dispersos na cela e livraria do Colégio foram arrolados, conforme ordem precedente do Geral, e postos a recato em duas arcas, fechadas com diversas chaves, qual tesouro subido, tanto valor se conferia ao espólio, mandando o reitor Andreoni a relação para Roma. Alguns anos depois foram transportados para Lisboa. Há quem diga que os mandara o Geral pedir, para a sede da Sociedade, e, denunciado o fato por algum jesuíta da Bahia ao Santo Ofício, foram por ordem do supremo inquisidor dois familiares a bordo, e se apossaram deles, quando chegou a frota ao Tejo. Onde param essas relíquias? A *Clavis prophetarum*, pelo menos, sabe-se que esteve na Inquisição; outros, de que se serviu André de Barros para a biografia, entre eles o canhenho em que Vieira notava os fatos importantes da sua vida, passariam a Santo Antão. Tudo, é de recear, perdido no burburinho da expulsão dos jesuítas.

Em 1720 extraíram-se da sepultura, na igreja do Colégio, os ossos de Vieira, para no mesmo sítio se inumar outro cadáver, e se guardaram aqueles em um caixão de madeira. Observou-se no ato, e passados anos, fazendo-se exame dos despojos a solicitação de André de Barros, se verificou, que a parte côncava do crânio era semeada de partículas brilhantes, como de metal, em que a luz faiscava[155]. Coisa natural que, neste homem, de tão intensa vida do intelecto, o invólucro físico, na parte onde tumultuava o pensamento, oferecesse anomalias que do comum dos mortais o distinguissem. A crença do vulgo exige as provas materiais da predestinação. Vieira, apontado luminar

---

155 *Vida*, p. 408.

soberbo da Companhia de Jesus, teve disso dois sinais notáveis: na adolescência o abalo cerebral; depois da morte as rutilações do crânio, acaso faúlas de idéias, que o fervor da elaboração projetava. E não se creiam desprezíveis inventos da impostura tais fatos: quantas vezes a ilusão pessoal e a lenda seqüente melhor representam a verdade histórica do que a mesma realidade?

Dois dias depois de ter falecido Antônio Vieira, sucumbiu também Bernardo Ravasco, que anteriormente adoecera, e a quem não foi conhecida a morte do irmão. Um ano e dez meses passados, tocou a vez ao dedicado padre José Soares. Quinze dias antes de falecer, estando desperto, noite alta, aparecera-lhe como vivo Antônio Vieira, que pondo-lhe a mão no ombro, e mostrando o céu, o convidara a segui-lo. Foi a última peregrinação terrena daquele audaz caminheiro. Nenhum outro amigo ele tinha deixado de que a perene saudade pudesse ser-lhe evocação.

Apêndice

1. Documentos relativos ao processo: escrito de Nicolau Bourey sobre as *Esperanças de Portugal*. Requerimento. Proposições submetidas aos qualificadores. Retratação. Rol das custas. Petição do indulto. Provisão. Termo. Defeitos do juízo, processo e sentença. Informationes pro causa Patris Antonii Vieyra. 2. Escritos satíricos contra Vieira: Carta de Jerônimo Correia Sarrapante. Carta satírica de D. Feliciana. Engano judaico contra o desengano católico. Quem é o padre Vieira e os seus procedimentos. 3. Missões: carta para a província do Maranhão. 4. Morte do Alcaide-mor da Bahia: relatório. 5. Família de Antônio Vieira: documentos sobre Cristovão Vieira Ravasco, Bernardo Vieira Ravasco, Maria de Azevedo, Inácia de Azevedo. Quadro genealógico. 6. *Clavis Prophetarum*: resumo pelo padre Carlos Antônio Casnedi. 7. Notícia bibliográfica. 8. A tradição: anedotas sobre Antônio Vieira

1

Documentos relativos ao processo

Escrito de Nicolau Bourey sobre as *Esperanças de Portugal*

Para os incrédulos da ressurreição del rei D. João o 4º, não só para haver de reinar mas também para haver de imperar, tirado das profecias de Gonçalo Anes Bandarra, explicadas e declaradas pelo padre Antônio Vieira da Companhia de Jesus, residente nas partes do Maranhão, estado do Brasil[1].

(FRAGMENTO)

Não posso deixar de confessar que antes da aclamação de el-rei D. João o 4º, que está morto e metido na caixa de chumbo sobre a terra, e não enterrado em São Vicente de fora, estive muitas vezes discursando e considerando sobre as trovas do vulgarmente chamado Bandarra, dando-as muito pouco ou nenhum crédito, porque até então não as entendia, sendo assim que todos os apaixonados do Ser.^{mo}

---

[1] Processo de Antônio Vieira, parte 1ª, fol. 53.

Rei D. Sebastião que Deus tem a explicação e interpretação a seu modo, torcendo e acarretando as trovas de Bandarra a seus intentos, e davam as explicações tão confusas e desconformes que mais me dissipavam do que edificavam.

Porém quando vi cerrar o ano de quarenta em que Bandarra profetizou que antes que cerrasse aquele ano o rei novo seria alevantado, com outras profecias das trovas 87, 88, 89, 90, como também as de 72 e 103 que todas vimos cumpridas, comecei a fazer grande caso e estimação delas, esperando que el-rey D. João o 4º o rei novo e alevantado era aquele prodigioso rei por ele profetizado.

Chegou o tempo e dia destinado e determinado da morte de el-rey D. João o 4º, e logo depois de seis meses de sua morte, no ano de 1657, a fraca, breve e infausta entrega daquela famosa praça de Olivença, e fatal campanha daquele mesmo ano, tão sentido de mim qual Deus sabe, com esses acidentes; tão irreparáveis, ficou Bandarra para comigo perdendo seu crédito, e quase condenado a fogo, e todas as minhas concebidas esperanças arruinadas e dissipadas, porque me tinha persuadido que o rei defunto, por ele predito e alevantado, havia de obrar as felicidades e grandezas ou glórias de Portugal, nas suas futuras profecias profetizado.

Estando assim suspenso, confuso e pensativo, se empreendeu o ano seguinte de 1658 a infeliz jornada e campanha de Badajoz, da qual procedeu o cerco da cidade de Elvas, baluarte deste reino, com tão grande temor meu, que a julgava perdida, se milagrosamente não fora socorrida como vimos, depois desse feliz sucesso tive ocasião para escrever ao conde de Odemira sobre outra matéria, e de caminho lhe escrevi os três artigos que serão com este, no fim deste, sobre essa vitória e socorro.

Nesse estado estavam as coisas do reino no ano de 1659, e nele flutuavam meus pensamentos e discursos, sobre tantos males passados, e o grande bem do milagroso socorro de Elvas, e ultimamente sobre as pazes concluídas e celebradas entre as duas coroas de Espanha e França, admitindo nelas a todos, excluindo só a este, matéria que me deu assáz que cuidar em que havia de passar o estado dele, quando nesse presente de 1660, no mês de julho, apareceu um papel na cadeia da cidade, onde eu estava, e estou ainda preso, do padre Antônio Vieira, feito no Maranhão, em dia de São Pedro Mártir, do ano passado de 1659, com o qual minhas arruinadas e dissipadas esperanças se reedificarão, e os meus flutuantes pensamentos e discursos se alentarão, e o meu descelebrado e desacreditado Bandarra, condenado a queimar, outra vez restituído ao seu antigo crédito e celebridade, porque o padre explica aquela sua trova 99, que tomei por assunto, que el-rei D. João o 4º havia de ressuscitar, não só para outra vez reinar, mas também para imperar, explicação para mim de tanto gosto, consolação e prazer que a minha língua e pena por mais que digam e se esmerem nunca o poderão bastantemente encarecer.

Mas notei que essa ressurreição e sua explicação é no geral muito mal recebida, mofando e zombando dela e do autor que a explicou, dando por razão a que davam os incrédulos judeus do evangelho, *Darus est hic sermo.* Duro é isso de crer, porém quem viu por seus olhos cumprido o profetizado, o que apontei nas trovas do segundo artigo deste papel, aos futuros que profetizou esse mesmo profeta se poderá também dar crédito.

*

Feito nesta cidade de Lisboa em dia de Nossa Senhora da Conceição por mim Nicolau Bourey, de nação belga, no ano de 1660, familiar do Santo ofício e morador na mesma cidade passa de 52 anos, e em idade de 74 anos, sem neles, louvores ao Senhor, haver sido doente, bendito e louvado seja ele para sempre amém,

Nec vana fides

Nicolau Bourey.

***

Requerimento[2]

Muito ilustres senhores. O réu padre Antônio Vieira diz (como já outras vezes tem dito e declarado) que ele não tratou nunca de resistir nem impugnar as censuras dadas a suas proposições, posto que do princípio quis explicar o verdadeiro e natural sentido em que as proferira, aceitando e reverenciando sempre as ditas censuras com toda a submissão, obediência e rendimento de juízo, e muito mais depois que ultimamente lhe foi declarado que assim estavam julgados, como tudo constará dos autos; mas de presente, porque há de ser sentenciada afinal sua causa, pretende ele somente provar sua inocência, e mostrar como em dizer ou escrever as ditas proposições não teve culpa, malícia, nem má tenção alguma, antes lhe pareceu que além de as ditas coisas serem moralmente prováveis, e sem escrúpulo de nota ou censura, eram de grande serviço de Deus, glória da Igreja, honra e autoridade do reino, sobre poderem ser alívio e consolação à rainha nossa senhora na morte de el–rei, que foi o principal fim porque escreveu aquele papel, em uma carta missiva e secreta enviada a seu confessor. E sendo tão necessária e conforme a direito para bem e justificação de sua causa a dita demonstração de sua inocência, representa ele suplicante a Vossa Senhoria que a reclusão em que de presente está metido é impedimento que totalmente o impossibilita a poder fazê-la, porquanto a dita demonstração consiste toda em alegar e apontar os fundamentos que teve para sem culpa nem má tenção se enganar no que disse ou escreveu (como confessa haver-se enganado), e o estado e o lugar em que o suplicante se acha na dita sua reclusão é incapaz de fazer nele a dita alegação, por três razões: primeira pela incomodidade da casa e sítio, o qual é muito úmido e frio, e exposto aos ventos nortes, que nesta terra são agudíssimos e mui nocivos à sua saúde e vida, como a experiência o tem mostrado e consta das certidões dos médicos, principalmente sendo mandado meter na dita reclusão em tempo em que ainda estava tão mal convalescido e exposto a uma perigosíssima recaída,

[2] À margem: *Sessão de sábado de tarde, 14 de novembro de 1665 anos*. Processo, fol. 207 e ss.

de que já tem sido ameaçado por três veses na dita casa, com repetição de febre e sangue, sem bastarem as extremas dietas a que se tem posto para preservar e sustentar de algum modo a vida, no qual se sente desfalecer cada hora mais, particularmente com qualquer mudança de tempo, o que será com maior dano e risco depois de entrado o rigor do inverno, como tudo é notório. Segunda razão: porque para a dita alegação e demonstração de sua inocência necessita o suplicante de pessoa que lhe escreva, em razão de sua fraqueza e enfermidade, e do stelicidio, dor e sangue do peito, de que é tão freqüente e atualmente molestado, com perigo próximo de se lhe confirma, uma ethica ou tiziqua, a que três vezes esteve arriscado nestes ares, com febre habitual de muitos meses, pelo que lhe é vedado e de grandíssimo dano o escrever; a essa foi a causa porque ele suplicante (como tem dito) inventou o título da *História do futuro ou Quinto Império*, para debaixo desse disfarce poder responder por mão alheia aos pontos de sua causa, sem violar o juramento de segredo que se lhe havia posto, como com efeito se guardou[3]. Terceira razão: porque a dita alegação de sua inocência envolve forçosamente todos os pontos de sua causa, porquanto deve mostrar o fundamento ou ocasião que teve para sem culpa nem malícia se haver enganado neles, e por essa causa lhe é precisamente necessária uma mui copiosa livraria de teólogos, escriturários, cronológicos, historiadores e ainda juristas, e de todos os santos padres: da qual multidão de livros (além de outras dificuldades) é incapaz a dita casa em que o suplicante está recluso, e sem os ditos livros fica totalmente impossibilitado para a dita alegação, porque esta depende principalmente de autoridades e textos, e explicação deles, os quais, como outras vezes tem dito, por serem de matérias esquisitas e não tratadas *ex professo*, se não acham nos autores, juntas e disputadas de modo que se possa fazer remissão a eles, como em outros casos. De maneira que considera e tem para si ele suplicante que nas proposições de sua causa se lhe podem arguir duas culpas, uma antecedente e outra subseqüente. A

[3] Á margem: *Sessão de segunda-feira de manhã, 16 de novembro de 1665 anos.*

culpa subseqüente é a contumácia ou resistência que podia haver depois das ditas proposições estarem censuradas e reprovadas, a qual culpa não tem nele lugar pela submissão, sujeição e obediência que sempre mostrou, e com que aceitou e tem aceitado as ditas censuras sem repugnância nem réplica alguma. A culpa antecedente é a malícia ou má tenção com que se podiam proferir, maquinar ou inventar as ditas proposições; da qual culpa poderá ser arguido, como homem teólogo e versado nas Escrituras, de que facilmente se não presume ignorância; e desse segundo gênero de culpa (que é a que no estado presente de sua causa podia só ter algum lugar) pretende ele mostrar e alegar sua inocência; para o que totalmente se acha impedido e impossibilitado pelas razões referidas, pelo que tudo, e por haver perto de cinqüenta dias que está nessa reclusão, e não ser capaz o sujeito e a vida dele suplicante para tão compridas dilações em semelhante sítio e lugar.

Pede a Vossa Senhoria com toda a submissão se sirva de lhe mandar comutar a dita reclusão para uma cela do seu Colégio, ou pelo menos para outro convento de religiosos (como em maiores casos se costuma conceder às pessoas de seu estado) em que haja a quantidade e comodidade de livros que lhe é necessário, e que no dito convento se lhe dê pessoa que possa escrever, e juntamente se lhe entreguem os seus papéis ou cadernos (os quais não presentou para sua descarga ou satisfação de sua causa, senão somente para mostrar que trabalhava e obedecia na forma que lhe era mandado) porquanto nos ditos seus papéis, ainda que confusos e informes, tem grande parte do estudo e apontamentos necessários a dita justificação de sua inocência; a qual justificação e alegação torna a declarar não é para resistir, nem impugnar ou se defender das censuras que já tem aceitado, reverenciado e obedecido, mas somente para mostrar que em escrever o que escreveu ou dizer o que disse não teve culpa nem malícia alguma pela qual ficasse sujeito às penas pedidas no libelo, que sempre devem supor culpa de que ele se quer mostrar inocente. No que tudo espera ser respondido com a benignidade tão própria deste Sagrado Tribunal, e devida a uma religião tão benemérita como a sua, e cuja opinião e crédito tanto padece na prisão dele suplicante. No que R. J. e M.

Antonio Baptista Pereira – Antônio Vieira.

E junto o requerimento acima do réu para os senhores inquisidores lhe haverem de deferir de seu mandado fiz conclusos. – *Manuel do Canto* o escrevi.

Sem embargo do que o R. P. Antônio Vieira requere por seu procurador que não há lugar mais que para informação, visto o que se dispõem no último assento do Conselho Geral de 27 de outubro próximo passado, se continue na forma dele esse processo em seus termos. Coimbra, 16 de novembro de 1665. – *Manuel Pimentel de Sousa – Manoel de Moura – Alexandre da Silva.*

***

Proposições submetidas aos qualificadores[4]

Uma pessoa religiosa e douta proferiu as proposições seguintes:

1ª Que ainda há de haver um quinto império do mundo, e ser imperador dele el-rei Dom João 4º de Portugal, que Deus tem, depois de ressuscitado.

2ª Que pela introdução do dito 5º e novo império de Sua Majestade ressuscitada, se há totalmente de extinguir o Império Romano, muitos anos antes da vinda do Anticristo.

3ª Que o Bandarra é verdadeiro profeta, alumiado por Deus com uma luz sobrenatural: inferindo disto, que em razão do que tem dito em suas trovas, acerca das maravilhas, que o mesmo senhor rei havia de obrar, e não obrou em vida, hão de suceder certamente a sua ressurreição particular, e outros futuros contingentes.

4ª Que Bandarra verdadeira e indubitavelmente predisse as coisas futuras, livres e contingentes, para o que lhe interpreta as suas trovas, depois do sucesso das ditas coisas, de modo que signifiquem *futuritionem ac fore talium futurorum.*

5ª Que a sobredita ilação que faz da ressurreição particular de Sua Magestade, não só é de discurso, senão ainda de fé; comprovando-o, com o que diz São Paulo

---

4 Processo, fol. 293 e ss.

acerca da certeza, que Abraão tivera da ressurreição de seu filho Isaac, quando ia a sacrificá-lo, suposta a promessa, que Deus lhe havia feito de fundar nele a sucessão de sua casa, e doutras felicidades, e equiparando desse modo, com a verdade das promessas de Deus, e das trovas do Bandarra.

6ª Que crê e espera a dita ressurreição de Sua Majestade e que assim o devem crer e esperar infalivelmente todos os que tiverem a Bandarra por verdadeiro profeta.

7ª Que a verdadeira prova do espírito profético nos homens, e regra dada por Deus, no cap. 18 do Deuteronômio, para conhecer os profetas verdadeiros ou falsos, é o sucesso das coisas profetizadas; sendo que além dele se requere, *secundum omnes doctores, certitudo doctrinae vera*, que não há nas trovas do Bandarra.

8ª Que imperando o mesmo senhor rei Dom João 4º, se hão de converter todos os judeus e gentios à fé de Cristo, *ut fiat unum ovile et unus pastor*, e que assim há de durar o mundo muitos anos.

9ª Que, no dito tempo, hão de aparecer as dez tribos de Israel, que desapareceram há mais de dois mil anos, sem se saber deles. E que o dito senhor rei ressuscitado os há de apresentar ao Sumo Pontífice tratando de provar isto com alguns lugares da sagrada escritura.

As quais proposições, sendo vistas e examinadas em Roma, na sagrada congregação do Santo Ofício, tiveram nela as censuras, que vão copiadas à margem de cada uma das ditas proposições. E depois disso proferiu a própria pessoa as seguintes:

10ª Que depois de todo o mundo ser reduzido à fé de Cristo, *há de durar mil anos*, tendo Deus preso ao Diabo, para que não tente a gente, como consta do Apocalipse capítulo 20. E que viverá o mundo em paz, à imitação do estado da inocência, sem os peccados, que agora vemos, sem guerra e sem trabalhos. E que depois, havendo de vir o Anticristo, se tornaria a soltar o Diabo, e depois disto cairia fogo do céu, e seria o dia do juízo universal.

11ª Que não era crível que Deus fizesse o mundo sujeito a uma só cabeça, *unum ovile el unus pastor*, para logo o acabar: antes, que nos ditos mil anos, sendo tanta gente santa, se igualaria o número dos predestinados e réprobos, que foi o que nos quis ensinar Cristo na parábola das virgens, que sendo dez, cinco se salvaram e cinco se perderam. E que se se houvera de perder tanta gente, como agora se vai perdendo, dissera a parábola que oito ou nove virgens se perderam, e duas ou uma se salvaram: mas que como nos ditos mil anos se havia de salvar tanta gente, fez Cristo na parábola os números iguais.

12ª Que na Igreja de Deus há de haver um novo estado, diferente do que até agora tem havido, em que todas as nações do mundo hão de crer em Cristo, senhor nosso, como fica dito, e abraçar nossa santa fé católica, e há de ser tão copiosa a graça de Deus, que todos ou quase todos os que então viverem se hão de salvar para se perfazer o número dos predestinados.

13ª Que o dito novo estado da Igreja Romana há de durar por muito tempo; mas que também ela deve ainda de ter alguns castigos, segundo a inteligência, e exposição mais comuns dos santos e doutores, sobre alguns lugares do Apocalipse e outros profetas.

E sendo a dita pessoa examinada no dito ofício da Inquisição, por cada uma das treze proposições acima escritas, respondeu o seguinte:

14ª Quanto à 1ª e à 2ª que sabe serem sentenças de alguns padres e teólogos, que o Império Romano há de durar até o fim do mundo.

15ª Que lhe parece que o sobredito quinto império do mundo, de que trata, há de começar com a extinção do de Alemanha, nomeado Romano na casa de Áustria, e ser o mais católico que nunca houve.

16ª Que tem por provável que o dito quinto império há de começar quando se acabar o do Turco, o qual não durará muitos anos, e lhe parece há de durar o outro até a vinda do Anticristo.

17ª Que crê e entende que, depois do império do Anticristo, se há de acabar o mundo e não haver nele mais outro algum império.

18ª Quanto à 3ª e à 4ª proposições, diz que entendia, e tinha por provável, que as trovas do Bandarra foram escritas com revelação de Deus: mas que não cria isto como coisa certa, senão com aquela probabilidade, que costuma ter o discurso humano; e que lhe parece conjetura provável que o Bandarra teve aquele conhecimento, que basta para se inferir que falou com espírito profético.

19ª Que entende que Bandarra predisse e anteviu as coisas futuras contingentes e dependentes do livre alvedrio, e para isso teve conseqüentemente o lume superior precisamente necessário.

20ª Que na mesma forma entende e lhe parece que o Bandarra não podia deixar de entender muitas das coisas que disse de futuro; mas que também poderia não entender algumas delas.

21ª Que predisse as tais coisas *non ex corde suo*, nem sem algum espírito profético: porque os efeitos, e circunstâncias particulares, de que trata, se não podiam antever e conhecer por nenhuma certeza humana, principalmente sendo preditos tantos anos antes.

22ª Quanto à 5ª e 6ª à proposições, diz que sempre crera e entendera que com a verdade da sagrada escritura e fé divina se não pode licitamente comparar nem equiparar outra fé humana.

23ª Que conforme o que tem lido na Teologia e na doutrina dos santos padres, e segundo o tempo, circunstâncias e acontecimentos das coisas, que Bandarra predisse; lhe parece que as suas trovas e promessas não podiam ser feitas sem revelação divina, e que isto entende e tem para si com a probabilidade do discurso humano.

24ª Que ele não compara nem equipara as promessas do Bandarra com as de Deus, e somente diz que a ilação, que tira das ditas promessas do Bandarra, é semelhante, e do mesmo gênero, à que São Paulo tirou das promessas de Deus feitas a Abraão.

25ª Que ele não afirma nas ditas proposições que a ressurreição particular de Sua Majestade é de fé, e somente diz que aquela conseqüência ou ilação é de fé em seu gênero: por haver tirado a mesma ilação e conseqüência Abraão, e por assim o explicar São Paulo, com que ele declarante vinha a dizer que aquela conseqüência era de São Paulo, como vulgarmente se diz que alguma conseqüência é de Aristóteles, não porque este a tirasse, senão porque é tirada conforme a sua doutrina.

26ª Que além das trovas do Bandarra, de quem tirou a ilação del rei Dom João 4º haver de ressuscitar, se moveu também a tê-lo por provável, e as mais coisas preditas pelo Bandarra acerca disso, por combinarem com lugares da sagrada escritura, e aplicados por bons doutores, e por predições de santos e pessoas, que têm opinião geral de falarem com espírito profético, a saber: São Francisco de Paula e São Metódio.

27ª Que não tivera licença alguma para divulgar por verdadeiras as trovas do Bandarra, por lhe parecer que não necessitava dela, suposto o consentimento tácito e universal dos prelados eclesiásticos desse reino, principalmente porque não propôs as ditas trovas e promessas do Bandarra por verdadeiras e infalíveis absolutamente, senão conforme a aceitação ordinária, e pela certeza ou probabilidade moral, que costuma fundar-se no discurso humano.

28ª Quanto à 7ª proposição, diz que, segundo a doutrina dos ditos padres, e o que consta da sagrada escritura, não basta faltar o sucesso a alguma coisa predita ou cominada por algum profeta para ser tido por não verdadeiro.

29ª Que se os sucessos forem de coisas tantas, e tais que não possam ser antevistas por entendimento criado, bastam para qualificar o verdadeiro espírito de profecia: o que ele declarante entende na mesma forma em que o entendem os santos padres e doutores.

30ª Que ainda que alguns doutores sigam o contrário, tem por opinião mais provável que basta o dito sucesso das coisas profetizadas, e assim o afirma, e que é regra dada por Deus no Deuteronômio.

31ª Que bem pode uma pessoa ter espírito, ou iluminação profética verdadeira, ainda que prediga alguma coisa, que não contenha doutrina sã.

32ª Quanto à 8ª proposição, diz, que tem para si, fundado em muitos lugares da sagrada escritura e santos padres, que com efeito se hão de reduzir à fé todos os judeus e gentios, entendendo por todos não todos os indivíduos, senão todas as nações, reinos, e províncias.

33ª Que tem lido muitos autores que ensinam haver de ser a dita conversão geral por meio de Enoc e Elias, depois da vinda do Anticristo: mas que, segundo a doutrina de outros e de vários lugares da sagrada escritura, lhe parece mui provável poder ser a dita conversão antes da vinda do Anticristo por meio dos pregadores evangélicos, para o que poderá ajudar muito o rei de Portugal que então for, como seus antecessores fizeram em todas as quatro partes do mundo, e muito mais se for escolhido por Deus para instrumento particular dessa obra.

34ª Que entende que el-rei Dom João 4º não há de ser instrumento imediato da dita conversão, nem pregador dela, mas que há de ser instrumento mediato, assim como foi el-rei Dom Manoel do descobrimento da Índia por meio de seus soldados, e da conversão daquela gentilidade por meio dos pregadores que para lá mandou.

35ª Quanto à 9ª proposição, diz que da sagrada escritura se não pode usar para prova na predição de futuros contingentes, de que constasse de fé, que a escritura não tratava; mas que era lícito usar dela segundo a opinião dos doutores e boa razão em muitos lugares cujo sentido não está definido.

36ª Que segundo o que tem lido na sagrada escritura e em muitos expositores dela, e outros autores da cronologia e história sagrada, lhe parece que estão ainda hoje no mundo as dez tribos de Israel, e que hão de aparecer algum dia, saindo do lugar onde estão, para todos se converterem à fé de Cristo.

37ª Que na tal suposição, e na de que el-rei Dom João 4º há de ressuscitar, pelos fundamentos, que já tem dito, lhe parece também coisa provável que poderá apresentar as mesmas dez tribos a Sua Santidade, como pessoa escolhida para propagação de nossa santa fé católica.

38ª Que, conforme o que tem lido, lhe parece mais provável que as ditas tribos estão em alguma região incógnita além do rio Gozan para as partes orientais. E que o tempo em que hão de aparecer depois de vindos delas será depois da extinção da seita de Mafoma, não sabe em que lugar; e o efeito, e fim entende ser para se converterem à fé.

39ª Que, para afirmar o que fica dito, acerca do mesmo aparecimento, no tempo del rei ressuscitado teve o próprio fundamento, que o moveu a lhe parecer provável que ele ressuscitaria; e que, no particular da circunstância do tempo e ressurreição, não alegou nem viu lugar da escrittura ou doutrina da Igreja de que imediatamente se colija.

40ª Quanto às 10ª, 11ª, 12ª e 13ª proposições diz que não ignora que é impossível saber se com certeza o tempo que há de durar a Igreja Católica, mas que somente conjecturava, como fazem os santos padres e expositores da escritura, o tempo em que dentro da dita duração haviam de suceder algumas coisas particulares, que pouco mais ou menos vêm a ser a pregação universal do Evangelho no mundo, e destruição do Império Otomano.

41ª Que tinha lido em muito número de padres que a duração da Igreja havia de se regular pelos sete dias da criação do mundo, dando a cada dia mil anos: e em outros que se havia de regular a duração da lei da graça pela duração da lei escrita e da natureza, que vem a ser, conforme ao melhor cômputo, dois mil; anos cada uma; e em outros, que havia de durar a lei da graça tanto quanto duraram juntamente as duas primeiras, que vêm a ser, por todo, quatro mil anos e em outros, que havia de durar conforme os anos da vida de Cristo, medindo cada ano pelo do jubileu, ou ano que se chamava jubileu na lei antiga, o qual vinha de cinqüenta em cinqüenta anos, e que a nenhuma dessas opiniões tinha por certa, mas somente que poderia ser provável cada uma delas, conforme Deus o tivesse determinado, e os sucessos do tempo o mostrassem, e só se inclinaria mais a uma que a outras, conforme as conjecturas do mesmo tempo o fossem mostrando, como fazem e sempre fizeram os expositores das escrituras proféticas.

42ª Que lera em certa parte uma acomodação dos sucessos da Igreja Católica com os da vida de Cristo, assim quanto às perseguições que padeceu nos primeiros anos, como no retiro de Nazaré até os trinta anos, e nos últimos três da pregação. E porque os ditos sucessos da vida de Cristo combinam muito com os que tem havido na Igreja Católica, como consta da história eclesiástica, lhe pareceu a dita acomodação muito engenhosa e bem trazida.

43ª Que lhe parece mui próprio, para explicar e ilustrar a dita acomodação, o lugar da Epístola de São Paulo *adi Ephes*, cap. 4, nº 13: *donec occurramus omnes in unitatem Fidei, el agnitionis filii Dei, in virum perfectum, ia mensuram aetatis plenitudinis Christi*, no qual lugar é certo, como explicam os melhores teólogos e expositores, que compara São Paulo o corpo místico de Cristo, que é a Igreja, com o corpo natural do mesmo Cristo, e a idéia perfeita de Cristo com a idade perfeita da Igreja. E assim como essa idade da Igreja se equipara à de Cristo na perfeição, poderá ser que lhe seja também semelhante na duração.

44ª E a dita acomodação e combinação dos sucessos da Igreja com os da vida de Cristo era a seguinte: que em nascendo o mesmo Senhor em Belém o perseguiu Herodes, e fugiu perseguido para o Egito, onde durou a perseguição sete anos, que medidos cada um pelos cinqüenta do ano do jubileu fazem 350, e tantos durou a perseguição da Igreja, no princípio do seu nascimento, pelos imperadores de Roma, até chegar Constantino. Que dos ditos sete anos, até os trinta, guardou Cristo obediência a Nossa Senhora e a São José, como dizem os evangelistas: *et erat subditus illis*, e assim dos ditos anos de 350 em diante, até o de 1500, que os trinta montam, houve na Igreja os patriarcas das religiões Santo Agostinho, São Bazílio, São Bento e outros, e instituíram o voto da obediência aos súditos das ditas religiões. Que, aos ditos trinta anos de idade, sábio Cristo a pregar sua santa lei por espaço de três anos, que somam 150, e tantos há que, no tempo del rei Dom Manoel, se foi pregar a fé de Cristo à Índia, Japão e China. Que, depois da dita pregação de Cristo, se seguirá sua paixão e morte, que era o tempo que a Igreja havia de padecer grandes perseguições, mas que, como o tempo da paixão fora breve, breve havia de ser a perseguição da Igreja. E que depois se seguirá a Ressurreição, que era o tempo em que Cristo disse: *erit unum ovile et unus pastor*, e o mundo todo se converteria à fé de Cristo, como já fica dito na 8ª e na 10ª proposições. Diz mais:

45ª Que quanto a haver de ser governada sempre a Igreja pelo Sumo Pontífice Vigário de Cristo crê, e tem de fé, que não há de haver mudança alguma no estado da Igreja, mas que, segundo o que tem lido nas escritturas e doutores, lhe parece há de vir tempo em que a mesma Igreja floresça muito mais em virtude, e tenha um estado muito mais excelente na perfeição e dilatação, do que de presente tem.

46ª Que a principal causa da dita mudança de estado da Igreja lhe parece ser a dar-lhe Deus prelados e pastores muito reformados e santos, como havia na primitiva Igreja, com cujo exemplo toda ela se reforme, e a fé de Cristo se estenda, e torne a cobrar tudo o que tenha perdido na África, Ásia e Europa, que hoje está principalmente ocupado pelo Turco. E assim lhe parece também que esse novo estado da Igreja começará quando acabar o Império do Turco, que não sabe quando será. E que o dito estado durará até o fim do mundo.

47ª Que as felicidades futuras da Igreja, de que trata, são estas proximamente referidas da perfeição da mesma Igreja, da dilatação da fé, redução universal do mundo todo a ela, e paz universal entre os príncipes cristãos. E que os castigos, que ainda a mesma Igreja há de ter, lhe parece hão de ser por meio da invasão e cruel guerra dos inimigos da fé, os quais tem por mais provável serão os turcos, entrando por Alemanha e Itália. E que tem por certo que no Apocalipse está profetizada a destruição de Roma, conforme a explicação mais comum dos santos padres e doutores, os quais também dizem que a tal destruição não é alguma das passadas, segundo as circunstâncias dela que constam do mesmo lugar do Apocalipse. Mas que não sabe o tempo em que hão de suceder os ditos castigos, nem até quando hão de durar.

48ª Que lhe parece que uma das principais razões dos ditos castigos será a pouca reformação e zelo de alguns prelados eclesiásticos, e que também será possível entrarem nesse número alguns ou algum dos sumos pontífices, no tocante àquelas coisas em que podem pecar como homens, mas não errar em matérias tocantes à fé ou aos costumes, em que por razão do sumo pontificado são alumiados pelo Espírito Santo.

49ª Que tem por mais provável que a sobredita paz será tão universal como a mesma redução das nações do mundo à fé. E quanto ao tempo da sua duração lhe parece, com a mesma probabilidade, que não poderá deixar de ser muito, segundo a opinião que os santos têm do número dos predestinados, e segundo parece se pode coligir de alguns lugares da escrittura, dos quais o mais comum e vulgar é o de São João (*erit unum ovile et unus pastor*), mas que entende que em nenhuma dessas coisas pode haver certeza infalível, nem no tempo.

50ª Que é opinião muito ordinária que a dita redução universal há de ser depois da vinda e do Império do Anticristo mas que ele; declarante, tendo por certo que depois da vinda do Anticristo há de haver redução universal de todos os homens que escaparem de sua perseguição, também tem por provável que, quando vier o Anticristo, há já de achar o mundo todo convertido à fé por meio dos pregadores evangélicos, como já declarou.

51ª Que o lugar do Apocalipse, em que se trata da futura destruição de Roma, é um em que se fala da condenação de Babilônia, e da cidade dos sete montes; e que a qualidade da destruição, segundo sua lembrança, há de ser sendo abrasada; não lhe consta quem será o autor da dita destruição, nem do tempo, mas que Cornélio a Lápide, e outros modernos, dizem que o tempo será quando em Roma houver gravíssimos pecados, e que estes serão também a causa do dito castigo.

52ª Que o fim dos ditos redução universal, duração e sucessos da Igreja há de ser, segundo lhe parece, para maior glória de Deus e da sua mesma Igreja, e para que se manifeste e logre melhor no mundo a harmonia e consonância da lei evangélica, e se perfaça o número dos predestinados.

53ª Que quanto ao muito tempo em que há de durar a dita redução universal do mundo já tem declarado que o não sabe nem se pode saber ao certo; mas que, segundo um lugar do Apocalipse cap. 20, e outros da escritura, que concordam com o mesmo, tem ele, declarante, por provável que serão os ditos anos muitos, segundo o número certo ou incerto que o Espírito Santo entendeu exprimir nas palavras do dito lugar, sobre o qual não concordam os doutores quantos anos hajam de ser, mas porque o texto diz mil, nas palavras *per annos mille* muitas vezes repetidas, disse ele, declarante, a algumas pessoas, com quem falou nessa matéria, que o Evangelista dizia que o dito tempo da duração das felicidades da Igreja havia de ser de mil anos.

54ª Que, do que atrás deixa respondido, fica bem manifesto que não tem para si que no dito tempo se hajam de salvar todos individualmente. E quanto ao número dos que se hão de salvar, nessa suposição, lhe parece, segundo o conhecimento das cosmografias do mundo, relação das histórias eclesiásticas, e os poucos, que em todas as idades, se salvaram, e os muitos que se perderam por falta de fé, que para de toda a massa do gênero humano se salvarem ao menos de dez homens um, era necessário que por muitos centos de anos se salvem, moralmente falando, quase todos os homens, ou a maior parte deles, com grandíssimo excesso.

55ª Que nunca lhe pareceu que o demônio absolutamente há de deixar de tentar aos homens no sobredito tempo; mas que se hão de moderar muito as suas tentações, e crescer também muito os auxílios da graça divina. E quanto ao número de todos os predestinados e réprobos, geralmente falando, tem ele, declarante, lido muitas e diversas opiniões dos santos padres, e já tem dito que para o grande número dos predestinados, que entende poderá haver, basta que de dez homens se salve um, e falando nessa matéria em presença de algumas pessoas doutas ponderara, para o mesmo intento, a parábola das dez virgens.

Alegava mais a dita pessoa em defesa das sobreditas proposições as coisas que se seguem.

56ª Quanto à 1ª e à 2ª proposições. Que com a destruição do Império Otomano se há de levantar no mundo um novo império e monarquia, como diz e supõe Bandarra em vários lugares, com o que concordam as escrituras de muitos profetas, a exposição e inteligência de muitos padres, e os vaticínios de muitos santos canonizados; para o que expende o cap. 7 de Daniel.

57ª Que consta, e é coisa clara, que o Império de Cristo e dos cristãos, que será o 5º e último do mundo, não há de ser depois senão antes do Anticristo e que aquele tirano soberbo, poderoso, blasfemo, que se há de levantar contra o Altíssimo, e contra seus santos, isso é contra os cristãos, não há de ser o Anticristo; senão o Turco, o que se mostra de muitos lugares da escrittura, dos quais se vê que primeiro há de ser vencido o Turco, logo lhe há de suceder o Império de Cristo, e depois deste se há de seguir a perseguição e vinda do Anticristo, e depois do Anticristo o dia de Juízo.

58ª Que é comum sentença dos santos padres e tradicão antiqüíssima da Igreja, *fundada na sagrada escritura*, que depois do Império Romano se há de seguir imediatamente o Anticristo, e depois deste o dia de Juízo. Segue-se logo que não é possível haver 5º Império, como disse na primeira proposição, e que ela é contra a tradição da Igreja e comum consenso dos padres na explicação das ditas escrituras. E porque esse argumento tem parecido eficaz a algumas pessoas doutas, e a censura que dele se segue afeta muito a probabilidade do dito 5º Império, não me contentarei (diz a mesma pessoa) de mostrar a debilidade do dito argumento com uma só resposta, senão com muitas, porque é a aparência dele tão débil, tão fraca e tão mal fundada, que por qualquer parte, que se tome fica desfeita, arruinada e desvanecida.

59ª Que o 5º Império é o de Cristo e dos cristãos, o qual há de ser império da terra e na terra. E depois doutras palavras acrescenta as seguintes: quando na escritura se diz que os quatro metais da estátua de Nabuco, ou as quatro monarquias significadas neles, ficaram desfeitas em pó e desapareceram e foram voadas do vento, não se achou mais lugar em que estivessem, não quer dizer que as terras cidades e gentes das ditas monarquias se haviam de acabar e extinguir totalmente, como há de acontecer a todo o mundo no dia de Juízo, senão que se havia de acabar seu mando, seu poder, seu império, sua soberania, como verdadeiramente se acabou a dos assírios pela sucessão dos persas, a dos persas pela sucessão dos gregos, a dos gregos pela sucessão dos romanos, e se acabará também a dos romanos pela sucessão do 5º Império.

60ª Que as palavras de Daniel, *aspiciebam donec throni positi et antiquus dierum sedit etc. judicium sedit el libri aperti sunt etc.* por todas as circunstâncias do trono, do fogo, da assistência dos anjos, dos livros, que se abriram, e do mesmo nome de juízo, não só parece que significam, senão que estão demonstrando o rigor e a majestade do juízo final, e assim o entendem mais ordinariamente os expositores dessa visão. Logo, se o reino e império de Cristo e dos cristãos há de ser depois do juízo final, claramente se convence que não é nem há de ser império desse mundo. Respondo, diz a dita pessoa, que é certo falar nesse lugar o profeta do juízo e juízo de Deus, e juízo rigoroso, e de grande majestade; mas digo com a mesma certeza que esse juízo não é o juízo em que Cristo há de vir a julgar os vivos e os mortos no fim do mundo, senão um juízo particular, em que o padre eterno há de tirar o reino e império universal do mundo ao tirano ou tiranos, que então o possuírem, para meter de posse, e entregar a Cristo seu filho, como legítimo senhor e herdeiro dele, e aos professores de sua fé e obediência que são os cristãos.

61ª Que o Império de Cristo não só é espiritual, senão temporal, e assim o afirma e defende, e diz que o império temporal de Cristo é o mesmo império universal que hão de ter os cristãos na terra, no qual Império hão de entrar e ser incorporados todos os reis e reinos do mundo; como se pode logo duvidar que esse imenso e portentoso Império, composto de todos os impérios, de todos os reinos, e de todas as repúblicas temporais, posto que seja espiritual e espiritualíssimo não haja de ser também temporal?

62ª Que um dos títulos por que compete a Cristo o reino temporal do mundo era por consentimento, aceitação e como eleição de todas as nações do mesmo mundo. E que, antes de Cristo vir ao mundo, não só era ele o desejado e esperado do povo de Israel, senão o desejado e esperado de todos os povos e de todas as gentes, porque todos o esperavam por seu rei e natural senhor, e não só por particular rei dos judeus, senão por monarca universal de todas as outras nações e reinos do mundo.

63ª Que a carne de Adão, que tomou Cristo, não foi de Adão pecador senão de Adão inocente, porque, como advertiu o Apóstolo, tomou a carne e não contraiu o pecado; e se Cristo não foi filho de Adão escravo senão de Adão senhor, por que não retira ao menos o que não perdeu em seu pai?

64ª Que também se pode dizer, não indocta nem indiscretamente, que ainda que o domínio temporal de Cristo não teve aqueles atos, ou exercício positivo, que costuma ter nos reis e príncipes da terra, teve porém um ato excelentíssimo, e um exercício contínuo, nunca visto até então no mundo, a que podemos chamar negativo, que foi o não querer usar Cristo do mesmo domínio; e ter o domínio para poder e não querer usar dele, que é um ato heróico de humildade e modéstia, o qual necessariamente impõe o mesmo domínio, não é tê-lo ocioso senão mui gloriosamente exercitado; de maneira que, nesse sentido, que nem é vulgar nem violento, podemos dizer que não careceu Cristo do uso do domínio temporal, que nele consideramos, e que o uso que teve daquele domínio foi a privação do mesmo uso ou não querer usar dele.

65ª Que todas as terras e todas as gentes são herança de Cristo, mas não há de entrar de posse dessa herança senão para o tempo que Deus for servido, porque ainda que do instante de sua encarnação foram suas quanto ao domínio, não serão suas quanto à posse, senão no tempo em que Deus tem determinado; para cuja prova expende o 2º salmo de Davi versículo 8: *postula à me, et dabo tibi gentes haereditatem meam, et possesionem tuam terminos terrae.*

66ª Que alguns, sabendo o que a dita pessoa tinha dito acerca do conteúdo nas ditas 3ª e 4ª proposições, creram que el-rei Dom João 4º havia de ressuscitar, e muitos zombaram, porque não são capazes disso.

67ª Que (falando acerca do Bandarra não ser tido por profeta) o pouco conceito que temos da nossa terra e dos nossos tempos nasce de uma apreensão verdadeiramente falsa ou demaziada, que é a altíssima estimação e admiração que fazemos dessa *gratia gratis data* que se chama profecia, a qual estimação e admiração é sem dúvida muito maior do que a que devíamos fazer, e do que Deus quer que façamos dela, o que prova com o dom de profecia, que Balão teve, sendo mau, mago e feiticeiro.

68ª Que se tem comumente por certo que Bandarra tinha parte da nação hebréia, e fora chamado ao Santo Ofício, e não só preso nele mas condenado, e penitenciado, e posto que do último não conste, basta só a fama e opinião para fazer não só duvidoso mas suspeitoso tudo o que por outra parte se crê e publica de seu espírito.

69ª Que depois do Bandarra ser examinado no Santo Ofício não lhe foi proibido que falasse no que dantes falava nem que escrevesse ou mandasse escrever o que escrevia, nem que a lição de seus escritos, assim de mão como impressos fosse vedada. E que, dado que seja certa a fama de ser condenado, nada consta que o não pudesse ser por calúnias.

70ª Que ainda no caso que Bandarra fora judeu de crença, e persistira em sua cegueira e pertinácia, ainda nessa suposição se lhe não devia negar a opinião de espírito de profecia, em caso que ouvesse os fundamentos necessários para moralmente se lhe conceder. E provando isso com alguns teólogos, padres e textos da sagrada escritura conclui com estas palavras: consta pois de tudo o acima dito, por doutrina dos teólogos, por autoridade dos santos, por textos da sagrada escritura, e por exemplos de dentro e fora dela, que qualquer sujeito, por indigno e indigníssimo que seja, sem bondade nem virtude alguma, e ainda que careça da própria fé, contanto que seja criatura racional, é capaz de lume da profecia e de ser verdadeiramente profeta.

71ª Que se prova direitamente que o Bandarra escreveu com verdadeiro espírito profético. E que, sendo tão comum e tão universal o consenso, opinião e voz pública com que o Bandarra neste reino é reconhecido, estimado e aplaudido por profeta, parece que não só se lhe deve conceder essa opinião, senão ainda que se lhe não pode tirar sem escrúpulo, pois é fazer dano ao próximo *in re gravi*, privando-o da honra e fama, que legitimamente adquiriu, e de que está de posse.

72ª Que necessariamente se deve dizer que Bandarra não só foi movido por instinto de Deus, mas iluminado por verdadeiro, próprio e rigoroso espírito profético; e não se pode entender outra coisa conforme a doutrina dos mesmos teólogos e santos padres. E quem poderá duvidar que sabia muito bem, e conhecia muito distintamente Bandarra o que dizia, pois o fazia por termos tão claros e tão manifestos como se vê em todo o seu livro, sendo mais claro que a luz do sol (se nos é lícito fazer essa comparação) que nenhum dos profetas canônicos falou com tanta clareza?

73ª Que sobretudo se deve muito advertir (depois de haver expendido a diferença que há entre a profecia absoluta e cominatória ou condicional) que dezoito vezes repetidamente diz Bandarra que via as coisas futuras, de que tratava, e sendo certo que as via é também certo que não podem deixar de suceder; porque ainda que algumas de sua natureza fossem condicionais, suposto que foram vistas, segue-se que não interveio a condição, e que hão de ter efeito absoluto, porque doutra maneira não podiam ser vistas.

74ª Que todas as coisas preditas pelo Bandarra, que estão cumpridas até hoje, sendo tantas e tão grandes, ninguém as predisse nem profetizou senão ele; e as que restam por cumprir, ainda que sejam de igual e maior grandeza, estão quase todas preditas na sagrada escritura.

75ª Que se o Bandarra, no seu livro, quisera compor uma declaração do credo, uma protestação da fé romana, uma apologia ou invectiva contra todas as seitas de infiéis, e contra todas as espécies de infidelidade, não pudera dizer mais em tão pequeno volume. Oh quanto de melhor vontade (diz a dita pessoa) examinara eu, e refutara essa calúnia, argumentando que escrevendo! ou senão, digam os autores e maquinadores dela em que a fundam? se são doutos, em que está o fundamento? se são escrupulosos, onde está a aparência, dúvida ou receio? mostrem alguma palavra, alguma sílaba, alguma letra, em todos aqueles toscos versos, que seja menos consoante à fé ou doutrina da Igreja!

76ª Que até aos supremos tribunais de Roma chegaram as forças de diligência para ser proibida a lição do Bandarra, onde a distância podia escurecer a verdade, a diferença da língua, a inteligência, o afeto da nação (entende da castelhana) a justiça da causa. Assim como traçaram de introduzir em Portugal a lição de Palafox, assim quiseram proibir a lição do Bandarra, muito mais depois que o viram comentado, como quem receita o veneno e veda a triaga. Mas debalde se cansa a emulação dos inimigos, e a lisonja dos que favorecem a mesma emulação; com quererem negar a fé ao profeta se não pode negar a vista às profecias, nem as profecias hão de tirar a confirmação, nem ao profeta o batismo, porque, muito a seu pesar, elas sempre hão de ser verdadeiras e ele sempre cristão.

77ª Que hoje é doutrina comum, muito recebida dos teólogos modernos, que para se crer nas revelações privadas, e *ainda para as publicar*, não é condição absolutamente necessária serem propostas pela Igreja; e que basta que o objeto seja suficientemente proposto, e com tais circunstâncias que o façam prudentemente crível.

78ª Quanto à 7ª proposição, diz mais que muito mais forte, e muito mais evidente testemunho, de serem profecias as do Bandarra, é o efeito e o cumprimento delas, que temos visto, do que se víramos que o dito Bandarra ou na vida, ou depois de morto, dera olhos a cegos, fala a mudos, pés a mancos, e ressuscitara mortos em confirmação de suas profecias.

79ª Que o efeito das coisas profetizadas não só é prova certa e infalível da profecia, senão que não há nem pode haver naturalmente outra prova certa e infalível da profecia, exceto o dito efeito.

80ª Quanto à 8ª proposição diz mais, tratando do lugar de São Paulo *ad Romanos* cap. 11, as palavras seguintes: "Porque se vós, ó cristãos convertidos da gentilidade, sendo ramos de árvore estéril e agreste, isto é, sendo filhos de infiéis e idólatras, só por seres enxertados na oliveira, isto é, só por seres unidos à fé dos antigos patriarcas e profetas (coisa que em vós era contra natureza) viestes a conseguir tanta graça, tanto lume, tanta santidade e tanta perfeição, como se vê em tanta imensidade de santos e varões eminentíssimos, com que todas as nações têm ilustrado tanto à Igreja; quanto mais virão a ter tudo isto aqueles que, não contra natureza, como vós, senão naturalmente, se uniram outra vez à oliveira sua, e não alheia?". Sendo pois a Fé, a religião e a santidade, nas outras nações que antes de Cristo foram idólatras, não natural, ou contra natureza, como lhe chama o Apóstolo, e nos judeus, que tantos séculos antes da vinda de Cristo já eram fiéis, sendo própria e como natural a mesma fé, a mesma religião e a mesma santidade, já se vê quanto maiores progressos farão nela, depois de convertidos, e quanto mais copiosos frutos comunicarão as raízes nos seus ramos naturais, quando tem sido tanta a fertilidade dos enxertados estranhos! e finalmente (que é o principal intento do Apóstolo) se aqueles em quem era natural a infidelidade e a fé contra natureza se fizeram fiéis e tão fiéis; estes em quem a fé é como natural, e que herdaram há tantos mil anos de seus avós, por que não serão tão fiéis como eles, e não tanto, senão muito mais quanto mais etc.?

81ª Diz mais as palavras seguintes: a 2ª figura seja a de Jacó, o qual depois de servir tantos anos por Raquel, lhe deram e recebeu em lugar de Raquel a Lia, dando ocasião a esta troca e mudança a escuridade da noite, e finalmente, depois de desposado Jacó com Lia, se desposou também com a sua tão amada Raquel, que era o primeiro fim e preço por que servira. Da mesma maneira veio o filho de Deus a este mundo, onde serviu tantos anos, para se desposar com a Igreja antiga, que então estava só no povo hebreu, que era o seu povo amado; mas por engano de Labão, que é o demônio, e pela escuridade da noite, que é a cegueira da incredulidade, não conseguiu os desposórios, que pretendia da nação hebréia, e entrou em seu lugar a irmã mais velha, que era a gentilidade (porque primeiro foram no mundo os gentios que os judeus) e depois de Cristo receber de todo em sua casa as nações da gentilidade, Lia menos formosa, mas muito fecunda, então receberá também com muito maior alegria e contentamento a sua amada Raquel, isto é o povo judaico, que foi o primeiro preço de seus trabalhos, e o primeiro cuidado e desvelo de seu amor.

82ª Que a dita pessoa lhe parece, dentro dos limites da probabilidade humana que é coisa certa e moralmente sem dúvida, haverem de aparecer e tornar outra vez as dez tribos de Israel; e que isto se não pode negar sem fazer grande violência a muitos textos da escritura.

83ª Que ainda que se não pode saber com certeza, nem definir precisamente, o dia ou ano certo e infalível, em que há de ser o fim do mundo, contudo, pode se conjecturar por indícios e razões prováveis, e afirmar com a mesma probabilidade, quanto pode ou há de ser a sua duração.

84ª Que é opinião mais comum e mais provável que, na morte e ressurreição de Cristo, todos aqueles santos, que de suas sepulturas ressuscitaram em Jerusalém, sem tornarem a morrer, acompanharam em corpo e alma a Cristo ao céu, onde estão para sempre imortais e gloriosos.

85ª Tratando do cap. 8, do Apocalipse versículo 1º *et factum est silentium in caelo*, dizendo que esse silêncio significa o tempo e paz da Igreja, depois de todos convertidos à fé, continua com as palavras seguintes: "Viu que o Anjo tirava fogo de um altar de ouro, que estava no céu e, enchendo de brasas o turíbulo, o lançava sobre a terra, de que nela se seguiram grandes trovões e relâmpagos, vozes e terremotos". E estes são os efeitos, que naquele tempo havia de causar mais que nunca o fogo do amor celestial e divino, que Cristo veio trazer ao mundo para o abrasar todo com ele; porque então se acabará de cumprir perfeita e completamente este fim da vinda de Cristo à terra, e por isso haverá nela tão extraordinários movimentos, tantas luzes e tantas vozes, umas de exortação, outras de louvor, e todas de alegria espiritual; e a vista de toda essa grande novidade no mundo será causa de tanta admiração no céu, que dela nascerá aquele silêncio, ficando os bem-aventurados como arrebatados de pasmo e assombro, vendo um perfeito retrato do céu na terra. Onde se deve notar que diz o texto, falando das orações que oferecia o anjo naquele tempo, *ut daret de orationibus sanctorum omnium*, porque naquele tempo todos, pelo modo que fica dito, serão santos; por isso não diz as orações dos homens, nem as orações dos fiéis, muito menos as orações dos pecadores, senão as orações dos santos e dos santos todos, *sanctorum omnium.*

86ª Que a santidade que há de haver na Igreja reformada, igual à da primitiva Igreja, se prova no Livro dos Cantares, e de uma profecia de São Vicente Ferrer, apud *Theologum antiloq*, 3 in Cantic T. 1. sect. 2 sub sect. b, a n. 61 usq. ad 66. E que há de ser antes do Anticristo, e que se hão de converter os gentios e judeus todos, entrando na dita reformação da Igreja todos os membros e partes dela, e principalmente o imperador e o pontífice.

87ª Falando acerca da dita duração da Igreja, e felicidades que há de ter no último estado dela, expende a parábola do pai de famílias e operários do evangelho chamados para a sua vinha, *in verbis: sic erunt novissimi primi, et primi novissimi multi enim sant vocati, pauci vero electi,* diz que há duas diferenças de escolhidos, uns que são escolhidos entre os reprovados, outros que são escolhidos entre os escolhidos, e como esses últimos vieram na derradeira hora do dia, são aqueles que hão de vir no último tempo da duração do mundo, e no último estado da Igreja, em que ela há de ser santíssima e perfeitíssima, por isso lhe não chama Cristo escolhidos em comparação dos reprovados, senão escolhidos em comparação dos escolhidos. Em todos os tempos e estados teve Deus e a Igreja seus escolhidos, mas, para aquele último estado de sua maior perfeição, tem Deus guardado o escolhido dos escolhidos.

88ª Que o matrimônio do Cristo com a Igreja universal ainda não está perfeita e inteiramente consumado, e se há de confirmar na última idade do mundo, depois que todas as nações dele se tiverem convertido à fé e ao conhecimento do verdadeiro Deus, e a Igreja estiver toda unida e reformada, e não houver nela mais que um só corpo e um só espírito; um só corpo por fé, e um só espírito por caridade, e para isto traz o lugar do Apocalipse no cap. 1: *vox de trono exivit* etc. e alega a Salasar.

89ª E apendendo a diferença que há entre *sponsa* e *uxor* diz que, comparado aquele tempo do estado futuro da Igreja com este em que hoje vivemos, se há de ver e conhecer claramente que este presente, em que tanta parte do gênero humano por falta de fé, e tanta outra por falta de caridade, anda apartada e separada da união de Cristo, é estado somente de **desposórios**: porém aquele em que toda a mesma Igreja, composta já de todo o gênero humano, há de estar unida ao mesmo Cristo por fé, por caridade e por inteira participação de todos seus bens, há de ser verdadeiramente estado de perfeito e consumado matrimônio, e como tal se deve então chamar a Igreja *non sponsa sed uxor ejus*.

90ª Que também é conveniente que haja algum tempo, em que todos sirvam a Deus e sejam santos, para que se mostre a eficácia do sangue de Cristo. Nem parece que se pode de outra maneira encher o número dos predestinados, conforme a opinião mais provável e verossímil de muitos doutores, os quais tem para si que hão de ser mais os predestinados que os Réprobos, e assim parece que a dita, a razão, a misericórdia de Deus, e o exemplo dos anjos, em que só a 3ª parte foram reprovados; e se daquela natureza, pela qual não morreu Deus, e na qual não havia a desculpa da fragilidade natural, salvou Deus as duas partes, com quanta maior razão se pode crer o mesmo da natureza humana, depois de a haver unido a si o mesmo Deus, e lhe ganhado lhe a graça com todo o seu sangue?

91ª Que as sobreditas matérias são de si muito notáveis e esquisitas, porque pretende mostrar que na Igreja de Deus há de haver um novo e felicíssimo estado mui diverso do presente e do passado, em que no mundo todo não há de haver outra crença nem outra lei; senão a de Cristo; para complemento do qual estado se hão de converter todos os gentios, e se hão de reduzir todos os hereges, e se há de extinguir totalmente a seita de Mafoma, e hão de aparecer as dez tribos de Israel, que estão ocultos em terras incógnitas e se hão de converter todos os judeus, e há de haver neles maiores santos que os da lei velha, e mui semelhantes aos da primitiva Igreja, que serão grandes zeladores e pregadores da lei de Cristo.

92ª Que no tal tempo, em que todo o mundo estiver reduzido no conhecimento de nossa santa fé, se há de consumar o reino e império do mesmo Cristo, e que esse é o 5º Império profetizado por Daniel, e que então há de haver no mundo a paz universal, prometida pelos profetas no tempo do Messias, a qual ainda não está cumprida, mais que inchoadamente.

93ª Que no tempo desse Império de Cristo há de haver no mundo um só imperador, a quem obedeçam todos os reis e todas as nações do mundo, o qual há de ser vigário de Cristo no temporal, assim como o Sumo Pontífice é Vigário de Cristo no espiritual (o qual Império espiritual há de ser também então perfeito e consumado) e que todo este novo estado da Igreja há de durar por muitos anos.

94ª Que a cabeça desse império temporal há de ser Lisboa, e os reis de Portugal os imperadores supremos; e que nesse tempo há de florescer universalmente a justiça, inocência e santidade em todos os estados, e se hão de salvar pela maior parte quase todos os homens, e se há de encher então o número dos predestinados, o que é muito maior do que comumente se cuida; conjecturando-se também o tempo em que essas coisas hão de suceder, e mostrando-se os meios e instrumentos por que se hão de conseguir.

95ª Que a causa de lhe serem estranhadas as suas proposições é sempre por não serem vulgares, nem tratadas *ex professo* pelos doutores, e por se não ter notícia dos textos autoridades e razões, em que ele Declarante as funda, com grande concordância das escrituras sagradas. Havendo quem, considerando a grandeza e importância de muitas das ditas matérias, e a utilidade que do conhecimento delas se pode seguir à universal Igreja, e à conversão de muitas almas de Ateus, gentios, Judeus, e de todo o outro gênero de Infiéis e hereges, julgou e disse que eram merecedoras as ditas matérias de que na Igreja se fizesse um concílio, para maior qualificação delas.

96ª E apendendo umas palavras de Alonso de Castro, acerca de Papias ser ou não ser herege nos erros dos Milenários, *haec omnia in medium placuit afferre, ut videant ij qui facile de haeresi pronuntiant quam facile etiam ipsi errent*, diz o seguinte: as quais palavras refiro aqui por serem de um tão douto qualificador de todas as heresias, que na Igreja se levantaram até seus tempos; e porque podem servir de doutrina à inconsideração com que alguns atrevidos censuradores, por quererem caluniar proposições alheias, fazem errôneas e ignorantes as suas.

97ª Que os inquisidores lhe fizeram força e violência notória, negando-lhe o direito natural de sua defesa, querendo-lhe tomar conta até dos pensamentos e coisas futuras, arguindo-lhe nas perguntas, que lhe foram feitas, erros e conseqüências absurdas.

98ª Que convinha ao bem deste reino darem-se no Santo Ofício abertas e publicadas aos cristãos novos que nele prendiam pelo crime de judaísmo, e que acerca disso fizera vários papéis, que dera a Sua Majestade, procurando persuadir que assim convinha.

99ª Diz mais que, assim como neste reino havia muitas pessoas que esperavam a vinda de el-rey Dom Sebastião, e Sua Majestade sabendo isto se servia delas, e não fazia caso disso; assim também, se os cristãos novos fossem cristãos, continuassem as igrejas, e não fizessem ou dissessem coisa alguma contra nossa santa fé, se lhes não devia fazer caso de que eles tivessem o abuso de esperarem pelo Messias.

E todas as sobreditas 99 proposições foram proferidas e respondidas antes da última proibição das Trovas do Bandarra, feita pelo Conselho Geral do Santo Ofício deste reino, em 3 dias do mês de novembro de 1665 anos etc.

100ª Acrece o mais depois deste extrato feito, e qualificadas as proposições dele a seguinte:

Que para conservação do reino era necessário admitirem nele judeus públicos, porquanto estes eram os que conservavam o comércio, do qual procediam as forças do reino; e que, enquanto em tempo del rei Dom Manoel se permitiam neste reino tais judeus, fora ele mui opulento, e que depois que foram expelidos, e se passaram a Holanda, cresceu aquela república em riqueza e em poder. E continuando essa prática disse o Declarante ou a pessoa com quem falava as palavras seguintes: *não há dúvida que a Inquisição faz estes homens judeus*, e ou a mesma pessoa ou o Declarante respondeu que assim era etc.

***

Retratação[5]

Exame 28, aliás sessão como as apertadas, feita na forma da carta do secretário do Conselho Geral, fólio 846, e declara-se ao réu que as censuras, que em Roma foram dadas por ordem da congregação do Santo Ofício, às nove Proposições contidas no papel 5º Império, tiveram também expressa aprovação de Sua Santidade.

Aos dezenove dias do mês de agosto de mil e seiscentos e sessenta e sete anos, em Coimbra, na casa do Oratório velho da santa Inquisição, estando aí em audiência da tarde o senhor inquisidor Alexandre da Silva, mandou vir perante si ao padre Antônio Vieira, réu preso, contido nestes autos. E sendo presente lhe foi dado juramento dos santos evangelhos, em que pôs sua mão, sob cargo do qual lhe foi mandado dizer verdade e ter segredo, o que ele prometeu cumprir.

Perguntado se cuidou em suas culpas, como nesta Mesa lhe foi mandado, e as quer acabar de confessar para descargo de sua consciência e bom despacho de sua causa, e declarar a verdadeira tenção que teve em cometer as que já tem confessado. Disse que não tinha culpa alguma que confessar nesta Mesa, nem

---

[5] Processo, fol. 849 e ss.

mais que declarar acerca da tenção que teve em proferir as proposições de que se lhe tem feito cargo.

Perguntado se está lembrado das confissões, que tem feito nesta Mesa, acerca de compor o papel intitulado *Quinto Império do mundo*, que mandou do Maranhão, e de outros, que em Lisboa fez por ordem de el-rei Dom João o 4º, e de algumas proposições, que proferiu, tocantes ao novo estado da Igreja Católica, e ultimamente de um livro que determinava compor e intitular *Clavis prophetarum*, e das declarações que, acerca de cada um dos ditos papéis, proposições e livro, tem feito no discurso dessa sua causa. Disse que bem lembrado era de tudo o que se contêm na pergunta.

Perguntado se, além das ditas confissões e declarações, tem mais escrito ou dito alguma coisa, cujo conhecimento pertencesse ao Santo Ofício, e do que lhe pareça é obrigado a dar conta nesta Mesa. Disse que não.

Perguntado se está lembrado de haver sido por muitas vezes com caridade admoestado, e advertido nesta Mesa, que para nela alcançar o bom despacho que pretende, quisesse acabar de confessar suas culpas, e declarar a verdadeira tenção que teve em as cometer, porquanto, com as ditas suas confissões e declarações, não tinha satisfeito à informação da justiça nem à presunção, que contra ele declarante resultava, conforme o direito, de sentir mal das coisas de nossa santa fé católica, e ter crença na lei de Moisés, esperando ainda pelo Messias, como os judeus esperam, e procurando favorecê-los, e animá-los, assim neste como em outros seus erros. Disse que lembrado era do conteúdo na pergunta.

Perguntado que razão tem para não declarar toda a verdade de suas culpas, e da tenção que teve em as cometer, pois confessa que por tantas vezes foi admoestado e advertido em razão delas. Disse que ele não tinha mais que declarar acerca de suas chamadas culpas, nem da tenção de dizer e proferir o que já tem confessado; e, por essa razão, não tem que dizer coisa alguma de novo.

Perguntado se quer que lhe leiam as ditas suas confissões e declarações para que não aconteça que deixe de fazer as que mais tiver para isso, conducentes ao descargo de sua consciência e bem da sua causa, por lhe parecer que as têm já feito em seu processo. Disse que bem lembrado estava de tudo o que com ele se tem processado nesse seu negócio, mas que, sem embargo disso, folgaria muito de que tudo lhe torne outra vez a ser lido.

E logo pelo dito senhor inquisidor lhe foram lidos todos os exames, confissões e declarações deste processo, que começam em os vinte e um dias do mês de julho de mil e seiscentos e sessenta e três, na primeira folha da segunda parte dele, e acabam em os dezesseis dias do presente mês de agosto, e às folhas 771. E, sendo pelo declarante ouvidos e entendidos, disse que estavam escritos na verdade, como nela tinha passado, e que não tem mais que confessar nem declarar nesta Mesa.

Perguntado se tem mais alguma coisa que faça a bem de sua justiça e causa, e se para isso quer estar com seu procurador. Disse que bem desejara ele, declarante, de alegar mais algumas coisas, das que tem escrito no papel ou representação de sua justiça, que escreveu na casa em que está recluso, e ofereceu nesta Mesa. Porquanto no dito papel não pode antever nem responder às objeções, suposições e conseqüências que depois disso se lhe arguiram, nos exames que lhe foram feitos. Porém que, fiado na inteireza e piedade deste santo tribunal, por não prolongar mais esta causa, nem ter saúde para escrever ou ditar razões e respostas dilatadas, não quer por hora estar com procurador algum, nem alegá-las em sua defesa, e somente pede que, antes de sua causa ser julgada afinal, se lhe permita fazer por sua mão, ou de seu procurador, um breve resumo, em que pelo modo que lhe for possível declare a verdadeira inteligência e suposição das suas proposições, e dê alguma satisfação às conseqüências que delas se tiraram, tão alheias do sentido em que as escreveu e proferiu, e da cristandade de declarante.

Foi lhe dito que ele toma muito bom conselho e acertada resolução em se sujeitar à misericórdia e piedade do Santo Ofício, sem querer dilatar mais esse seu negócio com alegações e defesas escusadas. Porquanto lhe fazem saber que, sendo visto por ordem da congregação do Santo Ofício de Roma o sobredito papel dele declarante intitulado *Quinto Império do mundo*, não somente lhe foram censuradas nove proposições dele – que são as primeiras de que neste processo se trata – senão que as mesmas censuras foram expressamente aprovadas por Sua Santidade. E que as ditas nove proposições, e censuras delas, são as seguintes:

1ª Que ainda há de haver um Quinto Império do mundo, e ser imperador dele el-rei Dom João o 4º de Portugal, depois de ressuscitado, cuja censura é a seguinte: *Secundum communem sensum catholicorum, quintum Imperium post 4 um, quod est Romanorum, erit imperium Anti-Christi.*

2ª Que pela introdução do dito quinto e novo império de Sua Majestade Ressuscitada se há totalmente de extinguir o Império Romano muitos anos antes da vinda do Anticristo. Censura: *Propositio non solum temeraria, sed scandalosa, piarum aurium offensiva et erronea.*

3ª Que o Bandarra é verdadeiro Profeta, alumiado por Deus com lume sobrenatural, inferindo disto que, em razão do que tem dito em suas trovas, acerca das maravilhas que o mesmo senhor rei havia de obrar e não obrou em vida, hão de suceder certamente a sua ressurreição particular e futuros contingentes. Censura: *Scandalosa, temeraria, ofensiva piarum aurium, sapiens haeresim ne dicam erronea.*

4ª Que Bandarra verdadeira e indubitavelmente predisse as coisas futuras, livres e contingentes; para o que lhe interpreta as suas trovas depois dos sucessos das ditas coisas, de modo que signifiquem *futuritionem ac foretalium futurorum.* Censura: *Temere, fatue, scandalose ac improbabiliter dictum.*

5ª Que a sobredita ilação, que faz da ressurreição particular de Sua Majestade, não só é de discurso senão ainda de fé, comprovando com o que diz São Paulo acerca da certeza que Abraão tivera da ressurreição do seu filho Isaac, quando ia a sacrificá-lo, suposta a promessa que Deus lhe havia feito de fundar nele a sucessão de sua casa e de outras felicidades, e equiparando deste modo, com a verdade das promessas de Deus, a das trovas do Bandarra. Censura: *Est propositio erronea, et sapit haeresim.*

6ª Que crê e espera a dita ressurreição de Sua Majestade, e que assim o devem crer e esperar infalivelmente todos os que tiverem a Bandarra por verdadeiro profeta. Censura: *Temeraria, quae graviori etiam censura theologica inuri debet.*

7ª Que a verdadeira prova do espírito profético nos homens, e regra dada por Deus no capítulo 18 do Deuteronômio, para conhecer os profetas verdadeiros ou falsos, é o sucesso das coisas profetizadas; sendo que além deles requere, *secundum omnes Doctores, certitudo doctrinae versae*, que não há nas trovas do Bandarra. Censura: *Non solum temeraria, sed piarum aurium offensiva, et etiam graviori censura digna.*

8ª Que, imperando o mesmo senhor rei Dom João o 4º, se hão de converter todos os judeus e gentios à fé de Cristo, *ut fiat unum ovile, et unus Pastor*; e que assim há de durar o mundo muitos anos. Censura: *Erronea, injuriosa sanctis Patribus, sacrae Scripturae, ac ecclesiae.*

9ª Que, no dito tempo, hão de aparecer as dez tribos de Israel, que desapareceram há mais de dois mil anos, sem se saber delas. E que o dito senhor rei ressuscitado há de apresentar ao Sumo Pontífice, tratando de o provar com alguns lugares da sagrada escritura. Censura: *Injuriosa ipsi scripturae scandalosa, et sacrilega.*

Perguntado se está ele declarante lembrado de, além das ditas nove proposições, haver proferido e escrito as 91 seguintes, que logo pelo dito senhor inquisidor lhe foram todas mostradas e lidas no extrato delas, que anda nestes autos folhas 293. E outro se lhe foram lidos e mostrados os lugares originais delas, que estão nestes autos e seus apensos, e apontados no index que disto tinha feito o mesmo senhor inquisidor, da sua letra, junto a este processo. E sendo uns e outros extrato, index, e originais lidos e mostrados pelo dito senhor inquisidor, e pelo declarante ouvidos, e entendidos. Disse:

Que ele não proferiu, nem escreveu em tempo algum, as proposições 10ª e 11ª, assim como estão escritas no dito extrato delas, que agora lhe foi lido e mostrado, e que o que acerca dessas duas proposições passou na verdade é somente o que ele, declarante, confessou nesta Mesa, no exame que se lhe fez antes de lhe darem o libelo, que anda nestes autos à folha 48, imediatamente antes do próprio libelo. E que passa na verdade o conteúdo nas proposições 12ª, 13ª e 14ª, como também na 15ª, exceto que falta nela declarar que a extinção do Império de Alemanha, com que há de começar o quinto império do mundo, de que ele declarante trata, não é extinção absoluta do Império Romano, senão extinção do mesmo Império na casa de Áustria; porquanto supunha, quando isto lhe foi perguntado no 3º exame, folha 19 verso, que o dito Império Romano havia de passar à Casa Real de Portugal, conforme a opinião do Bandarra, a quem comentava, sendo o tal imperador o instrumento do verdadeiro quinto império, que é o de Cristo; e que tudo isso dissera somente debaixo da palavra lhe parece, sem o afirmar.

E que também passa na mesma verdade o conteúdo nas proposições 16ª, 17ª, 18ª, 19ª, 20ª, 21ª, 22ª, 23ª, 24ª, 25ª, e as proposições seguintes, até a 55 inclusive. Como também é verdade que escreveu da sua letra, ou mandou escrever pela do padre seu companheiro José Soares, residente no Colégio da Companhia de Jesus desta cidade, as proposições seguintes, até a 97ª inclusive, nos papéis originais que andam inclusos neste seu processo, e apensos a ele, como neles se acha respondido, e escrito. Porém, que eram falsas as proposições 98ª e 100ª totalmente, porque nunca tal disse, e que acerca da 99ª é só verdade o que ele, declarante, manifestou nesta Mesa no exame 27, folha 768.

Perguntado se, suposta a notícia que agora se tem dado nesta sessão de que não somente as ditas primeiras nove proposições foram censuradas em Roma por ordem da Congregação do Santo Ofício, mas que também as mesmas censuras delas foram aprovadas expressamente pela santidade do papa nosso senhor, e supostas outro si a conexão e dependência, que das ditas primeiras nove proposições tem as mais, que se lhe seguem, que agora lhe foram lidas e mostradas em seus originais, e reconhece haver dito, escrito ou mandado escrever neles, está ele, declarante, não só pelas ditas censuras aprovadas por Sua Santidade, senão também pelas admoestações e doutrina católica que acerca das demais proposições se lhe tem feito e dado nesta Mesa, pelo discurso de sua causa, conformando-se com a resolução das ditas censuras e admoestações lisamente, ou pelo contrário quer ainda insistir em defender ou declarar as sobreditas proposições contídas no mesmo extrato, ou algumas delas?

Disse que ele se sujeita com toda a lisura e sinceridade às sobreditas censuras de Sua Santidade, e admoestações desta Mesa, aceitando e reverenciando a verdadeira doutrina que em todas elas reconhece, sentindo como verdadeiro católico e religioso o não haver feito o mesmo logo que no princípio desse seu negócio e causa lhe foi dado notícia nesta Mesa de serem suas proposições censuradas pelos qualificadores do Santo Ofício, ainda sem se lhe manifestar, como agora, que Sua Santidade aprovara expressamente a censura das sobreditas nove proposições, de que as demais do dito extrato dependem; e que desde agora desiste, não só de defender todas as sobreditas proposições ou qualquer delas (como nunca tratou de defender), mas ainda de as querer explicar, ou declarar o sentido delas, como até agora ia fazendo no discurso deste seu processo. E ainda desiste também de querer fazer por sua mão, ou de seu procurador o breve resumo, que acima nesta sessão pedia se lhe admitisse, por não parecer que de modo algum quer tornar a falar, e muito menos insistir, nestas matérias, como há muito tempo a tivera feito, se lhe constara por algum modo da notícia que agora se lhe deu, de como Sua Santidade tinha aprovado as sobreditas censuras, pois isto mesmo por várias vozes tem dito nesta Mesa, não só a respeito das supremas resoluções de Sua Santidade, senão de todas as mais, em que quaisquer ministros, que julgam e decidem as coisas do Santo Ofício, tivessem interposto seu juízo, como particularmente se pode ver no fim do exame 18, folio 698 verso, e que de todas as ditas proposições se desdiz e retrata, e, em conformidade a isso, pede se julgue sua causa.

Foi lhe dito que esta última resolução, que agora tomou, é muito conforme ao que se esperava de seu juízo, profissão e letras, pois verdadeiramente por mais que procurasse desculpar e moderar nas respostas, que nesta Mesa de palavra tem dado, nos exames que lhe foram feitos, e nos papéis que antes e depois de sua reclusão ofereceu nela, o principal assunto que ia seguindo nas ditas suas proposições acerca do Quinto Império temporal de Cristo na terra, ou seja outro que está por vir, ou este mesmo presente, na suposição do 3º Estado futuro, que ele, declarante, lhe considerava, *expectare regnum totius mundi in terra per Messiam, ad implendum, erat merus Judaismus*; e propor aos judeus, no imperador poderosíssimo que afirmava havia então de haver, com a redução de todos os judeus a nossa santa fé, aparecimento das dez tribos, e restituição à sua pátria, e outras exaltações temporais e terrenas, o próprio Messias por que eles ainda agora esperam, absoluto senhor de todo o mundo, sem crerem no verdadeiro Messias, Cristo Jesus, que já veio, e eles não quiseram reconhecer e aceitar, como mais largamente se lhe tem por multiplicadas vezes advertido nesta Mesa, no discurso desta sua causa, principalmente nos últimos exames que lhe foram feitos; declarando-se lhe a presunção de judaísmo, que contra ele resultava das ditas promessa e esperança do futuro imperador do mundo todo, e disfarçado Messias dos judeus. Da qual presunção não livrava a ele declarante o dizer e insistir em que propunha, ou prometia, *regnum totius mundi in terra ad implendum per verum Messiam, et in hac vita*, e não pelo falso, e depois da morte como os judeus fazem; porque também os Milenários foram, por semelhante esperança à do dito Quinto Império temporal e terreno, condenados de judaísmo, e contudo esperavam o verdadeiro Messias, *quem credebant jam venisse Redemptorem spiritualem*, e os mesmos judeus esperam *saum regnum ia hac viia, ante mortem inchoandum per suum Messiam*, e que se há de continuar também *cum mortuis reddituris ad vilam*, pois uma e outra exaltação temporal, *ante et post mortem, de judaico sensu est*, e certíssimo que se semelhante exaltação de reino temporal se prometera *de lege Christi quaerentibus regnum Dei* se dera desde o princípio da Igreja Católica aos apóstolos e varões santos, e não os trabalhos, penalidades e mortificações que padeceram, e que Deus promete e costuma dar aos que o seguem, e procuram merecer o céu, com a perfeição e pobreza evangélica, e não com exaltações temporais, tão encontradas a ela como já se lhe tem dito nos exames 15ª e 17ª destes autos.

Pelo que de novo o admoestam com muita caridade que, pois diz que como verdadeiro cristão e filho da Igreja obedece e se submete às ditas censuras de Sua Santidade, e doutrinas desta Mesa, acabe de declarar a tenção que teve em proferir e escrever as sobreditas proposições, e se o fez por haver em algum tempo sentido mal de nossa santa fé católica em todo ou em parte, e bem da lei de Moisés, desejando favorecer aos que a seguem em alguns erros ou erro dela, principalmente na esperança da vinda do seu Messias, imperador do mundo todo, com exaltação e suma felicidade temporais e terrenas, como mais largamente se lhe tem dito no discurso de sua causa; porque confessando inteiramente a verdade se usará com ele de muita misericórdia. E por dizer que ele nunca proferiu nem prometeu que havia de haver no mundo reino de todo ele, *ad implendum per Messiam futurum*, que é o que os judeus esperam, nem menos pelo verdadeiro Cristo, que haja de tornar do céu à terra a reinar nela, como os Milenários afirmavam, e que o que ele declarante escrevia e dizia era somente o que dizem alguns ou muitos santos e doutores, que nos ditos seus papéis tem alegado, a saber: que o mesmo reino de Cristo que foi e é a sua Igreja há de ter um novo, mais universal e mais pefeito estado que o presente, e que neste tempo a há de prover Deus para esse fim não só de varões apostólicos de grande espírito, mas também de um imperador ou imperadores, o qual será muito católico, obediente à Igreja, e zelosíssimo da propagação da fé, sem que nas sobreditas felicidades haja alguma que impeça a mortificação e as virtudes cristãs; e que, se ainda assim encontra de algum modo a doutrina que nesta admoestação lhe fica dada, ele, declarante, se retrata e a recebe lisamente, como a todas as demais tem feito. Foi outra vez admoestado em forma e mandado à casa de sua reclusão.

E sendo-lhe lida essa sessão, e por ele ouvida e entendida, disse estar escrita na verdade, e assinou aqui com o dito senhor inquisidor. Domingos Ribeiro, notário o escrevi. – *Alexandre da Silva – Antônio Vieira.*

***

ROL DAS CUSTAS

Ao escrivão do Conselho	0240	
Ao secretário	8260	
Ao promotor, libelo	0800	
Ao procurador Cabreira	0200	
Ao procurador Bautista Pereira, duas instâncias	0400	
Ao comissário Manoel de Oliveira, cônego em Santarém	0040	*
A Francisco de Almeida, escrivão	0062	*
Notificações	0020	*
A fr. Diogo Vaz Paschoal, prior de Moura	0200	*
A fr. João Correa, escrivão	0355	*
Notificações	0100	*
A Francisco Nunes Correa, comissário e prior do Souto da Casa	4240	*
Ao padre D° de Proença	2066	*
Notificações	0040	*
Carceragem	0200	
	17223[6]	

***

PETIÇÃO DE INDULTO[7]

Ilmo. Sr. o padre provincial da Companhia de Jesus representa a V. S. Ilustríssima que o padre Antônio Vieira passa já de cinco meses que saiu da reclusão do Santo Ofício, em que esteve dois anos e três meses, e nela procedeu com a

[6] As verbas seguidas do sinal *, que fazem a maior soma, dizem respeito à investigação de sangue.

[7] Processo, parte 2.

modéstia e observância religiosa que é, presente a V. Sª Ilustríssima, e com a mesma se tem havido depois que tornou para a religião, e agora está sangrado dez vezes, muito atrasado na saúde, com febre que se lhe não despede. E porque esse sagrado tribunal, depois de cumpridas as penitências algum tempo, e quando os penitentes mostram com seu procedimento merecer a benenigdade (sic) e misericórdia da Igreja, costuma aliviá-los e perdoar-lhes as penas impostas na sentença, ainda quando os penitentes tiveram alguma obstinação ou pertinácia nos erros, a qual não teve o dito padre, pois se julgou que não devia ser mandado abjurar nem de leve. E em consideração de tudo isto, e do zelo e fidelidade com que sua religião serviu sempre e serve o Santo Ofício.

Pede o suplicante a V. Sª Ilustríssima lhe faça mercê de aliviar e perdoar ao dito padre as penas impostas na sua sentença.

E. R. M.

No verso do requerimento:

Vista a notícia que há no Conselho da matéria da petição atrás, passe provisão da remissão das penas de que faz menção. Lisboa, 8 de junho de 1668. Rubrica dos inquisidores Diogo de Sousa, frei Pedro de Magalhães, Manuel de Magalhães de Meneses, D. Verissimo de Lencastre, Francisco Barreto.

***

Provisão

Os do Conselho Geral do Santo Ofício contra a herética pravidade e apostasia nestes reinos e senhorios de Portugal etc. fazem saber que havendo respeito ao que na petição atrás diz o padre provincial da Companhia de Jesus, pelo padre Antônio Vieira da mesma Companhia, preso que foi em custódia no cárcere dela na Inquisição de Coimbra, e condenado por sentença que ouviu na sala em 23 e 24 de dezembro próximo passado, com privação para sempre de voz ativa e passiva, e do poder de pregar e em reclusão no colégio ou casa de sua religião que o Santo Ofício lhe assinasse, e em que por termo se obrigasse a não tratar mais por escrito ou de palavra das proposições porque havia sido examinado, e à notícia que no Conselho Geral há assim dos termos de sua causa, como de seu procedimento no cárcere ou depois de sair dele: havemos por bem de lhe perdoar todas as sobreditas penas, ficando somente em pé e em seu vigor a obrigação que por termo por ele assinado fez de mais não tratar das ditas proposições. Notificamo-lo assim aos inquisidores desta cidade, para que da Casa do Noviciado, para onde o mandamos vir, o mandem chamar à Mesa, e aí lhe declarem o sobredito, e disso se faça termo que ele assinará nas costas desta, que mandarão remeter à Inquisição de Coimbra para se juntar a seu processo, e a ele dar para sua guarda o despacho necessário. Dada em Lisboa sob nossos sinais somente, aos doze dias de mês de junho de 1668. Diogo Velho a fez. – *Diogo de Sousa – frei Pedro de Magalhães – Manuel Magalhães de Meneses – D. Verissimo de Lencastre – Francisco Barreto.*

***

Termo

Aos trinta dias do mês de junho de mil seiscentos sessenta e oito anos, nos Estaus e casa do despacho da Santa Inquisição, estando aí em audiência da tarde os senhores Inquisidores, apareceu sendo chamado da parte do Santo Ofício o Padre Antônio Vieira, contido na provisão atrás, e sendo presente lhe foi dito que os senhores do Conselho Geral, usando com ele de misericórdia, houveram por bem de lhe perdoar todas as penas em que foi condenado na Inquisição de Coimbra, ficando somente sempre e em seu vigor a obrigação que por termo por ele assinado fez de mais não tratar das proposições contidas em sua sentença. Pelo que lhe mandam que, em lugar das ditas penas, reze neste primeiro ano em cada semana uma vez o ofício de N. S. e os salmos penitenciais, o que tudo prometeu cumprir sob cargo do juramento dos Santos Evangelhos, que lhe foi dado, de que se fez este termo que assinou. José Cardoso, notário que o escrevi.

Nota. O secretário do Conselho me disse que pusesse neste termo as penitências que nele se contêm, depois me ordenou a Mesa que fizesse outro sem elas, e é o que vai adiante assinado pelo padre Vieira.

Em outra folha o termo definitivo.

***

Defeitos do juízo, processo e setença na causa do padre Antônio Vieira, estando recluso na Inquisição, representados à santidade de Clemente X e padre geral da Companhia de Jesus[8]

(EXCERTOS)

Desta representação resultou o Breve que o dito santíssimo padre concedeu ao padre Vieira, em que o isentou da jurisdição dos inquisidores do reino de Portugal, de cuja graça ele nunca quis usar pela sua muita humildade, em observância desta submetia ao exame da Inquisição todas as suas obras. *(Nota no ms.)*

Defeitos da parte dos juízes

Primeiro defeito. Serem os inquisidores em geral notoriamente suspeitos à Companhia, desde o tempo em que se alcançou o Breve do papa Urbano 8º sobre a causa do padre Francisco Pinheiro por haver apelado *ad Sanctam Sedem*[9].

---

[8] Bibl. Nac., *Maquinações de Antônio Vieira, jesuíta,* t. 3, p. 333. Este documento já foi publicado na íntegra de outra cópia, no livro do dr. Antônio Baião: *Episódios dramáticos da Inquisição Portuguesa.* Porto, 1919.

[9] Por ocasião do conflito dos jesuítas de Évora com o Santo Ofício, sendo então preso por ordem do tribunal aquele padre. Veja-se v. 1, p. 95.

Segundo defeito. Serem mais suspeitos ao padre Antônio Vieira, desde o tempo em que deu a el-rei D. João 4º o alvitre da Companhia de Comércio, por meio da qual restaurou Deus e tirou do poder dos hereges o reino de Angola, e o estado de Pernambuco e Maranhão.

Terceiro defeito. Ser o presidente do Conselho Geral da Inquisição, o que moveu e determinou a causa, notória e decididamente seu inimigo.

Quarto defeito. Havendo pessoa secular de autoridade que por parte do padre[10] quis pôr suspeições ao dito presidente, por lhe constar do dito ódio, e lhe ser negado esse remédio de direito, dizendo-lhe o presidente da Inquisição de Coimbra que não havia de aceitar as ditas suspeições.

Quinto defeito. Serem todos os ditos juízes (exceto um só) de profissão canonistas, e de nenhum modo inteligentes das matérias que se tratavam, pertencentes todas à teologia escolástica e positiva.

Sexto defeito. Por o dito juiz teólogo, que foi o único, ser religioso dominicano, religião publicamente suspeita, não só à Companhia senão também ao dito padre, por causas notórias em toda a corte, na qual em uma quaresma inteira pregarem contra ele os religiosos da dita religião dominica, por ocasião de um sermão em que demonstrou o modo de pregar mais douto e mais apostólico e mais útil, de que os ditos religiosos se deram por ofendidos.

Sétimo defeito. Por ser outrossim o dito juiz suspeito ao dito padre, por haver procurado que o lugar do Conselho Geral, que se lhe deu a ele, se desse antes ao sobredito Francisco Pinheiro, coisa que também foi pública e notória.

Oitavo defeito. Por haver o dito padre escusado de suspeitos os religiosos da dita religião dominicana, as quais suspeições, segundo direito, ou se lhe haviam dar por provadas, ou se lhe havia de mandar que as provasse.

Nono defeito. Por haverem os inquisidores, depois da reclusão do dito padre, criado de novo um deputado dominico no tribunal do Santo Ofício de Coimbra, onde se processou e sentenciou na primeira instância a sua causa.

---

[10] Em parênteses no texto: *Entende-se que essa pessoa era o duque de Cadaval.*

Décimo defeito. Por lhe haverem sempre encoberto que no dito tribunal havia o dito deputado, a fim de que não pudesse instar nas suspeições que geralmente tinha posto aos ditos religiosos.

Undécimo defeito. Por ser o papel e matérias de que se tratava todas pertencentes à conservação e perpetuidade e exaltação do reino de Portugal, contra o qual é notório que tinha havido e havia no dito tribunal pessoas não só desafeiçoadas mas declaradamente inimigas, reputadas e castigadas como tais.

Duodécimo defeito. Por ser o sujeito, a quem se aplicavam as felicidades do dito reino de Portugal, a pessoa del rei D. João 4º, do qual os ditos inquisidores se davam por muito ofendidos, e procuravam vingar-se por todos os modos que lhes foi possível.

Décimo terceiro defeito. Por as ditas razões de ódio e ofensa, depois do governo da rainha, serem mais particulares e notórias no presidente do Conselho Geral, que podia e governava tudo, ao qual a dita rainha privou *cum de decore* de certo ofício público, e o excluiu do serviço real.

Décimo quarto defeito. Por os ditos inquisidores, por particulares dependências, serem parciais do valido[11] que absolutamente mandava o reino, ao qual faziam obséquio em vexarem e prenderem ao dito padre, por se temer o dito valido dele, e de todos os que tinham seguido as partes da rainha e do príncipe, a quem pelas notórias incapacidades de seu irmão pertencia a administração do reino, que hoje tem, e por o dito padre estar nomeado seu confessor, para o qual ofício o quiseram inabilitar pondo mácula na sua doutrina.

Defeitos da parte dos qualificadores

Defeito primeiro. Não haver em alguns dos qualificadores a suficiente ciência das Escrituras, que devia ser muito universal, para o inteiro conhecimento das proposições controversas de que se tratavam.

[11] Em parênteses no texto: *Entende-se ser o conde de Castel-melhor.*

Defeito segundo. Terem os ditos qualificadores, pela maior parte, conhecida emulação com o dito padre, por concorrerem com ele no ministério do pulpito – em que tinha por si a opinião comum da corte e a estimação dos príncipes.

Defeito terceiro. Serem alguns deles pretendentes do ofício que tinha de pregador del-rei, e dos emolumentos dele, de que se presume o desejariam ver privado, e menos bem avaliada a sua doutrina[...]

Defeito sexto. Por antes de se mandarem qualificar as ditas proposições se mande proibir certo autor[12] que o padre tinha comentado, quando era recebido de todos e aprovado pelos mesmos inquisidores, para depois da dita proibição se não atreverem os mesmos qualificadores a aprovar o que no comento do dito autor se dizia [...]

Defeito décimo sétimo. Por conhecerem os ditos qualificadores que em condenarem ao padre adulavam aos inquisidores, principalmente ao presidente seu inimigo, de quem dependiam e tinham recebido os ofícios [...]

Defeitos da parte do processo

Defeito primeiro. Porque havendo escrito uma carta missiva e em segredo ao confessor da rainha, para que debaixo do mesmo segredo a comunicasse a S. M. na ocasião da morte del rei D. João 4º seu marido, lhe formaram culpa da dita carta ou papel, como se ele, dito padre, o divulgasse ou fora algum livro público [...]

Defeito oitavo. Porque indo mostrar aos inquisidores em boa-fé uns apontamentos que ia fazendo do seu estudo para responder e dar satisfação ao que lhe era arguido, para que vissem que trabalhava e que a resposta se não dilatava por culpa ou negligência sua, lhe foram tomados violentamente e contra sua vontade os ditos seus apontamentos e papéis.

---

[12] Em parênteses no texto: *Foi Bandarra.*

Defeito nono. Porque protestando ele por muitas vezes que não afirmava coisa alguma do que nos ditos papéis estava escrito, porquanto eram uns apontamentos informes de tudo o que ocorria pró ou contra, sem ter feito ainda eleição do que havia de dizer nem seguir, sem embargo do dito protesto se lhe formaram dos ditos apontamentos 68 proposições, como se ele as afirmara ou fora delatado delas.

Defeito décimo. Porque havendo tido pensamento de compor um livro, ao qual aludia o dito papel, e sem o qual não podiam ser suficientemente entendidas as proposições e alusões dele, e pedindo ao Conselho Geral do Santo Ofício que lhe permitissem fazer o dito livro, ou compor as principais questões dele, por serem de matérias não tratadas *ex-professo* pelos doutores, para que vistas as ditas questões e seus fundamentos se pudesse melhor conhecer a probabilidade ou improbabilidade de suas proposições, protestando de seguir em tudo o juízo e resolução do mesmo Santo Ofício, o despacho da petição foi mandarem prendê-lo [...]

Defeito décimo oitavo. Porque pedindo livros para mostrar os fundamentos e autores em que fundava as ditas suas proposições lhe foram negados.

Defeito décimo nono. Porque pedindo os apontamentos acima ditos, que se lhe tinham tomado, para deles tirar os textos e autores que tinha junto, também isto lhe foi negado [...]

Defeitos de todo o processo quanto aos exames

Defeito primeiro. Que havendo de fazer exame os inquisidores das coisas, que contra o dito padre quiseram arguir, o não começaram a fazer senão depois de treze meses completos de prisão, sem embargo de ser muito enfermo, e correr evidente perigo a sua vida, a qual ele mediante Deus conservou com estreitíssimas abstinências.

Defeito segundo. Que lhe foi dado por examinador um inquisidor de profissão canonista, e tão falto de ciência da teologia e Escrituras, cujas matérias examinava, que ele mesmo confessava claramente que daquelas matérias não entendia coisa alguma, e que temia dizer algumas heresias.

Defeito terceiro. Que nos ditos exames, como consta destes, se lhe faziam várias perguntas disparatadas, em todas as matérias que podiam ser perigosas, armando-lhe laços, *ut caperent eum in sermone*, e não para conhecer a verdade da sua doutrina e das suas proposições, que queria mostrar serem boas e sãs [...]

Defeito sétimo. Por lhe não deixarem responder e declarar o que queria, dizendo-lhe o examinador que era contra o estilo do Santo Ofício serem as respostas compridas, e que havia de vir muito repreendido, por isso, do Conselho Geral.

Defeito oitavo. Por muitas vezes, querendo alegar as Escrituras e autores, para prova da verdade de suas respostas, lho não consentirem.

Defeito nono. Tendo-lhe uma vez permitido que alegasse, e sendo a resposta comprida, o dito examinador lhe disse no dia seguinte que lhe fora muito estranhado na Mesa consentir tal modo de resposta, pelo que se cortaram duas folhas do processo em que a dita resposta estava escrita, consentindo ele esta e outras vezes em semelhantes coisas, e deixando de dizer outras, que fariam a bem de sua justiça, por não desgostar ao dito inquisidor.

Defeito décimo. O dito inquisidor examinante pelejava, e se agastava muitas vezes com ele, sobre as ditas suas respostas e instâncias que fazia, com que lhe era força calar e deixar de dizer o que faria a bem de sua justiça.

Defeito décimo primeiro. Que o dito examinante trazia as perguntas estudadas, escritas de sua casa, e se enfadava muitas vezes e lhe não consentia dar as distinções e declarações que queria, para que lhe não fizessem ou desfizessem as perguntas seguintes, que queria arguir contra ele [...]

Defeito décimo quarto. Que assim mesmo trazia o dito examinador escritas as que chamavam admoestações, com que havia de convencer e censurar as suas respostas, não podendo antever nem adivinhar quais as ditas respostas haviam de ser, com que as ditas admoestações eram frívolas e de nenhum vigor, como delas se pode ver [...]

Defeito vigésimo sétimo. Que no fim dos ditos exames, querendo o dito padre declarar os defeitos deles, e a força que neles se lhe fazia para não poder responder tudo o que queria, protestando por tudo o que contra direito se lhe negava, o não pode fazer como convinha, porquanto precisamente lhe foi concedido que pudesse dizer somente o que coubesse em seis regras, dando se lhe para isso um pedaço de papel, em que primeiro escrevesse o que queria, para que não excedesse o dito número, como com efeito fez, diminuta e menos acertadamente do que convinha à sua justiça [...]

Defeito trigésimo primeiro. Que sendo ultimamente chamado à Mesa (como é costume daquele tribunal e se faz a todos, para que digam o que fizer a bem da sua justiça) depois de ter dito em presença dos inquisidores o que podia em uma tarde, mais em geral que em particular, pediu e requereu por muitas vezes que tinha muito mais que dizer, e que queria mostrar, em cada uma das censuras em particular, que nenhum modo havia para se poderem entender nem verificar as suas proposições, no sentido em que os tinha proferido, e que por conseguinte se deviam necessariamente interpretar e verificar em outro sentido, assim como os doutores e juízes interpretam qualquer texto, decisão, ou Breve apostólico; lhe não quiseram dar lugar para o que se pedia, dizendo-lhe falsa e enganosamente que aquela diligência era supérflua e desnecessária, porquanto assim estava votado, e julgado tudo a seu favor, como ele o pretendia persuadir.

Defeitos da parte da sentença

[...] *Defeito décimo nono.* Por a dita sentença ser julgada por injusta e apaixonada de quase todos os doutos e desinteressados que a ouviram, ainda supondo ser verdade o que nela se referia, o que de fato não o era.

Defeito vigésimo. Por os mesmos inquisidores de Coimbra confessarem a dita paixão, e dizerem publicamente que eles não deram tal sentença nem foram de tal parecer, e o mesmo confessaram alguns do Conselho Geral.

Defeito vigésimo primeiro. Por ser voz pública de toda a corte e reino que a morte arrebatada do presidente do Conselho Geral[13] fora castigo da providência divina, com que quis acudir pela verdade, porquanto, no mesmo dia e hora em que se lia a sentença em Coimbra, caiu mortalmente enfermo e, no mesmo dia em que a nova chegou a Lisboa, acabou a vida.

Defeitos depois da sentença

Defeito primeiro. Divulgarem os ditos inquisidores dois resumos dela, nos quais se continham ou contêm, quando menos, vinte falsidades expressas, contra o que consta dos autos e ainda em parte na mesma sentença, a fim de justificarem o que tinham feito contra o dito padre.

Falta no Ms. a continuação.

***

Informationes pro causa patris Antonii Vieyra[14]

(EXCERTOS)

Causa, origo et occasio

Anno millesimo quadragesimo tertio, cum Holandi in America totum Pernambucum, hoc est, magnam Brasiliae partem, in Africa Angolae et Benguellae regna, insulamque Sancti Thomae, in Asia, Ceylanum, Malacam et alias provincias, atque arces Lusitaniae et ejus dictionis occupassent majoraque in dies mala timerentur, tota vero Holandorum potentia in duplici societate mercatorum, una Orientali, altera Occidentali sita esset, magisque ac magis quotidie augeretur, ne

---

[13] Pantaleão Rodrigues Pacheco, entre parênteses no texto.

[14] Representação ao Sumo Pontífice. Da coleção *Maquinações de Antônio Vieira, jesuíta*, t. 3, Ms. Bibl. Nac.

fidei propagandae spes propemodum impedita, ipsaque fides Neophitorum omnimo interiret, visum est Patri Vieyra, de hac re consulto, praestantissimum fore remedium, si extra duas illas mercatorum societates, duae aliae Olisipone erigerentur, neque aliud ea tempestate superesse auxilium, impeditis, propter bellum hispanicum, totis Lusitaniae viribus.

Hac re communicata cum Sebastiano Caesare de Meneses, supremi tribunalis Inquisitore, ex ejus consilio, congitationem istam literis mandavit, memorialeque ei tradit aliena manu scriptum, et sine authore, quod secreto possit Regi praesentari, ut factum est.

Objiciebatur in eo negotio una tantum difficultas, nimirum, quod negotiatores lusitani maxima ex parte erant ex genere Hebraerum, quos christianos novos appellant; isti vero pecunias suas, quas in ipsa Holandi multi habebant, nullo modo inde eas traherent ad condendas societates lusitanicas, nisi securas et immunes a confiscatione, quod tamen dicebatur fieri posse, obtenta a Summo Pontifice dispensatione.

Ea causa, quae justissima videbatur, quisnam negaret expedire maxime christianae rei, si suppetiae illae, quae haereticis armis serviebant, ad defendendam et propagandam catholicam fidem cum eadem libertate traducerentur? Pervenit rei notitia ad Inquisitores, qui memoriale illud sine nomine iam promulgatum sub anathemate prohiberunt, tanquam favens judaismo, et contrarium canonicis legibus; quasi vero Summus Pontifex easdem leges, in aliquo casu, ad majus fidei bonum moderari non posset, imo suspendere ad tempus, atque omnino tollere si expediret.

Non obstante tamen dicta Inquisitorum prohibitione, cum experientia ipsa docuisset nullum aliud superesset remedium ad Holandicam pestem sistendam, extructa est Olisipone, ex duabus, quae proponebantur societatibus, una quam Brasilicam appellavere, cujus suppetiis, Deo consilium approbante, Holandi haeretici ex tota Brasilia expulsi sunt, regnaque Angolae et Benguellae, Insulaque Sancti Thomae Lusitanico imperio, et Ecclesiae restituta; dubitante nemine eumdem successum habituram aliam societate, si pro recuperando Ceylano, Malaca et aliis regionubus Asiae, ut dicebatur, instituta fuisset.

Haec fuit primi mali labes, et perpetua ex inde Inquisitorum, odia adversus Patrem Vieyra, quem propterea appellabant fautorem Judaeorum, cum verius dicere deberent haereticorum hostem, zelatorem Indiarum, et fidei propagatorem.

Denique impretrato a Summo Pontifice diplomate quodam subrepticio, parte omnino inaudita, omnes qui in eo consilio fuerunt, suppressis nominibus, excommunicatos declararunt, in quibus fuit Rex ipse Joannes 4.us, postquam vita defunctus est, et multi ministri Regis, theologique insignes, et in eis Pater Franciscus Pinheiro, qui tunc erat Rector conimbricensis Collegii, primarius Theologiae professor in nostra Eborensi Academia, et alii ex societate, coactis omnibus sententiam retractare coram Inquisitoribus, facta ibi et assignata cautione de opinione illa nunquam in posterum tenenda. Non potuerunt tamen ex omnium animis aliam opinionem eradere, nimirum facta omnia ista, non ex solo zelo fidei, sed ex dolore imminutae confiscationis, ex qua magnos colligunt proventos.

Addidit faces malevolentiae in Patrem Vieyra navata ejus opera, non ignaviter apud Regem pro Societate in causa Patris Francisci Pinheiro, quando ab Inquisitorum sententia ad Sanctam Sede appellavit, et propterea in Dominicano Collegio inclusus est. Quo enim tempore promitentibus Conciliariis Regiis stare pro Inquisitoribus, eorumque partes agere, eo quod essent Ministri, libere respondit: Patribus quoque Societatis Jesu fidem esse, una tanta differentia, quod Inquisitores ex fide viverent, Patres vero pro fide morerentur. Quae responsio, ut pote vera, et a Rege non mediocriter laudata, in tota curia pervulgata est, et ab ipsis Inquisitoribus non sine minis audita, quorum aliquis dixit Patri Sebastiano de Novaes nostrae Societatis: "Caveat Pater Vieyra, ne in manus Inquisitorum incidat". Constatque ex testimonio supra nominati Caesaris, supremi tribunalis Inquisitoris, factam tunc exquisitissimam inquisitionem de genere ipsius Patris, sub nomine cujusdem fratris sui germani, ut si aliquam in eo maculam invenissent, statim ut suspectum de fide damnarent. Unde dicebat idem Caesar, neminem esse in tota Lusitania magis veterem christianum quam Patrem Vieyram, quippe cujus maculam in sanguine Inquisitores exquisierint magno inveniendi desiderio. Invenerunt tamen aliquando unde criminarentur, odium zelo praetextantes.

Causa, materia, sive praetextus

Mostrando como era geralmente considerado verdadeiro profeta o Bandarra, e como tal nomeado no memorial *Vox turturis*, oferecido pela Igreja portuguesa à Santa Sé, alega também:

[...] Et quod majus est, Pantaleon Rodrigues Pacheco, electus Episcopus Elvensis, supremae Inquisitionis in Lusitania Deputatus, is qui eandem postea assertionem in Patre Vieyra damnavit, in libello quodam supplici ad Innocentium Decimum Olisipone excusso, ipsas Bandarrae praedicationes vocat propheticas, et ex earum oraculis intendit persuadere Pontifici ut Joannem legitimum Regem agnoscat, tanquam datum a Deo, et prophetice revelatum.

[...] Accidit ut Rex ipse Joannes, praeter spem, et expectationem regni, moreretur anno millesimo sexcentesimo quinquagesimo sexto, cum Pater Vieyra ageret quintum annum Maranhoniae missionis, rogatus fuit in eo moerore a Patre Andrea Fernandes, ut aliquid scriberet in consolationem Reginae viduae, de qua sua missione optime meritae. Ille igitur diligenter, inspecto Bandarrae libro, notavit tunc quod nemo antea adverterat, actiones novi Regis dividi ab ipso authore in duas partes, seu tempora, unum in quo proclamandus esset Rex, ut impletum erat; alterum in quo a somno evigilans, hoc est a morte, Turcos debellaturus esset, significato, non obscure, eodem prodigio multis aliis in locis sibi optime cohaerentibus, atque ipso novi Regis elogio, nomineque somniis expresso. Hoc fundamento novis argumentis et authoribus confirmato, epistolam scripsit ad Confessarium secreto legendam Reginae, in qua probabat ex mente

Bandarrae Regem Joannem suscitandum a Deo, ut impleret ea vivus, iterumque victurum, siquidem mortuus non poterat, quae de ipso praedicta erant, dato quidem Bandarrae viri Prophetae nomine, non alio sensu, aut significatione, quam ea quae ex communi totius Regni assensu, etiam in libris ab Inquisitoribus approbatis, Propheta dicebatur et credebatur.

Processus initium et continuatio

Delata Olisiponem epistola, et secreto negligenter servata, non se continuit intra aulam novae interpretationis admiratio pervenitque ad aures supra memorati Pantaleonis Rodrigues Pacheco, qui, defuncto Inquisitore generale, supremo tribunali presidebat. Is, pro ea qua polebat authoritate, epistolam a Patre Confessario juridice postulatam obtinuit tradiditque censurandam duobus qualificatoribus ex familia Dominicana, ipsique Patri Vieira infestissimis, qui totum illius discursum intentum, et propositiones non paucas in malum sensum detorquentes, et ex proprio affectu et genio interpretantes, varia censura affecerunt. Erat adhuc Pater Vieyra in sua missione eoque prorsus inscio et inaudito, missae sunt dictae propositiones Romam, cum ejusdem interpretationibus, suppositionibus et censuris, ut eas Pontifex confirmaret, confirmataeque facile sunt, nemine dicente pro authore, qui remotissime aberat, factus interim Reus de fide pro Ecclesia Romana, quando pro fide Romanae Ecclesiae, usque ad exitia, laborabat. Re ita per Inquisitores clam disposita, rediit Pater Vieyra in Lusitaniam, expulsus ipse cum sociis a sua missione, eo quod potissimo conversionis impedimento resisterent, nempe Indorum injustae servituti.

Vocatus ergo Pater ad Inquisitionem, primum interrogatus est de Imperio, cui epistola illa alludebat; deinde de epistola ipsa ejusque propositionibus...

Segue-se a narração dos interrogatórios até a prisão no cárcere de custódia.

Differt custodia a communi carcere, quod ii, qui in communi carcere destinentur, appellantur vincti, qui vero, in custodia, non vincti, per interiores autem transitus a secretis ministris, et per viam et portas internas, per quas ipsi Inquisitores, ingrediuntur. Eo in loco, licet comiter semper, et cum magna reverentia tractatus Pater Vieira, dato famulo, qui sibi serviret, neque alio pronomine vocatus quam *Paternitatis*, surgentibus Inquisitoribus ad ingressum, et aperto capite loquentibus, difficile tamen est et incredibile dicere quot et quantas injurias passus sit contra justitiam suae causae.

[...] Libros petiit, quibus posset ipse causam suam dirigere, atque innocentiam suam tueri; negatis libris, rogavit ut saltem adnotationes suas, in volumine illo sibi per violentiam erepto congestas, unde authores et textos citaret, videre permitterent, et neque permissum videre, neque consensum est ut coram ipso legerentur. Tandem oravit, ut confessarium ex sua vel alia religione, vel secularem, sibi darent permitterentque, ut sacrum aliquando faceret; et neque celebrandi data est in totis duobus annis cum tribus mensibus, neque confessarius concessus, nisi semel in quadragesima, isque canonista adea indoctus, ut Patri Vieyra non dubitaverit dicere dominos Inquisitores habere assistentiam Spiritus Sancti, quae doctrina ibi videtur communis inter inferiores ministros, a quibus illam bis audivi.

Processus finis et sententia

[...] Conimbrincensis sententiae summa erat. ut cum secreto coram solis Inquisitoribus Pater audiretur jussusque a dictis propositionibus abstinere, liber, et absolutus remiteretur. Cum vero sententia illa conimbricensis executioni mandari non possit, nisi a Supremo Tribunali confirmata, divisis ibi in duas partes judicibus, qui omnino sex erant, aequali pro utraque parte numero pertinaciter decertante, vicit tamen pars illa, pro qua Praeses stabat, odio magis quam aequitate armatus. Erat autem saepius memoratus Pantaleon Rodrigues Pacheco. Igitur decretum est, ut sententia in aula publica, coram superioribus religionum allisque nobilibus ecclesiasticis, stante Patre, legeretur. Poena assignata ut voce activa et passiva, atque officio concionandi privatus, a loco in Societate ab ipsis Inquisitoribus designando absque eorum facultate non exiret.

[...] Eadem hora et momento (mirum dictu!) quo sententia Conimbricae legi coepit, Pantaleon Rodrigues Pacheco, qui tunc Olisipone in choro cathedralis ecclesiae officium de more recitabat, (erat enim canonicus) repentino symptomate correptus, obmutuit, portatusque a duobus famulis, primo ad lecticam, deinde in lectum, tandiu vitam protraxit, quandiu nuntius publicatae sententiae per conimbricensem Tabelarium Olisiponem pervenit, eodemque prorsus vespere mortutis est, divino tribunali sistendus, et de procurata a se pronuntiataque sententia, sententiam auditurus. Notata est repentinae aegritudinis hora diesque finitae vitae observatus, admirante tota curia consonantiam fatalis interitus, neque id casu evenisse credente, sed divino judicio factum, ut cunctis de iniqua sententia Patris Vieyra, et de innocentia sua, punito authore, publice constaret.

Talis fuit communis omnium sensus, ne ipsis quidem Inquisitoribus exceptis. Conimbricensis Inquisitionis Praeses, coram illustrissimis viris, de sententia Patris Vieyra disserentibus, non semel auditus est dicere: *Jam qui talem rem patravit a diabolo sublatus est.* Dorninus Didacus de Sousa, electus Archiepiscopus Eborensis, et ipse Inquisitor, qui defuncti Pantaleonis Podrigues Pacheco loco successit, in epistola ad eunidem praesidem Conimbricensem, sententiam iliam vocabit ebriosam, vulgari verbo dicens: *Lá vai essa borracheira!* Dominus etiam Verissimus de Alencastro, ejusdem Supremi Concilii judex, in epistola ad eumdem Praesidem Conimbricensem his verbis postulatus est sententiam non fuiss e suam, hoc modo se explicans: *Bem verá Vossa Mercê que não é a lima minha.* Hoc est, ex stylo videbis non esse meam. Citatas epistolas ipsi Patri Vieira indicavit praedictus Conimbricensis Praeses, ia nostro conimbricensi collegio, ubi iliam publice invisit.

2

Escritos satíricos contra Vieira

Carta que Hyeronimo Correa Sarrapante escreveu ao padre Antônio Vieira, da Companhia de Jesus, estando preso por louco no hospital o dito Sarrapante[15]

Senhor meu, muito é que se atreva o discurso boçal de Hyeronimo Correa ignorante ao padre Antônio Vieira, e que a minha mal aparada pena queira voar a tão superior esfera! Mas que amor há que não seja cego? E já pode ser que do mais fino coração os desatinos sejam toque do seu abono; e quando lhe chamemos ousadia a este meu atrevimento, o filho do sol foi desgraçado na queda que deu, mas não lhe podemos negar que teve pensamentos de seu pai: esteve a sua ruína em querer governar a carroça de que não era cocheiro. Vou escrevendo e vou errando, que dar razões a V. Paternidade é mandar vasos a Samo[16].

Eu pasmo de considerar a V. P. pregando, e de imaginá-lo fora do púlpito cortejando. Faça V. P. resenha de todos os papéis que tem escrito do estado, e achará que todos foram erros. O de permitir gente no reino seguindo cega lei mal ajuizar! O de entregar Pernambuco aos holandeses discurso péssimo! O motivo do presente segredo indecente arrazoado! Ah! senhor e meu amigo, que lastima é tão grande não saber para si quem tanto sabe para os outros! O tempo é mestre insigne; mas eu acho-lhe um grande defeito, que não ensina senão castigando.

O que direi a V. P. da ida ao Maranhão a converter almas e a querer mandar sobre os corpos! A reduzir gentios à fé e a fazer de cristãos gentios, com alterações que soam a negócio temporal! Oh! bom Xavier, que soubeste converter almas batizando e não negociando, e com uma cana na mão desprezaste letras humanas e ganhastes

---

[15] Bibl. Nac. *Maquinações de Antônio Vieira, jesuíta*, t. 6, p. 231.

[16] Veneza, em outra cópia, cód. 1736.

coroas eternas! E que fez o ilustre Borja, que por ilustre foi assistente do Paço? Tirou o dele a vista de uma morta imperatriz, que lhe serviu de vida. Estas são as verdadeiras assistenciais nos lugares religiosos dos discretos filhos de Ignacio: cerrar os olhos aos príncipes que morrem, para ter luz, e considerar que coisa sejam impérios humanos; mas ter lugar em conselhos noturnos quem se ata com um ourelo é ser cego! No púlpito é V. P. um anjo, e fora dele ninguém melhor que V. P. sabe o que é; e porque tirados do mar morrem os peixes, dito se está, porque saídos do seu centro mal podem ter vida. Fez Deus a V. P. seu orador evangélico, e como V. P. se quis passar dos púlpitos a conselhos, e de religioso da Companhia a companheiro de ministros, logo a mim me doeu o cabelo, e entendi que desencontrava a Deus e conseqüentemente fugia de seus auxílios. Mais claro: por essa razão, como V. P. se tirou do lugar em que o céu o havia posto, o não achou querendo socorrê-lo no presente infortúnio, em que tudo foram ruínas em V. P.

E que graça ou desgraça foi a minha não fazer V. P. caso dos meus mimos e finezas, com que o assisti na enfermidade que teve, amoroso afeto do meu singelo coração, não pelo que V. P. sabia nem podia, senão pelo bem que pregava! Algum senhor ilustre, amigo de V. P., fazendo-lhe eu queixa do procedimento de tão desairoso termo e desagradecido, me respondeu com sal: "Se vós foreis conde o padre Vieira vos visitara, mas sem serdes título queixarvos é ignorância". Oh! Senhor Deus imenso, que mais vos lembrais dos publicanos miseráveis que dos fariseus presumidos! As três castas de homens se reduzem os que vivem neste mundo: uns que nada sabem, outros que sabem só para si, outros que sabendo para os outros para si nada sabem; e a meu ver esses últimos são dignos de maior compaixão que todos.

[...] Da vida, vale de lágrimas bom é, suposto que nos queixamos, fazer paraíso de flores. Dirá V. P. que me forjou as setas com que lhe tiro, e dirá verdade, porque o que V. P. prega sempre o foram para mim e serão evangelhos; nem o mundo se queixa do dizer de V. P.; do obrar é que se queixa, que nos pregadores católicos as palavras hão de correr parelhas com as suas obras. O Batista pregador foi do paço del rei Herodes, mas não foi conselheiro; e o grande Paulo era ouvido na corte de Roma como pregador de Jesus Cristo e não como senador de Nero; ambas estas duas cabeças morreram pregando verdades e não aconselhando políticas. Pobre de mim que também sou daqueles que obram contra o que dizem e crêem, mas não trago bonete de jesuíta, cobre-me chapéu de louco.

Resta me dizer a V. P. que não lhe escreveu para que me responda, que experiência tenho de que, se V. P. fora arcabuz, havia de achar muito má venda, em razão de responder mal; nem faço esta carta para que pareça bem a V. P.; para que saiba o que a mim me pareceu mal é que lhe escrevo, e para dizer-lhe o que ninguém lhe havia dito, mas mais proveitosas são verdades que amargam que lisonjas que enganam [...]

[...] Muito fraqueou V. P. no desinteresse de que se jactava, e bem se vê nas comodidades com que vive sua dilatada geração, e nisto devem os reis fazer grande reparo no serviço dos vassalos que não tenham muita parentela; que amar a um sujeito com a pensão de fartar a uma geração, não há amor gigante que tal possa tolerar, porque é um grande contrapeso. Ora V. P. não se desconsole; *mudam-se os tempos, mudam-se as vontades*, é verso de Camões; e é certo que no ser mudável até a fortuna é muito firme, ainda que muitos se queixem dela sem razão, porque cada um recolhe como semeia, e eu, quando quero praguejar a alguém a quem escrevo logo lhe digo por fim: *guarde Deus a V. M. como merece*; que todos merecem os castigos de Deus.

[...] Ora fique V. P. embora, que tantas verdades juntas enfadaram as pedras; mas de um louco que se pode esperar que diga senão verdades? Nem pode ser maior loucura que querer fazer correr moeda que não valha. Com essas razões minhas saudosas lembranças buscam a V. P., e saiba que os dias que me durar a vida sempre V. P. me achará muito prestes para servi-lo. Guarde Deus a V. P.: desta corte, 9 de julho de 1662.

Servo de V. P.

Hyeronimo Correa Sarrapante[17]

---

[17] Outras cópias nos cód. 1736 e 1690, com alterações de palavras e frases.

Carta satírica de D. Feliciana contra o sermão que o padre Antônio Vieira pregou na capela real pelos anos da rainha N. S. em 1668[18]

Ora mana, não vai de valha que aparteis tanto comigo que me ponhais por obedecer-vos em perigo de murmurar-vos. Quando me enxergastes vosso gênio de mestre Jaques deste mundo, que me mandeis perguntar que censura pode dar se ao sermão que me enviaste do padre Antônio Vieira? Estai certa que aquele grande juízo sempre fia tão delgado que a sair do Portugal tivera estima vantajosa em os teares do Cambray; pois já temos conhecido que nos queria ensinar a urdir Cambray em Portugal. Sempre que prega o entendem poucos, porque para poucos ele entendeu sempre. Aonde porém passou as arres do jogo, e se mostrou inumerável nos pontos, é nesta Panegírica História, ou neste Histórico Sermão Panegírico, que compôs e não disse, porque dizem se fingiu descomposto pelo não dizer na celebração dos anos de Sua Majestade que Deus guarde, no dia 22 de junho. Papel tão bem arrumado que se embasbacou com ele o padre confessor de S. A., de maneira (enfim não o culpo, que os Basbaques de ordinário nascem dos Fernandes) que disse na dedicatória à rainha Nossa Senhora, que em aqueles ditames só tivera parte a alma daquele grande orador que os compusera. Outros diriam o próprio, porque é próprio de más almas terem só parte em maus discursos. E porque os desse sermão todos me parecem dessa cor, os tomei para passar algumas dessas noites enfadonhas; porque se o que é mau por qualidade faz parecer pequeno o que é grande por natureza, como nos persuade neste sermão o seu autor, que melhor meio para encurtar noites compridas que meter-me à lição dos maus discursos deste papel? Porém, porque deste troque principiemos seus trinques, não posso deixar de vos dizer a maravilha, em que se pôs Mariquita, de ouvir dizer a Vieira que os males tinham atributo de abreviar o longo, e os bens de prolongar o curto, porque sempre diz que ouviu dizer as ovelhas não eram os dias grandes de maio

[18] Ms. Bibl. Nac., cód. 589, fol. 82. Outra cópia nas *Maquinações*, t. 6, com o título "Sátira" que se fez a um sermão do padre Antônio Vieira em nome de uma freira de Odivelas.

grandes dias porque eram dias bons. Ela falou como mulher, que em nada do que diz tem graça, e o padre fala como homem, que faz graça de quanto diz.

É este o princípio do seu sermão. Porque em dar graças e pedir graças cifra todo o intento daquele grande assunto. Mas eu o desconhecera se quando o visse agradecido o não achasse interessado. Porque na sua escola o dar traz à garupa o pedir; porém com essa diferença, que para dar-se pouco há de haver muita razão, e para se pedir muito basta pouco fundamento. Porventura que o Vieira pusesse o olho a essa mira quando fundou o dar graças a Deus no tema, e o pedir graças no ar, porque no tema não o fundou. Porém deixando isto à parte, como o padre no sermão deixa à parte o assunto do dia, que devia solenizar, pela grandeza do ano, em que ele não devia aparecer, quero-vos exagerar a singularidade grande que ele no ano admira, pela estranheza dos sucessos que nesse ano se deviam admirar. Neste ano mandaram o elefante para França, porque era besta que entendia e não falava, e dava que falar aos que entendiam. Trouxeram o Sangaralhão para Lisboa, porque não entendendo o que se fala dá motivo que se festeje o que ele não entende. Neste ano ultimamente publicou o padre Vieira este papel, em que enfronha três discursos em dois assuntos, ou dois assuntos em três discursos, dos quais o primeiro entendeu e não explicou; no segundo explicou o que não entendeu; no terceiro nem entendeu nem explicou o que persuadia. O primeiro foi discurso de elefante, porque lhe faltou a fala; o segundo assangaralhado, porque lhe faltou o juízo; o terceiro de padre da Companhia, porque lhe sobejou a ambição. Foi o primeiro discurso de elefante não só pelo passo de Eleazar que trouxe, senão porque quanto nele se entende nada o padre explica. Notai que se nos faz neste discurso o Vieira já tanto de casa nas proposições da fé que se arroja a dizer que com a guerra não está Deus seguro nos sacrários, sem explicar de que parte se entende o perigo em que Deus está.

Em a luta de Jacó entendeu a proporção daquela lide e a desproporção da nossa guerra; porém explica muito mal aquele *Dimitte me quia ascendit aurora*, dando ao despontar do dia o que devia atribuir no esconderse o sol, porque, segundo o mesmo Vieira prova, a paz não se efetuou porque apareceu a rainha, senão porque se escondeu o rei. Também quando numera as majestades, que concorreram para efetuar a nossa paz, se mostra inconseqüente na prova do *Quasi palma, quasi rosa et quasi oliva*; porque lhe sobram no texto plantas e lhe faltam nas pazes majestades; e o concurso a que as plantas se acham na Escritura não é para ajustar desunidos, senão para aplaudir ajustados. A mesma desconformidade tem os repentes da paz no *Subito fato est cum angelo multitudo*, pois, para ser formal a alusão ou havia de ter o anjo os cuidados de continuar a guerra antes da paz, como o Liche, ou havia de ter o Liche os cuidados de buscar a paz na mesma guerra, como o anjo; mas o anjo foi só ministro que publicou a paz sem governar a guerra, e o Liche foi ministro da guerra e da paz. E se na guerra o deixou Portugal anjo, ele no efetuar a paz fez de Portugal marmanjo.

Ultimamente é conseqüência afrontosa para Portugal aquela confrontação de combinarmos com Holanda e Catalunha, porque Holanda desobedeu rebelde, Catalunha sublevou-se malcontente, e Portugal redimiu-se justo. A justiça deu a Portugal as vitórias, o interesse sossegou a Catalunha, e a maldade política conservou rebelde a Holanda; mas não conheceu o mundo os holandeses vencedores, nem Castela experimenta os catalães sossegados. Vede agora o padre porque há de trocar alhos por bugalhos, senão para que digamos que o seu primeiro discurso foi bestialmente entendido, porque é entendidamente besta como coisa do elefante? O segundo discurso como do Sangaralhão é dissolutamente bestial, tem suas palavras pouco juízo, e o seu pouco juízo muitas palavras, em que perde o decoro a um rei em quem os defeitos não são culpa, porque são as culpas enfermidade.

Lembrai-vos que o Vieira quis dar vida com um papel ao senhor rei D. João o 4º que está na glória, depois de morto, e não fez mais que matar a boa opinião que havia do seu juízo. Com outro papel agora parece intenta matar ao senhor rei D. Afonso 6º, que está em pena ainda vivo, e faz tanto que ressuscita seus aplausos. Porque vejais que o Vieira quando fala para dar vida matasse; quando fala para matar vive; e quando vive é por que quer enterrar o filho por que o não mate; e quando se mata é porque quer desenterrar o pai por que lhe dê vida; e em tudo nem entende o que fala nem pondera o que diz; é Sangaralhão em tudo, se lhe tiramos o degredo, e melhor fora não lho tirarmos.

Do seu terceiro discurso vos não posso dizer mais porque já vos tenho dito que é de padre da Companhia, e quem não tem o seu espírito dessa gente não pode falar na sua língua. O Vieira fala com espírito dobrado, segundo dizem; queira Deus que lho mandasse Elias para reforma do governo desses reinos. Já vemos que nos tolhe o príncipe nosso senhor, para ele só e os seus lograrem tamanha dita. Resta que o logrem e não no-lo malogrem, porque não será o primeiro príncipe que com eles se malogrará. Deus não aprove com o efeito o conselho desses homens, e nos guarde a S. A. os anos que seus vassalos desejamos, livres de tão péssimos conselheiros.

Engano judaico contra o Desengano católico de um réu enganoso e enganado[19]

Querer com a breve sombra de uma negra capa cobrir a grandeza da terra de que é filha a verdade é tão impossível a um homem, como a um anjo, com uma pequena vieira, esgotar o mar em uma cova, mas como a nossa natureza é tão frágil que diz Platão que a nossa alma vive presa em o cárcere de duas vieiras, como a ostra, que muito seja tão infamemente ingrata que trate de romper aquelas mesmas redes de S. Pedro, que no mais baixo lodo do mar, pescando-a entre as prisões da culpa, a restituiu à liberdade da graça?[20]

É certo que os descendentes do sangue hebreu não são verdadeiramente cristãos, porque assim o publica a experiência, que no caso faz prova, por tantas bocas quantas hão sido os confitentes e penitenciados, desde o primeiro concílio

---

[19] Bibl. Nac. *Maquinações de Antônio Vieira, jesuíta*, t. 3, p. 553. Com a indicação no título: Feito por Mendo de Foios Pereira. Outra cópia no cód. 1532, aí é atribuído o escrito ao inquisidor fr. Valério de S. Raimundo.

[20] Quasi, qui apprehendit umbram, et prosequitur ventum, sic, et qui attendit. *Eccles, 34.* Veritas de terra orla est. *Psal. 84.* (Nota à margem no Ms.)

dos Apóstolos até o último ato da fé dos nossos tempos. Porque esta, desde o seu princípio infiel nação, sempre na endurecida pedra do seu coração ocultou o sacrílego altar de suas idolatrias, servindo-lhe a nossa santa fé de espelho, em que com enganosa aparência mostram fantasticamente um corpo católico, ficando-lhe realmente um corpo herético [...]

É certo que em Portugal tem os cristãos novos as bocas fechadas só para confessarem as suas culpas; porque para as blasfêmias e queixas as tiveram sempre tão abertas, que desde a ereção do Santo Ofício não fizeram esses cães mais que morder na pedra que é fundamento da nossa fé, e ladrar à vara que é símbolo da melhor justiça [...]

É certo que o Sumo Pontífice, como ordinário dos ordinários, bispo dos bispos, cuja diocese é o universo, é juiz supremo nessa matéria, e quem nela duvidar seu poder será sacrílego; mas não quem duvidar sobre o defeito da intenção e da vontade, porque, conforme a direito, é lícito. O dizer esse temerário autor que os ministros romanos são os verdadeiros ministros, e que o tribunal da Inquisição suprema é o verdadeiro tribunal, insinua que os bispos e inquisidores não são ministros verdadeiros, e que o tribunal da Inquisição desse reino não é verdadeiro tribunal, porque quem duvida da sua jurisdição duvida da mesma do Pontífice; mas como os bispos e os inquisidores em a terra são os atalaias do céu, os pastores da seara de Cristo, mal pode a atalaia parecer bem ao inimigo que prendeu, o pastor ao lobo a quem feriu, o agricultor à cizânia a quem arrancou[21].

[...] É certo que mandando o Sumo Pontífice examinar e ponderar essa causa na sagrada congregação, na sua sentença leram os cristãos novos o seu desengano, mandando se observar os retos, jurídicos e inveterados estatutos do Santo Ofício, assim se enxugaram as lágrimas dos olhos católicos de toda a Europa, que agravados e ofendidos choram que a névoa da mentira queira ofuscar o sol da verdade, e que o fumo da perfídia queira escurecer a luz da fé, porque já no

---

[21] Aperuerunt super te os suum, omnes inimici sibileverunt, fremuerunt dentibus, et dixerunt devotabimus. *Thren.* 2º (Nota no Ms.).

divino e religioso achou a calúnia que arguir, em ofensa dos homens e do mesmo Deus. Mas se nesse particular se vira o ânimo interior dos homens, quanto veneno se achara nos vasos dos mesmos remédios! Que este Proteu, que tão várias formas tem tomado no mundo, veste em pele de cordeiro um coração de tigre, e quando se remonta águia, com as asas abertas buscando o céu, é para baixar mais violenta a ensangüentar as unhas em terra. Pois no mal dos fiéis busca o bem da fé; no fim da lei o princípio da justiça; na ruína da cristandade a instituição do judaísmo; no veneno a triaga; na morte a vida; fazendo-se procurador das utilidades deste reino, cujo benefício involuntário tem renunciado o clero, a nobreza e os povos, em solene ajuntamento de cortes.

[...] É certo que injustamente afirma este autor temerário que em Portugal se considera que o dinheiro dos cristãos novos faz melhor acondicionada a sua causa para com a Sagrada Congregação; porque esse atrevimento só tiveram os cristãos novos, pois mandando o papa Paulo 3º visitar as Inquisições deste reino por um Núncio apostólico, disseram com maliciosa jactância que vinha assalariado com o seu dinheiro, e que com ele venceram na Cúria as dificuldades da causa, como por carta del rei Dom João o 3º constou ao Sumo Pontífice, que no castelo de Santo Angelo mandou prender a Diogo Fernandes, que no ofício de procurador sucedeu a Duarte da Paz. O que em Portugal se entende é que os cristãos novos dão aos seus defensores as lanças de prata com que o oráculo de Apolo disse a Filipe, rei de Macedônia, que sempre seria vencedor; que neste reino há muitos sacerdotes dos três deuses do dinheiro que veneram os gentios. E agora mais que os atenienses podem os portugueses chamar ao dinheiro coruja, pois o vemos entrar em alguns templos e apagar as luzes, que são culto a Deus entre as sombras, e dizerem com o servo de Filipe que debaixo das telhas do seu senhor dormiam muitas corujas; mas que muito, se já em um apóstolo de Cristo se viu que o zelo era interesse, pois querendo aproveitar o unguento para os pobres vendeu o Cristo por dinheiro, que até na Companhia de Jesus souberam os judeus comprar um apóstolo?

[...] É certo ser contrário a Portugal e parcial de Castela quem favorece o negócio da gente de nação hebréia, assim se verifica por mais evidentes razões do que insinua este autor, que tanto se emprenhou sempre de mistérios que veio a parir monstros [...] Castela e França procuraram o seu proveito com dano de Portugal, mas é coisa ridícula que este autor, estando em Roma, queira saber mais das nossas conveniências que o nosso príncipe, que os conselheiros de Estado, e que todos os seus ministros, quando esta sereia dos palácios foi sempre a causa de tão políticos naufrágios. Em Portugal não se pretende liberdade de consciência, porque ainda que se aconselhou ao senhor rei Dom João o 4º, por ditames estrangeiros que deu algum português, que se naturalizou em Amsterdam, contudo o dito senhor, pondo os olhos na fé, não deu ouvidos à política, e menos agora o dera à mentira, ressuscitando do reino da verdade [...]

Quem é o padre Vieira e os seus procedimentos[22]

O padre Antônio Vieira é de geração humilde: seu pai foi copeiro em Santarém da casa do conde de Unhão, e seu avô foi lacaio do mesmo conde, e seu bisavô era mulato escravo da mesma casa de Unhão, é o tal Vieira sujeito engenhoso, de juízo sutil, e agudo sobremodo, como se sabe, suposto que tem tanto quanto de douto, muito presumido e não pouco teimoso. Depois do levantamento de Portugal no ano de 1640, andou por Lisboa vestido de vermelho, com chispos de prata nos sapatos, indo e vindo de Holanda, e outras partes do Norte, para efeito de se largar [Pernambuco] aos holandeses, e trazer a Portugal os judeus todos do Norte e mais partes do mundo, concedendo-lhes perdão geral, que era o para que o padre Vieira foi comissário e principal conselheiro, que persuadia e aprovava tais coisas ao sr. rei D. Sebastião, digo João o 4º, e depois dele morto fez um largo tratado de oito folhas de papel como o dito sr. havia de ressucitar no ano de 1660, para conquistar o mundo todo, e que Bandarra era verdadeiro profeta, o qual

[22] Bibl. Nac., Ms., cód. 1532, fol. 9. Precedido da nota seguinte: "Tem-se por coisa muito certa que o padre Antônio Vieira, religioso da Companhia de Jesus, tão conhecido por sua prédica, foi o primeiro motor d'este negócio" (dos cristãos novos).

Bandarra foi um homem ignorante e malicioso, oficial de sapateiro, natural de vila de Trancoso, onde compôs um tratadinho de trovas muito grosseiras, com mal soante sentido, em ordem à danada esperança do messias dos judeus, pelo qual o dito Bandarra se foi voluntariamente acusar ao Santo Ofício, onde fez termo de não continuar mais nas ditas trovas, e porque fez o contrário foi preso por ordem do tribunal da Santa Inquisição, e sabido em um auto-de-fé público, que se celebrou em Lisboa no ano de 1631, em que as ditas trovas foram proibidas, e este é o profeta e as profecias em que Vieira se fundou.

Foi ele continuando e levantando mais de ponto sua doidice ou malícia, e fez um tratado intitulado *chave dos profetas*, com nove proposições diferentes do sentido que a Igreja dá à Sagrada Escritura, pelo que foi preso na Inquisição de Coimbra, onde se lhe mandou que se desdissesse do que havia feito, e não somente o não quis fazer senão que se defendeu, fazendo mais 95 proposições semelhantes às primeiras, que por todas foram 104, heréticas, errôneas e mal-soantes, escandalosas, temerárias e fátuas. Dizia em uma delas que o Anticristo já viera, que fora Mafoma; outra era que havia de vir tempo em que se havia de reformar a Igreja para ser como Raquel formosa, que agora era como Lia; e que então se havia de dar liberdade aos judeus, contanto que não fizessem mal aos cristãos. Dizia em outra que o Bandarra profetizara ele, Antônio Vieira, dizendo: "Vejo um alto engenho em uma Roda triunfante", e que ele Vieira era este tal engenho, que havia de ter ainda um grande e alto lugar no Mundo, em cumprimento da dita profecia, e todas as mais proposições eram semelhantes a estas, as quais constaram todas do processo, de uma sentença que tinha dezessete folhas de papel, a qual foi lida em um auto-de-fé particular, em que saiu o dito padre na cidade de Coimbra, no fim do ano de 1667, e havendo estado preso pelas ditas culpas perto de três anos nos cárceres do dito Santo Ofício, que o castigou com proibição de mais pregar, e de voz ativa e passiva na religião, recluso em um convento da Ordem a arbítrio dos senhores inquisidores, mas S. A. lhe ouve logo perdão de tudo, com que anda solto, correndo e revolvendo o palácio, de dia e de noite.

3

Missões

Carta do padre Antônio Vieira, de Lisboa para a província do Maranhão sobre os negócios da Missão, 1680[23]

Foi tal o trabalho, lida e aflição, que tenho padecido de quase três meses a esta parte sobre os negócios de nossa missão, sem momento de descanso, que tem sido milagre poder levar ao cabo tantas coisas, e tão contraversas, como V. R. verá no papel incluso, e ao fim vim a cair em uma cama, onde faço ou dito essas regras, com grande sentimento de não poder escrever, nem responder a cada um dos meus padres, de quem com suma consolação recebi cartas; e assim peço a todos tenham esta por sua. Infinito é o que tinha para referir, e também para representar a V. R., sobre todos os pontos de tão larga matéria, e somente direi sobre as coisas mais essenciais o que sofrer a cabeça que grandemente me atormenta.

Por ocasião das cartas do bispo, governador, câmaras, e outros ministros desse Estado, e por requerimentos e queixas de alguns eclesiásticos e seculares que dele vieram, ordenou S. A., antes de partir para Salvaterra como foi em 17 de janeiro, que se fizesse uma grande junta sobre o remédio espiritual e temporal do Maranhão, supondo e clamando todos que o dito estado se vai perdendo e acabará de todo se não lhe acudirem.

As juntas, que foram muitas e mui continuadas, principalmente nesses últimos dias, se fizeram na secretaria de Estado, e assistiam nelas, além do mesmo secretário, o duque de Cadaval e o conde de Val-de-reys, como conselheiros d'Estado, e esse segundo como presidente do Conselho Ultramarino. Francisco Malheiros do mesmo Conselho, o procurador da Coroa, o procurador da Fazenda, João Cabral de Barros, sindicante que foi nesse Estado, o bispo deão da capela, eleito que foi do Maranhão, o padre confessor de S. A., Manoel Roíz Leytam e eu.

[23] Bibl. Nac., Ms., cód. 4517, fol. 28.

Leram-se na junta além das sobreditas cartas todas as leis antigas e modernas tocantes a essa matéria, e todas as consultas e resoluções, que sobre ela se tomaram em tempo del rei que está em glória, e nos governos seguintes, e tudo o que de presente se resolveu, e com que S. A., se conformou, foi por voto de todos nemine discrepante, desejando e concordando todos em que os moradores deviam ser aliviados e ajudados com a maior despesa da Fazenda real que fosse possível, e a esse fim se tiraram os estanques e direitos, e se fez o contrato dos negros, que será o maior e mais fundamental remédio, como tantas vezes proposto de lá e tão desejado, principalmente sendo os preços moderados e os prazos muito largos.

Vindo ao que nos toca mais de perto, tem a Companhia rezado de dar muitas graças a Deus, porque sem embargo das ordinárias murmurações contra nós, e das queixas de nossos êmulos, vindo-se a tratar o ponto dos índios, doutrina e administração dos já cristãos, e conversam dos gentios, liberdade e conservação d'uns e outros, todos por aclamação diziam que ou anjos ou padres da companhia, para que V. R., e os mais padres e irmãos vejam a obrigação em que nos põem esse conceito, e quanto devemos trabalhar por corresponder a uma tão grande expectativa do príncipe e seus ministros. Sobre o que direi, como quem se achou presente, o que julgo deve lá fazer e não fazer, supostas as ordens que vão, e o muito que se nos encomenda e de nós se fia.

Em primeiro lugar, e sobretudo, importa que em nós se não veja ou note a menor espécie de interesse, por mais justo, lícito e necessário que pareça, e assim convêm que de nenhum modo mandemos buscar cravo ou outra droga, nem ocupemos os índios em coisa alguma que possa parecer nossa, e que todos os que estiverem nas aldeias, segundo a alternativa de lei, se ocupem somente nas suas lavouras, e no que moderadamente pertence a decência de suas Igrejas: e o mesmo se entende em pescarias, salgas e outras coisas desse gênero, considerando V. R^as^ que de qualquer argueiro ande fazer uma trave, e que não há eclesiástico nem secular nesse Estado que não seja nosso olheiro, e um lince nessa matéria. E quando ao governador se proíbe totalmente ocupar índios nestas coisas (e o mesmo se entende do bispo), julgue V. R. o que ambos e todos poderiam escrever contra nós, e qual ficaria o nosso crédito, se lhes dermos a mínima ocasião.

A segunda coisa, que não devemos fazer por agora, são obras ainda que sejam as da Igreja começada, não só pelo sítio e forma dela (que de nenhum modo me pode parecer bem) mas porque não é este o tempo e a ocasião, em que hajamos de empregar o pouco que temos, de sujeitos e cabedal, em outra coisa que na que principalmente se nos encomenda e encarrega, contentando-nos, entretanto, e entendendo se contentará também Deus, com a nossa Igreja pequena e velha, por outras muitas que no mesmo tempo podemos levantar em seu serviço posto que sejam de palha. Toda a nossa ocupação e aplicação parece que deve ser tomar logo a nossa conta as aldeias, e repartir nelas todos os que souberem a língua, substituindo-os no que puder ser com os que vão de novo, de modo que, por falta de gente, não deixemos de nos meter de posse de todas, acompanhando-se os padres, para fazer maior número, com os irmãos coadjutores. E bastará que nos dois Colégios fique um ou dois padres (como já noutro tempo estiveram) porque a nossa maior obrigação não é o serviço dos escravos, seriam o dos índios livres, assim cristãos como gentios, deixando o demais para quando houver mais sujeitos, que espero seja muito brevemente.

Nesse particular das aldeias, não tratando da doutrina de grandes e pequenos, que suponho há de ser a que sempre se usou onde residimos, em duas coisas será necessário que V. R. faça ter e que todos tenham vigilantíssima atenção. A primeira é que por amizade, boa correspondência, nem ainda piedade, dêem os padres que nelas estiverem índio algum da terça parte que há de ficar nas aldeias para conservação e cultura delas; porque qualquer respeito nesta matéria, ainda que fosse com intuito de caridade, seria de grandíssimo escândalo, e se nos atribuiria a gravíssima culpa contra as ordens do príncipe, em cuja observância nós devemos dar o primeiro e maior exemplo. A segunda que nas listas que dermos dos índios de serviço não escusemos nenhum que seja capaz disso, metendo no mesmo número os Conumiz[24] Goacûs, ainda que não sejam casados, porque se

[24] Curumins?

não possa dizer que os reservamos para nos servirmos deles nas mesmas aldeias, quando para o necessário delas se lhe reserva a terceira parte de todos os índios.

Quanto às missões importa que nelas se veja o fruto por que são ordenadas, e que para isso se escolham os sujeitos mais práticos na língua e nos sertões, os de maior experiência e indústria, ainda que sejam superiores, o que pelo mesmo caso seria de maior edificação.

Ao mesmo tempo se deve fazer logo uma missão, a descer gente que se possa pôr em aldeias, e que se faça eleição de alguma, em que não haja dúvida de se achar, e que com moral certeza se queira descer, para que como tenho dito, se veja o efeito desse gênero de missões, e que seja quanto for possível daquelas que se podem fazer só com os padres e índios, sem companhia de soldados. O padre Gonçalo de Veras me escreveu se atrevia a reduzir os índios do rio Paraguaçu, mas suposta a guerra dos Teremembes, me parece empresa ao presente dificultosa, como também a de se abrir caminho por terra, o que tudo demanda muita dilação, e fruto que não pode amadurecer nem colher-se seriam depois de alguns anos. Enfim V. R. e os mais padres, que vêem as coisas de perto, escolheram o que mais convier, e sempre seria o modo mais conveniente e suave acomodaremse V. R^as^ ao parecer dos homens mais práticos do Maranhão ou Pará, donde se houver de fazer essa primeira missão, e que também seja aprovada pelo bispo e governador, posto que a eleição absoluta lhe não pertença. Uma das coisas que se alegou, para serem da nossa doutrina e criação os índios que nos houverem de acompanhar nas missões, é a obediência e respeito e amor, que estes nos têm, não se podendo achar igual ou semelhante nos que são doutrinados por outros religiosos. E sendo matéria de desgosto e, ainda, violência, que podia perturbar a execução das novas ordens, haverem se de tirar a outras religiões essas duas ou três aldeias que têm, se tomou por expediente que, ficando nelas, como dantes, aquela 3ª parte, que das ditas aldeias se havia de aplicar as missões, se aplique ao serviço dos moradores, e que as ditas missões se recompense o mesmo número de índios com outros tantos de nossas aldeias, para que todos que nos acompanham sejam da nossa sujeição e obediência.

Quanto a outras missões, em que havemos de residir com os índios em suas terras, a primeira que se deve fazer, como S. A. deseja, pelo que importa à conservação do Estado, é a do Cabo do Norte, passando a outra banda do rio das Almasonas, que segundo as minhas antigas notícias deve ser a nação dos Tocujus. Espera-se que de lá venha muito particular informação de todas aquelas terras, rios e portos, de que se não tem bastante conhecimento. E da distância e lugares em que está a nova conquista dos holandeses, e dos navios que ali mandam, e do comércio que têm com os índios, e de que nações estes sejam, e se a dita conquista fica além ou aquém dos padrões, que ali se puseram no tempo da divisão das terras entre Castela e Portugal; e se se pudessem ver os mesmos padrões e a forma e inscrição deles, tudo será tão bem recebido como desejado, e de tudo se espera informação dos nossos missionários a mais exata que puder ser; pelo que importa que vá a esse descobrimento a pessoa de maior inteligência e indústria, da qual parece que seria bom companheiro o padre Conrado, pela arte que tem de debuxar, mandando se cá um mapa daquele trato de terras, mares e rios, e da navegação e fundo de que saem capazes, com o rumo dos ventos e cia. Para essa empresa e as demais, irá, com aviso de V. R., tudo o que for necessário, e de presente além dos provimentos que de lá se pediram mandamos neste navio dez quintais de ferro e um quintal de aço, cinqüenta dúzias de facas e quatro maços de velórios.

Ouço dizer aos irmãos que de lá vieram, que acima dos Topinambaranas há um rio mui povoado de gente de língua geral, e também neste se poderia fazer uma boa missão de residência; mas bem veio que não terá V. R. bastantes soldados para tantas conquistas, posto que os que foram o ano passado de tanto espírito, eu os considero a todos com suficiente cabedal da língua, e não duvido que V. R. haja de procurar estender quanto for possível o nome e conhecimento de Cristo, e acudir quando menos às almas de tantos inocentes moribundos, que se podem ganhar para o Céu, ainda sem cabedal de língua.

Para que haja e se multiplique, e vá sempre em maior aumento o número de sujeitos, e estes desde fogo se vão fazendo aptos, se tomou por expediente que o Colégio do Maranhão seja um como seminário de todas as missões, em que se continue o noviciado, para o qual neste navio vão mais quatro noviços, e haja todo o gênero de estudos de filosofia e teologia moral e especulativa, em que se possam aperfeiçoar para todos nossos ministérios. E para ajuda de seu sustento lhes manda S. A. consignar além da ordinária, que temos na Bahia e Rio de Janeiro, mais duzentos e cinqüenta mil-réis no contrato das Baleias em uma e outra cidade, que é o mais seguro, pronto e efetivo, e começará a correr desde o princípio deste ano de 1680. Bem veio a limitação desta ordinária, mas como do Brasil para cá não pagamos direitos, e daqui para o Maranhão há de ir o preço empregado nos gêneros que lá se comutam, sempre essa esmola poderá fundir mais do que soa. Nessa mesma ocasião se mandam as provisões ao Brasil, e juntamente carta do príncipe ao padre provincial para que mande para essa missão sujeitos práticos na língua, e ordem aos governadores para que os provejam de embarcação e prático à custa da Fazenda real. Pelo que tudo não duvidamos que o padre-geral dê licença para os ditos estudos, com os quais não faltaram muitos e bons sujeitos desta província, que para lá os irem acabar peçam à missão.

Pelas cartas do padre superior dela, e pelo que escreveu o bispo ao príncipe, se receia que S. S. tenha intentado inovar alguma coisa acerca das aldeias em que estávamos, e nessa suposição condicional vai ordem que nos sejam restituídas. Ao mesmo bispo manda escrever S. A., e lhe escreve o padre seu confessor, e o duque de quem é feitura, tenha conosco toda a boa correspondência, a qual eu tenho prometido e assegurado da nossa parte; e a não recomendo a V. R. porque conheço que não é necessário. S. S. parece que supunha lhe pertence o provimento das aldeias e igrejas dos índios, sendo que são do padroado real, e desde o princípio de todo o Estado do Brasil as cometeram os reis aos superiores da Companhia, como fez também el-rei D. João IV, e agora faz S. A. a essas do Maranhão. V. R.as não devem resistir a que o bispo visite as ditas igrejas e os índios fregueses delas, mas não as pessoas dos párocos, quando S. S. nos não queira fazer a cortesia, que sempre nos fizeram todos os bispos do Brasil, não havendo algum que até hoje visitasse, nem intentasse visitar aldeia alguma nossa, havendo por bem descarregadas suas conciências pelas visitas que nelas fazem os nossos superiores. E por qualquer dúvida que nessas matérias se ofereça (a qual seria melhor não haver e evitar-se quanto for possível) mando para essa livraria os dois tomos de Solorsano, em que larga e eruditissimamente se trata e se resolvem todos esses pontos.

Do Pará se me escreveu se queixava o governador que eu lhe fazia maus ofícios com o duque, sendo a maior falsidade; agora disse um seu irmão que o confessor de S. A. e Manoel Roiz Leytam e eu fazíamos o mesmo na junta, o que posso não só afirmar mas jurar a V. R., e que quando não fosse por virtude só por política me devia mostrar muito seu amigo, porque na mesma junta tem muitos que o são, e esses os mais poderosos. Mas se nas ordens que vão se encontra alguma coisa de seu gosto, interesse ou jurisdição, esteja certo que nenhum houve na junta que o quisesse ofender, e todos se quiseram conformar com as leis e provisões antigas, as quais todas, por mostrar a experiência que assim convinha, tiraram e proibiram aos governadores o que agora somente se renova, posto que eles em parte contra as mesmas leis e provisões se tivessem introduzido no que lhes não pertencia. Tal é o ponto da repartição dos índios, em que entre ele e o bispo houve agora controvérsia; e posto que pela lei del rei D. João competia aos nossos superiores, eu contudo o repugnei, e a primeira coisa que protestei na junta, quando se praticou que houvéssemos de ter a nossa conta os índios, foi com condição e declaração que nós não tivéssemos parte ou jurisdição alguma na repartição deles.

Isto é em suma o que posso representar a V. R., falando com o padre visitador, com o padre superior da missão e com todos os mais padres superiores e súditos, a quem não posso declarar o afeto com que os amo e venero, e o zelo com que os desejo servir em tudo o que abrangem minhas fracas forças, e o grande gosto e alvoroço com que acompanhara os meus padres e irmãos, que agora se embarcam, os quais deixam toda essa província e colégio sumamente edificado, e lá serão de grande consolação, alívio e socorro a V. R$^{\underline{as}}$. Bem sei as entranhas de caridade com que ande ser recebidos e agasalhados de todos, e desejo seja com tal especialidade e contentamento da eleição que fizeram, que as cartas que de lá escreverem sejam exortação para que os sigam.

Além desses particulares não só é conveniente, mas o mínimo necessário, que em todos os anos, e principalmente neste, venha carta geral com o catálogo de todas as cristandades que temos, e de todas as missões que de novo se fizeram, com a descrição das terras, distâncias e nações, e número dos batismos e dos inocentes que depois de batizados foram para o Céu, e dos casos de edificação e mais notáveis que muitas vezes sucedem, e também das utilidades temporais que das mesmas terras se podem tirar, para que essa notícia facilite as despesas que se fazem com as mesmas missões; e finalmente, para que se possa ver o nosso modo de proceder nelas, e a observância de todo o nosso instituto dentro em uma aldeia e em uma canoa, me faça V. R. caridade de mandar um treslado da forma que lá se ordenou e foi confirmada pelo nosso reverendíssimo padre, e se observava até o tempo da nossa expulsão, e creio se observará no presente.

Na benção de V. R. e santos sacrifícios e orações de todos padres e irmãos muito afetuosamente me encomendo. Lisboa, 2 de abril de 1680.

4

Morte do Alcaide-mor da Bahia
Relatório[25]

Sobre o que escreve o governador e capitão general do Estado do Brasil Antônio de Souza de Menezes e o desembargador João da Rocha Pitta acerca da morte do alcaide-mor Francisco Telles de Menezes

O governador e capitão general do Estado do Brasil Antônio de Souza de Menezes, em carta de 23 de junho deste ano, dá conta a V. Majestade que em

[25] Arq. do Conselho Ultramarino. Registro das Consultas da Bahia, v. 1, 1675 a 1704, fol. 84 e ss. Ortografia sumamente incorreta, modificada em parte.

quatro do dito mês, das dez para as onze horas do dia, indo Francisco Telles de Menezes, alcaide-mor daquela cidade recolhendo-se pela rua da Sé para a do Colégio com três negros seus, lhe saíram de uma travessa oito mascarados com bacamartes e catanas, além de outros que tinham de socorro, e disparando nos negros que se puseram diante, caíra um morto e o outro com uma bala pela cabeça, e como não acertara no alcaide-mor o investiram com as catanas, deitando-lhe uma mão fora, e com outras feridas pela cabeça e pescoço e um chuçasso pelo corpo, espirara pelas Ave Marias recebendo os sacramentos; feito o delito se recolheram os delinqüentes no Colégio, onde ficaram os dois irmãos Francisco Antônio de Brito e André de Brito (por cuja ordem se dizia fora feito o caso), este com um cavalo selado em que montara, e os mais de sua parcialidade se ausentaram encorporando-se uns com outros pelo recôncavo, sendo estas inimizades antigas, porém com as que havia tido em diferentes ocasiões, em que se haviam morto dois negros ao dito alcaide-mor, em que ficara culpado o dito André de Brito, um mulato e um negro, que foram condenados, um a morte e outro a degredo, e o dito André de Brito estava servindo o ofício de provedor da alfândega. de que fora suspenso pela devassa geral de que se dava conta a V. M. com a dita devassa; que com essas antecedências cresceram os ódios, inimizades e ferimentos, que tudo ajudara a esse novo excesso e tirania, sem haver ocasião de honra, que o pedisse, mais que o ódio ajudado de conselhos, que se faziam conhecidamente no Colégio, à vista do padre Antônio Vieira e de seu irmão, o secretário do Estado, e sobrinho Gonçalo Ravasco, que diziam fora conhecido ser um dos mascarados, e que estava degradado para África por uma cutilada que dera pelo rosto ao meirinho, e assim consta, por uma certidão que remeteu, haver-se mandado aviso a quinta-feira à noite, véspera do sucesso, de se haver feito a dita junta no Colégio, com assistência das pessoas do dito secretário, seu filho e Diogo de Souza, o padre Antônio Vieira na cela que ocupava o torto Diogo de Souza, e outros mais que por recatados se não conheceram; pela qual razão se mandara prender o dito secretário, e por as partes requererem que se prendesse em flagrante delito, e a ir Diogo Piçarro, que também se achara na junta; e que mandando ele governador cercar o Colégio se não pudera conseguir mais, por não ser capaz de se buscar, e por queixa que se fizera do arcebispo mandara retirar a infantaria, sendo que a demonstração não era nova, porque no tempo de Francisco Barreto fora ele pessoalmente ao Convento do Carmo buscar um homiziado, que também mandara tropas ao sertão na mesma noite, porém não surtira efeito por se haverem escondido, nascendo todas essas inimizades do tempo da morte do alcaide-mor.

Que os criminosos puseram suspeições ao doutor Manuel da Costa Palma, que serve de ouvidor geral do crime, e em seu lugar se nomeara o desembargador João da Rocha Pitta para tirar a devassa; e que as partes atualmente estavam intimidando as testemunhas de dentro do Colégio, e parecendo a janelas com pouco respeito a justiça, fazendo-lhe com descompostura, nos quais termos não era possível dar satisfação aquelas queixas, por se terem admitido estes e outros homiziados no dito Colégio, e de uns e outros nascera o sucesso, e que ao mesmo padre Antônio Vieira, por respeito de seu irmão e seu sobrinho haver sido a maior parte destes excessos, devia V. M. sendo servido ordenar ao provincial, que nesta ocasião se não achava presente por andar em visitas, que o mude para o Colégio do Espírito Santo, pelo séquito que tem naquela cidade de homens de negócio e da nação, o que se não poderia remediar por outro caminho assistindo na terra. E de tudo dava conta a V. Majestade para ordenar o meio mais conveniente para remédio desses excessos e de outros de que se avisava a V. Majestade.

Com a referida carta se viu neste Conselho outra do desembargador João da Rocha Pitta, escrita em três de julho deste ano, em que diz que, para dar conta a V. Majestade do estado em que se achava aquela cidade, com a morte violenta que se dera ao dito alcaide-mor, de que era juiz comissário, lhe era forçoso para maior inteligência do caso referir seus princípios.

Chegando àquela cidade o ano passado o governador Antônio de Souza de Menezes, fora tão infeliz que contraíra nela a primeira amizade com o dito alcaide-mor, e por seu meio com o desembargador João de Goes de Araujo e Manuel da Costa Palma, nos quais se livraram todas as disposições do seu governo, e como os ditos desembargadores e alcaide-mor eram com pouca causa inimigos descobertos de quase todos os demais ministros da Relação, e de muita parte da nobreza e do povo, persuadiram ao dito governador com aparentes informações e culpas tingidas ou estudadas para que procedesse contra todos aqueles de quem eram inimigos, e, como a impaciência e desesperação destes fossem crescendo à medida dos agravos, se resolveram sete ou oito mascarados, no dia e na hora referidos, a matar com todo o desaforo o dito alcaide-mor, como fizeram, e a um negro seu, ficando mal feridos três ou quatro que o quiseram defender; feitas as mortes e recolhidos os delinqüentes no Colégio da Companhia de Jesus, mandara o governador pôr-lhe guardas e despedir a várias tropas de soldados em seu alcance, mandando por editais com prêmios a quem os prendesse ou descobrisse, são feitas as diligências a rogo dos denunciantes, o chamara o dito governador e cometera o procedimento da devassa, por ser julgado de suspeito o desembargador Manuel da Costa Palma, e que querendo-se honestamente escusar o não pudera fazer, e querendo dar princípio à devassa tivera por certa notícia que os parentes do morto instavam com o governador que mandasse prender os dois mestres de campo Pedro Gomes e Álvaro de Azevedo, e juntamente o irmão e mulheres de Francisco e André de Brito, provedor da alfândega, e metê-los a todos nas enxovias daquela cidade, da qual resolução, por parecer mais vingança que castigo, se seguia infalivelmente alteração e movimento na Infantaria e na nobreza da terra como lhe fora revelado; pelo que buscara logo ao governador e lhe representara que sua pessoa era empenhada na satisfação da morte do alcaide-mor, e o desembargador João de Goes de Araujo aparentado com ele por várias vias, e que não era razão que por seu arbítrio se prendesse a título de matadores do alcaide-mor quantos inimigos tinha, e que pois lhe havia cometido a devassa havia fiar dele o procedimento contra os culpados, na forma de direito, e que o prender antes da culpa formada não era preciso, e que no caso presente onde havia matadores certos, e eram os denunciados muitos, se não prendiam mulheres fidalgas sem prova alguma mais que nomeá-las à parte, a fim de as levar à cadeia pública e despicar-se nessa forma de seus maridos e irmãos; conhecendo o governador a sua razão lhe dissera que não passaria ordem alguma contra os denunciados, e que lhe remeteria todos os requerimentos que sobre a matéria se fizessem; porém como as partes entendessem que por aquela via não podiam obrar o que desejavam, havendo o pedido por juiz dessa causa, lhe tornaram a pedir que mandasse não fosse por diante nela, o que o governador não quisera fazer, e tendo denunciado diante dele e tirado quatro testemunhas, e com seus ditos quase capazes de pronunciar cinco ou ou seis delinqüentes dos principais, o averbaram de suspeito os mesmos que o pediram por juiz, sem mais causa que por não prender sem culpa formada a todas as pessoas de quem denunciavam; suspendera a diligência, e como não acudiram no termo da lei com as suspeições por escrito, e inquirindo devassamente testemunhas *ex ofício* na forma de sua obrigação; e fazia presente a V. Majestade esses sucessos para que V. Majestade conheça a pouca razão com que as partes se dão por ofendidas dos ministros naquele estado, e o pouco respeito com que os tratam, e que o fim dessas suspeições fingidas é que como denunciaram de muitas pessoas e de todos seus amigos, criados e escravos, e não acharam nele desembargador disposição para fazer essa extorsão geral antes da culpa formada, queriam embaraçar-se o tirar-se a devassa, para que todos seus inimigos com suas famílias se ponham a monte como estavam, e suas fazendas se perdessem no largo tempo que poderiam ser ouvidos; e sobretudo que V. Majestade ordenaria o que fosse mais conveniente a seu serviço conforme a presente necessidade.

Ao Conselho parece fazer presente a V. M. o que escreve o governador Antônio de Souza de Menezes e o desembargador João da Rocha Pitta sobre a morte do alcaide-mor Francisco Telles de Menezes e do estado em que hoje se acha a devassa sobre esta matéria. Lisboa, 5 de outubro de 1683. – *Conde*[26] – *Malheiro* – *Telles* – *Sande* – *Dourado* – *Cardoso*.

[26] De Valle de Reis, nomeado em 1680.

5

Família de Antônio Vieira

Cristóvão Vieira Ravasco

Licença para transferir o emprego[27]

Eu el rei faço saber aos que este alvará virem que havendo respeito a Cristóvão Vieira Ravasco, escrivão dos agravos e apelações cíveis da Relação do Brasil, ir em quinze anos que serve os ditos ofícios com satisfação sem ser culpado em nenhuma de quatro devassas trienais que se tiraram dos oficiais de justiça, e ser velho e muito pobre e ter dois filhos e duas filhas, segundo constou por informação do doutor Afonso Garcia Tinoco desembargador que foi na dita Relação do Brasil, hei por bem de lhe fazer mercê de licença para que em sua vida ou por sua morte possa nomear os ditos ofícios em um seu filho ou filha, para a pessoa que com ela casar, pelo que mando aos meus desembargadores do paço que nomeando em filho o examinem, e achando que é apto e não tem impedimento algum para haver de servir o dito ofício lhe farão passar Carta em forma dele, e nomeando em filha a pessoa que com ela houver de casar será obrigada, antes que o faça, a se vir apresentar ante os ditos meus desembargadores do paço, para a pessoa que depois que fizer certo ser casado e recebido por palavras de presente conforme ao sagrado concílio tridentino com a filha do dito Cristóvão Vieira lhe faça passar Carta em forma dele, mostrando primeiramente a que o dito seu sogro dele tinha, e sua renunciação, e pagando primeiro os direitos ordenados com declaração que, havendo eu por meu serviço de lhe tirar em algum tempo, minha fazenda lhe não ficará por isso obrigada a satisfação alguma. João Correa o fez em Lisboa a quinze de novembro de mil seiscentos e vinte e três e eu, Pero Sanches Farinha, o fiz escrever.

[27] Arq. Nac. Chancel. de D. Filipe 3º. Livro 9, fol. 315.

Nomeação para Escrivão do Tesouro da Bahia[28]

Pedro da Silva, do Conselho de Sua Majestade, governador e capitão general deste Estado do Brasil etc.

Faço saber aos que essa Provisão virem que havendo respeito a estar vago o ofício de escrivão do Tesouro desta capitania, e se haver de prover a serventia dele em pessoa de confiança e partes, e pela que tenho de Cristóvão Vieira Ravasco que no de que o encarregar no serviço de Sua Majestade dará inteira satisfação, hei por bem de o prover na serventia do dito ofício, para que ele o sirva enquanto eu houver por bem e S. Majestade não mandar o contrário, com o qual haverá o ordenado, proes e precalços que direitamente lhe pertencem e levaram seus antecessores: pelo que mando ao provedor mor da Fazenda de S. Majestade neste estado lhe dê a posse e juramento do dito ofício, para que o sirva na forma que S. Majestade manda, guardando em tudo seu serviço e direito das partes, de que se fará auto nas costas desta, e se registrará nos livros donde pertencer. O que tudo se cumprirá tão inteiramente como se nesta contém.

Dada na cidade da Bahia de Todos os Santos sob meu sinal e selo de minhas armas, em o último de dezembro fim do ano de mil seiscentos e trinta e cinco. E eu Antônio Correa o fiz por mandado de S. Senhoria, e pagará a meia anata conforme as ordens de S. Majestade. – O governador, *Pedro da Silva*.

Provisão porque V. Sª faz mercê a Cristóvão Vieira Ravasco da serventia do ofício de escrivão do Tesouro desta capitania, para que o sirva enquanto V. Sª o houver por bem e S. Majestade não mandar o contrário. Ficam carregados quatro mil-réis em que foi avaliada a meia anata dessa provisão sobre o tesoureiro Braz da Costa. Bahia, dois de janeiro de seiscentos e trinta e seis anos.

---

[28] Doc. da Biblioteca Nacional do Rio de Janeiro.

Posse

Ano do nascimento de Nosso Senhor Jesus Cristo de mil seiscentos e trinta e seis, aos dois dias do mês de janeiro do dito ano, nessa cidade de Salvador, Bahia de Todos os Santos e pousadas de Pedro de Cadena, provedor mor da Fazenda de S. Majestade neste Estado do Brasil, pareceu Cristóvão Vieira Ravasco contido na provisão atrás, requerendo se lhe desse a posse do ofício de escrivão do Tesouro desta capitania, e visto pelo dito provedor mor seu requerimento, e como tinha pago a meia anata, lhe deu juramento aos Santos Evangelhos, sob cargo do qual lhe encarregou que bem e verdadeiramente servisse o dito ofício, guardando nele o serviço de S. Majestade e o direito das partes, o que ele prometeu fazer, com o que o dito provedor mor o houve por metido de posse, de que mandou fazer esse termo que assinou com o dito Cristóvão Vieira Ravasco. Pedro de Moura, escrivão da Fazenda o escrevi. – *Cadena de Villa Santi. Cristóvão Vieira Ravasco.* – A qual provisão e termo de posse eu, Pedro de Moura, aqui registrei da própria a que me reporto que tomei parte, na Bahia em dois de janeiro de mil seiscentos e trinta e seis. – *Pedro de Moura.*

À margem:

Houve pagamento a Cristóvão Vieira no tesoureiro geral Antônio Mendes de vinte e três mil-réis de ordenado, que vence de 2 de janeiro de 1636 até fim de junho do dito ano, o que houve pela folha dele. – *Moura.*

Venceu até 6 de agosto de 1636.

Alvará de promessa do hábito de Cristo e tença[29]

Eu el-rei como governador e perpétuo administrador que sou do mestrado, cavalaria e ordem de nosso Senhor Jesus Cristo, faço saber que tendo consideração aos serviços que Cristóvão Vieira Ravasco, meu moço da Câmara, natural da

[29] Arq. Nac. Ordem de Cristo. Livro 24, fol. 91 v. e ss.

vila de Santarém e filho de Balthazar Vieira me fez por espaço de dezenove anos na Bahia de Todos os Santos, onde é morador, com armas e cavalo à sua custa, achando-se em algumas ocasiões de guerra que naquela praça se ofereceram até o presente, e contribuir para sustento dela e ajudar a prevenir mantimentos em tempo que a Fazenda real se achava necessitada para o mesmo efeito, e em respeito do dano que recebeu em matéria de Fazenda própia e ofício das apelações cíveis da Relação da Bahia de que era proprietário, e de que com a extinção dela ficou prejudicado, sendo de seu dote e satisfação de um alvará de lembrança: Hei por bem de lhe fazer mercê de quarenta mil-réis de tença pagos nos dízimos da alfândega da Bahia de Todos os Santos, para ele ou para uma de suas filhas qual ele nomear, com o hábito de Cristo que se lhe mandará lançar a ele ou a quem casar com a mesma filha, e de promessa de um ofício de justiça ou Fazenda para casamento de cada uma de suas duas filhas mais, que caibam nas pessoas com quem casarem, e que todas as três se possam chamar de Dom, e para sua guarda e minha lembrança lhe mandei dar o presente alvará pelo que toca somente ao hábito, que lhe farei inteiramente cumprir e guardar como se nele contém, que hei por bem que valha como carta, posto que seu efeito haja de durar mais de um ano, sem embargo de qualquer provisão ou regimento em contrário e se cumprirá sendo passado pela chancelaria da ordem. Nicolau de Carvalho a fez em Lisboa aos vinte de abril de mil seiscentos e quarenta e quatro anos. Manoel Pereira de Castro o fiz escrever. – Rei.

E do mesmo teor se passou outra via assinada por Sua Majestade feita e sobescrita pelos mesmos oficiais no mesmo dia, mês e ano acima referido.

Carta de padrão de tença[30]

Dom João por graça de Deus Rei de Portugal e dos Algarves de aquém e além-mar em África senhor de Guiné da Conquista navegação e comércio da Etiópia,

---

[30] Ibidem, fol. 92.

Arábia, Pérsia e da Índia etc. Como governador e perpétuo administrador que sou da ordem e cavalaria do mestrado de nosso senhor Jesus Cristo etc., faço saber aos que esta minha carta de padrão virem que tendo consideração aos serviços que Cristovão Vieira Ravasco meu moço da Câmara, natural da vila de Santarém e filho de Balthezar Vieira fez por espaço de dezenove anos, na Bahia de Todos os Santos, onde é morador, com armas e cavalo a sua custa, achando-se em algumas ocasiões de guerra que naquela praça se ofereceram até o presente, e contribuir para o sustento dela e ajudar a prevenir mantimentos em tempo que a Fazenda real se achava necessitada para o mesmo efeito, e em respeito do dano que recebeu em matéria da Fazenda própria e ofício das apelações cíveis da Relação da Bahia de que era proprietário, e de que com a extinção dela ficou privado, sendo de seu dote, e satisfação de um alvará de lembrança. Hei por bem de lhe fazer mercê, entre outras que pelos mesmos respeitos lhe fiz, de quarenta mil-réis de tença pagos no Rendimento dos direitos da alfândega da cidade de Salvador, Bahia de Todos os Santos, para ele ou para uma de suas filhas qual ele nomear, com o hábito de Cristo que se lhe mandará lançar a ele ou a quem casar com a mesma sua filha; pelo que mando ao governador e capitão geral do Estado do Brasil, e ao provedor mor de minha Fazenda em ele, façam assentar os ditos quarenta mil-réis de tença no dito Rendimento dos direitos da alfândega da dita cidade de Salvador, Bahia de Todos os Santos ao dito Cristóvão Vieira Ravasco, para ele os haver em dias de sua vida, ou a pessoa que casar com uma das ditas sua filhas qual ele nomear, com o hábito de Cristo que se lhe mandará lançar a ele ou a quem casar com a mesma filha, e lhe serão lançados cada ano na folha do dito estado, os quais quarenta mil-réis de tença começará a vencer de dezessete de julho do ano passado de mil seiscentos e quarenta e três em diante, em que lhe fiz essa mercê, com declaração que não vencerá a tença deste ano presente de mil seiscentos quarenta e quatro sem primeiro constar por certidão de João Pereira de Betancor, fidalgo de minha casa, escrivão de minha Fazenda da Repartição das Ilhas e ordens militares, de como tem pago os três quartos que dela deve a dita ordem, e registrada a quitação no livro dela, e pelo treslado desta carta, que será registrada no livro da despesa do tesoureiro almoxarife ou recebedor que o tal pagamento houver de fazer pelo escrivão de seu cargo, e conhecimentos do dito Cristóvão Vieira Ravasco ou da pessoa que casar com uma das ditas suas filhas, feitos pelo dito escrivão, mando-lhe seja levado em conta o que pela dita maneira lhe pagar, e por firmeza de tudo lhe mandei dar esta minha carta de padrão por mim assinada e selada com o selo pendente da dita ordem, a qual será registrada no livro da Fazenda dela e mercês que faço, com declaração que constará primeiro por certidão dos oficiais de minha chancelaria de como nela tem pago o novo direito, se o dever, na forma do Regimento. Dada nesta cidade de Lisboa aos sete dias do mês de junho. Francisco Nunes a fez. Ano do nascimento de nosso senhor Jesus Cristo de mil e seiscentos e quarenta e quatro anos. E eu, João Pereira de Betancor, a fiz escrever. – *El-rei.*

Provisão sobre pagamento de um alcance[31]

D. Vasco Mascarenhas, conde de Obidos, gentilhomem da Câmara del-rei meu senhor, do seu Conselho de Estado, Vice-rei e capitão geral do mar e terra deste Estado do Brasil etc.

Faço saber ao provedor da Fazenda real da capitania de Pernambuco e mais oficiais dela que Cristóvão Vieira Ravasco enviou a apresentar uma sua petição cujo teor é o seguinte:

Senhor, diz Cristóvão Vieira Ravasco que, por mandado executivo do provedor mor da Fazenda real deste estado, se fez penhora em umas casas em que ele, suplicante, vive e em outras mais dele, suplicante e senhor, para pagamento de um conto e tantos mil-réis que se diz dever ele suplicante do recebimento que sobre ele carregou dos direitos dos quatro vinténs por caixa de açúcar que se pagam nesta cidade; e porque as ditas casas são o total remédio dele suplicante e de sua família, por não ter outras em que pode viver, nem outros bens alguns de

[31] Bibl. Nac. do Rio de Janeiro. Livro 7 do Registro de Provisões, fol. 179.

que sustentar-se, e fica ele suplicante arrematando as ditas casas perdido de todo e sem ter onde poder se recolher com sua família, sendo um homem de 97 anos entrevado em uma cama, e a Fazenda real pode mui bem pagar se da dita quantia no ordenado vencido do mesmo ofício que ele suplicante serve, e a mais de três anos que esta faz cobrar, e nos bens que em Recife de Pernambuco estão depositados na mão de Gonçalo Monteiro da Silva, que ficaram por morte do dr. Simão Alves de Lapenha, que pertencem a ele suplicante por sentença que passou em coisa julgada, contra a qual não há parte alguma que se oponha, a cujo respeito sem nenhuma dificuldade se pode fazer a cobrança do dito dinheiro, que excede à quantia de que ele, suplicante, é devedor, em uma e outra coisa, ele, suplicante, oferece para pagamento dessa a quantia que a mesma Fazenda real está devendo a D. Maria de Azevedo, sua filha, a qual, por fazer boa obra a ele suplicante, e se compadecer do dano que da dita execução lhe resulta, está prestes a fazer todos os termos necessários em que há por bem que na dita sua dívida se castigue até a concorrente quantia o pagamento dele, suplicante; essa dívida está líquida e mandada pagar com mandado corrente por provisão de V. Exª.

Pede a V. Exª que havendo respeito a tudo o referido lhe faça mercê que o dito provedor mor da Fazenda real aceite, em pagamento do que consta que o suplicante deve, dos efeitos sobreditos o que mais útil for para a Fazenda real, e se não proceda na execução das ditas casas, ficando elas debaixo da mesma penhora obrigadas ao pagamento dele suplicante, em casos que os sobreditos efeitos que ele nomeia não tenham efetiva cobrança, com o que fica a Fazenda real sempre segura e sem prejuízo algum. E receberá mercê. *Cristóvão Vieira Ravasco*[32], a qual petição sendo vista por mim nela mandei por meu despacho de 20 de abril deste presente ano que o provedor da Fazenda real me informasse, o que fez pelo teor seguinte:

[32] Essa petição já foi impressa na *Revista do Instituto Histórico e Geográfico Brasileiro*, t. 52, parte 1.

Senhor, parece-me que se deve conceder ao suplicante o que pede, e que se passem as ordens necessárias para em Pernambuco se cobrar a dívida que o suplicante deve a S. M., ficando a execução em seu vigor até ser cobrado em Pernambuco, para o que deve apresentar a sentença de como lhe pertence esse dinheiro de que faz menção, visto como até hoje não há **lanço** nenhum às casas V. Exª mandará o que for servido. Bahia, 27 de abril de 1667. – *Antônio Lopes de Ulhoa*. Em conformidade da qual informação ordenei ao dito provedor mor por outro meu despacho do dito dia acima que, apresentando o suplicante a sentença de que fazia menção, se passasse mandado para que o provedor mor da Fazenda real de Pernambuco fizesse a dita cobrança. Em cujo cumprimento, sendo apresentada ao dito provedor mor uma certidão do tabelião N. da Costa, por que constou que no juízo ordinário dessa cidade estava habilitado e julgado o dito Cristóvão Vieira Ravasco por único herdeiro do dr. Simão Alves de Lapenha e de sua mulher e filhos, filhos e netos seus, a quem pertencia a cobrança de seus bens, fiz passar a presente provisão na forma do meu despacho.

Pela qual ordeno e mando ao provedor e demais oficiais da Fazenda de el-rei meu senhor, da capitania de Pernambuco, que em seu cumprimento, na forma do meu despacho e da informação do provedor mor aqui inserida, façam logo executivamente cobrar e arrecadar para a Fazenda real de qualquer ou quaisquer pessoas em cujas mãos estiverem depositados os bens que ficaram por falecimento do dr. Simão Alves de Lapenha e de sua mulher e filhos, até a quantia de um conto e quatrocentos e oitenta e oito mil e seiscentos réis, que o dito Cristóvão Vieira Ravasco está devendo à Fazenda real, por em tanta quantia ficar alcançado, na conta que o Conselho Geral deste Estado lhe tornou do recebimento dos quatro vinténs das caixas de açúcar que se embarcam para o reino de que foi tesoureiro. E sendo assim cobrada a dita quantia, ou aquela a que os ditos bens chegarem quando não bastem, a fará carregar em receita ao almoxarife da dita capitania, para a remeter por letra segura e abonada, ou na forma que lhe for ordenado a entregar nesta cidade ao tesoureiro geral deste Estado, que do que receber dará conhecimento em forma para a conta do dito almoxarife. E esta cumprirá o dito provedor e demais oficiais da Fazenda, e todos farão certamente cumprir como nela se contém, com toda a brevidade e exatidão possível, como devem e são obrigados por razão de seus cargos e conforme seus regimentos.

Dada na Bahia sob meu sinal e vista do dito provedor mor da Fazenda real deste Estado, em 6 de maio. Antônio da Maia Gonçalves a fez nesta. Ano 1667. E eu, Gonçalo Pinto de Freitas, escrivão da Fazenda real deste Estado por Sua Majestade a fiz escrever e subscrevi. – *O conde de Obidos – Antônio Lopes de Ulhoa.* – Foi aqui registrada em 17 do dito mês e ano e se entregou ao provedor mor, Gonçalo Pinto de Preitas.

Bernardo Vieira Ravasco

Petição e queixa contra o governador Antônio de Sousa de Menezes[33]

Bernardo Vieira Ravasco, fidalgo da casa de V. Majestade e secretário do Estado do Brasil, fez petição a V. Majestade por esse conselho, em que diz que tendo V. Majestade respeito a mandar extinguir o ofício de juiz do peso da cidade da Bahia, de que ele era proprietário, e em consideração de não haver no dito estado um secretário que tivesse a seu cargo os papéis do dito governo, para melhor expediente dos negócios, foi V. Majestade servido fazer-lhe mercê do dito ofício, de que se lhe passou carta em 27 de fevereiro de 1646; e tendo V. Majestade outrossim respeito ao bom procedimento com que ele havia servido na dita ocupação, e ter somente cem mil-réis de ordenado, e ser muito considerável a diminuição que teve nos direitos dos despachos dos postos de guerra, por causa da paz que o Brasil logra, e nos ofícios que se provêm pelo tribunal da Relação que de novo se havia instituído, e os usuais estarem muito subidos de preço; houve V. Majestade por bem de lhe fazer mercê de quatrocentos mil-réis de ordenado cada ano, en-

[33] Arq. do Conselho Ultramarino. Consultas de Partes, liv. 6, fol. 54 v.

trando neles os cem que já levava, e vencesse as propinas que se davam ao provedor mor da Fazenda real; e no tocante aos salários dos papéis pertencentes a seu ofício lhe mandava dar regimento de que se lhe passaram as ordens em 1669[34]; e estando servido o dito ofício, na forma do dito regimento, sem contradição alguma dos regimentos dos governadores d'aquele estado, o governador atual Antônio de Sousa de Menezes, sem atender a seus merecimento, e às ordens reais de V. Majestade, movido de sua paixão, e o dito de seus inimigos, o tratou a vexar, e tirando-lhe sem culpa o exercício do dito ofício, dando-lhe novo regimento, mandou que esse se guardasse, tomando para isso pretextos, de nenhuma entidade todos, contra as maduras resoluções de V. Majestade, havendo ele suplicante servido com verdade, zelo e limpeza por espaço de mais de quarenta anos, com tantos governadores, sem queixa nem dissenção alguma, nem com o presente a tivera se não pudera mais a paixão e o dito de seus inimigos que a sua inocência. E assim a justa dor que o acompanha das sem razões do dito governador Antônio de Sousa de Menezes o obriga representar a Vossa Majestade que, sendo ele um homem fidalgo, alcaide-mor de Cabo Frio e secretário do Estado do Brasil, logo que sucedeu a morte do alcaide-mor Francisco Telles de Menezes veio o dito governador à secretaria onde ele estava, e logo de sua paixão o descompôs diante de muita gente, chamando-lhe nomes indecentes a sua pessoa e cargo; e não se satisfazendo o seu ódio com isso o mandou meter na enxovia pública, pondo-lhe sentinelas à vista até que foi solto pelo juiz da devassa, por se lhe não achar culpa alguma, e como essa se achava no ânimo do governador o mandou logo despejar da terra. E porque de todos esses procedimentos se infere bem a sem razão com que o avexou e molestou, tirando-o do exercício de seu ofício, reduzindo-o a uma extrema pobreza, ofendido na Fazenda, e, o que mais é, na opinião de seu crédito e honra, o que tudo o obriga a recorrer aos reais pés de V. Majestade a pedir amparo contra as injustiças e manifestos ódios de um vassalo que devendo, pela obrigação do cargo que tem de governador, evitar discórdias e fazer

[34] Provisão de 23 de julho sobre os emolumentos. lbidem, livro 1 de Provisões, fol. 429.

justiça, a perturba e ofende; e assim: P. a V. Majestade que, mandando ponderar ao referido lhe faça mercê mandar seja conservado no seu ofício, na forma das provisões de V. Majestade; e que o regimento que V. Majestade lhe deu se guarde inviolavelmente, e os mais sejam de nenhum vigor.

O Conselho Ultramarino em consulta de 23 de dezembro de 1633 resolve: "Que o suplicante seja integralmente restituído com o ordenado de 300$ que antes de o depor o governador ele tinha pedido".

Mais documentos na *Revista do Instituto Histórico e Geográfico Brasileiro*, t. 52º, Parte I. p. 492 e ss.

Maria de Azevedo

Carta de padrão de renda[35]

Dom João, por graça de Deus, rei de Portugal e dos Algarves etc.

Como governador e perpétuo administrador que sou do mestrado, cavaleria e ordem de Nosso Senhor Jesus Cristo, faço saber aos que esta minha carta de padrão virem que, em consideração do cuidado e zelo com que o padre Antônio Vieira da Companhia de Jesus e meu pregador se empregou sempre nas coisas do meu serviço, de que por várias vezes foi encarregado, e a satisfação que em todas as ocasiões deu do que se lhe encarregou, e assim a vontade com que de presente se dispôs para me ir servir na jornada a que hora é enviado: Hei por bem e me apraz de fazer mercê a sua irmã Maria de Azevedo de setenta mil-réis de renda, com o hábito de Cristo para quem com ela casar, consignados no contrato das Baleias da Bahia de Todos os Santos, os quites começará a vencer desde treze de dezembro do ano próximo passado em que foi respondida com eles. Pelo que mando ao meu

[35] Bibl. Nac. do Rio de Janeiro. Livro 6 do Registro das Provisões Reais, fol. 49.

governador do Estado do Brasil e ao provedor mor da minha Fazenda nele que na dita maneira lhe façam assentar nos livros dela da dita Ordem os ditos setenta mil-réis, e levá-los cada ano no dito contrato das Baleias, para os ter e possuir, como dito é, dos ditos treze de dezembro em diante, com declaração que a renda do ano que vem, de seiscentos cinqüenta e um, lhe não será paga sem primeiro constar por certidão de João Pereira de Bettancor, fidalgo da minha casa, escrivão da minha Fazenda, da repartição das Ilhas e Ordens militares, de como tem pago os três quartos que dela deve à dita Ordem, e registrada a quitação nos livros da Fazenda dela; e por firmeza de tudo lhe mandei dar esta Carta de padrão, por mim assinada e selada com o selo pendente da dita Ordem, que será registrada nos livros da Fazenda dela e mercês que faço, e pagará o novo direito se o dever na forma do Regimento. Dada nesta cidade de Lisboa aos vinte e nove dias do mês de março. Luiz da Costa a fez. Ano do nascimento de mil seiscentos e cinqüenta anos, e se lhe passou por três vias, uma cumprida as outras não haverão efeito, e eu, João Pereira de Bettancor, a fiz escrever. – *El-rei. – O conde de Cantanhede.* – Por portaria de Gaspar de Faria Severim de 27 de dezembro de 1649.

Registro de outro provimento de Sua Majestade porque se ordena ao provedor da Fazenda mande pagar a dona Maria de Azevedo o que tiver vencido da tença em frente, desde que se fez mercê.

Eu el-rei como governador e perpétuo administrador que sou da ordem e cavalaria do mestrado de Nosso Senhor Jesus Cristo, faço saber a vós, provedor mor da minha Fazenda do Estado do Brasil, que D. Maria de Azevedo, moradora na Bahia de Todos os Santos, me fez petição pelo Conselho de minha Fazenda, em que relata que, pelo padrão que oferecia lhe fizera mercê de setenta mil-réis cada ano, com o hábito de Cristo para quem com ela casasse, consignados no contrato das Baleias, e que os começaria a vencer desde treze de dezembro de mil seiscentos e quarenta e nove em diante, e lhe não fizestes até agora pagamento algum da dita renda, com pressuposto de que não podia vencer os ditos setenta mil-réis senão depois que casasse, e porque, ainda que se lhe fizesse mercê juntamente do hábito de Cristo para a pessoa que com ela casasse, não se pusera no padrão condição de que não venceria senão depois de casada, antes por ser donzela eu mandara se lhe pagasse do dia em que lhe fiz a mercê, e assim sem fundamento deixastes de lhe fazer o dito pagamento, mormente não estando a dita renda situada em bens das Ordens, de que se pudesse inferir que não podia vencê-la senão seu marido com o hábito, sendo que ainda em comendas costumo eu fazer mercê de tenças nas pensões delas a mulheres que não são casadas, e ela o não é até o presente por cômodo particular, e por falta do dito pagamento recebia grande detrimento, e havendo-lhe eu feito a mercê referida não devia impedir o efeito dela. E vistas as causas que alega em sua petição, e forma do padrão, de que tudo houve vista o provedor mor da minha Fazenda, que respondeu devia pagar os três quartos dos ditos setenta mil-réis que devia à dita Ordem, por constar que os não tinha pagos, ao que satisfez, como consta por certidão de Francisco Pereira de Bettancor, escrivão da minha Fazenda da repartição das Ilhas e Ordens Militares.

Hei por bem e vos mando façais fazer conta do que é devido a dona Maria de Azevedo, e venceu dos ditos treze de dezembro de mil seiscentos e quarenta e nove, em que lhe fiz mercê dos ditos setenta mil-réis de renda, e o que monta lhe fareis fazer pagamento no contrato das Baleias onde o tem consignado, sem lhe a isso ser posto dúvida nem embargo algum, e esta provisão se cumprirá posto que não seja passada pela chancelaria e seu efeito durar mais de um ano, sem embargo de qualquer outra que em contrário haja, e no padrão se porá verba do conteúdo nesta e em seus registros e nesse dito Estado onde necessário for, para que o tal pagamento, se não possa repetir em tempo algum. Antônio Velloso Estaço a fez em Lisboa a vinte e cinco de abril de mil seiscentos e sessenta e três anos, e eu, Francisco Pereira de Bettancor, a fiz escrever. – *Rei.* – *O marquês de Marialva.* – Por despacho do Conselho de Fazenda dei vista a vinte e nove de janeiro e dez de fevereiro de mil seiscentos sessenta e três. Registrada no livro da Fazenda da Ordem de Cristo, letra A, f. 337 e no padrão e em seu registro foram postas as verbas necessárias. Cumpra-se e registre-se. Bahia, vinte e nove de janeiro de mil seiscentos e sessenta e quatro. – *O conde de Obidos* por rubrica. – Registrado na secretaria, folha 110. Registre-se. Bahia, cindo de fevereiro de 1664. - *De Ulhoa.* - Registrada no mesmo dia.

Por mandado do vice-rei deste estado, de 20 de maio de 1664 se pagaram à sup^e^ D. Maria de Azevedo na renda das Baleias e mão do tesoureiro Manuel Roiz Nunes 954$269 réis, que venceu em 13 de dezembro de 1643 (sic) em que se lhe fez a mercê até o fim de julho de 1663, a razão dos 70$ ao ano, e do primeiro de agosto em diante lhe vai lançado na folha desta capitania, tudo em virtude da provisão acima registrada, de que vai uma via junta ao dito mandado que se registrou no dito livro deles à fs. 109.

Os 954$269 do mandado acima se pagaram por ele e por outros três nos tesoureiros gerais Manuel Rodrigues Nunes, João Soares de Aguirre e Pedro Borges Pacheco, como tudo se verá das verbas que estão postas no registro dele à folha 109 do livro dos registros dos mandados, e para constar de como está satisfeita esta dívida pus esta verba em cumprimento do último mandado, porque se lhe pagou o resto que está no dito livro dos registros, fs. 320.

Por este padrão e alvará abaixo se não paguem os setenta mil-réis de tença, porquanto se passou novo padrão a Jerônimo Sodré Pereira, que está registrado à fs. 276 do livro 8 para os comer por ser casada com D. Maria de Azevedo. Bahia, 2 de maio de 1679. – *Costa.*

Inácia de Azevedo

Portaria para servir de escrivão dos orfãos nas suas causas André Teixeira de Mendonça[36]

Porquanto D. Inácia de Azevedo Ravasco, viúva de Fernão Vaz da Costa, me enviou a representar que nas causas que trazia no juízo dos Orfãos desta cidade

[36] Bibl. Nac. do Rio de Janeiro.

se lhe havia dado por suspeito o escrivão daquele juízo, o Capitão-mor Manoel Ribeiro de Carvalho, pedindo-me lhe nomeasse em seu lugar outro escrivão que nelas continuasse; tendo eu consideração a me constar do referido da certidão junta: Hei por bem e ordeno a André Teixeira de Mendonça, escrivão da ouvidoria geral do cível deste Estado, sirva de escrivão dos orfãos em todas as causas que naquele juízo trouxe a Suplicante na forma que o fazia o mesmo Capitão-mor Manoel Ribeiro de Carvalho debaixo do juramento do seu ofício.

Bahia, junho de 1661.

Francisco Barreto

Quadro Genealógico

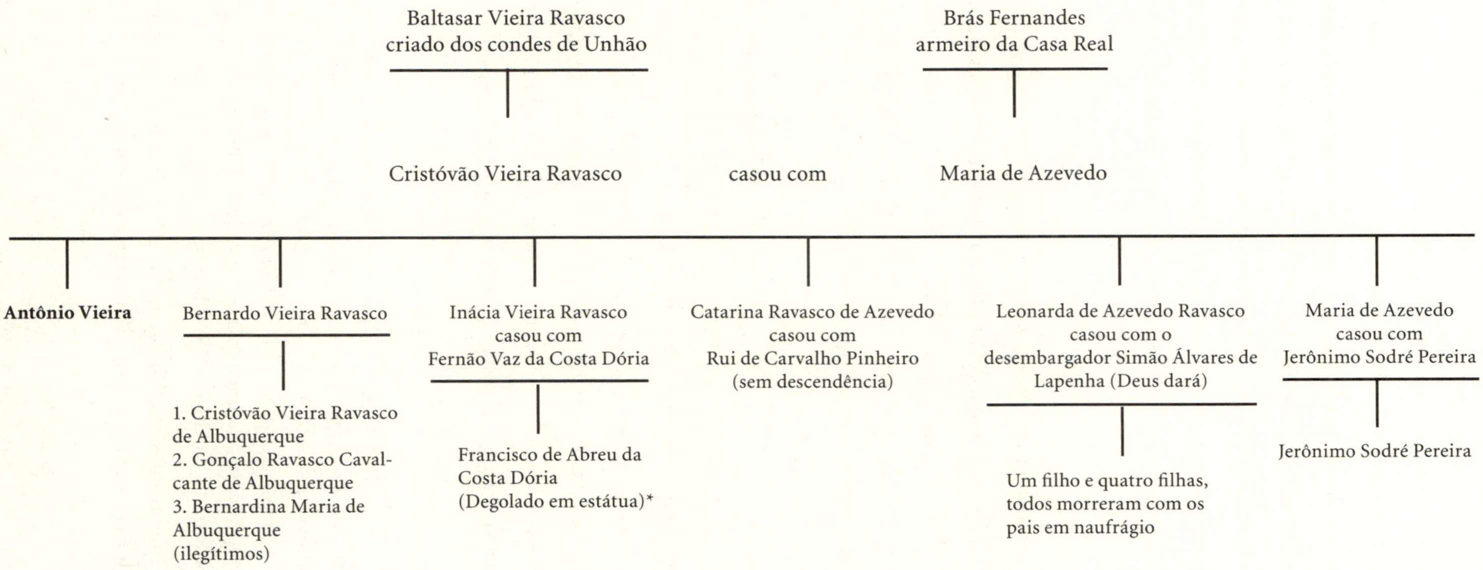

* Cf. catálogo genealógico das principais famílias que procederam de Albuquerques e Cavalcantes em Pernambuco e Caramurús, na Bahia, por frei Antônio de Saeta Maria Jaboatão, *Revista do Instituto Histórico e Geográfico Brasileiro*, t. 52, parte I, p. 266, nota 2.

6
Clavis prophetarum

Resumo feito pelo padre Carlos Antônio Casnedi da Companhia de Jesus, de ordem do eminentíssimo cardeal da Cunha, inquisidor geral dos reinos de Portugal[37]

(EXTRATOS)

Divide-se este estupendo volume do reino de Cristo Senhor nosso consumado sobre a terra em três livros, como o declara o seu mesmo autor no princípio da sua obra. No primeiro trata da natureza e qualidade do reino de Cristo Senhor Nosso. No segundo da consumação do mesmo reino sobre a terra. No terceiro, do tempo em que se há de consumar e o tempo que deve durar depois da consumação.

Da imperfeição física da obra

Não falo da imperfeição moral da obra, porque mostrarei depois que nenhuma pode haver, falo sim da sua imperfeição física, como a tenho em minha mão, porque não se sabe se ela é fisicamente imperfeita como a tem os outros[38]. Da mesma sorte ignora-se se o autor a deixou imperfeita; assim me certificam algumas pessoas que viveram nos últimos meses antes da sua morte e nos primeiros depois.

---

[37] Ms. da Bibl. Nac., cód., 1741. Trad. oferecida ao conde dos Arcos D. Marcos de Noronha e Brito. Texto latino, o mesmo de que se serviu o tradutor, no cód. 1742, truncado. Pode-se ver completo nas *Maquinações*, t. 2, p. 467, e tem por título: *Clavis prophetarum seu opus plusquam mirabile De Regno Christi in terris consummato*, authore incomparabile viro P. Antônio Vieyra compendiario contractum a Patre Carolo Antônio Casnedi Societatis Jesu. Outras cópias, Torre do Tombo e na Bibl. da Ajuda.

[38] No texto latino: "Nam an opus, ut sub manu aliena est, sit physice imperfectum ignoro". Esse trecho deixa entender que nesse tempo já haveria outras cópias, talvez das alteradas.

Falarei portanto da sua imperfeição física como está em minha mão, e como me foi confiada pelo eminentíssimo cardeal da Cunha, da Santa Inquisição romana, inquisidor geral de todos os reinos sujeitos ao rei de Portugal. Quanto a mim, depois de a ter lido terceira vez, acho que é sumamente desordenada, e muito confusa, mutilada e imperfeita.

Ora, ainda que se possam facilmente pôr em ordem os primeiros cadernos, porque não só os capítulos como os parágrafos estão distintamente numerados, contudo, não se pode fazer o mesmo aos outros cadernos pertencentes ao segundo e ao terceiro livros.

***

Livro I

Este livro, que está perfeitíssimo, consta de onze cadernos, dividido em doze capítulos, e trata do poder de Cristo Senhor Nosso como rei.

Sinopse

No primeiro capítulo prova com muitas razões a existência do reino de Cristo Senhor Nosso. Primeiro porque já desde o princípio do mundo foi figurado; segundo porque foi pronunciado nos Salmos; terceiro porque foi vaticinado pelos profetas; quarto porque foi declarado no Novo Testamento.

No segundo, prova que Cristo Senhor Nosso como homem não só tem um reino no céu como também na terra; daí explica aquelas palavras do Senhor – que o seu reino não era deste mundo – dizendo que Cristo Senhor Nosso disse que não era rei deste mundo, porque não viera com aquela ostentação e majestade dos reis do mundo.

No terceiro afirma que, suposto que o reino de Cristo Senhor Nosso seja no tempo posterior às quatro monarquias, pois que começou do dia em que nasceu, portanto pela ordem sucessiva do tempo seria o quinto império do mundo, contudo, na ordem da dignidade é superior a todos os reis e reinos da terra.

No quarto defende que o reino de Cristo Senhor Nosso é não só espiritual mas também temporal; e o persuade assim pela Escritura e S. S. P. P., como também pela razão da união hipostática; e porque seria grande absurdo o julgar que Cristo Senhor Nosso não teve tanto domínio quanto teve Adão. E passando depois a desfazer o argumento tirado do papa como vigário de J. Cristo ter direito de propriedade em todos os reinos do mundo, se acaso Cristo Senhor Nosso tivesse semelhante reino temporal, diz que, assim como Cristo Senhor Nosso não deu ao seu vigário todo o poder espiritual que ele tinha, pois que o pontífice não pode instituir sacramentos nem santificar almas sem sacramento, assim muito menos lhe devia conferir todo o poder temporal que ele tinha, servindo este muito de embaraço ao poder espiritual. Finalmente, conclui o mesmo capítulo quarto dizendo que o reino de Cristo Senhor Nosso não só é espiritual mas também temporal.

No quinto, examina os títulos pelos quais Cristo Senhor Nosso tomou para si o reino espiritual e temporal: diz que pela razão da união hipostática, pelo título de redentor e seus merecimentos, pelo título de aquisição ou herança como herdeiro de Adão inocente e não pecador, e pelo título de eleição quando antes da sua vinda foi eleito pelos povos e desejado por rei; o que tudo prova com admirável engenho.

No sexto examina quando começará o reino de Cristo Senhor Nosso, e, expondo os pareceres dos que dizem ter começado no dia em que foi concebido, ou no dia em que foi crucificado, decide admiravelmente que o reino de Cristo Senhor Nosso, pelo título de união hipostática, de direito hereditário e de doação, e por ser filho de Adão inocente e de eleição por todas as gentes, teve princípio no dia em que foi concebido; com os títulos, porém, de redenção, de merecimentos, de aquisição e de vitória, do dia em que foi crucificado.

No sétimo, examina se Cristo Senhor Nosso foi legítimo e próprio rei dos judeus. Parece pois que não, pela razão de que a Virgem Santíssima não gozou de direito algum de rainha e, portanto, Cristo Senhor Nosso, enquanto seu filho, não teve direito algum para ser rei dos judeus. Ao que responde com suma agudeza que, tendo Deus prometido a Davi e à sua familia não só o reino de Israel como que o Messias nasceria da sua família, segue-se que, descendendo a Virgem Santíssima da família de Davi, e nascendo dela o mesmo Messias, o reino de Israel pertencia a Cristo Senhor Nosso, tanto pela natural descendência de Davi como pela eleição divina, que prometeu ao Messias o reino de Israel.

No oitavo, discute excelentemente as qualidades do reino espiritual e temporal de Cristo Senhor Nosso. Decide admiravelmente que as qualidades do reino espiritual consistem na suprema dignidade sacerdotal, porquanto não só se ofereceu a si mesmo por si mesmo como por nós, fundando um reino espiritual, e instituindo leis e meios próprios ao culto divino e à salvação das almas. Acrescenta demais que esse poder espiritual de Cristo Senhor Nosso chama-se real, porque como todo o poder temporal que excede a todos os mais se chama real, do mesmo modo como o poder espiritual de Cristo Senhor Nosso excede sem comparação a todos os outros poderes, por isso chama-se real, porque não só é poder de orar, sacrificar e santificar algum povo, o que tudo compete a qualquer sacerdote, mas também é poder de instituir república espiritual, sacramentos, leis, prêmios para remunerar o bem que se obrar, e penas para castigar os delitos ou maldades pelos quais se poderá corromper a mesma república espiritual, Diz ao depois que as qualidades do reino temporal consistem em ter Cristo Senhor Nosso um direito e absoluto domínio sobre todos os reis e reinos da terra, determinando-os e tirando-os como e quando quer; e que o domínio de Cristo Senhor Nosso, sendo somente inferior ao do Padre Eterno, excede e é superior a todos os mais.

No nono, examina se Cristo Senhor Nosso exercerá no mundo um e outro poder, espiritual e temporal. É de fé que ele exerceu o espiritual porque, diz, santificou ao Baptista, chamou os magos e os pastores, expeliu os demônios, e ofereceu-se em sacrifício a seu Eterno Pai. Do temporal diz que, ainda que não exerceu com aquele fasto com que costumam exercer os reis do mundo, porque quis ensinar a humildade, e mistura-a com o poder régio, contudo, o exerceu sem esse fasto, usando do jumento como seu, secando a figueira, lançando do templo os mercadores, destruindo as mesas dos banqueiros, permitindo que os reis o adorassem e que os povos o aclamassem rei. Acrescenta que muitas vezes Cristo Senhor Nosso exerceu um e outro poder, espiritual e temporal, como se vê do caso da adúltera, a qual absolvendo mostra o poder espiritual, e perdoando-lhe a pena de ser apedrejada, estabelecida por Moisés, mostra o poder temporal.

No décimo pergunta: se Cristo Senhor Nosso exerce no céu o poder espiritual? Diz que sim, porque exerce o ofício sacerdotal, oferecendo-se a si mesmo a seu Pai por mãos de qualquer sacerdote, porque pela boca do sacerdote diz que oferece o seu corpo, torna a rogar por nós e assiste a todos os pastores das almas. Demonstra além disso excelentemente que Cristo S. N. exercem no céu o seu poder espiritual não só sobre todos os infiéis, iluminando-os, ajudando-os, substituindo-lhes ministros espirituais, mas também sobre todos os homens em geral, tanto fiéis como infiéis, reina e exerce o seu poder espiritual. Acrescenta, além disso, que ele o exerce sobre todos os condenados como juiz espiritual. Conclui dizendo que Cristo S. N. exerce o seu poder espiritual sobre os condenados como membros podres, sobre os infiéis como membros informes, sobre os pecadores como membros mortificados, e sobre os justos como membros unidos.

No décimo primeiro pergunta se Cristo S. N. exerce no céu o poder temporal. Diz que sim, porque Cristo governa o mundo tanto pelo que toca às coisas espirituais como temporais, do mesmo modo que o Verbo divino, com a diferença tão somente de que o poder de governar do Verbo divino é inato a si mesmo, o de Cristo, porém, como homem, é um poder participativo. Por isso, diz a Escritura que o Pai deu todo o juízo ao Filho, tanto de julgar como de governar o mundo, e portanto Cristo S. N. muda reis e repúblicas, e por meio dos anjos e dos homens exerce no céu o poder do reino temporal.

No décimo segundo pergunta curiosamente se Cristo S. N. há de governar visivelmente o mundo. Expõe a opinião de alguns que julgam que Cristo S. N. há de governar visivelmente por espaço de mil anos, e que hão de haver duas ressurreições; que na primeira ressuscitarão todos os justos, que cheios de bens temporais reinarão com Cristo S. N. Mas o padre Vieira o refuta otimamente; porque seria coisa muito indecente que Cristo S. N. deixasse o céu para reinar na terra com abundância de bens temporais, e que nem é necessário que para fazer a guerra ao Anticristo e destrui-lo que Ele desça à terra a reinar e pelejar com ele.

Eis o que contém o primeiro livro, que é admirável, erudito e razoável.

Livro II

Da perfeita consumação do reino de Cristo Senhor Nosso na terra

Este segundo livro é sumamente imperfeito, porquanto não tem senão o primeiro capítulo, e dos sete cadernos falta o segundo; se os demais tratados que não estão ordenados por capítulos pertencem ao segundo ou ao terceiro livro só pelo contexto da matéria se poderá conhecer.

Sinopse

Nesta sinopse julguei não dever proceder pelos capítulos porque, exceto o primeiro, faltam todos os demais; porque, se bem que todos os tratados tenham seu título, contudo, faltam os capítulos, mas devemo-nos regular pelos cadernos do mesmo capítulo, suposto falte o segundo.

Diz, portanto, no primeiro caderno que, tendo explicado no primeiro livro o poder e o domínio de Cristo S. N. como rei, é justo que neste segundo livro exponha as pessoas acerca das quais Cristo S. N. exerce na terra o seu poder. Ora sendo só a Igreja militante o império e o reino espiritual de Cristo S. N. na terra, porque a Igreja triunfante não é o seu reino na terra mas sim no céu, e consistindo a sua perfeitíssima consumação não na fé, porém na união de Deus, não na esperança porque nesta nada resta que esperar, porém no amor beatífico, segue-se que ele fala tão somente da Igreja militante, que é o reino de Cristo S. N. na terra.

Suposto, portanto, que o reino de Cristo S. N. seja na terra, não só a comunidade dos fiéis, que se chama perfeita, formada, atual, enquanto fundada na fé, esperança e caridade, como também a comunidade de todos os homens que estão fora da Igreja, que se chama Igreja militante, informe, potencial, imperfeita. Pergunta em que consiste a consumação e perfeição do reino de Cristo S. N. na terra, ou da Igreja militante ou imperfeita, prometida por Deus nas sagradas páginas, para que com toda a certeza se faça um só rebanho e um só pastor [...]

[...] Do segundo caderno nada me ocorre a dizer porque falta; contudo, pelo que pude coligir do terceiro, quarto, quinto, sexto e sétimo, parece-me que a intenção do autor é provar, fundado em muitos doutores, santos padres, figuras e textos, que ainda que hajam hoje na terra muitos infiéis, que são como uma parte informe da Igreja militante, contudo, todos absolutamente se hão de converter e passar para a parte da Igreja militante formada e aperfeiçoada pela fé e lei de Cristo S. N., e que nesta conversão geral de todos os homens consiste a perfeita consumação do reino de Cristo S. N. sobre a terra, ou da Igreja militante. Não me posso demorar em referir as engenhosíssimas e muito especiais reflexões que ele forma sobre os sagrados textos, profecias e figuras para provar o seu intento, e como para pôr à vista a veracidade da sua proposição.

Tratado da santidade do último estado da Igreja, e se todos os homens neste tempo hão de ser justos e se hão de salvar

Sinopse

Este tratado consta de três cadernos; primeiramente diz que ele dividirá este tratado em três pontos que vêm a ser: se neste tempo haverão pecados, se todos serão justos, e se todos se salvarão.

No primeiro caderno prova que no último estado da Igreja, ou na perfeitíssima consumação do reino de Cristo N. S., não haverá pecado algum [...] Depois disso pergunta de que modo se extinguirão todos os pecados. Responde: 1º pela conversão de todos os infiéis; 2º pela morte antecipada de todos os pecadores que se não quiserem converter.

No segundo caderno pergunta se no reino de Cristo perfeitissimamente consumado na terra serão todos justos. Responde que sim, porque, tirada a culpa, de necessidade há de só reinar a Graça [...]

O autor continua no mesmo assunto no terceiro caderno, em que ele pergunta se todos então se salvarão. Deixou, contudo, este ponto por acabar, suposto que do definido pelo autor no primeiro e no segundo ponto se siga evidentemente que todos se salvarão.

Tratado da paz do Messias

Sinopse

Contém este tratado três cadernos, no primeiro dos quais, antes de decidir se as profecias a respeito do estado do Messias estão já completas, diz que, se estivermos pela experiência das guerras que têm havido por todo o século, parece não estarem ainda completas, e depois de mostrar o erro dos anabatistas, em que caiu antes destes o mesmo Tertuliano, os quais negam ser lícita a guerra, o que é contra o direito natural, que manda cada um se defender como pode, traz diversas interpretações [...] No segundo caderno diz que a paz perfeitíssima prometida pelos profetas ainda se não completou, porém, que se há de completar no último estado da Igreja, isto é no reino de Cristo S. N. consumado na terra [...] No terceiro caderno, desfazendo esse argumento – que parece incrível que só a fé seja capaz de conseguir essa perfeita paz – responde que mostrando ele neste segundo livro que a fé deste terceiro estado da Igreja há de ser muito mais viva, a mesma com a sua luz infundirá um veemente desejo e amor à paz [...]

Continua a mostrar a paz prometida por Deus, e diz que, assim como na arca de Noé, que foi a figura da Igreja, os leões e os lobos formaram aliança e paz com os cordeiros e as ovelhas, assim no terceiro estado da Igreja, ou na última consumação do reino de Cristo Senhor Nosso, os homens que forem opostos entre si em leis, ritos e costumes gozarão de uma paz seguríssima e firmíssima.

Tratado da pregação universal do Evangelho, último estado da Igreja e consumação do reino de Cristo Senhor Nosso

Sinopse

Neste tratado não há capítulo algum, exceto um que não está numerado, pelo que, para maior inteligência e clareza, disporei a sinopse pela série dos dez cadernos.

No primeiro e no segundo cadernos examina se o Evangelho tem sido pregado por todo o mundo. Pela parte afirmativa traz para prova o Apóstolo dizendo aos Romanos: *A vossa fé é levada por todo o mundo*; e o mesmo afirma aos Colosenses; e pela parte negativa, que ele segue, traz muitos argumentos, e com curiosa erudição discorre excelentemente pelos dezessete séculos da Igreja, citando os tempos em que o Evangelho foi recebido em vários reinos do mundo, o que prova que ele não foi publicado por todo o mundo no tempo dos apóstolos. Eis aqui a razão por que os intérpretes de S. Paulo explicaram o texto – *de todo o mundo* – entendendo o mundo romano, e outros o mundo então habitado e conhecido [...]

[...] No terceiro caderno examina o autor com grande esforço esta muito árdua questão: aqueles que não crêem no Evangelho porque não ouviram devem ser condenados. Porque, sendo certo que tanto aqueles que ouviram o Evangelho se hão de salvar, como os que ouviram e não obedeceram se hão de perder, deve-se determinar, diz ele, se aqueles que não obedeceram porque não ouviram se condenarão ao inferno para sempre. Defende o autor: 1º que em muitos bárbaros americanos se dá o pecado puramente filosófico e não o teológico, enquanto ele parece precisamente contra a razão natural e não contra Deus, pois que padecem uma invencível ignorância de Deus; 2º afirma que se dá também em muitos bárbaros invencível ignorância do direito natural, porque muitos têm o furto como uma coisa sumamente gloriosa, e por isso se aplicam a ele desde meninos, nutrem-se da carne dos seus inimigos, e além disso comem os próprios filhos, e cometem outras muitas obscenidades sem que se lhes ensine o contrário, antes pela sua omissão são repreendidos e castigados.

Um e outro assunto prova o autor com a autoridade dos historiadores os mais fiéis que estiveram entre os Tapuios, e que foram encarregados de os civilizar, os quais têm tão rombo entendimento que muitos não são capazes de aprender mais que três números. Por essa razão, diz o autor, se os teólogos da Europa, que negam ser possível a ignorância de Deus totalmente invencível, e do direito natural, praticassem com esses bárbaros, cederiam da sua opinião.

Supostos portanto pelo autor naqueles bárbaros o pecado puramente filosófico, porque padecem invencível ignorância de Deus, examina se, porque cometeram ou cometem o pecado mortal puramente filosófico, devem ser castigados com a pena eterna. Nega e, continuando largamente a mesma matéria no 3º caderno, na 1ª e na 2ª páginas do 4º, o prova desta maneira: todo o motivo por que se impõe a pena eterna ao pecado mortal é por que ele é ofensa de um Deus infinito; dando-se, porém, muitos bárbaros que não ofendem a este Deus infinito porque ignoram invencivelmente a sua existência, segue-se que não são dignos da pena eterna, mas só devem ser castigados com uma pena temporal e arbitrária. Pelo que deve haver algum lugar onde se devem punir aqueles que cometem o pecado puramente filosófico.

[...] No quarto caderno pergunta o autor se Deus ministrou a todos os bárbaros adultos os meios suficientes para a sua salvação [...] No mesmo caderno junto do fim examina os meios pelos quais se pode alcançar a conversão de todo o mundo à fé de Cristo.

[...] No quinto caderno pergunta se antes do fim do mundo todos serão cristãos; e refutando o que diz o padre Soares, que a Igreja ainda se dilatará por todo o mundo, nega, contudo, que todos se converterão, o autor afirma que hão de ser todos cristãos.

[...] No sexto caderno trata do tempo em que de uma vez, ou dos tempos em que por partes se há de completar a conversão de todo o mundo à fé, e diz que todos os intérpretes querem que essa conversão de todo o mundo à fé não se completará senão depois da morte do Anticristo, por Elias que converterá os judeus, e por Enoc que converterá aos gentios, segundo o que disse Cristo S. N. por S. Marcos, cap. 9: *Quando vier Elias restituirá todas as coisas.* O autor, porém, segue outro parecer, ensinando que não há de haver uma só conversão, porém, que serão duas as conversões gerais de todo o mundo, a primeira pelos sucessores dos apóstolos, antes da morte e destruição do Anticristo.

[...] [No sétimo caderno][39] ajunta muitas dificuldades dessas conversões, as principais são que a conversão precedente à vinda do Anticristo será feita pelos sucessores dos apóstolos, sem mudança de hábito, que terá por fim a conversão de todos aqueles que, ou por malícia, ou por erro invencível não tiverem abraçado a fé de Cristo S. N., que essa conversão antecedente à vinda do Anticristo começou no nascimento de Cristo S. N., e, pelo contrário, a subseqüente à vinda do mesmo Anticristo principiara por Enoc na lei da natureza, e por Elias na lei escrita, e começará outra vez por eles, e durará tão somente 45 dias [...]

[...] [No oitavo caderno] prova a geral conversão de todos os homens a Cristo S. N. e à sua fé, tanto pelo capítulo 31 de Jeremias que diz – *Todos me conhecerão desde o mais pequeno até o maior* –, como pelo capítulo 11 de Isaías – *Será cheia a terra do conhecimento do Senhor, assim como as águas do mar cobrirão a mesma terra* – [...] Depois disso nota a diferença que há entre o dilúvio de Noé e este, cuja figura foi o de Noé, porque assim como o dilúvio de Noé inundou toda a terra, assim também a inundará o conhecimento do Senhor.

---

[39] A numeração desse caderno e a do seguinte não vêm mencionadas no texto português, nem no do cód. 1742 da Bibl. Nac., de onde a versão foi feita; encontra-se, porém, na lição mais completa de outros exemplares.

[...] No nono caderno supõe ser tradição antiga, derivada de Adão, e tida por certa entre os mesmos antigos, que o mundo não há de exceder do espaço de seis mil anos; porque dizem que se todo o mundo se completou em seis dias, os dias, porém, na presença de Deus são mil anos, por conseqüência não há de durar mais que seis mil anos; de sorte que os dois primeiros mil anos são da lei da natureza, os dois intermédios são da lei escrita, e os dois últimos da lei da Graça; todavia o autor deixou por acabar todo o nono caderno, e o tempo em que se há de acabar o mundo.

No décimo examina se os homens viverão mais tempo naquele em que Cristo Senhor Nosso consumar o seu reino na terra, ou naquele em que se consumar na terra o reino de Cristo Senhor Nosso. Afirma que sim, fundado na profecia de Isaías, cap. 65 [...] E no reino de Cristo S. N. perfeitamente consumado, ou quando todos forem cristãos, os homens viverão muitos anos, ainda que todos não vivam os mesmos, porque alguns morrerão de cem anos, e nessa idade se chamarão ainda meninos, outros de duzentos, outros de muitos séculos, outros finalmente que tiverem uma vida mais santa viverão mil anos, para combaterem com o Anticristo e triunfarem dele.

Eis a sinopse dos dez cadernos, dos quais muitos, que todos examinamos - com muita diligência, são fisicamente imperfeitos.

Dificuldade dos sacrifícios e cerimônias legais

Objeta o autor que sendo a sentença constante ser a lei antiga não só morta mas ainda mortificada, e que jamais deve ser de novo suscitada, segue-se, portanto, que a visão de Ezequiel a respeito dos sacrifícios legais não pode ser literalmente exposta sem o perigo da fé.

Para desfazer, porém, a sua objeção supõe em primeiro lugar que o antigo sacerdócio e as ceremônias do antigo sacrifício foram revogadas. Em segundo lugar que os antigos sacrifícios foram instituídos não só para o culto de Deus e para que os hebreus fossem retraídos da idolatria, como também para significar o futuro sacrifício de Cristo Senhor Nosso. O que suposto, diz o autor, não sendo os sacrifícios legais intrinsecamente maus (porque sendo-o nunca seriam lícitos) pela dispensação de Deus ou da Igreja bem poderão ser segunda vez restituídos.

Prova o autor a primeira parte da sua disposição por meio da dispensa de Deus, e servindo-se do Salmo 50, em que se distinguem três tempos e três gêneros de sacrifícios. O primeiro tempo é o da antiga sinagoga; o segundo é o da Igreja presente; e o terceiro é o da Igreja futura, quando a sinagoga se unir à Igreja e entregar-se totalmente à mesma fé.

Prova a segunda parte por meio da dispensa da Igreja, dizendo primeiramente que todo legislador pode também ser dispensador nas suas mesmas leis, e que, portanto, não sendo o uso das formas legais da antiga lei proibido por lei divina, mas meramente pela Igreja, seguir-se-á que a mesma Igreja poderá dispensar e permitir que se restabeleçam as mesmas ceremônias no seu terceiro estado.

Depois disso passa a expor as causas mais graves por que a Igreja há de dispensar esses ritos no seu terceiro estado. A principal é: a inata tenacidade dos judeus para com os seus ritos [...] Em segundo lugar traz aquele memorável exemplo dos ritos mistos permitidos na Espanha em alguns templos pelo pontífice, por cuja permissão os árabes abraçaram a Igreja romana, como se vê nas catedrais toletana e granatense, que têm capelas públicas nas quais se celebram as missas com o rito chamado mussarábico ou misto arábico. Em terceiro lugar ajunta com esquisita erudição todos os ritos permitidos pela Sé Apostólica aos gregos, ruthenos e a outros cismáticos, para que desse modo pudessem unir as Igrejas Orientais à Romana [...][40].

---

[40] Falta a parte relativa aos tratados sobre a Inquirição dos tempos futuros, e Templo de Ezequiel, que igualmente se não encontram no texto latino utilizado pelo tradutor. Veja-se o sumário dos capítulos no *Boletim da Academia das Ciências de Lisboa*, v. 13, artigo "Notícia bibliográfica sobre a *Clavis prophetarum.*"

7

Notícia bibliográfica

Catálogo das obras de Antônio Vieira

IMPRESSAS

Sermões. 15 tomos, 1679 a 1748.

Nos tomos 14 e 15 diversos escritos reproduzidos em *Obras várias*. Veja-se adiante. No catálogo da Exposição bibliográfica no bicentenário do padre Antônio Vieira, figura um opúsculo com o título *Sermões inéditos*, 47 p., sem lugar de impressão nem data, contendo quatro sermões novos. Ultimamente não foi encontrado na Bibl. Nac. o volume onde se achava encadernado com outros o opúsculo.

História do futuro, livro anteprimeiro prolegômeno à toda a história do futuro. 1 v., 1ª ed., 1718.

Vozes saudosas da eloquência, do espírito do zelo e eminente sabedoria do padre Antônio Vieira. 1 v., 1736.

Compilação de vários escritos reproduzidos em *Obras várias*, e quatro cartas incluídas na edição geral da Imprensa da Universidade.

Voz sagrada, política, retórica e métrica ou suplemento às Vozes saudosas. 1 v., 1748.

Compilação como a anterior, e também seis cartas, reimpressas na edição geral cit.

Eco das vozes saudosas formado em uma carta apologética escrita na língua castelhana [...] ao padre Jacome Iquazafigo, provincial da província de Andaluzia. 1 v., 1757.

Obra proibida e mandada queimar pelo carrasco em edital da Mesa Censória de 10 de junho de 1768. Incluída no v. 3 das *Cartas*, edição geral cit.

Cartas. tomos 1 e 2, 1735, tomo 3, 1746.

Nos tomos 2 e 3, diversos escritos reproduzidos em *Obras várias*. Algumas cartas encontram-se mutiladas, faltando trechos relativos à Inquisição, aos cristãos novos, e às queixas que o autor manifestava do regente D. Pedro. A edição de Coimbra, Imprensa da Universidade, 3t., 1925, 1926 e 1928, contém todas as cartas que foi possível apurar até a publicação, e estabelece o texto integral nos passos suprimidos.

Obras inéditas (editores J. M. Seabra & T. Q. Antunes), 3 t., 1856 e 1857.

Constam dos seguintes escritos, além de outros incertos ou erradamente atribuídos a Vieira:

TOMO 1

Defesa do livro intitulado *Quinto império*, que é a apologia do livro *Clavis prophetarum*.

Petição do padre Antônio Vieira ao tribunal do Santo Ofício de Coimbra[41].

Esperanças de Portugal, quinto império do mundo, primeira e segunda vida de el-rei D. João o quarto[42].

Desengano católico sobre a causa da gente da nação hebréia.

TOMO 2

Razões apontadas a el-rei D. João IV a favor dos cristãos novos, para se haver de lhes perdoar a confiscação de seus bens que entrassem no comércio desse reino.

Proposta feita a el-rei D. João IV, em que se lhe representava o miserável estado do reino, e a necessidade que tinha de admitir os judeus mercadores que andavam por diversas partes da Europa (1643).

Proposta que se fez ao sereníssimo rei D. João IV a favor da gente de nação sobre a mudança dos estilos do Santo Ofício e do fisco em 1646[43].

TOMO 3

Papel a favor da entrega de Pernambuco aos holandeses.

Poesias diversas em latim, castelhano e português.

---

[41] Aliás, ao Conselho Geral do Santo Ofício.

[42] Reproduzido em *Cartas*, t. 1, Coimbra, 1925, p. 488.

[43] Nesse volume, os escritos Memorial a favor da gente de nação hebréia e Papel que fez o padre Antônio Vieira estando em Roma a favor dos cristãos novos, um e outro duvidosos.

Memorial ao príncipe regente D. Pedro sobre os seus serviços e os de seu irmão juntamente.

Direções a respeito da forma que se deve ter no julgar da liberdade ou cativeiro dos índios do Maranhão.

Parecer sobre a conversão e governo dos índios e gentios[44].

Obras várias (editores J. M. C. Seabra & T. Q. Antumes), 2 t., 1856 e 1857.

Reproduzem escritos dos *Sermões, Vozes saudosas, Cartas* e outros, alguns dos quais inautênticos. São legítimos os seguintes:

TOMO 1

Informação sobre o modo com que foram tomados e sentenciados por cativos os índios no ano de 1655 (*Cartas*, 1ª ed., t. 3, p. 17).

Resposta ao Senado da Câmara do Pará sobre o resgate dos índios do sertão (*Cartas*, t. 3, p. 75).

Representação ao Senado da Câmara do Pará (*Cartas*, t. 3, p. 82) Incompleta. Pode-se ver na íntegra em Berredo, *Annaes históricos do Maranhão*, § 1044.

Petição ao governador do Maranhão, D. Pedro de Melo (*Cartas*, t. 3, p. 94).

Parecer sobre se restaurar Pernambuco e se comprar aos holandeses (*Cartas*, t. 3, p. 327).

Resposta a uma consulta sobre o governo do Maranhão (*Cartas*, t. 2, p. 174).

Modo como se há de governar o gentio que há nas aldeias do Maranhão e Grão-Pará (*Cartas*, t. 2, p. 184).

Memorial a favor de um sobrinho, filho de seu irmão Bernardo Vieira Ravasco (*Cartas*, t. 2, p. 264).

Papel em resposta ao príncipe D. Pedro pelo qual consta o que ele lhe ordenara (sobre o casamento da princesa D. Isabel com o filho do grão-duque de Toscana. Incompleto. *Cartas*, t. 3, p. 238).

---

[44] Nesse volume duas cartas para o conde da Ericeira e uma para D. Rodrigo de Menezes. Devem ter-se por espúrios: Memorial proclamatório ao papa Inocêncio XI e Carta a um religioso português.

Parecer sobre a distinção que se deve admitir entre as três Divinas Pessoas (*Cartas*, t. 3, p. 446).

Informação que por ordem do Conselho Ultramarino deu sobre as coisas do Maranhão ao mesmo Conselho (*Vozes saudosas*, p. 93).

Memorial a favor de Pedro Teve Barreto (*Cartas*, t. 3, p. 451).

Aprovação e censura à terceira parte da *História de S. Domingos* (*Sermões*, t. 14, p. 289).

Protesto à Câmara e mais nobreza da cidade de Belém do Pará[45] para não serem expulsos os padres missionários da Companhia de Jesus (*Vozes saudosas*, p. 189).

Voto sobre as dúvidas dos moradores de S. Paulo acerca da administração dos índios (*Vozes saudosas*, p. 143).

Censura da obra *Harmonia Scripturae Divinae* do padre Diogo Lopes da Companhia de Jesus (em latim, *Sermões*, t. 14, p. 286).

TOMO 2

Voz de Deus ao mundo, a Portugal e à Bahia (*Sermões*, t. 14, p. 225).

Relação da missão à serra de Ibiapaba (*Vozes saudosas*, p. 3).

Via sacra, por outra via mais breve, mais fácil, mais segura, mais útil (*Sermões*, t. 15, p. 343).

Lágrimas de Heráclito defendidas em Roma contra o riso de Demócrito. (*Sermões*, t. 14, p. 211).

Poesias latinas (*Vozes saudosas*, p. 207 e ss.; *Cartas*, t. 3, p. 171 e ss).

Escritos avulsos:

História do futuro, fragmentos dos livros 1 e 2 (boletim da 2ª classe da Academia das Ciências de Lisboa, v. 12, 1918, e separata).

Resposta aos capítulos que deu contra os religiosos da Companhia o procurador do Maranhão, Jorge de Sampaio (Sem o nome do autor. *Chorographia histó-*

[45] Aliás, de S. Luís do Maranhão.

rica chronográphica, genealógica, nobiliária e política do Império do Brasil, por A. J. de Mello Moraes. Rio de Janeiro, 1859, v. 4, p. 186).

Carta para o provincial do Brasil sobre as missões do Ceará. Maranhão, 1º de junho de 1658 (*Rev. do Instituto do Ceará*, 1928).

Parecer sobre o modo de fazer a guerra à Castela, dirigido ao secretário de Estado. 4 de ... de 1644 (*Cartas*, t. 2, p. 1...).

INÉDITAS

Informationes pro causa Antonii Vieira Roma ab ipso S. Pontifici presentatae. (Cópias na Torre do Tombo, Bibl. Nac., Bibl. de Évora etc. Em extrato no presente volume).

Defeitos do juízo, processo e sentença na causa de Antônio Vieira, estando recluso na Inquisição (Cópias como acima e extrato idem).

P. M. Antonii Vieira controversia pro ente lógico. – Pars secunda – completens Universalia, Perihermenias, Intellectiones et Notitias, quas imperfectas reliquit Magister dissertissimus (Torre do Tombo, cartório dos jesuítas; no maço 95, o códice com esse título).

Manuscritos mencionados por Barbosa Machado na Biblioteca Lusitana:

Clavis prophetarum.

Pregador e ouvinte cristão.

Descrição de Lisboa.

Commentaria in Senecae tragedias.

Expositio litteralis et moralis in lib. josue.

Expositio in Cantic. Canticorum Salomonis.

Avisos para a morte.

Emblemas morais à rainha D. Luísa Francisca de Gusmão.

Tratado da obrigação de salvar as almas.

Política do diabo.

8

A tradição

Anedotas sobre Antônio Vieira[46]

Transmitida por André de Barros:

Nos tenros anos da puerícia (não obstante o que adiante referirá a história da menor aptidão com que se sentia para os estudos) reluziam nele algumas vivezas, que como faíscas rebentavam de alguma interna mina de fogo e de luz. Vendo-o um cônego no adro daquela antiga sé [de Lisboa] lhe disse: *De quem sois meu menino?* Respondeu-lhe: *Sou de Vossa Mercê, pois me chama seu*[47]. Refere-se mais que, perguntando-lhe outra pessoa donde era, lhe respondera: *Vossa Mercê não me conhece. – Eu* (tornou o curioso) *conheço a metade do mundo. – Pois eu, senhor* (respondeu o menino) *sou da outra metade.* Esta a fama, que depois de tantos anos não pôde ser averiguada; mas ficou na memória dos homens como aquele rasto de luz que deixa a estrela que vai correndo.

Notícias de alguns ditos e ações do padre Antônio Vieira da Companhia de Jesus, colhidas de alguns religiosos antigos e outras pessoas suas contemporâneas[48]:

Sendo menino, e apresentando-se na Bahia ao prefeito das classes, para nelas principiar os primeiros rudimentos da gramática, perguntando-lhe este: *De quem sois meu menino?* Respondeu com esta admiração: *Vossa Paternidade diz-me que sou seu, e pergunta-me de quem sou!* Reflexão que fez conceber ao prefeito

---

[46] *Vida*, p. 3.

[47] A mesma história contada adiante de outra forma.

[48] Em uma carta de Panchy (Índia), de 1738. Ms. Bibl. Nac., cód. 1524. Essas três anedotas já foram publicadas de outra cópia, no livro do dr. Antônio Bairro, *Episódios dramáticos da Inquisição portuguesa*, op. cit.

as esperanças que a experiência depois desempenhou. Assim o ouvi a religiosos antigos da Companhia.

[...] Participando o padre Macedo, franciscano[49], ao padre Vieira a idéia de traduzir *Os Lusíadas* de Camões em verso heróico latino, correspondendo a cada verso português um latino, lhe declarou que achava dificuldade nessa singular correspondência ao verso: *por mares nunca dantes navegados*; porque no idioma latino ou lhe ficava mais curto ou mais extenso. O que o padre Vieira remediou com o seguinte verso heróico de repente: *per maria ante aliis nunquam sulcata carinis.*

[...] Ouvi também que quando o padre Vieira saiu do S. Ofício, objetando-lhe um dos seus êmulos que vinha muito branco, respondera: *Pois por certo que de parte venho eu donde podia sair bem queimado.*

Alguns ditos memoráveis do padre Antônio Vieira da Companhia de Jesus[50]:

Preso o padre Antônio Vieira no Santo Ofício lhe perguntaram os inquisidores: "Basta padre que dissestes em um sermão que os juízos dos homens são mais para temer que os juízos de Deus". Respondeu ele: "Pois se eu disse isso lá fora, que direi agora cá dentro".

Estava conversando o mesmo padre Vieira com o padre Bartholomeu do Quental a tempo que passou o venerável padre frei Antônio das Chagas, e disse o padre Quental para o Vieira: "Este homem deu uma volta inteira à sua vida". Respondeu o padre Vieira: "Não deu senão meia volta, porque se a desse inteira chegava ao ponto donde saiu, e ficava como dantes".

Tratava-se em Conselho de Estado um negócio acerca de preferência, entre a Companhia e o Santo Ofício de Évora, a tempo que chegava o mesmo padre An-

---

[49] Frei Francisco de Santo Agostinho de Macedo.

[50] Torre do Tombo, Ms. do século XVIII anexo ao processo de Vieira. O caso ventilado era o conflito do Colégio dos Jesuítas com a Inquisição de Évora.

tônio Vieira, que perguntando-se lhe o que sentia naquele particular respondeu: "Os inquisidores sustentam a vida com a fé, e a minha religião sustenta a fé com a vida".

O bispo do Pará, D. Frei João de S. Joseph de Queiroz, conta a seguinte história[51]:

O padre Alexandre de Gusmão expurgou a *Arte de amar* de Ovídio. E procurando o padre Vieira nela um verso, ao ver as emendas, exclamou: "Que idiota! que ignorantão! que bêbado!"

---

[51] *Memórias*, publicadas por Camillo Castello Branco, p. 148.

Índice onomástico

A

B

C

D

E

F

G

H

I

J

K

L

M

N

O

P

Q

R

S

T

U

V

W

X

Z

Este livro foi impresso em São Paulo no outono de 2008 pela Gráfica Vida & Consciência. No texto da obra, foi utilizada a fonte Minion, em corpo 10,7, com entrelinha de 16,7 pontos.